Mitteilungen der Gruppe Deutscher Kolonialwirtschaftlicher Unternehmungen

SIEBENTER BAND

WALTER DE GRUYTER & CO. / BERLIN W 35

1942

Archiv-Nr. 65 00 01

Druck von Metzger & Wittig in Leipzig

DIE NUTZBAREN MINERALLAGERSTÄTTEN VON DEUTSCH-SÜDWESTAFRIKA

von

Georg Bürg

Mitteilungen
der Forschungsstelle für Kolonialen Bergbau
an der Bergakademie Freiberg
Nr. 2

Mit 66 Abbildungen im Text und 10 Tafeln in einer Mappe

Vorwort

Mit der Monographie über die Minerallagerstätten von Deutsch-Südwestafrika erscheint die zweite Bearbeitung einer unserer afrikanischen Kolonien durch die Forschungsstelle für kolonialen Bergbau an der Bergakademie Freiberg. Ihr Zweck ist der gleiche wie bei dem Werk über die Minerallagerstätten von Deutsch-Ostafrika; d. h. dem später in eigenen Kolonien tätigen Fachmann diejenigen Unterlagen zu geben, aus denen er ersehen kann, was in den einzelnen Gebieten schon geleistet worden ist und welche Aussichten diese in bergbaulicher Beziehung für die Zukunft bieten. Darüber hinaus aber soll ihm die Bearbeitung jene unbedingt notwendigen geologischen und lagerstättlichen Unterlagen liefern, ohne die das Aufsuchen neuer und die Beurteilung alter Vorkommen nur schwer möglich wäre.

Die über Deutsch-Südwestafrika erschienene Fachliteratur ist sehr umfangreich und zahlreiche größere und spezielle Arbeiten ermöglichten die Abfassung der vorliegenden Monographie. Es liegt aber in der Natur eines geologisch und lagerstättenkundlich noch nicht systematisch durchforschten Landes, daß manche Gegenden sehr gut, andere aber nur lückenhaft bearbeitet sind. So entstanden auch in dieser Zusammenfassung Lücken, die erst in späterer Zeit nach und nach geschlossen werden können. Hinzu kommt noch, daß die Mineralisation in Deutsch-Südwestafrika außerordentlich extensiv, aber wenig intensiv vor sich ging. Eine Unzahl von Fundpunkten und Vorkommen wurde mit der Zeit bekannt, aber nur die wenigsten konnten zu einem wirtschaftlichen Bergbau entwickelt werden. Es schien aber trotzdem — dem Grundgedanken der Monographien entsprechend — geboten, alle Fundpunkte zumindest kurz zu beschreiben, um für eine spätere Durchforschung auch deren negative Seiten zu kennen.

Nicht zuletzt wurde auch auf die Darstellung der bergbaulichen und bergwirtschaftlichen Verhältnisse besonderer Wert gelegt, um aufzuzeigen, wie verschieden und infolge der Wasserarmut des Landes oft wie schwierig diese sein können.

Vorwort

Die Forschungsstelle für kolonialen Bergbau ist in erster Linie der Otavi Minen- und Eisenbahn-Gesellschaft, insonderheit den Herren Direktor Schröder und Dr. Poock, ferner der Deutschen Bank und der Metallgesellschaft Aktiengesellschaft für die Überlassung von Akten, Berichten und sonstigem wertvollem Material zu bestem Dank verpflichtet. Desgleichen gebührt besonderer Dank Herrn Prof. Dr. Lotz, der nicht nur bereitwilligst bei der Beschaffung obigen Materiales mithalf, sondern auch auf Grund seiner ausgezeichneten Landeskenntnis die Arbeit kritisch durchsah und nach verschiedenen Richtungen anregend gewirkt hat.

Freiberg, im September 1941

Forschungsstelle für kolonialen Bergbau
an der Bergakademie

Schumacher

Inhaltsverzeichnis

Spezieller Teil: Die Minerallagerstätten

Allgemeiner Teil

A. Landeskundliche Verhältnisse

1. Geographische Lage

Deutsch-Südwestafrika liegt zwischen dem 17. und 29. Grad südlicher Breite und der Hauptteil zwischen dem 12. und 21. Grad östlicher Länge. Nur der äußerste Nordwesten und der sogenannte Caprivizipfel im Osten gehen über diese Meridiane hinaus. Die Grenzen der Kolonie werden im Norden zunächst durch den Kunene gebildet, dann von einer geraden Linie bis zum Kubango oder Okawango, weiter von diesem selbst und schließlich vom Caprivizipfel. Das östliche Ende des Caprivizipfels erreicht den Sambesi oberhalb der Victoria-Wasserfälle. Im Osten folgt die Grenze dem 21. Grad östlicher Länge nach Süden bis zum 22. Grad südlicher Breite, diesem Breitengrad entlang bis zum 20. Grad östlicher Länge und verläuft schließlich auf diesem bis an den Oranjefluß, der im Süden die Grenze bis zum Atlantischen Ozean bildet. Politisch grenzt die Kolonie im Norden an Angola, im Osten an Britisch-Betschuanaland und an Rhodesien und im Süden an die Südafrikanische Union. Der Flächeninhalt beträgt 822909 qkm[1]).

2. Oberflächengestaltung

Deutsch-Südwestafrika wird durch die Küstenabdachung, die Randhochländer und die Kalahari in drei meridionale Streifen zerlegt. Die Küstenabdachung bildet morphologisch eine unzertrennbare Einheit, die sich bis zum Fuße des Steilabfalles hinzieht. Dieser Steilabfall erscheint vom Oranje bis zum Khomashochland als eine durch Täler reichgegliederte Geländestufe und setzt sich mit großen Aus- und Einbuchtungen durch das östliche Kaokogebiet bis zum Kunene fort. Er bildet nach J ä g e r die Westgrenze des Randhochlandes gegen die Küstenabdachung und erleidet zwischen dem Khomashochland und dieser Unterbrechungen. Die Ostgrenze gegen die Kalahari ist ziemlich scharf ausgeprägt.

[1]) Deutscher Kolonial-Atlas. 22. Ausgabe, 1941.

Nach Schultze können folgende Hauptlandschaften unterschieden werden:

I. Küstenabdachung:
   1. Namib,
   2. Kaokofeld.

II. Randhochland:
   1. Karstfeld (mit Otavibergland),
   2. Hereroland,
   3. Namaland.

III. Zentrales Aufschüttungsbecken:
   Kalahari.

Die Küstenabdachung stellt eine schiefe Ebene, aus der bedeutende Inselberge herausragen, dar, und ist von den Küstenflüssen in tiefen Engtälern zerfurcht. Die Neigung ist sehr gleichmäßig und beträgt etwa 1 : 100. Die Tafelberge oder Tafelbergketten unterbrechen die Eintönigkeit der Rumpfebene. Im Kaokofeld ragt die Tafelbergkette bis zu 1200—1500 m empor. Am Ugab erhebt sich das gewaltige Massiv des Brandberges, das höchste Gebirge Deutsch-Südwestafrikas (2610 m). Nach Süden zu schließen sich die Spitzkopjes und die von Swakopmund aus sichtbaren Rössingberge an. Dann folgen zwischen dem Khantal und dem Swakoptal die Chuosberge, am Südufer des Swakop der Lange Heinrich (1160 m) und viele andere mächtige Berginseln.

In der Nähe der Küste ist die Namib zum Teil mit Dünen bedeckt. Ein Dünengebiet befindet sich am Oranje, von wo aus es sich etwa 150 km nach Norden erstreckt; hieran schließt sich das riesige Dünengebiet zwischen Elisabethbucht bis weit nordwärts von Swakopmund.

Der Steilabfall erreicht dadurch, daß die Randgebiete des Binnenhochlandes meist sehr hoch liegen, obwohl die Küstenabdachung an seinem Fuß schon 1000—1300 m hoch ist, eine bedeutende relative Höhe. Er ist infolgedessen von den küstenwärts strömenden Flüssen stark zerschluchtet und bildet die wildeste und großartigste Landschaft Deutsch-Südwestafrikas. Da diese im Westen an die Namib grenzt, gehört sie gleichzeitig zu den unzugänglichsten Gebieten des Landes.

Die Hochfläche des Binnenlandes läßt die Abtragung bedeutender Gesteinsmassen erkennen; sie ist demnach eine Rumpffläche, die im Osten die Deckschichten der Kalahari unterbaut. Zahlreiche Rumpfberge und Rumpfgebirge ragen als Überreste der Abtragung noch aus der Rumpffläche empor, die nachträglich zertalt wurde. Die durchschnittliche Höhe des Binnenhochlandes liegt über 1000 m. Sie ist im allgemeinen binnenwärts zum zentralen Becken Südafrikas geneigt. Durch zwei ausgedehnte Bodenschwellen wird die Rumpffläche in 3 Teilabdachungen oder Teilbecken gegliedert. In der Mitte Deutsch-Südwestafrikas erhebt sich das Hochland von Windhuk, in dem die Rumpffläche bis zu 2000 m ansteigt. Durch eine größere Widerstandsfähigkeit ihrer Gesteine von der Abtragung verschont, heben sich aus dieser Rumpffläche zahlreiche Berge und Gebirge heraus, von denen viele am Rande des Binnenhochlandes liegen, z. B. die Berge des östlichen Kaokogebietes, das Erongogebirge (2219 m), das Hakosgebirge, der Gansberg (2331 m) u. a. Im Khomashochland erheben sich die Inselberge des Auasgebirges (2483 m) und der Nauas-Kleeberge (2070 m). Aus den Tafelschichten des Namalandes ragen die Großen Karasberge (2202 m), die Kleinen Karasberge (1489 m), der Große Brukaros (1586 m), der Rooiberg (1837 m) und die höchsten Teile des Naukluftgebirges (1973 m) empor.

Im Osten geht das Binnenhochland in ein Aufschüttungsgebiet über, aus dem nur noch vereinzelt Inselberge des Untergrundes herausragen.

Das zentrale Aufschüttungsbecken, dessen charakteristisches Merkmal in morphologischer Hinsicht die Pfannen sind, nimmt den ganzen Osten der Kolonie ein. Unter Pfannen versteht man die Seen der Trockengebiete, die nach der Natur ihres Inhaltes in Pfannen ohne Ausfüllung, Lehm- und Tonpfannen, Salzpfannen und Kalkpfannen eingeteilt werden können.

Die größte Pfanne Deutsch-Südwestafrikas, die zugleich die größte der Welt ist, befindet sich im Norden. Es ist die Etoschapfanne, deren Einzugsgebiet rund 175000 qkm beträgt. Die Pfannenoberfläche liegt 1065 m hoch. Sie gehört zur Kalahari.

3. Klima und Entwässerung

Deutsch-Südwestafrika gehört zu den periodisch trockenen Subtropen. Trotz größerer Unterschiede der einzelnen Landschaften liegt die Kolonie als Ganzes im regenarmen Gebiet der Südost-Passatwinde. Regen fällt nur im Sommer, wogegen der Winter regenlos ist. Die vom Ozean hereinwehenden Südwestwinde bringen dem Land keinen Regen, der Küstenstrich bildet daher eine Wüste. Von hier aus landeinwärts, also vom Westen nach dem Osten, nimmt die jährliche Niederschlagsmenge zu und kann bis zu 600 mm erreichen. Die gleiche

1*

Zunahme ist auch vom Süden nach dem Norden zu beobachten. Die Verteilung der Regenmenge ist sehr unregelmäßig. Die Namib ist so gut wie regenlos. Ein zweites sehr regenarmes Gebiet von kaum 100 mm Niederschlagsmenge befindet sich am Oranje. Die Windhuker Gegend hat etwa 300—400 mm jährlichen Niederschlag. Am meisten begünstigt ist der Nordosten mit 500, stellenweise sogar 600 mm Regenhöhe. Die Regenzeit fängt etwa im Oktober an und dauert bis April. Hauptsächlich regnet es von Dezember bis März. Die Regenmenge kann in einem und demselben Gebiet von Jahr zu Jahr sehr schwanken. Vielfach liegt die Schwierigkeit der Wasserversorgung nicht in der geringen Niederschlagsmenge, sondern in ihrer Unzuverlässigkeit. Die Verdunstung ist eine sehr bedeutende. Ein weiterer Teil des Wassers versickert im Boden und der Rest fließt, wenn sich die Poren des Bodens rasch mit Wasser füllen, ab. Es kann so zum Abfluten gewaltiger Wassermassen auch außerhalb des Flußbettes kommen, die oft große Verheerungen anrichten.

Die Flüsse strömen entsprechend dem morphologischen Bau des Landes auf vier verschiedenen Abdachungen ab. Die Abflußrichtungen sind folgende: Die westliche nach dem Atlantischen Ozean, die südliche nach dem Oranje, die östliche nach der Kalahari und die nördliche nach dem Becken der Etoschapfanne. Sämtliche Flüsse Deutsch-Südwestafrikas sind entsprechend den periodischen Regenfällen episodisch. Sie fließen meist nur einige Stunden oder einige Tage nach starken Regenfällen. Eine Ausnahme bilden nur die aus regenreicheren Gegenden kommenden Grenzflüsse Oranje, Kunene und Okawango.

Die Trockenflüsse sind meist durch ein großes Gefälle gekennzeichnet. Sie heißen Riviere, wenn das Flußbett im wesentlichen frei von Vegetation ist, oder Omuramben, wenn sie ein lehmiges, mit Gras oder anderer Vegetation bewachsenes Flußbett besitzen.

Im Gegensatz zur Verteilung der Regenfälle hat gerade die regenarme Westhälfte des Landes ein dichtes Flußnetz und einen reichlicheren Abfluß als die Osthälfte und der Norden, wo trotz der größeren Regenmengen nur ausnahmsweise und auf kurzer Strecke wasserführende Flußbetten entstanden sind. So zerfällt Deutsch-Südwestafrika in eine abflußreiche, aber regenarme und in eine abflußarme, flußlose und regenreichere Hälfte. Diesem Umstand ist es zuzuschreiben, daß die regenreichere Ostgrenze fast genau so unbewohnt ist wie die Namib im Westen. Der Grund für dieses sonderbare Verhalten ist in der verschiedenen geologischen Beschaffenheit beider Gebiete zu suchen. Während sich das regenreichere Gebiet aus Sanden und Kalken aufbaut, in denen das Wasser rasch versickert, besteht der Untergrund des abflußreichen Gebietes aus wenig durchlässigen Felsgesteinen. Eine Ausnahme bildet nur der westliche Teil des in das Kaokofeld eingreifenden Kalkgebietes der Otaviformation, das zahlreiche Riviere besitzt. Dies liegt vermutlich an dem außerordentlich starken Gefälle des Gebietes und an der Tatsache, daß hier vielfach neben Kalken auch quarzitische Sandsteine auftreten.

Die Temperaturen der Kolonie sind allgemein niedriger, als man dies nach dem steilen Einfallswinkel der Sonnenstrahlen erwarten sollte. Obgleich Deutsch-Südwestafrika in denselben Breiten liegt, wie z. B. auf der nördlichen Halbkugel die Lybische und Nubische Wüste, ist es mit seinen mittleren Jahrestemperaturen nach Schultze mit den nördlichen Mittelmeerländern zu vergleichen. Diese Temperaturherabminderung entsteht durch den kalten Benguelastrom und die durchschnittliche Erhebung des Landes zu etwa 1300 m Meereshöhe. Windhuk z. B. hat eine mittlere Jahrestemperatur von 19,2° (13,4° im kühlsten Monat Juli und 23,4° im wärmsten Monat November). Im südlichen Namaland geht die Temperatur des kühlsten Monats sogar bis auf 8,4° herunter. Die täglichen Schwankungen sind bedeutend. Scharfer Frost im Winter, eine Temperatur von über 40° im Sommer sind nicht selten; doch ist der Frost meist auf die Talniederungen, in die die abgekühlte Luft hinabsinkt, beschränkt.

4. Vegetation

Der Pflanzenwuchs ist, entsprechend den Regenfällen, großen Schwankungen unterworfen. In der Namib konnten sich nur an dem schmalen Berührungsstreifen von Meer und Land einige Pflanzen vom Klima unabhängig machen. Sobald man aber die eigentliche Namib betritt, findet man keine zusammenhängende Vegetationsdecke mehr. Wenn hier überhaupt Pflanzen wachsen, so geschieht dies dank dem Nebel und dem Taue. Im ganzen Süden und am Namibrande herrscht die Steppe bzw. Halbwüste vor, die 1—2 Fuß hohe Stauden und Halbsträucher trägt, wozu sich in guten Regenzeiten Gras und einjährige Kräuter hinzugesellen. Die kleinen Büsche geben auch in trockenen Jahren eine gute Weide ab. In der Mitte des Landes herrscht die Savanne vor und es treten größere grasbewachsene Flächen auf. Außer diesen Grasflächen bestimmen Dornsträucher und Trockengräser den Charakter der Vegetation. Im Norden kommen dornlose Laubbäume und Palmen hinzu. Hier ist auch das Gras höher und kräftiger, dafür aber weniger nahrhaft. Die Kalahari ist trotz ihres Sandbodens keine Wüste im eigentlichen Sinne, denn sie hat einen üppigen Graswuchs, und es sind hier die besten Weiden zu finden.

Dies ist darauf zurückzuführen, daß in diesem abflußlosen Gebiet die Nährstoffe des Bodens nicht abgespült werden können.

Ein üppigeres Pflanzenleben hat sich als Ufervegetation der Riviere entwickelt. Führen diese dauerndes Grundwasser, so kann sich an den Ufern ein reicher Baumwuchs ausbilden, gelegentlich sogar ein Uferwald (Weißdornakazie, Ebenholz, Anabaum u. a.); aber auch die Riviere mit weniger oder keinem ständigen Grundwasser heben sich meist als grüne Streifen aus der bräunlich gefärbten Landschaft heraus.

5. Bevölkerung

Deutsch-Südwestafrika gehört mit einer Bevölkerungsdichte von 0,36 auf den Quadratkilometer zu den am dünnsten besiedelten und menschenärmsten Gebieten des afrikanischen Kontinents. Die Zahl der Eingeborenen betrug 1938 261138, zu denen noch rund 31000 Weiße hinzukommen. Geographisch verteilen sich die Eingeborenen folgendermaßen:

Polizeizone	110556
Amboland	119226
Kaokofeld	4669
Okawangogebiet	14106
Caprivizipfel	12581

Ethnographisch ist die Verteilung der wichtigsten Eingeborenenstämme in der Polizeizone die folgende:

Herero	28571
Bergdamara oder „Klippkaffern"	26329
Hottentotten	20046
Bastards (Mischvolk)	10581
Buschleute	6108

Außerhalb der Polizeizone sind vor allem die Ovambos zu erwähnen.

Die Eingeborenen liefern die Arbeiter für die Bergwerks- und Farmbetriebe. Die Schwierigkeiten der Arbeiterbeschaffung, unter denen die Betriebe vor dem Weltkriege sehr zu leiden hatten, scheinen nach Weigelt später nicht mehr spürbar gewesen zu sein, was darauf zurückzuführen ist, daß die Eingeborenen in den letzten Jahren Steuer zahlen und daher arbeiten mußten. Einen starken Anteil der Arbeiterschaft liefern die Ovambos. Nach Weigelt verteilten sich die Arbeiter 1937 wie folgt: Farmbetriebe 63,7%, städtische Beschäftigung 21,3%, Minen 11,9% und Eisenbahnbau 3,1%.

Die einzelnen Stämme liefern verschieden gute Arbeiter. Die intelligentesten sind die Hereros. Gute Arbeiter stellen auch die Bergdamaras. Die Ovambos eignen sich nur für Arbeiten über Tage und einfache Handarbeiten. Die Hottentotten sind in ihrer Mehrheit für Bergarbeiten zu schwächlich.

6. Erzeugungswirtschaft und wirtschaftliche Bedeutung der Mineralvorkommen

Die Erschließung des Nordens der Kolonie durch die Eisenbahn nach Tsumeb, die ihren Bau der dortigen Kupfer-Bleilagerstätte verdankt, gab den Auftakt zu einem beachtlichen Bergbau, der schon in kurzer Zeit einen ausschlaggebenden Einfluß auf die Finanzwirtschaft des Landes gewann. Wie aus Tabelle 1 zu ersehen ist,

Tabelle 1

Außenhandel Deutsch-Südwestafrikas 1900—1938 mit besonderer Berücksichtigung der Bergbauprodukte

	I	II		I	II
1900	6,97	400000	1920		29971549
1901	10,08	301300	1921		16142330
1902	8,57	400700	1922	21,36	25844653
1903	7,93	66200	1923	25,53	48896564
1904	10,06	4400	1924	33,91	39510657
1905	23,63	1800	1925	44,68	55886939
1906	68,63	288700	1926	51,03	57097874
1907	32,40	4830375	1927	51,01	48483702
1908	33,18	11272923	1928	58,72	49798599
1909	34,71	26062821	1929	62,68	55340223
1910	44,34	29766533	1930	43,17	24267505
1911	45,30	28850814	1931	32,95	13033150
1912	32,50	35950268	1932	17,76	4980376
1913	43,42	67509317	1933	14,64	2373603
1914		43916052	1934	15,93	8362942
1915		3384007	1935	18,29	10725227
1916		9448427	1936	24,22	17780812
1917		19975373	1937	29,82	22838566
1918		24574839	1938		13371018
1919		44054064			

I = Einfuhr in Millionen RM.
II = Ausfuhr an Bergbauprodukten in RM.

Anmerkung: Die in den einzelnen Summen enthaltenen Produktionszahlen der Otavi Minen- und Eisenbahngesellschaft beziehen sich jeweils auf das Rechnungsjahr.

war bis 1906 die Ausfuhr an Bergbauprodukten sehr gering. Sie stieg nunmehr kontinuierlich an und konnte zusammen mit den viehwirtschaftlichen Ausfuhrprodukten bald die Einfuhr überflügeln. Dies war vor allem durch die Auffindung und die Gewinnung der Diamanten möglich. Der Ausbruch des Weltkrieges brachte einen starken Rückgang mit sich, doch begannen die Diamantfelder schon bald nach der Besetzung durch die Südafrikanische Union wieder mit der Produktion.

Wie sehr die Eigeneinnahmen des Landes von den Bergbauerzeugnissen abhängig waren, sieht man besonders in den Jahren 1921

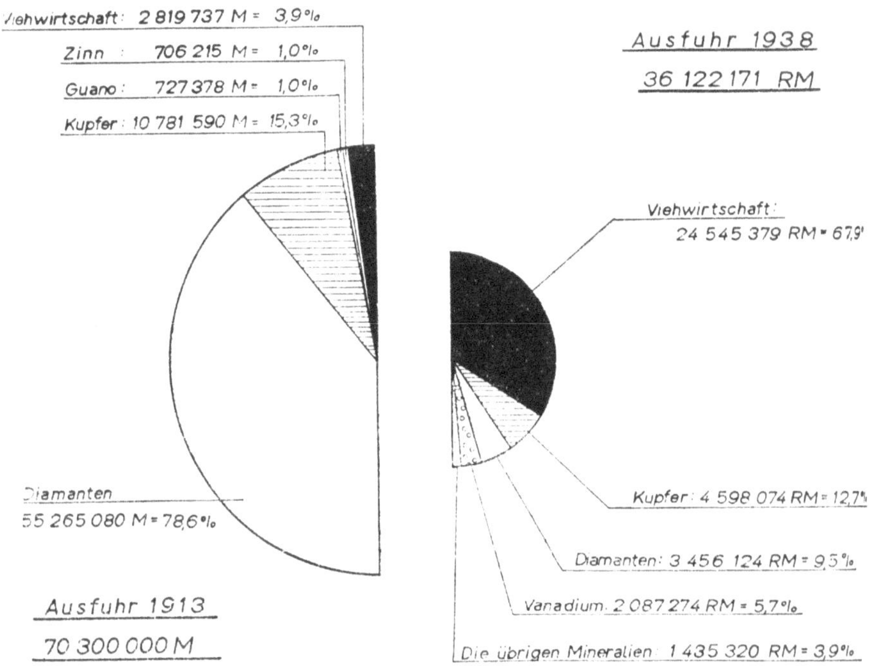

Abb. 1. Ausfuhr Deutsch-Südwestafrikas in den Jahren 1913 und 1938

und 1922, als die Diamantförderung derart gedrosselt wurde, daß die Ausfuhr sehr stark sank. Die Weltkrise machte sich, wie in allen Bergbauländern, auch in Deutsch-Südwestafrika bemerkbar. Sie hat dieses Land sogar schwerer ergriffen als die meisten Länder der Erde, da die Diamantgewinnung dem südafrikanischen Block angeschlossen wurde und zu dessen Gunsten mehr und mehr zurückging.

Der Anteil der übrigen Produkte an der Ausfuhr war vor dem Weltkriege, wie aus Abb. 1 zu ersehen ist, recht gering. Er wurde nach dem Kriege prozentual und absolut höher. Dies kam einerseits durch den Rückgang des Bergbaues, andererseits durch das starke Anwachsen des Gewinnes aus der Karakulschafzucht, deren Ertrag schon 1932 den des Bergbaues übertraf.

Die Mengen und der Wert der einzelnen Ausfuhrprodukte für das Jahr 1938 ist aus Tabelle 2, der Anteil der einzelnen Produkte — im Vergleich mit 1913 — aus Abb. 1 zu ersehen. Die landwirtschaftlichen Produkte waren 1913 mit 2819737 M. = 3,9% an der Ausfuhr beteiligt, 1938 dagegen mit 24545479 RM. = 67,9%, die Bergbauprodukte 1913 mit 67480263 M. = 95,9%, dagegen 1938 nur mit 11576792 RM. = 31,8%.

Tabelle 2

Menge und Wert der Ausfuhr Deutsch-Südwestafrikas nach Produkten für das Jahr 1938. (Im wesentlichen nach Weigelt)[1]

	Mengenbezeichnung	Menge	Wert	
			£	RM.
Schlachtrinder	Stück	42971	235000	2862300
Schafe u. Ziegen	,,	157019	98000	1193640
Karakulfelle	,,	1292053	995000	12119100
Häute u. Felle	t	669	37000	450660
Schafwolle	,,	3076	168000	2046240
Butter	,,	3665	423000	5152140
Fischkonserven	,,	505	58000	706440
Kühlfleisch	,,	17	1000	12180
Walöl	Gallonen	220	220	2679
Kupfer[2]	t	54676	377508	4598074
Diamanten	Karat	37258	283754	3456124
Vanadiumerze	long t	4522	171369	2087274
Cadmium	t	672	51072	622057
Zinnerze	long t	250	30006	365474
Gold	g	60929	12633	163870
Guano	long t	2591	9226	112373
Wolframerze	,,	47,7	7890	90000
Lithiumerze	,,	316	3060	37271
Turmalin	kg	59,5	2259	27515
Flußspat	short t	229	640	7795
Doppelspat	Pfund	2874	355	4324
Tantalit	long t	3,4	345	4202
Topas	g	1000	16	195
Chalzedon	kg	70	12	146
Beryll	g	200	5	61
Rosenquarz	kg	8	3	37

Gesamtwert der Ausfuhr = 36122171 RM.

Im ganzen ergibt sich für Deutsch-Südwestafrika eine Gesamtausfuhr für die Jahre 1900—1938 von 1125130000 RM., an der die Bergbauprodukte mit 895775212 RM. = 79,9% und die Viehwirtschaft mit 229354788 RM. = 20,1% beteiligt sind. Die Einfuhr betrug

[1]) Weigelt: Wirtschaftswert der alten deutschen Kolonien. Deutsch-Südwestafrika. Als Manuskript gedruckt.

[2]) Kupfererz, Kupferstein und Werkblei aus Tsumeb.

im gleichen Zeitraum 947420000 RM., wobei die Einfuhr während der Kriegs- und Nachkriegsjahre (1914—1922) nicht mitberücksichtigt ist.

Im ganzen wurden in Deutsch-Südwestafrika bis einschließlich 1938 Bergbauprodukte im Werte von 896834318 RM. ausgeführt. Diese Summe verteilt sich auf die einzelnen Mineralien und Metalle wie folgt:

Diamanten	616594730	RM.	=	68,6 %
Otavi[1])	226347225	„	=	25,2 %
Vanadiumerze	32446868	„	=	3,6 %
Zinnerze	11034014	„	=	1,3 %
Guano	6481884	„	=	0,8 %
Cadmium	1831135	„	=	0,2 %
Gold	1193043	„	=	0,13 %
Wolframerze	323787	„	=	0,03 %
Bleierze	174798	„	=	0,02 %
Turmalin	162861	„	=	0,02 %
Lithiumerze	115186	„	=	0,02 %
Marmor	49022	„	=	0,01 %
Tantalit	45984	„	=	0,01 %
Rutil	14834	„	=	0,002 %
Flußspat	7795	„	=	0,001 %
Doppelspat	6246	„	=	0,001 %
Beryll	2101	„	=	0,0002 %
Rosenquarz	1034	„	=	0,0002 %
Chalzedon	960	„	=	0,0001 %
Topas	811	„	=	0,0001 %

7. Verkehrsverhältnisse

Der wichtigste Seehafen Deutsch-Südwestafrikas ist Walfischbucht, der die offene Reede von Swakopmund ablöste. Daneben spielt auch noch Lüderitzbucht für den Süden eine wichtige Rolle.

Das Eisenbahnnetz kann mit seiner Länge von über 2000 km in Anbetracht der Tatsache, daß es sich um eine dünnbesiedelte Kolonie handelt, als verhältnismäßig gut bezeichnet werden, zumal es mit Ausnahme des Kaokofeldes und der Kalahari alle Gebiete erschließt. Die einzelnen, schon zur deutschen Zeit gebauten Strecken sind folgende:

Swakopmund—Windhuk (380 km),
Windhuk—Keetmanshoop (507 km),
Lüderitzbucht—Keetmanshoop (365 km),
Seeheim-Kalkfontein (178 km),
Schmalspurbahn Kranzberg—Otavi mit Abzweigungen nach Tsumeb und Grootfontein (496 km).

[1]) Kupfer, Blei und Silber der Otavi-Betriebe.

Während des Weltkrieges baute die Südafrikanische Union aus militärischen Gründen eine Verbindung mit dem südafrikanischen Bahnnetz, die in Kalkfontein an das deutsche Bahnnetz angeschlossen wurde. Außerdem wurde Walfischbucht durch eine Eisenbahn mit Swakopmund verbunden, Gobabis mit Windhuk und der Ort Outjo erhielt einen Anschluß an die Otavibahn. Daneben wurden von der Eisenbahn oder Postverwaltung zahlreiche Autobuslinien eingerichtet.

Auch der Flugdienst wurde gut ausgebaut. So unterhielt die South African Airways mit deutschen Junkers-Maschinen einen zweimal wöchentlichen Flugdienst von Windhuk über Mariental, Keetmanshoop, Upington, Kimberley und Bloemfontein nach Johannesburg. Außerdem war es möglich, von Windhuk und Swakopmund aus Flugzeuge für Sonderflüge zu mieten.

B. Der geologische Bau und die geologische Entwicklungsgeschichte

Dem geologischen Bau nach ist Deutsch-Südwestafrika eng mit Südafrika verbunden. Beides sind Bestandteile eines uralten Kontinentes, der seine stürmische Entwicklung schon Ende des Archaikums abgeschlossen hatte. Marine Sedimente von größerer Mächtigkeit findet man nur in dem ältesten Abbabis- und dem darauffolgenden Damarasystem sowie in der Namaformation. Sie sind in Geosynklinalen zur Ablagerung gekommen. Die langandauernde Periode der ruhigen Sedimentation fand ihren Abschluß mit der größten Erdrevolution, die der afrikanische Kontinent erlebte: Der Auffaltung der Damaraschichten am Ende des Archaikums, verbunden mit der Hauptintrusion des granitischen Magmas. Der Verband zwischen den kristallinen Sedimenten und den Eruptivgesteinen ist so innig, daß sich ein Festlandskern von hoher Stabilität bildete, der im großen und ganzen allen später einsetzenden Beanspruchungen standhielt. Dieses gefaltete Grundgebirge besitzt im Süden ein meist S—N gerichtetes Streichen, in der Mitte und im Norden dagegen ist es im allgemeinen SW—NO gerichtet. Die ursprünglichen Schicht- und Eruptivgesteine, die von Graniten verschiedenen Alters durchbrochen werden, sind zu Gneisen, Glimmerschiefern, Quarziten, Marmoren, Chloritschiefern, Phylliten, Amphiboliten und anderen kristallinen Schiefern umgewandelt und bedecken heute vornehmlich die ganze Küstenabdachung und das Binnenhochland etwa vom Wendekreis nordwärts, im Kaokofeld und im Damaraland. Weiterhin nehmen sie größere Flächen im Windhuker Hochland ein (Khomashochland), sie bilden den Rand des Hochlandes im Namaland, haben eine große

Verbreitung im Südwesten des Namalandes und in der Diamantenwüste und schließlich im Süden der Kolonie im Warmbaddistrikt.

In den folgenden Formationen fehlen im zentralen Teil Deutsch-Südwestafrikas die mächtigen marinen Sedimente vollkommen. Es handelt sich immer nur um kontinentale Ablagerungen. Lediglich am Ende des Algonkiums oder am Anfang des Cambriums scheint der afrikanische Kontinent wieder unter den Meeresspiegel abgesunken zu sein; jedoch bildeten sich in dieser Gegend wieder nur Flachwassersedimente. Im Namaland und teilweise auch im Kaokofeld, folgen auf die Damaragesteine Konglomerate, Kalke und Tuffe der Konkipformation (etwa Algonkium). Sie nehmen nur kleine Areale ein und waren von Deckenergüssen porphyrischer Laven und von Porphyrstöcken begleitet. Es setzte nunmehr eine zweite, weniger intensive Faltung aller abgelagerten Schichten des ganzen Kontinentes unter gleichzeitiger Wiederabtragung und Absinken unter das Meer ein. Dieses schuf eine ziemlich ebene Abrasionsfläche, auf der die Schichten des Namasystems abgelagert wurden. Sie bestehen aus Dolomiten und Kalken, Sandsteinen, Konglomeraten und Tonschiefern und aus ihnen stammt die erste Lebewelt cambrischen Alters, die aus Afrika bekannt wurde. Lokal scheint das Land vor dem Absinken unter den Meeresspiegel von einer Eisschicht bedeckt gewesen zu sein, denn stellenweise treten in den Basisschichten Grundmoränen (Tillite) auf. Es bildete sich ein Tafelland mit ganz flacher Neigung nach Osten bis Südosten, das vor allem südlich des Wendekreises im Namaland große Flächen einnahm. Doch auch im Norden ist die Namaformation verbreitet. Hier gehören die Otavischichten mit den erzführenden Otavidolomiten dazu. Die Namaformation wird vom Cambrium bis etwa zum Unter-Silur gerechnet. Gegen das Ende der Namaformation hob sich das Land wieder allmählich — die Schwarzrandschichten scheinen noch marin, jedoch schon Bildungen der Flachsee zu sein — und blieb dann bis auf den heutigen Tag Festland. Nur die Küstenabdachung wurde auch in jüngeren geologischen Perioden gelegentlich vom Meere überflutet und trägt daher stellenweise Meeresabsätze mittlerer und jüngerer Zeitalter. Der Ablagerung der Namaschichten folgte eine Festlandsperiode von langer Dauer und es entstand eine Sedimentationslücke. Dann erst kam es zur Ablagerung der Schichten der Karruformation. An ihrem Anfang bedeckte eine mächtige Eiskappe ganz Südafrika, die im Namaland etwa bis zum Wendekreis reichte. Es kam zur Ablagerung der Grundmoräne der Dwyka-Formation. Diese Grundmoräne besteht aus einem blaugrauen sandigen

Schieferton, der Blöcke fremder Gesteine einschließt, die häufig durch das Eis gekritzt sind. Im Namaland liegen zwei solcher Tillithorizonte übereinander. Nach dem Schwinden des Eises reichte vorübergehend im Süden eine Meeresbucht vom Westen in das Landinnere und setzte die Eurydesmaschichten der Karruformation ab. Auf dem Lande wuchsen Wälder von Koniferen, die aber nur schwache Kohlenschmitzen hinterließen. Kleinere Saurier sind aus dieser Zeit bekannt. Die Schiefer und Sandsteine, in denen sie vorkommen, gehören den permischen Eccaschichten an. In der folgenden Stormbergzeit (die Beaufortschichten fehlen) herrschte eine rege vulkanische Tätigkeit. Gewaltige Lavadecken ergossen sich über das Land und erstarrten zu Doleriten und Melaphyren, die besonders im Namaland und im südlichen Kaokofeld verbreitet sind. Im Innern des Landes hört damit die Schichtenbildung auf.

In der Postkarruzeit kam es im Gefolge kräftigerer Schollenbewegungen noch verschiedentlich zum Empordringen magmatischer Schmelzen. Diese waren teils ultrabasisch und lieferten Kimberlite, teils sauer und ließen Alkaligranite (z. B. des Erongo), Trachyte und ähnliche Gesteine entstehen. Die Phonolite gehören wohl schon dem Tertiär an. Gleichzeitig mit der Festlandsbildung begannen auch die exogenen Kräfte das Land zu modellieren. Es entstanden die Rumpfflächen mit den charakteristischen Inselbergen (Abb. 2, nach S. 80). Gelegentlich auftretende Faltungsvorgänge waren nur noch von untergeordneter Bedeutung. Als jüngste Faltung wurde die frühmesozoische in der Namibwüste bekannt. Da die Kruste schon sehr starr war, kam es zur Schollenbildung, wobei einzelne Teile (z. B. die Karasberge) stehen blieben, während andere (z. B. der Witpützgraben) absanken. Am Ende der Kreide war die Abtragung, die schon gegen das Ende der Jurazeit begann, immer noch intensiv. Die durch die Verwitterung entstandenen Schuttmassen wurden von den im Westen am höchsten liegenden Teilen nach dem Binnenbecken der Kalahari befördert, das sie allmählich ausfüllten, so daß hier heute fast eine Ebene vorliegt. Es bildeten sich die Sandsteine und Kalksteine der Kalahariformation. In der Küstenwüste der Namib wurden in dieser Abtragungsperiode, die auch noch in der Tertiärzeit anhielt, die Gneise und die anderen kristallinen Schiefer abgetragen sowie die Quarzite und Dolomite der Namaformation zerstört. Der Schutt sammelte sich in abflußlosen Wannen, die durch den Südwind ausgeblasen wurden, wobei sich die darin vorkommenden Diamanten anreicherten. Gegen Ende der Kreide setzte auch ein Umschwung des Klimas ein; es wurde arid. Unter seinem Einfluß und unter der Zufuhr von kieselsäurehaltigen Lösungen bildeten sich die quarzitischen Schotter der Trockenflüsse und der verkieselte Verwitterungsschutt des Festlandes (Pomonaschichten).

1. Stratigraphie

Da es sich in vorliegender Arbeit um eine lagerstättenkundliche Beschreibung Deutsch-Südwestafrikas handelt, können die geologischen Phänomene nur insofern behandelt werden, als sie zum Verständnis der Mineralvorkommen notwendig sind. Es muß daher die Schilderung der einzelnen Formationen ganz kurz gefaßt werden. Die am Ende des Kapitels „Eruptivgesteine" gegebenen Tabellen sind im wesentlichen einer Arbeit Ranges entnommen. Sie haben vor allem in der Spalte: „zugehörige Eruptiva" einige Änderungen erfahren. Diese Änderungen stützen sich auf neuere Untersuchungen und auf Ergebnisse, die sich im Laufe dieser Arbeit herausschälten. Außerdem wurde eine neue Spalte hinzugefügt, die die wesentlichen lagerstättenkundlichen Vorgänge zusammenfaßt.

a) Das Abbabissystem

Zum Abbabissystem gehören die ältesten, jetzt hochmetamorphen Sedimentgesteine Deutsch-Südwestafrikas. Sie sind auf der Abbabisfarm südlich Usakos typisch entwickelt und bestehen aus vergneisten Konglomeraten und Arkosen, rötlichen Quarziten, Glimmer- und Amphibolschiefern und dunklen Quarziten, die alle dem Archaikum zugerechnet werden. Im Windhuker Bezirk gehören die Duruchaus- und Hohewarteschichten sowie die Gauchabserie zu dieser ältesten Gruppe. Ferner dürften hierher auch einige Gesteine des nördlichen Deutsch-Südwestafrika gehören, wo Stahl auf Grund des verschiedenen Grades der Regionalmetamorphose eine untere stark veränderte Stufe von einer oberen, wesentlich schwächer metamorphen unterscheidet. Auch hier treten Gneise und hochkristalline Schiefer auf, in denen die karbonatischen Einlagerungen zurücktreten.

b) Das Damarasystem

Die Damaraschichten, die neben denjenigen der flächenbeschränkten Abbabisformation das archaische Urgebirge Deutsch-Südwestafrikas bilden, gehören zu den am weitesten verbreiteten Ablagerungen der Kolonie. Sie beherrschen den mittleren Teil des Landes fast ausschließlich und haben ferner im nordwestlichen Teil, im Kaokofeld, eine große Verbreitung. Aber auch im Namaland und in der Diamantenwüste ist das Damarasystem verhältnismäßig stark vertreten.

Im Kaokofeld bestehen diese Schichten, die den Sockel des Landes bilden aus kristallinen Schiefern mit eingelagerten Gneisen, aus jüngeren Phylliten, Sandsteinen, Quarziten und kristallinen Kalken. Im mittleren Deutsch-Südwestafrika enthalten sie einen mächtigen Tillithorizont. Sie zeigen hier die gleiche Zusammensetzung wie im westlichen Damaraland und unterscheiden sich nur durch das Auftreten des Auas-Quarzithorizontes in der Khomasserie. Im westlichen Damaraland findet sich zu unterst das Basal- oder Grundkonglomerat mit Geröllen und Bruchstücken der Abbabisformation. Zur gleichen Zeit entstanden südlich von Windhuk die jetzt als Glimmer-, Amphibol- und Granatschiefer vorliegenden Gesteine. Daraufhin bildete sich die Marmorserie, die stellenweise mächtige Ablagerungen erreichte, und schließlich die Khomasserie, die ursprünglich aus Tonen von sehr großer Mächtigkeit bestand, welche zu Glimmer- und Amphibolschiefern umgewandelt wurden. Dieser oberste Horizont des Damarasystems wird als sehr mächtig angesehen (Gevers nimmt eine Senkung von etwa 10000 m an).

Im südöstlichen Teil des Windhuker Bezirkes sind die jüngeren Bastardschichten in die Damaraschichten mit eingefaltet; demnach haben diese ebenfalls archaisches Alter. Kaiser und Beetz trennen in der Diamantenwüste von den Damarschichten die diskordante, aber noch archaische Chloritschieferformation ab.

Die Schichten des Damarasystems spielen als Nebengesteine verschiedener Lagerstätten, hauptsächlich der Zinn- und der pegmatitischen Kupfervorkommen eine wichtige Rolle und werden daher bei den bedeutendsten dieser Vorkommen eingehender beschrieben. Auch sedimentäre Eisenerzlagerstätten kommen in den Damaraschichten vor.

c) Die Konkipformation

Die algonkische Konkipformation ist hauptsächlich im Süden der Kolonie entwickelt. Sie schiebt sich zwischen das kristalline Grundgebirge und die Namaformation und liegt zu beiden konkordant. Die Schichten der Konkipformation bestehen aus:

1. den Kunjasschichten (goldarme Konglomerate, Quarzite, Tonschiefer und Kalke).

2. den Sinclairschichten (mit Konglomeraten im Liegenden, darauf Eruptivgesteine und Tuffe);

3. den Auborusschichten (Sandsteine, Konglomerate, Brekzien und Quarzite).

Im Norden der Kolonie wird die Inselbergformation des südlichen Otavilandes zur Konkipformation gerechnet; gleichfalls gehören hierher auch einige Schichten im nördlichen Kaokofeld. Die Gesteine der Konkipformation im Kaokofeld faßt Stahl unter den Begriffen Choabendus- (= Kunjasschichten) und Outjoformation (= Auborus-zchichten) zusammen. Die Choabendusformation besteht aus Quarsiten, stellenweise mit Roteisenerzlagern, aus örtlich verbreiteten Quarz- bzw. Quarzitkonglomeraten, phyllitischen Schiefern und wenig metamorphen grauen Dolomiten in Linsenform. Die Outjoformation besteht aus Dolomiten.

An Lagerstätten kommen vor: Roteisenerzlager, goldhaltige Quarzite und Konglomerate sowie Kupfererzlagerstätten.

d) Die Namaformation

Die Namaformation ist im Nama- und Damaraland mit ihren abwechslungsreichen Schichten weit verbreitet. Diese bestehen aus Dolomiten, Kalken, Sandsteinen, Konglomeraten und Tonschiefern. Im Namaland sind die Schichten meist horizontal gelagert und werden von Range von unten nach oben folgendermaßen gegliedert:

1. Basisschichten (Konglomerate),
2. Kuibisschichten (hauptsächlich dickbankige Quarzite),
3. Schwarzkalkschichten (dunkel gefärbte, häufig fast schwarz aussehende Kalke),
4. Schwarzrandschichten (grünliche Sandsteine, häufig mit dunklen Schiefern wechsellagernd),
5. Fischflußschichten (rote Sandsteine und Schiefer).

In der gleichen Ausbildung kommt die Namaformation im Bastardgebiet vor. Hier findet man auch Diabase, die als Nebengemengteile Titaneisen, Turmalin und Kupferkies führen und das Nebengestein, den Namasandstein, manchmal turmalinisierten.

Zur Namaformation wird schließlich auch die Otaviformation gerechnet, die eingehender bei der Beschreibung der Tsumeb Mine behandelt wird.

Mineralvorkommen: Die Blei-Kupfererzlagerstätten des Otaviberglandes.

e) Die Karruformation

Die ersten Karruschichten wurden im Bezirk Gibeon nachgewiesen, wo typische Tillite diskordant auf den Fischflußschichten der Namaformation liegen. Diese Grundmoräne ist nur aus dem Namaland bekannt, denn nördlich des 24. Grades südlicher Breite ist noch kein Tillit beobachtet worden. Dementsprechend kennt man aus dem Norden des Landes nur die jüngeren Karruschichten, wo sie, von besonders ausgedehnten vulkanischen Decken überlagert, im Kaokofeld vorkommen. Im übrigen spielt die Karruformation für die Struktur des Landes keine wesentliche Rolle. In Namaland setzt sie sich nach Range von unten nach oben zusammen aus:

1. Glazialschichten (Dwyka-Tillit),
2. Eurydesmaschichten (dunkle Schiefer),
3. Karrusandsteine (hellgraue bis rötliche, milde, glimmerreiche Sandsteine).

Im Kaokofeld kommen nur die Sandsteinschichten vor, welche die Tafellandschaft der Entendeka bilden. Nördlich des Hoanib liegen die Karruablagerungen durchweg in tektonischen Gräben, die bei geringer Breite oft große streichende Erstreckungen aufweisen. Die Richtung der Gräben ist vorwiegend NW—NNW oder NO—ONO, entspricht demnach den beiden tektonischen Hauptrichtungen Afrikas. Das dritte Karrugebiet wird durch den Omatakograben des Hererolandes dargestellt, der nordwestlich streicht.

Die Karru ist die typische Formation der großen Ergüsse und Decken von Diabasen und anderen Effusivgesteinen.

Im Kaokofeld findet man in der unmittelbaren Umgebung der Effusivgesteine eine große Anzahl zum Teil mineralisierter Gänge, welche Quarz, Kalkspat, Flußspat, Blei-, Silber- und Kupfererze, die teilweise goldhaltig sind, führen.

Die Gliederung der Postkarruschichten ist aus Tabelle 7 zu entnehmen.

2. Tektonik

Wie in ganz Afrika, so herrschen auch in Deutsch-Südwestafrika vorwiegend zwei Richtungen vor. Die eine ist die NO-Richtung, die andere die NW- bis NNW-Richtung. Während Stahl das ganze Land in mehrere SW-NO gerichtete Schollen zerlegen will, weist Gevers darauf hin, daß sich ein großer Teil der von Stahl besprochenen Erscheinungen auch zwangloser durch eine im gleichen Sinne gerichtete wellenförmige Verbiegung des südwestafrikanischen Festlandsockels erklären lassen.

Im Archaikum wurden die alten Gesteine zu einem Faltengebirge zusammengeschoben, das im Süden ein N—S Streichen besaß, in der Mitte des Landes aber nach NO umbog. Nahezu sämtliche

Bewegungsrichtungen sind dann später dieser NO—SW streichenden Grundrichtung gefolgt. Durch die gleichzeitig mit der ersten und Hauptfaltung hochgedrungenen Eruptivgesteine wurde der Sockel rasch konsolidiert, so daß er später nicht wie in anderen Erdteilen gefaltet, sondern zerbrochen wurde. Es entstand in der Postkarruzeit eine typische Schollentektonik, die jedoch im mittleren Deutsch-Südwestafrika nach Gevers nicht die Maße angenommen hat, wie sie Stahl festzustellen glaubte. Für die von Krenkel am Südrande des Khomashochlandes angenommene Überschiebungslinie weist er nach, daß diese nicht vorhanden ist. Er betrachtet das Khomashochland als ein durch die Vergitterung der randlichen Aufwulstung und der NO—SW gerichteten Querverbiegung am höchsten herausgehobenes Gebiet. Es ist kein Bruch, sondern eine flache, mit Glimmerschiefern ausgefüllte Synklinale.

An größeren Verwerfungen läßt Gevers nur folgende gelten:

1. Die Zerlegung der Kaokoschichten in NNW—SSO gerichtete Streifen,
2. den Waterbergbruch,
3. die Hanibbruchlinie südöstlich Windhuk,
4. die Karashorste,
5. den Witpützgraben.

Range fügt diesen noch einige aus dem Namaland hinzu.

3. Hydrologische Verhältnisse

Von R. Pfalz

Das Problem der Wasserversorgung ist in Deutsch-Südwestafrika die Existenzfrage für Unternehmungen jeder Art, für den Betrieb wie für den einzelnen Siedler. Der niederschlagreichste Teil der Kolonie, der Nordosten, der gegen 600 mm Regen im Jahr erhält, zieht aus dieser Gunst keinen Nutzen, weil gerade hier der Untergrund besonders durchlässig ist. Nach Süden und Südwesten nehmen die Niederschlagsmengen bedeutend ab; die wenigen Millimeter, die in der Namib fallen, oder der spärliche Tauniederschlag, der dort gesammelt werden könnte, reichen in diesem Teil aber keineswegs für eine Wasserversorgung aus. Vor allem leidet auch das ganze Land unter der Wasserarmut der Trockenzeit.

So ist es selbstverständlich, daß jeder auch noch so bescheidenen Möglichkeit der Wassergewinnung nachgegangen werden muß. Dies betrifft zunächst die Vorkommen im Verwitterungsschutt, der hier vorwiegend mechanischer Einwirkung zuzuschreiben ist und deshalb im allgemeinen erst bei dichter Packung feinkörnigen Materials oder an der Auflagerungsgrenze gegen ein anstehendes Gestein Sickerwasseranreicherungen entstehen läßt. Auch bei sparsamer Entnahme halten aber diese Vorräte gewöhnlich doch nicht über die ganze Trockenzeit hin aus, obwohl ihre Ergiebigkeit an sich mitunter ganz ansehnlich genannt werden kann (über 1 l/sec bei Usib, Bezirk Rehoboth). Ähnlich verhalten sich die Vleys und die Pfannen. Sie führen vorübergehend in ihren Bodensedimenten größere Wasseranreicherungen und lassen in Regenzeiten gewöhnlich einen offenen Wasserspiegel entstehen. So handelt es sich hier, besonders bei größeren Kalkpfannen, oft um ergiebigere Vorräte; sie gewinnen vor allem dann an hydrologischem Interesse, wenn sie sich in ehemaligen oder gegenwärtigen Talsenken (wie im Bett des Eisib oder des Epukiro) hintereinander reihen und dann auch in ihrer Umgebung Bohrungen aussichtsreich erscheinen lassen. Eine zukünftige Wassererschließung wird sich auch der Frage widmen müssen, ob sich in den Küstendünen Kondenswasser in zwar bescheidenen, aber wegen ihrer Lage in ariden Landschaften sehr wertvollen Horizonten gebildet hat.

Im Gegensatz zu diesen gelegentlichen Vorkommen sind die Grundwasserströme in Talalluvionen, die Kluft- und die Schichtwässer die ausschlaggebenden Vorräte, ohne daß damit gesagt sein soll, daß man sie in jedem Falle für zufriedenstellend halten darf. Erst eine sorgfältige Untersuchung der geologischen und geographischen Bedingungen läßt die geeignete Ansatzstelle für eine Wasserfassung erkennen. Vor allem beeinträchtigen starke Schwankungen der Niederschlagsmengen die Voraussetzungen. Diese Abhängigkeit macht sich in erster Linie bei den Kluftwässern bemerkbar, die im kristallinen Grundgebirge weit verbreitet sind, aber auch dem alten Tafelland des Südens nicht fehlen. Im Glimmerschiefer des Damaralandes treten sie oft in solcher Häufigkeit auf, daß das Gestein bei den Bohrmeistern als wasserführend bekannt ist. An Spalten ist auch die Mehrzahl der heißen Quellen gebunden; sie finden sich vom Bezirk Outjo bis Warmbad in einer etwa küstenparallelen Anordnung und konnten hier und da, wie in Windhuk, zur Unterstützung der Trinkwasserversorgung herangezogen werden.

Größere Zuverlässigkeit als die Kluftwässer versprechen Grundwasserströme, die man in Talalluvionen antrifft, vor allem in den Schottern und Sanden der zum Meer sich wendenden Riviere (Beispiele: Hoarusib, Hoanib, Ugab, Omaruru, Swakop, Khan, Kui-

2*

seb). Beckenartige Auswaschungen an der Sohle dieser Täler können größere Wassermengen aufspeichern. Die meisten dieser Riviere zeigen in ihrem fließenden Grundwasser eine nach dem Unterlauf hin zunehmende Versalzung. — Die flach eingesenkten breiten Omuramben, die für die östliche Abdachung charakteristisch sind, konnten bisher nur wenig erforscht werden. Wenn sich aber in ihrem Bett Grundwasser nachweisen ließ, haben sie besondere Bedeutung erlangt, da sie oft weite Durststrecken abkürzen helfen, wie der Omatako im Kaokofeld.

Schichtwässer sind an die Wechsellagerung von durchlässigen und undurchlässigen Sedimenten gebunden, wie sie im Ambolande, im Otavibergland, am Waterberg, im Damara- und Namaland und am Rande der Kalahari auftreten. Hier sei besonders auf die Karstverhältnisse im Otavibergland hingewiesen, wo das Oberflächenwasser versinkt, aber größere Wasseransammlungen in unterirdischen Hohlräumen erfolgen. Hervorzuheben ist vor allem auch die Wasserführung des mächtigen Schwarzkalkes, der Schwarzrandschichten und der Fischflußschichten im Namalande an der Grenze gegen wasserstauende Sedimenthorizonte. Die oberen Glieder des Namasystems, das Karrusystem und die tieferen Ablagerungen der Kalaharischichten haben besonders im Auobtale und bei Gibeon und Keetmanshoop, neuerdings aber auch im Ambolande äußerst günstige Vorkommen artesischen Wassers erschließen lassen. Im Auobtal läßt sich artesisches Wasser mindestens auf einem Areal von der Größe Sachsens erbohren. Wird durch geschickte Auswahl und sachgemäße Benutzung der Brunnen einer möglichen Erschöpfung der Vorräte vorgebeugt, so können die artesischen Vorkommen die Grundlage für eine wesentliche Erweiterung des Tätigkeitsfeldes der Weißen schaffen.

Unter den wasserwirtschaftlichen Maßnahmen hat sich in der Kolonie vor allem die Anlage von Grundwehren zur Stauung des in Tälern fließenden Grundwassers und die Errichtung von Staudämmen für oberirdische Wasserläufe bewährt, wenn die natürlichen Faktoren dabei die notwendige Berücksichtigung fanden.

C. Die magmatischen Phänomene

1. Die Eruptivgesteine

Deutsch-Südwestafrika bietet mit seinen auf großen Arealen bloßgelegten Urgesteinen eine ausgezeichnete Möglichkeit, das Verhalten des beweglichen Untergrundes, des Magmas, in allen seinen Phasen von den ältesten geologischen Zeiten angefangen bis zur Jetztzeit zu verfolgen. Dabei kann dies naturgemäß, solange keine genaueren Studien und vor allem eingehende chemische Untersuchungen vorliegen, nur in groben Zügen erfolgen. Immerhin ergaben sich bei der Sichtung des bisher Bekannten gewisse petrographische Analogien, die eine Parallelisierung dort ermöglichen, wo keine räumlich sichtbaren Zusammenhänge bestehen. Ebenso wie bei den geologischen Gleichsetzungen der fossilleeren oder zumindest sehr fossilarmen Schichten Deutsch-Südwestafrikas der Gesamtverband wesentlich ist und nicht die lokalen Abweichungen, so darf man auch bei der Betrachtung der Eruptivgesteine und bei dem Versuch, einwandfrei erkannte Altersunterschiede auf petrographisch gleiche Provinzen zu übertragen, sich nicht von den Ausnahmen leiten lassen, sondern lediglich von den gemeinsamen, groß angelegten Merkmalen. Deutsch-Südwestafrika zeigt im Verlauf des geologischen Geschehens eine so wundervolle Einheit und so ausgesprochen homogene Reaktionen, daß es nicht verwundert — es würde vielmehr im entgegengesetzten Falle enttäuschen — daß auch die Differentation des Magmas in großen Zügen in allen Gebieten zur gleichen Zeit und in der gleichen Richtung verlief.

Jeder orogenetische Vorgang war auch von einer Magmenförderung begleitet. Diese richtete sich in ihrer Extensität und Intensität nach dem Grad der Revolution, so daß wir zu Ende des Archaikums, als in Deutsch-Südwestafrika die stärksten Krustenbewegungen stattfanden, auch die grandioseste Magmenaktivität besitzen.

Jedoch schon vor dieser Zeit, während des Archaikums, entstanden Eruptivgesteine. Die älteste Magmentätigkeit kennen wir schon aus der Zeit kurz nach der Ablagerung der ersten Sedimente des südafrikanischen Kontinents. Es sind dies die in die Abbabisschichten intrudierten und bald darauf metamorphosierten Eruptivgesteine. Sie nehmen als die ältesten und vielfach mylonitisierten Granitgneise, hauptsächlich im Westen des Landes an der Küste entlang etwa bis zum Abbruch, größere Areale ein. Granitgneise treten überall dort auf, wo das Grundgebirge freigelegt ist; sie sind aber nicht alle prädamaraischen Alters. Ein Teil von ihnen steckt in den über den Abbabisschichten liegenden Damaraschichten und ist demnach jünger. Der häufigste Typ ist ein Zweiglimmer-Plagioklas-Granit, demnach ein Kalk-Alkali-Granit, mit dem kaum vergneiste, rote Feldspäte sowie Quarz und Turmalin führende Pegmatite vergesellschaftet sind, die ebenfalls älter als die Damaraschichten sein müssen, da sich Bruchstücke davon im Basalkonglomerat feststellen lassen. Die alten Gneisgranite besitzen vor allem bei Lüderitzbucht eine große Verbreitung und werden von Beetz als Plagioklasgranite beschrieben und auch so bezeichnet. Es erscheint aber zweckmäßig, ihnen den Namen Prädamaragranite zu geben, da einerseits „Gneisgranite" auch in späteren Horizonten auftreten und andererseits der Begriff „Plagioklasgranite" keinesfalls eine genaue Definition ihres Alters geben würde. Eine Vererzungsphase der Prädamaragranite ist bisher nicht bekannt geworden. An basischen Gesteinen kommen Orthoamphibolite vor.

Da die Damaraschichten diskordant auf den Abbabisschichten liegen, kann man annehmen, daß nach der Ablagerung der letzteren die ersten orogenetischen Bewegungen entstanden, in deren Gefolge das Magma intrudierte.

Dem Alter nach folgen schon in der Damarazeit die Auser Gneisgranite von Beetz, die zwar nicht mehr mylonitisiert sind, durch ihre Vergneisung aber deutlich beweisen, daß sie vor der Hauptfaltung in die Schichten des Damarasystems intrudiert sein müssen. Sie führen neben Quarz und Feldspat untergeordnete Mengen von Biotit und Muskovit.

Nach der Ablagerung der Damaraschichten setzte nunmehr deren steile Aufrichtung und Faltung und damit in Verbindung stehend die magmatische Haupttätigkeit Deutsch-Südwestafrikas ein. Die Sedimente des Grundgebirges sind überall mit Ausnahme des Khomashochlandes hauptsächlich von Graniten, in kleinerem Maßstabe auch von anderen Eruptivgesteinen förmlich durchwirkt. Zahlreiche Erscheinungen deuten darauf hin, daß die Intrusion des größten Teiles der Granite gleichzeitig mit der Auffaltung der Damaraschichten erfolgte, also Postdamara-Alter hat. Sie müssen sich aber vor der Nama- bzw. Konkipformation gebildet haben, da man, von geringen Ausnahmen abgesehen, keine Granite in den Namaschichten findet, so daß diese auch keinerlei Kontaktwirkungen aufweisen.

Trotz der großen flächenhaften Verbreitung der Granite kennt man im Südwesten kaum größere zusammenhängende batholithische Massen. Das granitische Magma drang vielmehr in die vielen, durch die Faltung entstandenen Schwächezonen der Damaraschichten ein und bildet so heute eine große Anzahl von größeren und kleineren Granitmassiven. Die vorhandene tektonische Struktur bewirkte zugleich, daß es je nach der Umgebung und der relativen Höhenlage zu einer verschieden raschen Differentiation und damit zu einer großen Mannigfaltigkeit der Granite kam. Diese Mannigfaltigkeit kam erst durch die eingehendere Kartierung gewisser Gebiete durch die südafrikanischen Geologen zum Vorschein.

Überblickt man die geologische Karte Deutsch-Südwestafrikas (Taf. I) mit den eingetragenen Granitmassiven, so fällt es auf, daß diese eine besonders starke Gruppierung im Zentrum zeigen, wogegen der nordwestliche Teil und auch der Süden verhältnismäßig wenig Granite aufweisen. Dies liegt einmal daran, daß in den letztgenannten Gebieten die jüngeren Formationen stark vorherrschen, zum anderen aber auch daran, daß die zentralen Teile infolge ihrer Erzlagerstätten besser als die übrigen studiert worden sind.

Auf den geologischen Karten des Südens und Südwestens ist der Granit im Areal der Primärformation meist nicht ausgeschieden, so daß gerade diese Teile sich nach einer gründlichen Kartierung sicherlich weitgehend verändern werden. Denn aus den Arbeiten Ranges, Frommurzes u. a. ist bekannt, daß z. B. auch im südlichen Namaland größere Granitgebiete vorkommen, die gleichfalls, wenn auch anscheinend nicht so intensiv, vererzt sind wie die zentralen Teile.

Bis zu dem Zeitpunkt, da die Untersuchungen von Gevers ergaben, daß es sich bei der Hauptintrusion des Granites nicht um einen zeitlich einheitlichen Vorgang handelte, sondern daß die Magmentätigkeit gleich am Anfang der Orogenese einsetzte und erst mit deren Höhepunkt das Maximum erreichte, beschrieb man diese Postdamaragranite zunächst alle als Salemgranite oder Hauptgranite (nach Reuning). Gevers wies aber schon darauf hin, daß sich die letzte Bezeichnung nicht aufrechterhalten lasse, da sie heterogene Gesteine und Vorgänge umfaßt. Wie noch gezeigt wird, ist aber auch die Bezeichnung Salemgranit nur in beschränktem Maße anwendbar.

Am besten geben uns die Verhältnisse im westlichen Damaraland zwischen dem Kuiseb Rivier und dem Khan Rivier, die durch Gevers studiert wurden, Aufschluß über die zyklische Intrusion und die fortschreitende Differentiation eines granitischen Magmas mit großem Volumen.

Als älteste Eruptivgesteine bildeten sich hier Diorite und mit diesen vergesellschaftet Hornblendite, Dioritporphyrite und Anorthosite. Die Diorite gehen zum Teil in Granodiorite über. Die Hornblendite bilden meist Randfazien von Massiven, die nach dem Inneren immer heller werden und schließlich in Diorite oder in hellgraue Granodiorite und Hornblendegranite übergehen. Hornblende, Biotit, viel Titanit und reichliche Mengen von Apatit zeichnen alle diese Gesteine aus. In den Granodioriten überwiegt noch bei weitem der saure Plagioklas. Biotit ist reichlich, Hornblende weniger reichlich vorhanden. Auch etwas Muskovit tritt auf.

Als nächstes folgt ein graublaues granitisches Gestein mit einem hohen Gehalt an femischen Bestandteilen, besonders an Hornblende. Der saure Plagioklas ist reichlich vertreten, jedoch überwiegt der Orthoklas. Apatit und besonders Titanit sind noch in betonten Mengen vorhanden. Es ist demnach ein Hornblendegranit, dem Gevers die Bezeichnung Goasgranit gab. Er kann als reiner Hornblendegranit oder als Biotit-Hornblendegranit ausgebildet sein. Der Goasgranit ist häufig mit einem Gangnetz von Hornblenditen, Quarzhornblenditen und Dioritporphyriten verknüpft, die zum Teil in den Goasgranit intrudierten und nach Gevers so gedeutet werden können, daß sie ein aus größerer Tiefe stammendes Differentiationsprodukt eines dioritischen Magmas darstellen, das erst empordrang, nachdem die Differentiation in höheren Regionen bereits weiter fortgeschritten war. Auch diese Gesteine sind reich an Plagioklas, Apatit und Titanit.

Der Goasgranit ist deutlich älter als der nunmehr folgende Salemgranit, der in diesen intrudierte. Der Salemgranit wurde erstmalig durch Gürich aus der Umgebung von Salem am unteren Swakop beschrieben. Es ist ein typischer grauer porphyrischer Biotitgranit mit zahlreichen Einsprenglingen von Mikroklin, Orthoklas und Natronorthoklas und einem hohen Gehalt an femischen Bestandteilen, die durch Biotit vertreten sind. Dieser hohe Biotitgehalt ist das Hauptmerkmal des Salemgranites, das ihn von allen älteren und jüngeren granitischen Intrusionen unterscheidet. Wo er in den Biotitschiefer intrudierte, kam es zu einer besonders starken Biotitanreicherung. Hornblende fehlt im typischen Salemgranit. Muskovit tritt manchmal als Nebengemengteil auf. Zirkon ist verhältnismäßig reichlich vertreten, dagegen sind Apatit und Titanit meist nur spärlich vorhanden, so daß man es mit einem normalen Kalk-Alkali-Granit zu tun hat.

Auf den Salemgranit folgen Granite von rötlicher Farbe, bei deren typischen Vertretern der Orthoklas den sauren Plagioklas bei weitem überwiegt und Titanit und Apatit kaum mehr vorhanden sind. Meist findet sich auch der Plagioklas nur sehr spärlich. Auch der Biotit erreicht selten Gehalte, die an die des Salemgranites heranreichen. Dieser Granit, der sogenannte Domgranit Reunings, intrudierte im Lüderitzland in die Phyllitschichten der Chloritschieferformation, die Beetz und Kaiser dort infolge ihrer Diskordanz ausscheiden konnten. Demnach könnte man zwischen den Salemgranit und den roten Granit eine Sedimentationsperiode annehmen. Die Verbreitung des roten Granites und vor allem desjenigen der nächsten Phase ist eine sehr große.

Hieran schließen sich nunmehr, vielleicht auch in kontinuierlichem Übergang, aber meist durch einen Zwischenraum getrennt, helle grauweiße nichtporphyrische Granite mit Quarz, Orthoklas, Mikroklin und Biotit oder Muskovit. Der kalkführende Plagioklas tritt ganz zurück, der Muskovit kann den Biotit schon überwiegen. Zirkon ist häufig, Apatit selten und Titanit meist nicht vorhanden. Epidot ist ein häufiges Umwandlungsprodukt. Typisch vor allem ist das Auftreten von pneumatolytischen Mineralien, wie Muskovit und Turmalin, in größeren Mengen. Es handelt sich dem Mineralbestand nach einwandfrei um einen Alkaligranit, der seiner großen Verbreitung wegen vorläufig als Damaragranit bezeichnet werden möge.

Die nun folgenden Nachschübe des sich immer weiter differenzierenden Magmas werden immer saurer. Im aplitischen Granit findet man oft ausschließlich Mikroklin und an Glimmermineralien nur Muskovit. Von den akzessorischen Bestandteilen ist meist nur Zirkon vorhanden. Man kennt weiße und rote Varietäten.

Das sauerste granitische Gestein, der pegmatitische Granit, besteht vornehmlich aus Kristallen von Alkalifeldspat und Quarzkörnern, die von Muskovit begleitet sind. Dieser kann auch durch Cookeit, ein glimmerähnliches Verwitterungsprodukt des roten Turmalins, oder durch pfirsichblütenfarbigen Lepidolith sowie durch Topas vertreten werden. Sehr verbreitet ist ferner der Schörl. Auch Granat findet man in diesen Gesteinen, und zwar nicht nur in der Nähe von Marmorbändern als Grossular und Melanit, sondern auch in größerer Entfernung davon als Almandin und Spessartin.

Sowohl der pegmatitische als auch der aplitische Granit können als weiße oder rötliche Granite ausgebildet sein. Der rötliche herrscht in diesem Gebiet vor, der weiße weiter nordwärts im Zinngebiet.

Überblickt man die Postdamara-Eruptivgesteine des westlichen Damaralandes, so sieht man sehr deutlich die Auswirkung der fortschreitenden Differentiation eines großen Magmas. Der Verband der einzelnen Gesteine ist ein derart inniger, daß man sie alle dem gleichen Intrusionszyklus zuschreiben muß; das ist die Hauptintrusionsphase am Anfang und vor allem während der Postdamarafaltung.

Die Intrusion beginnt mit intermediären Gesteinen, die immer saurer werden und sich allmählich bis zum sauersten Typ, dem pegmatitischen Granit entwickeln. Das anfänglich kalziumreiche Magma verliert immer mehr an Kalk, Kalium nimmt zu, so daß die Postsalemgranite schon typische Alkaligranite sind. Zwar bestehen leider noch keine Analysen dieser Gesteine, die es erlauben würden, die Differentiation des Magmas chemisch darzustellen, doch gibt die Veränderung des Mineralgehaltes eine genügende Unterlage für die Beurteilung des Differentiationsverlaufes.

Die Feldspäte zeigen eine ständige Abnahme des Kalk- und eine Zunahme des Alkaligehaltes. In den normalen Dioriten herrschen Andesin und Labrador vor, in den Quarzdioriten Oligoklas und Andesin, im Goasgranit Albit, Oligoklas und Andesin, wobei aber auch schon Orthoklas in zunehmenden Mengen auftritt; im Salemgranit ist der Orthoklas schon vorherrschend und Albit-Oligoklas stark zurücktretend, in den roten Graniten kommt neben dem Alkalifeldspat nur etwas Albit vor, und die späteren Granite enthalten nur noch Alkalifeldspäte.

Die gleiche Tendenz wie die kalkhaltigen Plagioklase zeigen auch die Mineralien Apatit und Titanit. Noch im Goasgranit sind sie reichlich vorhanden, um dann immer mehr zurückzutreten und in der sauersten Phase ganz zu verschwinden. Zirkon ist an die sauren Differentiate gebunden; denn er findet sich erstmalig im Salemgranit und ist später der einzige akzessorische Bestandteil. Hornblende wiederum ist an die intermediären Glieder und an die nicht allzu sauren Granite gebunden und tritt schon im Salemgranit fast vollkommen zurück. Der Biotit, der nicht vom Kalkgehalt abhängig ist, kommt auch noch in reichlichen Mengen im Salemgranit vor. Er wird durch den Muskovit erst dann abgelöst, wenn sich die ersten Anzeichen einer pneumatolytischen Phase bemerkbar machen. Der Muskovit ist demnach an die sauren bis sauersten Differentiate gebunden, in denen er durchweg durch Verdrängung des Feldspates entstanden ist. In diese Phase gehört vor allem auch der Turmalin.

Es mögen nunmehr kurz die übrigen „Granitprovinzen" Deutsch-Südwestafrikas beschrieben werden, um aufzuzeigen, wie weit Analogien mit dem westlichen Damaraland, wo eine kontinuierliche Differentiation vorliegt, vorhanden sind.

Im Kaokofeld bedecken die Granite größere Flächen im nördlichsten Teil. Sie kommen ferner an einigen Stellen der Küste vor, bilden größere Massen bei Otjitambi und Haobes, von wo aus sie nach Osten zu verfolgen sind. Der Anschluß an die großen Vorkommen des Zentralgranites wird über den Brandberg, der selbst einer jüngeren Periode angehört, hergestellt. Der häufigste Typ im Kaokofeld ist ein Hornblendegranit. Der Otjitambigranit ist ein epidothaltiger grobkörniger Biotitgranit von roter Farbe. Seine Randzonen sind etwas vergneist. Eine noch dunklere rote Farbe weist der Granit von Haobes auf. In der Nähe der Granite sind Kontakterscheinungen häufig. Sie äußern sich meist in der Bildung von Knotenschiefern. Gänge und Ausläufer der Granite durchziehen die kristallinen Schiefer. Stahl macht darauf aufmerksam, daß die Granite des benachbarten Hererolandes, das Hauptverbreitungsgebiet des Granites, in enger Verbindung mit der Marmorserie des Damarasystems stehen und daß man die gleichen Verhältnisse im nördlichen Teil des Kaokofeldes und in Südangola wiederfindet. Er vermutet daher, daß das granitfreie Kristallin überwiegend Horizonten zugehören dürfte, die jünger sind als die Marmorserie. Wenn dies stimmt, so herrschten hier die gleichen Verhältnisse wie im Khomashochland, und man kann nach Stahl diese beiden Horizonte in Parallele setzen.

Nach dem, was bisher bekannt wurde, sind im nordwestlichen Teil des Landes nur die älteren Kalkalkaligranite, der Goasgranit und der Übergang zu den Alkaligraniten, der Rote Granit, bekannt. Sicherlich kann man manche Typen auch dem Salemgranit zuschreiben.

An die Granite des Kaokofeldes schließen sich in südöstlicher Richtung die Granite des Zinngebietes, die einen Teil der Hauptgranitregion im zentralen Teil des Landes bilden. Dieses Granitgebiet zeigt mit zahlreichen Unterbrechungen eine ausgesprochen südwest-nordöstliche Anordnung und ist in größeren Abständen über eine Erstreckung von fast 1000 km bis an den Rand der Kalahari im Otavibergland zu verfolgen. Denn die Granite des Otaviberglandes sind, wie dies Stahl zuerst nachweisen konnte, nicht jünger als die Otaviformation, sondern gehören gleichfalls zur Primärformation, was übrigens Wagner schon im Jahre 1911 vermutete.

Den ältesten Granit des Zinngebietes beschreibt Gevers als Salemgranit. Es ist ein grauer, porphyrischer Biotitgranit mit tafeligen Orthoklaskristallen und Mikroklin. Gewöhnlich kann man zwei Varietäten des Salemgranites unterscheiden: Den typischen grobkörnigen mit großen Feldspatkristallen und einen feinkörnigeren, in dem die Feldspäte viel kleinere Kristalle bilden. Beide Varietäten unterscheiden sich von den nachfolgenden granitischen Phasen durch ihren hohen Biotitgehalt.

Gevers selbst betont, daß die mikroskopische Untersuchung des Salemgranites ergeben hat, daß es sich um einen Alkaligranit handelt, der im wesentlichen aus Quarz, Orthoklas und Biotit besteht. Sehr häufig ist der Orthoklas durch Mikroklin ersetzt. Wo dies nicht der Fall ist, ist der Orthoklas mit Albit verwachsen, Plagioklas — außer Albit — ist selten. Im Granit von Paukwab kommen auch Oligoklas und Andesin vor. Muskovit ist gelegentlich vorhanden, Zirkon bildet größere Kristalle, Apatit und Topas sind in manchen Abarten reichlich vertreten. Turmalin ist sehr oft zu beobachten, gelegentlich auch etwas Flußspat. An Erzen sind ab und zu Magnetit, Pyrit und Molybdänglanz vorhanden.

Aus der eben angeführten mikroskopischen Beschreibung geht hervor, daß der älteste Granit von größerer Verbreitung im Zinngebiet kein echter Salemgranit mehr ist. Er besitzt zwar im wesentlichen die gleiche mineralische Zusammensetzung (s. Zusammenstellung in Tabelle 3), doch unterscheidet er sich vom Salemgranit

Tabelle 3

Mineralische Zusammensetzung der Hauptgranittypen des westlichen Damaralandes

	Goasgranit	Salemgranit	Roter Granit	Damaragranit	Omarurugranit	Zinngranit porphyrisch	Zinngranit nicht porph.	aplitischer Granit	Erongogranit
Ca-Plagioklas	+	+							
Orthoklas	⊕	⊕	⊕	⊕	⊕	⊕	⊕	⊕	⊕
Mikroklin		+		+	+	+	+		
Albit					+	+	+		
Quarz	⊕	⊕	⊕	⊕	⊕	⊕	⊕	⊕	+
Hornblende	⊕								
Biotit		⊕	+	+	⊕	⊕	·		
Muskovit				⊕		⊕	⊕		
Apatit	+	·	·	·	+		+		
Titanit	+	·	·						
Zirkon								+	+
Topas								+	+
Turmalin								+	
Flußspat								+	

⊕ = Hauptbestandteile. + = Nebenbestandteile. · = Akzessorische Bestandteile

hauptsächlich dadurch, daß er keinen kalkführenden Plagioklas enthält, zumindest der normale Typ nicht. Dementsprechend wird der Salemgranit als Kalkalkaligranit beschrieben, wogegen der Granit des Zinngebietes ein echter Alkaligranit ist. Wenngleich an dieser Stelle noch einmal betont werden muß, daß diese Überlegungen mangels Analysen nur mit einem gewissen Vorbehalt gemacht werden, so scheint es doch geboten, den Granit des Zinngebietes durch eine andere Namensgebung zu kennzeichnen — etwa Omarurugranit —, da sonst leicht Verwechslungen stattfinden könnten. Sicherlich werden einige Vorkommen echten Salemgranit darstellen, doch bildet der größte Teil ein weiter fortgeschrittenes Differentiationsstadium und ist vermutlich etwas jünger als dieser. Es erscheint nicht ausgeschlossen, daß diesem Zwischendifferentiationsprodukt die Konzentrierung des Zinnsteins und seiner Begleiter zugeschrieben werden kann. Zumindest ist es auffallend, daß die in der Gefolgschaft des Salemgranites auftretenden sauren und alkalireichen Granite zinnfrei sind. Auf diese Probleme wird noch näher im Kapitel „Die Granite und ihre Vererzung" einzugehen sein.

Auf den Omarurugranit folgt im Zinngebiet der nichtporphyrische Granit von Gevers, der als eigentlicher Zinnbringer betrachtet werden kann und deshalb als Zinngranit bezeichnet werden soll. Er unterscheidet sich wesentlich vom Omarurugranit durch seinen nichtporphyrischen Habitus, durch das oft vollkommene Fehlen von femischen Bestandteilen und damit durch seinen sauren Charakter und seinen Alkalireichtum, der vor allem durch eine betontere Albitführung gekennzeichnet ist. Der Muskovit ist meist stärker vertreten als der spärliche Biotit. Seine Hauptgemengteile werden gleichfalls durch Quarz und Orthoklas gebildet. Der Orthoklas ist sehr oft durch Mikroklin ersetzt. Saurer Plagioklas ist, wie bereits erwähnt, in viel reichlicherem Maße vorhanden als im Omarurugranit. Topas, Zirkon und Apatit sind akzessorische Gemengteile. Selten findet man auch etwas Magnetit und Flußspat. Gelegentlich ist Turmalin sehr häufig, so daß als Zeichen einer immer weiter fortschreitenden Differentiation Übergänge zu den reinen Turmalingraniten entstehen.

Der Zinngranit ist meist durch einen bestimmten Zeitraum vom Omarurugranit getrennt. Außer ihm kommt ein nichtporphyrischer Granit auch direkt als Randfazies des Omarurugranites vor und enthält dann mehr femische Bestandteile als normalerweise. Es handelt sich demnach in diesen Fällen um eine rascher erkaltete, ebenfalls saure nichtporphyrische Randfazies.

Bei noch weiter gehender Differentiation kommt es zur Intrusion des aplitischen Granits, der nur noch aus Feldspat und Quarz mit etwas Muskovit besteht, und schließlich zu der des pegmatitischen Granits mit seinem sehr grobkörnigen Habitus. Dieser führt neben Orthoklas und Quarz auch größere Mengen von Muskovit und Turmalin, dazu etwas Granat, sobald er in den Marmor intrudierte, sowie gelegentlich Cookeit.

Vergleicht man die Differentiation des granitischen Magmas des Zinngebietes mit derjenigen im westlichen Damaraland südlich der Linie Swakopmund—Karibib, so sind einige Unterschiede bemerkenswert. In beiden Gebieten gingen der Hauptintrusion des Granites intermediäre voraus. Im nichtzinnführenden Teil des westlichen

Damaralandes, demnach südlich der Linie Swakopmund—Karibib, beginnt die Hauptintrusion mit dem Salemgranit, also mit einem normalen Kalkalkaligranit. Im Zinngebiet dagegen sind die ersten bedeutenderen Granite reine Alkaligranite und können zeitlich und ihrem Mineralbestand nach etwa mit den roten Graniten der Postsalemphase verglichen werden.

Die nordöstliche Fortsetzung des Granitgebietes zwischen dem Khan- und Kuiseb Rivier bilden die gewaltigen Granitintrusionen des Hererolandes. Man findet hier einen anscheinend älteren graugelblichen Granit, dem zahlreiche Aplite zugeordnet werden können, und etwas jüngere rote feldspatreiche und betont turmalinführende Ganggranite. Sie sind in ihrer Gesamtheit noch wenig bekannt. Es scheint sich aber im wesentlichen um Kalkalkaligranite zu handeln.

Die das Khomashochland im Süden umgebenden Granite des Bastardlandes sind durch die Arbeiten Rimanns und de Kocks bekannt geworden. Die ältesten Eruptivgesteine sind hier Amphibolite und Diorite, denen Orthogneise und Granite folgen, die sich geologisch nicht trennen lassen. Sie gehören vielmehr dem gleichen Intrusionszyklus an. Übergänge wurden einwandfrei noch nicht beobachtet. Nach den Untersuchungen von de Kock kommen allerdings auch Massen mit einem granitischen Kern und Randfazien von Orthogneisen vor. Regional ist insofern ein Unterschied festzustellen, als die nördlichen Teile, die den kristallinen Schiefern zwischengeschaltet sind, einen bedeutend höheren Grad der Tiefenmetamorphose aufweisen als das Zentralmassiv. Dieser Unterschied in der Tiefenmetamorphose ist aber nicht nur auf das Bastardland beschränkt, sondern ist auch in noch größerem Maßstabe zu beobachten. Reuning wies als erster darauf hin, daß das Innere Deutsch-Südwestafrikas einen geringeren Intensitätsgrad der Metamorphose aufweist als der Küstenstrich. Während an der Küste die Meso- und Katagesteine vorherrschen, findet man im Inneren lediglich Gesteine der Mesozone mit gelegentlichen Übergängen zur Epizone. Diese Unterschiede in der Metamorphose dürfen nach Gevers aber nicht in dynamischen Einflüssen gesucht werden, da mit Ausnahme des Khomashochlandes das Grundgebirge gleichmäßig gefaltet ist, und auch nicht in einer verschiedenen Belastungsmetamorphose, da die Mächtigkeit der Damaraschichten in beiden Fällen eine ungeheure ist (etwa 30000 m), sondern in einem verschiedenen Intrusionsmechanismus des Magmas. Während im Inneren die Granite vornehmlich in großen Arealen intrudierten, zeigt das Küstengebiet eine „lit par lit“ Intrusion und erzeugte durch die innige Verschmelzung mit dem Nebengestein auch eine stärkere Metamorphose desselben. Den Unterschied der Metamorphose der Granite im Bastardland selbst kann man sich nach de Kock so erklären, daß die randlichen Partien der Granite durch die Berührung mit dem Schiefer eher erstarrten als die zentralen und nunmehr durch die später erstarrenden Partien metamorphosiert wurden.

Nicht unbeachtet darf man dabei allerdings das tektonische Moment lassen. Wie noch nachstehend gezeigt wird, lassen sich im Bastardland mit ziemlicher Sicherheit zumindest zwei verschiedene, dem Alter nach völlig unabhängige Granitintrusionen nachweisen: Dioritische Hornblendegranite und hornblendefreie Granite. Während erstere oft geschiefert und tektonisch stark beansprucht sind, sind letztere tektonisch nicht beeinflußt. Daraus geht einwandfrei hervor, daß sie zu verschiedenen Zeiten der Faltungsphase intrudierten.

Der typische Orthogneis des Bastardlandes ist von rötlichem bis grauweißem Farbton. Der Quarz ist in zwei Generationen vorhanden. Ein Teil zeigt starke Kataklase, der andere ist frei davon und erst später entstanden. Auch die Feldspäte lassen alle Merkmale einer starken mechanischen Beanspruchung erkennen. Es sind Kalkalkalifeldspat-Gneise mit Orthoklas, Mikroklin, Oligoklas-Albit, Quarz, Biotit, Muskovit, Hornblende, Epidot, Zirkon, Magnetit, Titaneisen und Titanit. Von diesen Mineralien sind Mikroklin, Quarz, Muskovit, Epidot und Titanit Neubildungen. Begleitet sind die Orthogneise von sauren Apliten und Pegmatiten, die gleichfalls eine Metamorphose erlitten haben, und von basischen Ausscheidungen in Form von größeren Massen einer derben grünen Hornblende mit etwas Epidot, Plagioklas und Titanit. Außer diesen hellen sauren Nachschüben kommen auch dunkle basische Ganggesteine vor, die man vor allem in den Grubenaufschlüssen verfolgen konnte, wo sie das Nebengestein der goldführenden Gänge des Rehobother Bezirkes bilden. Sie sind stark metamorphosiert; man erkennt aber unter den Massen einen erheblichen Feldspatgehalt (Albit-Oligoklas), stellenweise viel Titanit und Apatit. Edlinger hält diese Gesteine mit Vorbehalt für Lamprophyre der Vogesit- oder Spessartitreihe und stellt sie zur Ganggefolgschaft der Orthogneise.

Wie bereits betont, kann nach de Kock der Orthogneis allmählich in den Normalgranit übergehen, der als Hauptgemengteile Orthoklas, Plagioklas, Quarz, Biotit und gemeine Hornblende führt. Akzessorisch treten Apatit, Zirkon und in manchen Gesteinen besonders häufig Titanit auf. Da der Plagioklas zu der Reihe der Oligoklas-Albite und des Oligoklas gehört, kann man diese Granite als Kalkalkaligranite bezeichnen. Zwar tritt der Plagioklas im allgemeinen etwas zurück, er kann sich jedoch in den basischeren Ausscheidungen, die sich im Granit gebildet haben, neben sehr viel Biotit und Hornblende stark anreichern. Durch größere räumliche Differentiation kann es zur Bildung von quarzarmen Hornblenditen kommen, die z. B. bei Neuras allmähliche Übergänge zu hornblendefreien Graniten bilden. Diese Hornblendite sind sehr reich an Titanit und Apatit und ihrer Natur nach identisch mit den Hornblenditen, die die Orthogneise begleiten. Wie bereits erwähnt, läßt auch noch der Hornblendegranit eine Kataklase erkennen.

Neben den Hornblendegraniten kommen auch hornblendefreie vor, die sich hauptsächlich um das Gebiet westlich Rehoboth gruppieren. Wie aus Tabelle 4 nach de Kock zu ersehen ist, führen diese Granite neben Orthoklas, Mikroklin und Quarz stets auch größere Mengen Plagioklas; doch ist dieser, wie aus nachstehenden Analysen ersichlich ist, ein Albit. Die meisten Granite enthalten auch Biotit, andere wiederum sind muskovitreicher. An akzessorischen Gemengteilen sind vorhanden: In den meisten Magnetit, nicht immer Titanit oder Titaneisen, spärlich Apatit, in einigen Granat und schließlich die Umwandlungsprodukte Epidot und Chlorit.

	I	II	III	IV
SiO_2	71,69	77,98	73,98	73,24
Al_2O_3	12,80	11,80	13,69	13,92
TiO_2	0,34	0,07	0,26	0,07
Fe_2O_3	0,82	0,26	0,65	0,58
FeO	1,68	0,66	1,10	1,10
CaO	2,36	0,43	1,72	2,22
MgO	0,62	Sp.	0,56	0,49
K_2O	4,83	4,84	4,21	4,81
Na_2O	4,53	3,79	3,33	3,01
MnO	0,00	Sp.	0,00	0,00
H_2O^+	0,40	0,30	0,53	0,35
H_2O^-	0,14	0,11	0,09	0,05
P_2O_2	Sp.	0,00	0,00	0,00
ZrO_2	0,00	0,00	0,00	0,00
	100,21	100,24	100,12	99,84

I = Granit von Narebis
II = „ „ Noatis
III = Granodiorit von Morgenrot
IV = Granit von Doppelkopf (Analytiker: de Kock).

In sämtlichen Analysen überwiegen Na_2O und K_2O gegenüber CaO und auch der Mineralgehalt läßt diese Granite deutlich als Alkaligranite erscheinen.

Tabelle 4

Mineralische Zusammensetzung einiger Granite aus dem Bastardgebiet nach De Kock

	Narebis	Kamkans	Goabib (rot)	Goabib (grau)	Doornboom	Hohenheim	Nauams	Morgenrot (grau)	Morgenrot (weiß)	Morgenrot (rötlich)	Morgenrot (rötlich)	Auchas	Damas	Areb	Areb	Areb	Doornboom Süd	Gamaubes	Noatis	Ababis	Borodino	Arib	Ababis Ost	Ababis Ost
Oligoklas-Albit	+																							
Orthoklas	+	+	+	+	+	+	+	+	+	+	+	+	+	+	+	+	+	+	+	+	+	+	+	+
Mikroklin	+	+	+	+					+	+	+			+	+	+			+	+	+	+		
Albit																								
Plagioklas	+	+	+	+			+	+	+	+	+	+	+		+	+		+			+			
Quarz	+	+	+	+	+	+	+	+	+	+	+	+	+	+	+	+	+	+	+	+	+	+	+	+
Biotit	+	+	+		+	+		+			+	+	+		+			+	+	+	+	+	+	+
Muskovit			+			+		+		+	+	+		+	+	+	+							
Hornblende								+		+			+											
Epidot			+		+	+		+	+	+		+	+						+		+	+		
Zirkon																								
Magnetit	+	+	+	+	+		+	+		+		+	+	+	+	+	+	+	+		+		+	
Ilmenit		+			+		+					+												
Titanit						+		+		+									+			+		
Apatit			+	+				+			+		+								+	+		
Chlorit			+				+	+		+														
Granat					+			+		+	+	+		+										

Ein Vergleich der Granite des Bastardlandes mit denjenigen des westlichen Damaralandes ergibt die für die Vererzung wichtige Tatsache, daß die haupteruptive Tätigkeit in der Präsalemphase stattfand und damit auch die Hauptintrusion der Granite. Der größte Teil der Gneisgranite kann zeitlich etwa mit den Auser Gneisgraniten verglichen werden. Petrographisch aber unterscheiden sie sich durch den hohen Hornblendegehalt des bastardländer Granites. Dieser stellt einen eigenen Typus dar, der als Rehobother Gneisgranit bezeichnet werden soll. Wie der Auser Gneisgranit ist auch der Rehobother Gneisgranit nicht mylonitisiert und unterscheidet sich dadurch vom Prädamara-Gneisgranit. Neben dem Rehobother Gneisgranit besitzt der normale Gneisgranit die größte Verbreitung, der mit dem Goasgranit des westlichen Damaralandes parallelisiert werden kann. Der nunmehr zeitlich folgende Salemgranit ist im Bastardland nur wenig verbreitet. Gevers erwähnt ihn aus der Gegend von Windhuk, de Kock von einigen anderen Stellen. Der größte Teil der Granite, die nach dem Goasgranit entstanden sind, gehören, wie die Analysen beweisen, zu den Alkaligraniten der Postsalemphase. Sie entsprechen dem Postsalemgranit des westlichen Damaralandes, wobei hier allerdings die sauren Nachschübe im wesentlichen fehlen.

Es folgen nunmehr nach Süden die Granite des Namalandes. Sie sind durch Arbeiten Ranges etwas bekannt geworden. An älteren Eruptivgesteinen findet man auf der Tirashochfläche Gabbroamphibolithe, Diabasgabbros und Dioritamphibolithe. Größere Granitmassen bilden die Gebirgsstöcke des Tschaukaigebirges, das Bergland von Tsaris und Kubus. Die Granite des nördlichen Tirasgebirges bestehen aus fleischroten Orthoklasen, Quarz und sehr spärlichen dunklen Gemengteilen, meistens Biotit.

Ganz im Süden der Kolonie, im Warmbaddistrikt, handelt es sich im wesentlichen um grobkörnige Hornblendegranite mit porphyrischen Feldspatkristallen und um Biotitgranite, also Salemgranit. Anscheinend fehlt auch nicht die Postsalemphase, denn nördlich von Kanibeam kommt ein Granit vor, der neben Quarz und Mikroklin reichlich Muskovit führt, wie etwa der nichtporphyrische Postsalemgranit des westlichen Damaralandes. Auch ein feinkörniger aplitischer Granit tritt hier auf.

Zum Schluß bleiben nur noch die Granite der südlichen Namib zu besprechen, die sich im Küstenstrich des Lüderitzlandes befinden. Nach den Untersuchungen von Kaiser kann man auch hier zwei granitische Injektionen unterscheiden: Den Granitgneis und etwas jüngere Granite. Der Granitgneis ist in dem gleichen Sinne, wenn auch nicht in dem gleichen Grade wie die kristallinen Schiefer metamorphosiert. Er zeigt eine ausgesprochene Konkordanz mit dem Nebengestein. Es ist ein Alkalikalkgranit. Stellenweise hat er eine pneumatolytische Phase durchgemacht und ist reich an Turmalinsonnen. Die jüngeren Granite lassen sich dem Alter nach nicht genau bestimmen, scheinen aber auch Postdamara-Alter zu besitzen. Zwar findet man oft Pegmatite in den untersten Schichten der Namaformation, doch können diese, ähnlich wie im benachbarten Klein-Namaqualand, jüngeren Graniten, die in der Konkipformation auftreten, angehören. Die Granite der südlichen Namib unterscheiden sich von den Gneisgraniten dadurch, daß sie die Schichten der kristallinen Schiefer und den Gneisgranit diskordant durchschneiden. Da es sich in allen Fällen um Alkalikalkgranite handelt, dürften sie schon aus diesem Grunde nicht mit dem Erongogranit parallelisiert werden, der ein typischer Alkaligranit ist. Am Drakenberg sind es Hornblendegranite, die durch Zurücktreten der Hornblende in Biotgranite übergehen können. Sie führen Orthoklas, Mikroklin, Plagioklas mit Orthoklas perthitisch und mikroperthitisch verwachsen (Oligoklas — Andesin mit einer sauren Oligoklasrandzone), dann Quarz, Biotit und gemeine Hornblende. Als Nebengemengteile erscheinen Apatit, Zirkon und Magnetit.

Neben den Graniten findet man bei Lüderitzbucht auch dioritische Gesteine, die von Pegmatiten begleitet sind.

Will man die Granite der südlichen Namib mit denjenigen des westlichen Damaralandes parallelisieren, so können sie nur mit den Präsalemgraniten verglichen werden, also mit dem Goasgranit. Dem Plagioklas nach dürften sie sogar in einem noch früheren kalkreichen Stadium der Differentiation gebildet worden sein.

Mit dem Abklingen der Granitintrusion ist die eigentliche Gesteinsbildung im Damarasystem abgeschlossen und mit ihr vermutlich auch die Faltung. Da durch die unmittelbar darauf erfolgte Verheilung der Faltenbrüche gleichzeitig der Weg des Magmas nach den höheren Schichten versperrt wird, treten nach den Graniten des Damarasystems keine Eruptivgesteine mehr auf und es folgt nur noch, allerdings in sehr intensivem Maße, die Bildung von Apliten und Pegmatiten, von denen letztere in einer späteren Phase auch vererzt wurden und diejenige von hydrothermalen Gängen, die die verschiedenen Granite, hauptsächlich aber die Schiefer des Damarasystems durchschwärmen.

Nach der Ablagerung der Flachseebildungen der Konkipformation traten wieder gebirgsbildende Bewegungen ein, die von Masseneruptionen basischer und saurer Laven begleitet waren. Man findet unten dunkle, oben rote basische und saure Eruptivgesteine die meist Deckenergüsse bilden. Bisher wurden im Inland Diabase, Labradorporphyre, Porphyrite, auch Aplite und Pegmatite festgestellt. Lokal treten auch basische Tiefengesteine auf. An der Küste beobachtete man mehr oder weniger metamorphe Eruptiva vom Typ der Gabbros und Diabase, die zum Teil zu Amphiboliten umgewandelt sind. Saure Tiefengesteine konnten bisher noch nicht einwandfrei nachgewiesen werden. Möglicherweise gehört ein roter Granit der zwischen Kunjas und Tiras festgestellt wurde hierher. Im Kaokofeld entstanden vorwiegend basische Ergußgesteine. Die sauren porphyrischen gruppieren sich um Weißbrunn.

Im Gegensatz zum Damarasystem herrschen in der Konkipformation demnach die Ergußgesteine vor. Es handelt sich anscheinend im wesentlichen nicht mehr um die Auswirkungen eines aus großer Tiefe kommenden Magmas, sondern um die Fortsetzung der Differentiation des großen, nach der Damarazeit hochgedrungenen Stammmagmas.

In der Namaformation, in der vom Kapland bis zum kleinen Namaland der Granit weitverbreitet ist, findet man nur wenige Eruptivgesteine. Eine größere Ausdehnung besitzt nur der Quarzporphyr im Bastardland, der, wie de Kock durch Analysen aufzeigen konnte, zum granitischen Magma der Postdamarazeit zugerechnet und als dessen Fortsetzung betrachtet werden muß. Es mag sein, daß ein Teil der das Damarasystem durchdringenden Eruptivgesteine sich erst zur Namazeit gebildet hat; denn in den Küstenfalten findet man bis in das Niveau des unteren Dolomites Pegmatite als Anzeichen dafür, daß dort nicht erschlossene Intrusiva vorhanden sein müssen.

Die Karruformation ist die typische Ablagerung der großen Ergüsse und Decken von Diabasen und Melaphyren. Sie treten meist in ausgedehnten Deckenergüssen auf, die durch ihre dunkle Färbung und kugelige Verwitterung deutlich hervortreten. Sie führen reichlich Titaneisen und Schwefelkies, und oft findet man in ihrer unmittelbaren Nähe eine große Anzahl zum Teil mineralisierter Gänge. Diese Gesteine sind — im Gegensatz zu den Präkarrudiabasen — nicht metamorphosiert. Die größte Verbreitung besitzen die Karrueruptiva im Kaokofeld, wo sie auf den Hauptsandstein folgen. Zuunterst liegen Melaphyre, darüber folgen glasreiche Laven und Porphyrite und zuoberst wieder Strommelaphyre. Im einzelnen kann die Anzahl der Differentiate recht groß sein und es folgen dann Gabbros, rote Granophyre und granophyrische Granite, dünne Intrusivlinsen und schmale Gänge von Augitporphyrit und Quarzporphyr aufeinander.

Nach den Untersuchungen von Reuning ist es als ziemlich sicher anzunehmen, daß die Sedimente und Eruptionsdecken des Brandberges und bei Kap Cross sowie die bei Otjongundu und die Erongosedimente und -eruptionen gleichalterig sind mit denen des südlichen Kaokofeldes, demnach zur Karruformation gerechnet werden können. Nach ihm hat der Beginn der eruptiven Tätigkeit im Küstengebiet des Kaokofeldes ein höheres Alter, als dies für die Karrueruptionen ganz allgemein bis dahin angenommen wurde. Dementsprechend erkennt er auch dem Erongogranit, der als ein dem dortigen sauren Porphyr engverknüpftes Tiefengestein angesehen werden muß, den jüngeren Graniten von Cap Cross, Brandberg, von den Spitzkopjes, des Messum-Vulkans, des Dorosgebirges und dem Granit von Ogonjeje Oberkarrualter zu.

Am Erongo besitzen wir folgende Eruptionsfolge: Ophitischer Olivindiabas und Dolerit in Gängen und Stöcken, Laven und Ströme von Melaphyren und Augitporphyriten, basische Tuffe, Stöcke von Diorit und Granodiorit, Dykes von Dioritporphyriten und Granitporphyriten, saurer Quarzporphyrit und Quarzporphyr, Porphyrtuff und der Erongogranit.

Die Granite all dieser Vorkommen sind ausgesprochene Alkaligranite und stellen die jüngsten bisher bekannten Granite Afrikas dar (Cloos und Stahl halten diese Alkaligranite für jünger als die Karruformation). Mit Ausnahme der Granite und eines Natrongesteines im Kaokofeld gehören alle anderen Eruptivgesteine der Alkalikalkreihe mit gelegentlicher Neigung zur Kalireihe an.

Am Ende des Mesozoikums erlebte vornehmlich der atlantische Saum eine starke Durchtränkung mit alkalischen Magmen, die die damals einsetzenden tiefgreifenden Schollenbewegungen begleiteten. Es handelt sich stets um verhältnismäßig kleine Intrusivkörper, die aber in großer Zahl auftreten können. Sie besitzen eine mehr oder weniger zahlreiche Ganggefolgschaft. Lavadecken sind selten, ebenso stockförmige Durchbrüche. Am weitesten verbreitet sind diese jüngsten, rein alkalischen Eruptivgesteine im Küstengebiet in der Gegend von Pomona und im Klinghardtgebirge. Neuerdings wurden sie in größerer Anzahl von Stahl im Otavibergland (Kalkfeld, Okorusugebirge, Otjiwarongo, Paresisgebirge, Summasberge und Franzfontein) aufgefunden. Räumlich begrenzte Vorkommen sind zwischen Windhuk und Rehoboth bekannt geworden. Daneben kommen auch Schloteruptionen in Form von Trachyten und Phonolithen vor, die zum Teil auch tertiäres Alter haben dürften. Man fand Phonolithe und Tinguaite, Schonkinite, Limburgite, Alkaliperidotite, Biotittrachyte und Aegirintrachyte. Ein typisches Beispiel dieser alkalischen Gesteine bildet der „Granitberg" in der Namib, der aus hellem, mittelkörnigen Eläolithsyenit vom Foyaittypus besteht. In der inneren Kontaktzone befinden sich zahlreiche Alkaligesteine, darunter auch ein Natrongranit. An anderen Stellen, z. B. im Klinghardtgebirge, traten zahlreiche Durchbrüche von Phonolithen, Basalten und Limburgiten auf. Die Zahl der beobachteten Ganggesteine ist eine sehr große.

Zu erwähnen wären schließlich noch die Kimberlite, die ebenfalls zu dieser vulkanischen Periode gehören, deren Alter im einzelnen aber noch nicht genau festliegt.

Damit hört die vulkanische Tätigkeit in Deutsch-Südwestafrika auf, und es wären als deren Nachwirkungen nur noch die Thermen von Windhuk und anderen Orten zu erwähnen. Die Quellen von Groß-Windhuk entspringen einer Quellspalte und sind wie diejenigen von Klein-Windhuk vulkanischer Natur. Die heißeste und ergiebigste Therme ist die Pahlquelle, die maximal 400 cbm pro Tag lieferte. Sie ist die wärmste Deutsch-Südwestafrikas und zeigt eine Temperatur von 79—79,8° C. Die Quellspalte wechselt nach Streichen, Einfallen, Weite und Füllung; ihre allgemeine Richtung ist NNW. Heiße Quellen sind ferner von Groß- und Klein-Barmen, Omapyu, Omburo, Rehoboth, Warmbad und Aiais bekannt. Die Wasser all dieser heißen und warmen Quellen sind durch einen bedeutenden Gehalt an Alkalisalzen (Na_2CO_3, Na_2SO_4, $MgSO_4$) charakterisiert.

Als Anhang an diese Darstellung sei der geologische Bau Deutsch-Südwestafrikas nochmals in tabellarischer Form kurz zusammengefaßt (Tabellen 5—7).

2. Die Pegmatite und ihre Vererzung

Es gibt kaum ein zweites Land, in dem, oft auf engem Raum zusammengedrängt, so viele Pegmatite vorkommen wie in Deutsch-Südwestafrika. Da wir in den Pegmatiten und der sich anschließenden Vererzung die abklingende Tätigkeit des granitischen Magmas sehen können, so ist es selbstverständlich, daß die Natur der Pegmatite weitgehend von der Differentiation desselben abhängt. Es konnte gezeigt werden, daß die ersten Eruptivgesteine in Deutsch-Südwestafrika, wie dies ja allgemein beobachtet werden kann, basischer Natur sind, daß aber auch schon in den ältesten geologischen Zeiten

	Süden		Mitte und Norden		Zugehörige Eruptiva	Tektonische Vorgänge	Gleichalte Formation Südafrikas	Erzlagerstätten
Konkipformation	Auborusschichten: Sandsteine, Konglomerate, Brekzien mit eingelagerten Quarziten (— 700 m)				Masseneruptionen basischer u. saurer Magmen. Granite mit Sicherheit noch nicht festgestellt	Postkonkipfaltung (Pränama)		Roteisenerzlager, goldhalt. Quarzite, goldhalt. Konglomerate, hydrothermale Kupfererzlagerstätten
	Sinclairschichten: Eruptiva, Tuffe, im Liegenden Konglomerate und Brekzien (— 500 m)		? Chanseschichten Passarges. Inselbergformation im südl. Otaviland, Konkipschichten auch im mittlern u. nördlichen Kaokofeld (bes. am Kunene mit viel Eruptiven vorwiegend Gabbros)					
	Kunjasschichten: Goldhaltige Konglomerate, Quarzite, Tonschiefer und Kalke (etwa 100 m)				Porphyrite Labradorporphyre Diabase		Witwatersrand-System (nach Beetz)	
Primärformation		Damara-System	Bezirk Karibib	Bezirk Windhuk und Rehoboth (— 16000 m)				
	Konglomeratische Sandsteine				Zinngranit Damaragranit Omarurugranit Roter Granit	Älteste Faltungen	Swaziland-System	Zinnerzlagerstätten Wolframit u. Scheelitlagerstätten, Edel- u. Halbedelsteinvorkommen, Rutil- u. Tantalitlagerstätten, Lepidolithlagerstätten, pegmatitische Kupfervorkommen, Goldlagerstätten, sedimentäre Eisenerzlagerstätten in den Damaraschichten
	Quarzite Tonschiefer, Phyllite meist stark verkieselte Kalke		Khomasschichten vorw. Glimmerschiefer	obere Schiefergruppe Auas-Quarzit (— 7000 m) untere Schiefergruppe (— 7000 m)	Salemgranit Goasgranit Granodiorite Hornblendite Diorite			
	Glimmerschiefer Phyllite		Marmorschichten Chuoustillit	Marmorschichten m. Tillithorizont				
	rote und graue Gneise kristalline Kalke		Quarzitschichten Grundkonglomerat	Quarzitschichten mit Grundkonglomerat	Auser Gneisgranite Amphibolite Peridotite			
	Gneise und gestreckte Granite, oft mit Zebrastruktur, Augengneise, Hornblendefels u. a. (in den beiden unter. Etagen Orto- u. Paragesteine, zumeist aber syntekte hybride Gesteine	Abbabis-System	Kristalline Schiefer, vergneiste Arkosen, Quarzite, Orto- und Paragneise	Duruchausschichten, Marienhof-Quarzit, Hohenwarteschichten, Guchabschichten	Prädamaragranite			Nicht- oder nur schwachvererzte Pegmatite

Tabelle 6.

	Süden	Mitte und Norden	
	Mandelsteindecke v. Kub-Hoachanas — 30 m (?); Gansberg-Konglomerat	Melaphyr-Diabas und Porphyritdecken —> 400 m, Sandsteine mit Saurierfährten —> 100 m	
	Schichtlücke		
Karru-formation	Karrusandstein mit Schiefertonen wechsellagernd (Cyclodendron u. Glossopteris) — 100 m	Schiefertone und Sandsteine, Tuffe mit Mesosaurus und Pflanzenresten, grobe, nicht glaziale Konglomerate	
	Graue Kuppeschiefer mit Mesosaurus Eurydesmaschichten mit Meeresfauna Geschiebeschieferton Fluvioglaziale Schichten Tillit (im Bezirk Warmbad 2 Grundmoränen) } > 500 m		
	Fischflußschichten, meist rötlich gefärbte Sandsteine Schiefertone u. Letten mit Rippelmarken und Tongallen —> 500 m	Otavibergland Sandstein — 100 m Oberer geschichteter Dolomit und Kalk > 600 m Unterer geschichteter Dolomit und Kalk 250 m Oberer klotziger Dolomit 1000 m	
	Schwarzrandschichten, meist dunkel gefärbte Sandsteine u. Tonschiefer mit Brauneisen- u. Kalkkonkretionen u. Oolithbändern — 300 m	Oberer Plattenkalk 200 m Unterer kl. Dolomit (—> 300 m) lokal mit Sericitschiefereinlage	Kaokofeld, Kalk u. Schiefer mit Eisenerzen, Quarzite und Konglomerate
Nama-formation	**Schwarzkalkschichten,** dunkle, nur schwach dolomitische Kalke u. dunkle Schiefer — > 500 m	Unterer Plattenkalk Quarzschiefer Konglomeratischer Sandstein } 1300 m	
	Kuibisschichten, vorwiegend dickbankige Quarzite untergeordnet Tonschiefer und dünnplattige Sandsteine — 300 m		Am Kunene mit alter Grundmoräne
	Basisschichten, Arkosen u. Konglomerate, lokal alte Grundmoräne (Numais Tillit) — 200 m		

Paläozoikum und Trias

Zugehörige Eruptiva	Tektonische Vorgänge	Gleichalte Formation Südafrikas	Erzlagerstätten
Große Ergüsse und Decken von Diabasen, Gabbro, Granophyre, granophyrische Granite, Erongogranit nach Reuning	Jungtriassische Faltung d. Diamantenwüste	Stormberg-Serie	Im Kaokofeld z. T. mineralisierte Gänge mit Quarz, Kalkspat, Flußspat, Blei-, Silber- und Kupfererzen. Gelegentlich etwas Goldgehalt. Zinn- und Wolframvorkommen des Erongo
	Hebung und Abtragung	Beaufort-Serie	
Karrudiabase	Schwache Kohlenflözbildung und -hebung Meerestransgression Eiszeit im Namalande	Ecca-Serie Dwyka-Serie	
Mit Sicherheit noch keine Eruptivgesteine festgestellt		Pretoria-Serie Dolomit-Serie Blackreef-Serie (Transvaal-System)	Die Blei-Kupfererzlagerstätten d. Otaviberglandes

Tabelle 7. **Junge An- und Auflagerungen**

	Küste	Inneres (Mitte und Norden)
Quartär	Verlandete und versandete Lagunen u. Terassen; bis 200 m hohe Flugsanddünen, junge Kalk -u. Kieselkrusten, Wüstenschutt (Fanglomerate)	Roter Kalaharisand (im Mittel 5 m) im Süden Walldünen bildend, Kalaharikalk mit Kalk- u. Salzpfannen, Kalksandstein u. Konglomerat, oft bunt gefärbt (—50 m) an d. Etoscha bis 200 m, hier auch terrestrer Dolomit
Tertiär	**Namib** Pliocän. Obere regionale Oberflächenkalkdecke der Binnennamib **Diamantenwüste** Untermiocän u. Oberoligocän Dünensandstein Kalksandstein Süßwasserkalk von Gamochab Wirbeltierfauna des Diamantgebietes Ober- u. Mitteleocän Marine Schichten mit reicher Fauna, Turritellaschichten, bes. bei Bogenfels u. Buntfeldschuhhorn Prämitteleocän Pomonaschichten Süßwasserkalk mit Spongiennadeln	Liegende Aufschüttungen in der Kalahari (Älteste Eindeckung)
Kreide	„Exogyra-Schichten“ von Buntfeldschuhhorn	

Die nutzbaren Minerallagerstätten von Deutsch-Südwestafrika

(Kreide bis Alluvium)

Zugehörige Eruptiva	Tektonische Vorgänge	Gleichalte Formationen Südafrikas	Lagerstätten
	Geringe Schwankung des Meeresspiegels mit Hebungstendenz	Superficial deposits	Salz Guano
	Starke Heraushebung von ganz Südafrika		Diamant
Phonolith des Klinghardtgebirges, Alkalisyenit d. Pomonagebietes, Trachyt Phonolith u. a. im Bezirk Windhuk	Meerestransgression (bis 150 m) an der Diamantenküste Bruchschollenbewegung ins Innere, Küstenverbiegung	Alexandria-Formation	
Nach Cloos und Stahl der Erongogranit u. a. junge Granite und deren Gangfolgen, Alkalinephelingesteine im Kaokofeld, Kimberlite, Explosionsschlot des Groß-Brukaros		Danien bis Neocom an der Süd- und Ostküste	

Granite und in deren Gefolgschaft Aplite und vor allem Pegmatite entstanden sind. Nach dem oben Gesagten zerfällt die granitische Differentiation in folgende größere Zyklen:

1. Die Prädamaragranite (Gneisgranite der Abbabisformation),
2. die Auser und Rehobother Gneisgranite,
3. die Damaragranite:
   a) Goasgranit,
   b) Salemgranit,
   c) Postsalemgranite:
      Roter Granit,
      Omarurugranit,
      Postsalemgranit i. e. S. (Damaragranit),
      Zinngranit,
      Aplitgranit,
      Pegmatitgranit.

Dementsprechend lassen sich auch die Pegmatite unterteilen, da jede granitische Phase auch von einer nachgranitischen pegmatitischen begleitet wird.

Wie noch gezeigt wird, gehören alle Pegmatite bis zum Zinngranit der femischen Gruppe an; dann erst setzte die Bildung der Pegmatite der salischen Gruppe ein.

Untersucht man die Pegmatite in Abhängigkeit von den einzelnen Graniten, eine Untersuchung, die zugleich eine Altersordnung ergibt, dann kann man wie an einem Schulbeispiel aufweisen, daß die femischen stets an das Kalkalkalimagma gebunden sind und die salischen sich erst dann bilden können, wenn der Kalkgehalt des Magmas so weit abgenommen hat, daß nur noch Alkaligranite entstehen. Damit bestätigt sich auch für Deutsch-Südwestafrika die allenthalben gemachte Erfahrung, daß die Zinngranite stets sauer und alkalireicher sind.

Nach den bisherigen Untersuchungen lassen sich die Pegmatite Deutsch-Südwestafrikas folgendermaßen einteilen:

I. Die femischen Pegmatite

1. Feldspatpegmatite
2. Turmalinpegmatite
3. Kupferpegmatite
4. Gold-Kupferpegmatite
5. Titan-Kupferpegmatite
6. Goldpegmatite
7. Scheelitpegmatite
8. Molybdänglanz führende Pegmatite
9. Titanpegmatite mit Rutil
10. Apatitpegmatite.

II. Die salischen Pegmatite

1. Feldspatpegmatite
2. Granatpegmatite
3. Turmalinpegmatite
4. Zinnsteinpegmatite
5. Lepidolithpegmatite
6. Amblygonitpegmatite
7. Wolframitpegmatite
8. Beryll, Topas und Rosenquarz führende Pegmatite
9. Tantalitpegmatite.

Wie bereits erwähnt, wurden die salischen Pegmatite erst am Ende der postdamaraischen Intrusionsphase gebildet. Bis dahin beherrschten die femischen Pegmatite das Feld. Diese begleiten zwar schon die ersten Granitintrusionen, zu einer nennenswerten Vererzung kam es aber erst nach der Intrusion der Auser Gneisgranite bzw. der Rehobother Gneisgranite.

Die Pegmatite der Prädamaragranite enthalten den Quarz in dünnen linsenförmigen Lagen ausgequetscht. Er liegt in einer feinkörnigen Grundmasse, die in der Hauptsache aus Feldspat besteht. Manche Pegmatite zeigen große Feldspäte in einer kataklastischen Grundmasse.

Es sei hier erwähnt, daß man bei Lüderitzbucht Pegmatite auch in Verbindung mit dioritischen Gesteinen gefunden hat. Sie können jedoch bei den nachstehenden Betrachtungen weggelassen werden, da sie nicht vererzt sind.

I. Die femischen Pegmatite

Betrachtet man die Karte der Erzlagerstätten Deutsch-Südwestafrikas (Tafel II), so fällt die räumliche Trennung der femischen und salischen Pegmatite (einmal durch die Kupfervorkommen, das andere Mal durch die Zinnvorkommen gekennzeichnet) sofort auf. Diese Trennung mag ihre primäre Ursache in der verschiedenen Tektonik des jeweiligen Gebietes und der damit zusammenhängenden verschiedenen Differentiation des granitischen Magmas besitzen. Tatsache ist, daß sich die Kupferpegmatite und die diese begleitenden Pegmatittypen im zentralen Teil Deutsch-Südwestafrikas auf ein Gebiet beschränken, das sich gut vom Zinngebiet trennen läßt und etwa folgende Begrenzung besitzt: Von Usakos längs der Eisenbahnlinie Swakopmund—Windhuk bis westlich Arandis, von hier in einer geraden Linie südwärts bis zum 24. Grad südlicher Breite, diesen Breitengrad entlang bis zum Schnittpunkt mit der Eisenbahnlinie Keetmanshoop—Windhuk, von hier nordwärts bis zum 22. Grad südlicher Breite und diesen Breitengrad westwärts bis nach Usakos (Abb. 3).

Die Ablösung der Zinnpegmatite durch die Kupferpegmatite erfolgt naturgemäß nicht längs einer scharfen Linie, sondern nur ganz allmählich, und man findet entlang einer Strecke, die sich zwischen Swakopmund und Karibib hinzieht, noch vereinzelte Zinnvorkommen; Zinnstein tritt ferner auch in den Lithiumpegmatiten auf, doch herrschen schon die Kupferpegmatite vor.

Ein zweites Gebiet mit Kupferpegmatiten liegt in Lüderitzland, wo man solche unter anderem bei Prinzenbucht, Johannesbucht, Pomonatafelberg, Torbogenbucht und bei Gneiskuppe fand. Schließlich kommen Kupferpegmatite auch im Süden des Landes in der Nähe des Oranje vor.

Zu dem Gebiet der Kupferpegmatite treten sowohl normale Pegmatite, die nicht vererzt sind und nur Orthoklas, etwas Plagioklas, Quarz, Muskovit und Turmalin oder Granat führen, als auch vererzte Pegmatite auf, die aber keine reinen Pegmatite mehr darstellen, sondern im Sinne von Cissarz typische Übergangslagerstätten bilden. Zwar kommt es lokal oft zu einer örtlichen Abtrennung der hydrothermalen quarzreichen Phase, doch spielt diese auch auf den Pegmatiten die Hauptrolle, wogegen die pegmatitischen und pneumatolitischen Mineralien meist nur als Übergemengteile auftreten.

Die zahlreichsten Pegmatite liegen in der Umgebung von Rehoboth und stehen hier mit den Rehobother Orthogneisen in Verbindung. Sie haben wie diese eine Metamorphose erlitten.

Soweit es die bisherigen Grubenausschlüsse zu beurteilen erlauben, enthalten alle Granite, mit denen die femischen Pegmatite zusammenhängen, mehr oder weniger reichlich kalkführende Plagioklase, und auch der gesamte Mineralbestandteil weist darauf hin, daß es sich um Kalkalkaligranite handelt. Hornblende kann in größeren Mengen vorhanden sein, aber auch ganz zurücktreten, so daß Übergänge zu den reinen Biotitgraniten entstehen. In der Natas Mine (Scheelitvorkommen) liegt ein Zweiglimmergranit vor. Hier dürfte es sich wohl um den sauersten, noch femischen pegmatitführenden Granit handeln. An Nebengemengteilen sind stets Apatit in größerer Menge sowie Zirkon und Titanit vorhanden.

Es möge nunmehr die Beschreibung der einzelnen Pegmatittypen folgen:

a) Kupferpegmatite

Die Kupferpegmatite kommen in reiner Form verhältnismäßig selten vor. Meist bilden sie Übergänge zu dem einen oder dem anderen femischen Pegmatittyp. Die Mineralführung ist wenig mannigfaltig. Sie besteht im wesentlichen aus den Bestandteilen des Granites, in dem sie auftreten, mit vorwiegend Quarz und zurücktretenden femischen Bestandteilen. Sehr oft bilden sich reine Quarzpegmatite, auf denen nur ganz geringe Mengen von Turmalin oder Apatit den pegmatitischen Charakter erkennen lassen. Doch auch diese beiden Mineralien sind in bemerkenswertem Umfang nur dort vorhanden, wo die Pegmatite in den Graniten selbst vorkommen.

Intensitätstabelle der auf den Kupferpegmatiten beobachteten Mineralien

	Pegmatitisch	Pneumatolytisch	Hydrothermal
in großer Menge		Quarz	Quarz
in Menge	Quarz		
in deutlichen Mengen .	Orthoklas		Pyrit, Kupferkies, Bornit
in spärlichen Mengen .	Plagioklas	Turmalin, Apatit Magnetit	Kupferglanz, Bleiglanz, Kalkspat

b) Gold-Kupferpegmatite

Die reinen Kupferpegmatite enthalten stets Spuren oder kleinere Mengen von Edelmetallen, die meist an den Bornit gebunden sind. Nimmt der Goldgehalt zu und erreicht er abbauwürdige Gehalte, so kann man von Gold-Kupferpegmatiten sprechen, deren Inhalt sich kaum von dem der reinen Kupferpegmatite unterscheidet. Charakteristische Vorkommen sind die Gold-Kupferpegmatite von Neuras und Auchas.

Intensitätstabelle der auf den Gold-Kupferpegmatiten beobachteten Mineralien

	Pegmatitisch	Pneumatolytisch	Hydrothermal
in großer Menge		Quarz	Quarz
in Menge			
in deutlichen Mengen .	Quarz Orthoklas	Turmalin	Pyrit, Kupferkies, Kupferglanz, Bornit, Gold
in spärlichen Mengen .		Hämatit	ged. Wismut Bleiglanz, Kalkspat

c) Titan-Kupferpegmatite

Manche Kupferpegmatite zeichnen sich durch einen größeren Gehalt an Ilmenit und Rutil aus. Da diese immer reichlich mit anderen pegmatitischen und pneumatolytischen Mineralien verbunden sind, erscheint die Abtrennung einer selbständigen Titan-Kupferformation als gerechtfertigt. Die typischsten dieser Pegmatite sind bei Otjisongati im Damaraland und auf der Khangrube ausgebildet.

Intensitätstabelle der auf den Titan-Kupferpegmatiten beobachteten Mineralien

	Pegmatitisch	Pneumatolytisch	Hydrothermal
in großer Menge		Quarz	
in Menge	Orthoklas Quarz	Biotit, Muskovit, Margarit, Molybdänglanz, Hornblende, Ilmenit, Rutil, Titanit	
in deutlichen Mengen		Apatit	Pyrit, Kupferkies, Kupferglanz, Kalkspat
in spärlichen Mengen .		Magnetit	Bleiglanz, Zinkblende, Wittichenit

d) Goldpegmatite

Auf einigen Pegmatiten kann der Kupfergehalt so minimal werden, daß man von reinen Goldpegmatiten sprechen kann. Hierher gehören manche Linsen bei Auchas und Neuras, auf denen man neben Orthoklas und Turmalin Freigold, sporadisch Pyrit, Kupferkies und Kupferglanz fand. Weitere Vorkommen entdeckte man außerhalb des Kupfergebietes nördlich des Zinndistriktes bei Ondundu. Manche Lager und Quarzgänge führen hier am Salband Orthoklas und Muskovit und geben damit dem Vorkommen einen pegmatitischen Charakter. Ankerit und Quarz bilden die jüngsten Nachschübe, also handelt es sich auch hier um typische Übergangslagerstätten.

e) Scheelitpegmatite

Die Scheelitpegmatite gehören genetisch zu den femischen Pegmatiten, mit denen sie auch örtlich verknüpft auftreten. In typischer Ausbildung sind sie in der Natas Mine vorhanden. Sie zeigen hier von allen Vorkommen des Kupfergebietes, solange sie noch im Granit selbst auftreten, den am besten ausgeprägten pegmatitischen Charakter. Neben großen Mengen von Feldspat am Salband findet man in der Mitte der Linsen vornehmlich Quarz mit Scheelitkristallen und untergeordnet Kupferkies, Kupferglanz, Bornit, sehr wenig Apatit, Turmalin und Eisenglanz.

Intensitätstabelle der auf den Scheelitpegmatiten beobachteten Mineralien

	Pegmatitisch	Pneumatolytisch	Hydrothermal
in großer Menge	Orthoklas	Quarz	
in Menge		Biotit	
in deutlichen Mengen		Muskovit Scheelit	
in spärlichen Mengen .		Apatit, Turmalin, Eisenglanz	Kupferglanz, Bornit, Kupferkies

f) Titanpegmatite mit Rutil

Eine selbständige Titanlagerstätte ist bis jetzt nur von der Giftkuppe von Omaruru Kop bekannt geworden. Diese liegt schon außerhalb des eigentlichen Kupfergebietes am nordöstlichen Rand des Zinndistriktes. Trotzdem gehört sie genetisch zu den femischen Pegmatiten, denn hier beginnen bereits die Kalkalkaligranite vorzuherrschen. Die oft ziemlich großen Rutilkristalle sind von Quarz, Orthoklas, etwas Plagioklas, Hornblende und Talk begleitet.

g) Apatitpegmatite

Dieser Pegmatittyp fehlt bis jetzt im eigentlichen Kupfergebiet. Man findet ihn aber in Form von grobkörnigen Pegmatiten mit viel Apatit in der Diamantenwüste. Der Feldspat überwiegt und tritt zumeist als Mikroklin, auch als Perthit und Mikroperthit auf. Quarz ist nur in geringer Menge vorhanden. Neben Apatitkristallen findet man stellenweise Turmalin angereichert, weiter hellen Muskovit und endlich, wenn auch nicht häufig, aber doch mehrfach Beryll.

h) Molybdänglanz führende Pegmatite

Reine Molybdänglanzpegmatite wurden in Deutsch-Südwestafrika noch nicht beobachtet. Molybdänglanz kommt aber in geringen Mengen in kleinen Adern mancher Granite vor (z. B. bei Unghamsis und Aus); im übrigen verteilt er sich auf die einzelnen Pegmatittypen. So fand man Molybdänglanz auf den Wolframitpegmatiten von Klein-Karas, ferner auf den Titankupferpegmatiten von Otjisongati und schließlich kommt er in größeren Mengen mit Scheelit auf den Pegmatiten der Natas Mine vor. Diese Molybdänglanzpegmatite enthalten nur sehr wenig Scheelit, viel Kalkspat und Turmalin in Form von Turmalinsonnen, wenig Kupferkies als Kern von Bornit und Kupferglanz.

i) Die Mineralien der femischen Pegmatite

Die Mineralisation der femischen Pegmatite Deutsch-Südwestafrikas verlief verhältnismäßig eintönig. Bis auf das charakteristische Hauptmineral der einzelnen Pegmatittypen kommen die übrigen Mineralien fast auf allen Pegmatiten vor. Bisher konnten folgende Mineralien beobachtet werden:

Pegmatitische Phase	Pneumatolytische Phase	Übergangsphase	Hydrothermale Phase
Quarz	Quarz	Quarz	Quarz
Orthoklas	Turmalin	Flußspat	Pyrit
Plagioklas	Biotit	Scheelit	Kupferkies
	Muskovit	ged. Wismut	Kupferglanz
	Margarit		Bornit
	Hornblende		Bleiglanz
	Apatit		Zinkblende
	Molybdänglanz		Wittichenit
	Magnetit		Kalkspat
	Eisenglanz		Ankerit
	Rutil		
	Ilmenit		
	Titanit		

Vergleicht man die Gesteine, in denen die femischen Pegmatite vorkommen, und diese selbst miteinander, so kann man innerhalb dieser großen Pegmatitgruppe gewisse Unterschiede feststellen. Diese äußern sich in einer kontinuierlichen Abnahme des Säuregehaltes der Granite und damit verbunden in einer Veränderung des Mineralgehaltes. Am wenigsten sauer sind die Titan-Kupferpegmatite, die zu den rutilführenden Gabbropegmatiten überleiten. Der hohe Gehalt an Titan ist bekanntlich neben den Gabbropegmatiten auch ein Merkmal der basischen Syenitpegmatite und Nephelinsynitpegmatite. Je saurer und alkalireicher das Magma wird, desto mehr tritt der Titangehalt zurück. Es entstehen die goldhaltigen Kupferpegmatite und vor allem die Scheelitpegmatite, die wohl gelegentlich auch Übergänge zu den salischen Pegmatiten bilden können.

II. Die salischen Pegmatite

Die salischen Pegmatite bedecken ein geschlossenes Areal, das sich etwa durch eine Linie umschreiben läßt, die im Osten vom Brandberg ausgeht und sich von hier in südlicher Richtung bis nach Rössing, von hier nach NO bis zur Eisenbahnstation Wilhelmstal, von hier weiter in NW-Richtung über Omaruru bis zum 21. Grad südlicher Breite und diesen Breitengrad entlang bis zum Brandberg erstreckt (Abb. 3).

Außerhalb des eben umschriebenen Gebietes kommen salische Pegmatite ebenfalls vor, doch sind die entsprechenden Vorkommen bis heute noch wenig untersucht. Sie befinden sich bei Kudugabis nördlich des Brandberges und im Süden der Kolonie bei Klein-Karas und Hogeis. Eine Ausnahme bildet Donkerhuk, das bereits im Kupfergebiet liegt.

Die salischen Pegmatite treten im ganzen Zinngebiet sowohl im Omarurugranit selbst bzw. an dessen Rändern, als auch — dies gilt für die Mehrzahl der Vorkommen — in den Gesteinen des Damara-

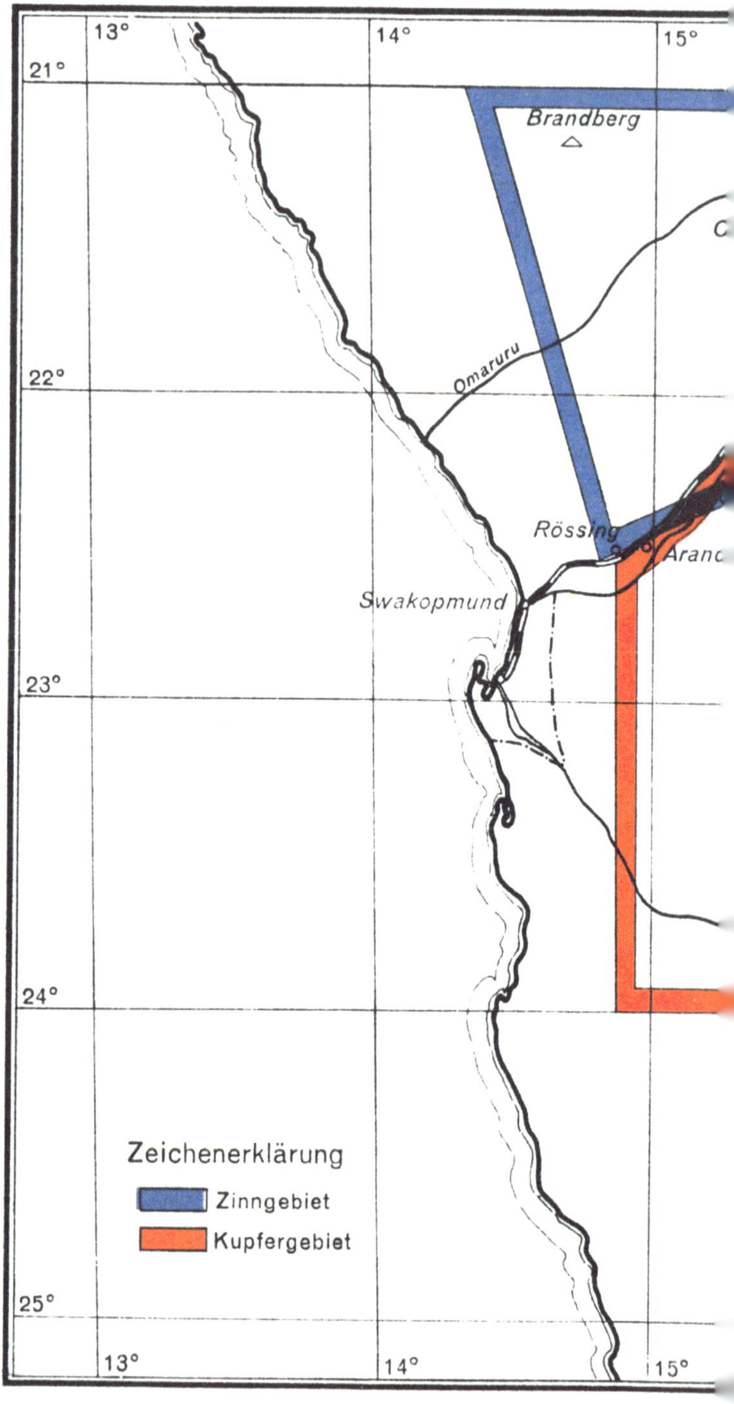

Abb. 3: Die Metallprov

Verlag Walter de Gruyter & Co., Berlin W 35
Deko VII zu Bürg, Minerallagerstätten von Deutsch-Sudwestafrika
Hergestellt im Reichsamt für Landesaufnahme, Berlin 1941

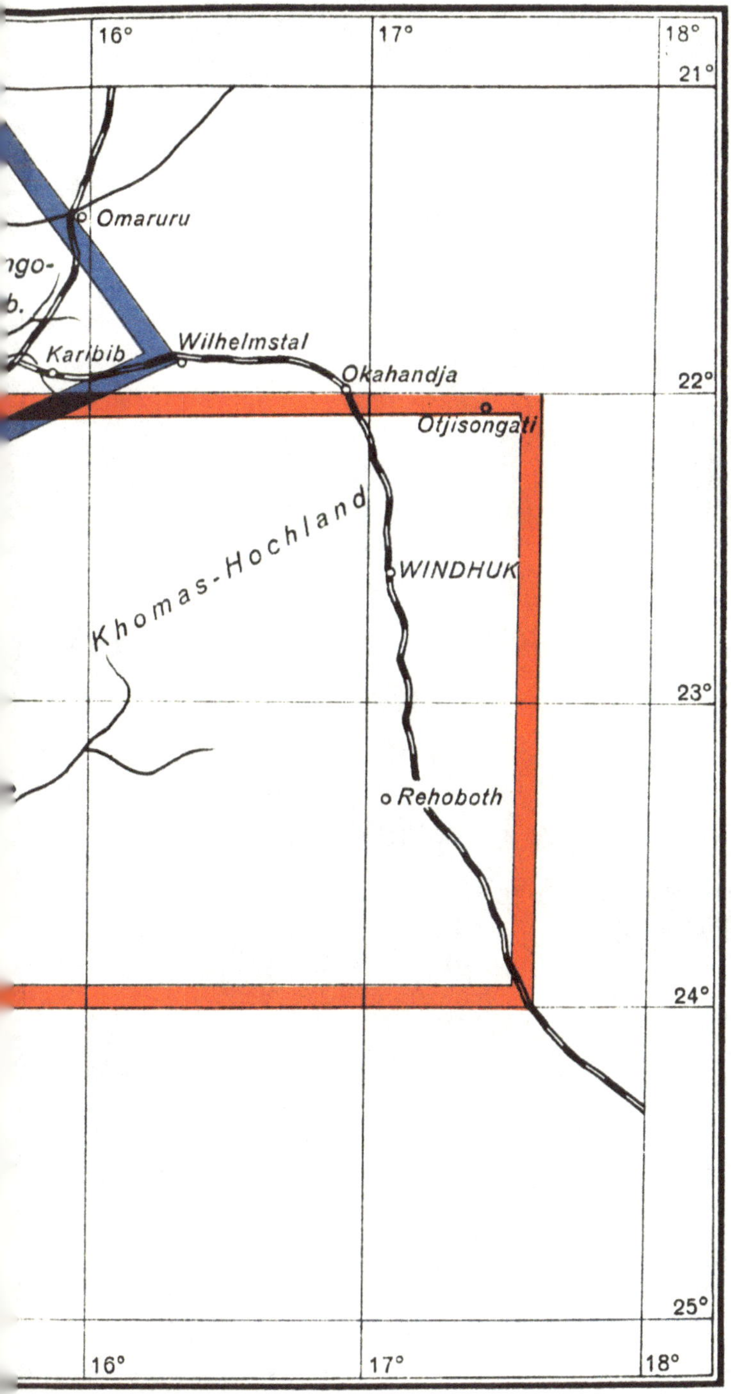

-Deutschsüdwestafrikas

systems, vor allem in den kristallenen Schiefern auf. Schließlich sind auch einige Vorkommen aus dem Marmor bekannt. Sie sollen als typische zinnführende Kontaktlagerstätten gesondert behandelt werden. Der überwiegende Teil der Pegmatite bildet konkordant eingelagerte Linsengänge im kristallinen Schiefer, deren Mächtigkeit im allgemeinen mit zunehmender Entfernung vom Granit abnimmt. Besonders in den Randgebieten der Zinnprovinz ist diese Konkordanz nicht mehr zu beobachten. Die Pegmatite folgen hier nur zum Teil der Schieferung. Ebenso gut können sie sich auch nach der Schichtung richten oder beide werden von den Pegmatiten geschnitten und diese winden sich in unregelmäßigen Formen durch die Gesteine. In solchen Fällen handelt es sich nach Cloos um Pegmatite verschiedenen Alters. Im Zentralgebiet treten ebenfalls Altersunterschiede auf, meist jedoch handelt es sich um altersgleiche Bildungen.

Die Mächtigkeit der Pegmatitgänge schwankt zwischen einigen Zentimetern und zwanzig Metern und mehr. Die unvererzten Pegmatite sind meist grobkörnig und führen neben Feldspat (Orthoklas, Mikroklin, Albit und Mikroperthit) Quarz und wechselnde Mengen von Muskovit. Ein großer Teil des Quarzes zeigt mit dem Feldspat schriftgranitische Verwachsungen. Bei den vererzten Pegmatiten läßt es sich bis auf einige Ausnahmen feststellen, daß die pegmatitische Phase gleichfalls nur aus der Bildung der oben erwähnten Mineralien bestand und daß erst nach deren Abschluß die pneumatolytische Phase der Vererzung und Mineralbildung einsetzte. Vielfach waren daher die Gase gezwungen, in den sicherlich noch nicht ganz erkalteten Pegmatiten für ihren Aufstieg schmale Kanäle oder Hohlräume zu benutzen, oder die Vererzung beschränkte sich auf die Salbänder. Man fand mehrfach zinnreiche Pegmatite, die in einer gewissen Tiefe plötzlich aufhörten und deren Fortsetzung nur in einem schmalen Zufuhrkanal im Schiefer bestand, der mit Turmalin und Zinnstein imprägniert war. Im Gegensatz dazu stehen diejenigen Vorkommen, auf denen nach Cloos der Zinnstein auf wellenförmig ausgebildeten Pegmatiten auftritt und die Wellenberge einnimmt. Für diese Vorkommen muß man eine syngenetische Vererzung annehmen.

Im großen ganzen entstanden alle Pegmatite nach der Hauptfaltung der Damaragesteine; jedoch sind einige von ihnen, z. B. bei Nobgams und Tsomtsaub, anscheinend etwas früher gebildet und von der Hauptfaltung noch mit verändert worden. Ähnliche Verhältnisse herrschen auch bei Kohero, wo die Pegmatite derart mitbewegt wurden, daß man nur kurze, dicke Linsen und Kugeln antrifft, die perlenschnurartig aneinandergereiht sind.

a) Granatpegmatite

Die Granatpegmatite enthalten neben Feldspat, Quarz und mehr oder weniger Schörl die Granatvarietäten Spessartin und Almandin. Sie sind selten als reiner Typus vorhanden. Meist bilden sie dank einer mehr oder weniger intensiven Schörlführung Übergänge zu den Turmalinpegmatiten. Sie enthalten normalerweise keinen Zinnstein und sind vornehmlich an die Kontaktzonen des Granits mit dem Nebengestein gebunden. In Tsomtsaub konnte man beobachten, daß die Pegmatite in der Nähe des Kontaktes Granit-Schiefer hauptsächlich Granat führen und daß der Turmalin erst in Kontaktferne zunahm. Dementsprechend verringerte sich die Menge des Granats.

b) Turmalinpegmatite

Die Turmalinpegmatite sind keinesfalls nur auf das Zinngebiet beschränkt. Sie finden sich, wenngleich lange nicht so häufig, auch auf dem Gebiete der Kupferpegmatite und treten scharenweise oft dort auf, wo bisher noch keine Vererzung festgestellt werden konnte. Der reine Typus des Turmalinpegmatites enthält neben Feldspat und Quarz nur noch schwarzen, eisenreichen Turmalin (Schörl). Der Pegmatit in dieser Ausbildung ist zinnfrei und befindet sich besonders gerne im Muttergranit und in der Kontaktnähe. Sobald er vererzt ist, tritt gleichzeitig auch etwas Muskovit auf, so daß es sich hier schon um einen Übergangstypus handelt. Als Ausnahme werden einige kleinere Gänge des Kranzbergreviers genannt, die nur aus Turmalin und Wolframit bestehen.

c) Zinnsteinpegmatite

Die Zinnsteinpegmatite können außerordentlich mannigfaltig ausgebildet sein und akzessorisch sehr verschiedene Mineralien enthalten. Als reiner Typus sind sie selten vorhanden (z. B. bei Aubinhonis). Sie führen dann nur Orthoklas, Mikrolin, Albit in mikroperthitischer Verwachsung mit Orthoklas, Quarz und Zinnstein. Meist bilden sie Übergänge zu der einen oder anderen Pegmatitart und man kann dann unterscheiden: Granat-Turmalin-Zinnsteinpegmatite, Turmalin-Zinnsteinpegmatite, Muskovit-Zinnsteinpegmatite, lithiumhaltige Zinnsteinpegmatite, Wolframit-Zinnsteinpegmatite u. a.

Die meisten Zinnsteinpegmatite zeichnen sich durch einen sehr hohen Gehalt an pneumatolytischem Quarz aus und sind mehr oder weniger intensiv durch die damit verbundenen pneumatolytischen Prozesse verändert bzw. vergreisent. Dies beweist, daß der Bildungsbereich des Eutektikums Feldspat-Quarz schon übersprungen war und sich Reste aus Gasen und überkritischen wäßrigen Lösungen gebildet hatten. Dadurch entstanden keine reinen Pegmatite mehr, sondern quarzreiche Zinnerzgänge, die noch viel Feldspat führen, aber gelegentlich auch in reine zinnsteinhaltige Quarzgänge übergehen können.

Wie überall, so kann man auch auf den Pegmatiten des Zinngebietes folgende pneumatolytische Prozesse unterscheiden:

1. Die Turmalinisierung als ältester pneumatolytischer Prozeß.
2. Die Albitisierung der Feldspäte. Sie beginnt oft schon bei der Turmanilinisierung, erreicht aber das Hauptstadium meist erst mit der Muskovitisierung.
3. Die Muskovitgreisenbildung, die stets mit einer starken Verquarzung verbunden ist.
4. Die Bildung von Lepidolithgreisen.
5. Als Ausklang ab und zu eine zweite Albitisierung.

Intensitätstabelle der auf den Zinnsteinpegmatiten beobachteten Mineralien

	Pegmatitisch	Pneumatolytisch		Hydrothermal
in großer Menge	Orthoklas Albit Quarz	Zinnstein Turmalin Quarz Muskovit		
in Menge	Muskovit	Granat grüner Turmalin Indigolith Rubellit		
in deutlichen Mengen .		Biotit Lepidolith		
in spärlichen Mengen .	Zinnstein	Apatit Topas Beryll Triplit Lazulit Purpurit Zirkon Monazit Wolframit	Zinnstein Kupferkies Flußspat	Zinnstein Kupferkies Kupferglanz Bornit Flußspat Fahlerz Pyrit
in Spuren			Arsenkies ged. Wismut Molybdänglanz	

Im Gegensatz zu den Wolframitpegmatiten konnten Molybdänglanz und gediegener Wismut nur spurenhaft gefunden werden. Dies ist nicht weiter verwunderlich, wenn man bedenkt, daß die größeren Molybdänvorkommen nicht wie das Zinn an die allersauersten Differentiate des granitischen Magmas gebunden sind, und dementsprechend niemals größere Mengen von Feldspat enthalten. Innerhalb des Zinngebietes konnte Molybdänglanz nur auf einem Lithiumpegmatit südlich von Karibib beobachtet werden. Es wird zwar in der Literatur auch ein Vorkommen von Molybdänglanz auf Zinnsteinpegmatiten erwähnt, doch scheint es sich nur um einen vereinzelten Fund zu handeln.

Ein weiteres charakteristisches Merkmal der Zinnpegmatite — dies gilt eigentlich für alle Pegmatite Deutsch-Südwestafrikas — ist das Fehlen der Vergreisung des Nebengesteins. Alle bekannten Greisen liegen in den Pegmatiten selbst. Man kann in diesem Verhalten einen erneuten Beweis dafür sehen, daß die pneumatolytische Phase erst auftrat, als das Nebengestein durch die pegmatitische vom Gang schon abgeschlossen war, oder falls sich die pneumolytischen Erze am Salband absetzten, dessen reaktionsfähige Mineralien schon vorher abgesättigt waren.

Übergangslagerstätten findet man auf dem Gebiete der Zinnsteinpegmatite selten. Meist stehen sie mit dem Erongogranit räumlich und genetisch in Verbindung, und sind dann oberflächennah gebildet. Hier konnten die Sulfide infolge der raschen Abkühlung nicht von der pegmatitisch-pneumatolytischen Phase abgetrennt werden. Aber auch auf ihnen ist der Zinnstein stets älter als die Sulfide und im Gegensatz zu diesem pneumatolytischen Ursprungs. Die Abkühlung war jedoch niemals so rasch, daß die Zinnsteinbildung übersprungen wurde, und sich zinnhaltige Kiese oder Zinnkies gebildet hätten. Diejenigen Übergangslagerstätten, die mit den Pegmatiten der Postsalemgranite verbunden sind, bildeten sich vornehmlich auf den sehr quarzreichen Pegmatiten, und sind oft von einer Kaolinisierung, Serizitisierung, Epidotisierung oder Nontronitisierung begleitet.

Als relativ häufigsten Übergangstypus findet man die zinnstein- und turmalinführenden Pegmatite. Sie zeigen alle Übergänge von Turmalinpegmatiten mit nur geringen Spuren von Zinnstein bis zu Zinnsteinpegmatiten mit nur minimaler Turmalinführung.

Die Zinnsteinpegmatite zeichnen sich sehr oft durch eine besonders betonte Muskovitführung aus, und erhalten dann als reine Zinnstein-Muskovitpegmatite (z. B. bei Aubinhonis) neben etwas Quarz fast gar keinen Feldspat, und vor allem keinen Turmalin. Auch hier gibt es Übergänge zu den reinen Feldspatpegmatiten einerseits und zu den reinen Turmalinpegmatiten andererseits. Sie sind in der Regel sehr zinnreich.

Es ist eine allgemeine Erscheinung, daß mit dem Auftreten des Muskovits der Schörl allmählich an Menge abnimmt und einem blauen Turmalin, dem Indigolith, oder einem grünen und noch häufiger dem lithiumhaltigen Turmalin, dem Rubellit Platz macht. Dadurch entsteht ein verbreiteter Übergangstypus: Die lithiumhaltigen Zinnsteinpegmatite. Ist der Lithiumgehalt der Pegmatite nur ein geringer gewesen, so bildete sich Rubellit oder auch ein lithiumhaltiger Muskovit; erst bei etwas höheren Gehalten konnten sich auch Lepidolith oder Amblygonit bilden. Das Endglied dieser Reihe wird durch den reinen Lithiumpegmatit repräsentiert. Bevor dieser besprochen wird, sei kurz noch auf zwei Zinnvorkommen im Marmor eingegangen.

Auf der zinnführenden Kontaktlagerstätte von Arandis setzen Erzschläuche im Marmor auf, die eine sehr interessante und mannig-

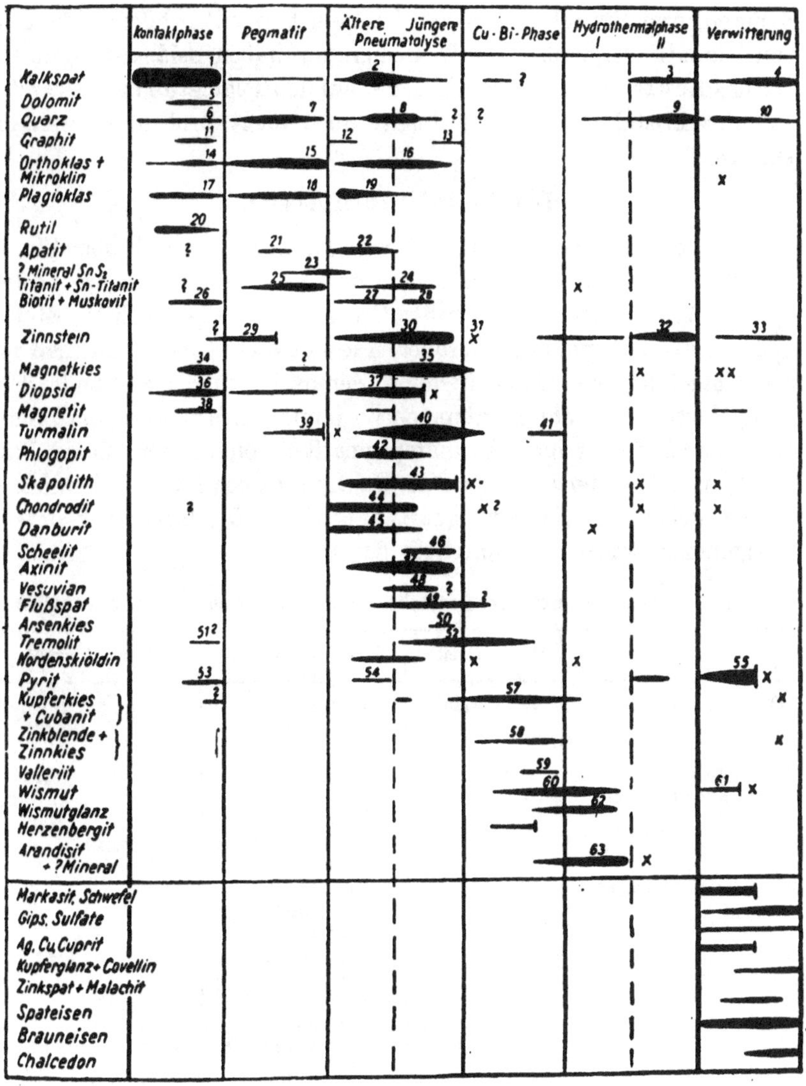

Abb. 4. Paragenetische Tabelle der Mineralien von Arandis. (Nach P. Ramdohr)

faltige Mineralparagenese aus 5 verschiedenen Mineralgruppen erkennen lassen. Die Einzelheiten gehen aus der paragenetischen Tabelle nach Ramdohr hervor (Abb. 4).

Ein weiteres Vorkommen im Marmor kennt man aus der Kristallmine auf der Farm Kompaneno Nr. 104. Hier fehlt die Kontaktphase und man kann nur gelegentlich metasomatische Verdrängungen des Kalksteins beobachten. Ebenso fehlt auch die Mannigfaltigkeit der Mineralführung. Diese besteht im wesentlichen aus Zinnstein und Sulfiden, und besonders gern ist der Zinnstein mit größeren Mengen von Hämatit vergesellschaftet. Gemeinsam haben beide Vorkommen nur das Auftreten von Magnetkies, der auf den Pegmatiten der Granite und der kristallinen Schiefer bisher noch nicht beobachtet werden konnte.

d) Lepidolithpegmatite

Die Lepidolithpegmatite sind innerhalb des eigentlichen Zinngebietes selten und wurden z. B. auf den Neineis-Schurffeldern beobachtet. Sie enthalten neben großen Orthoklaskristallen auch Rubellith und vor allem Lepidolith. Größere Lithiumvorkommen fand man in der Umgebung von Albrechtshöhe, demnach schon am Rande des Zinngebietes. Sie führen entsprechend immer auch Spuren von Zinnstein. Auf den reinen Lithiumpegmatiten bildet der Lepidolith Taschen und Nester im Pegmatit. Häufiger jedoch ist er an Lithiumgreisen gebunden, die stark quarzhaltig sind. Die bisher bekannten Vorkommen liegen alle außerhalb des Granites.

Intensitätstabelle der auf den Lepidolithpegmatiten beobachteten Mineralien

	Pegmatitisch	Pneumatolytisch	Hydrothermal
in großer Menge	Orthoklas	Quarz	
		Lepidolith	
		Amblygonit	
in Menge	Quarz	Muskovit	
in deutlichen Mengen .		Rubellit	
		Petalit	
		grüner Turmalin	
		Topas	
in spärlichen Mengen .		Biotit	
		Paragonit	
		Schörl	
		Zinnwaldit	
		Granat	
		Triplit	
		Tantalit	
		Molybdänglanz	
		Wolframit	
		Beryll	Flußspat
in Spuren		Zinnstein	

e) Amblygonitpegmatite

Sie treten als selbständige Pegmatite in der Gegend von Karibib auf, sind aber noch zu wenig untersucht und bekannt.

f) Wolframitpegmatite

Einen weiteren Übergangstyp bilden die zinnsteinführenden Pegmatite mit Wolframit, wie sie z. B. im Gebiete von Tjirundo-Kompaneno vorkommen. Auf einem gut vererzten Pegmatit fand man hier Lepidolith, Wolframit und Zinnstein. Ein ähnliches Vorkommen trat auf der Farm Okandjou Nord 105 auf. Der Zinnstein ist an die vergreisten Randpartien gebunden, wogegen der Wolframit in der quarzreichen Mitte der Linse auftritt. Diese Zinnstein-Wolframitpegmatite können gelegentlich auch turmalinisiert sein. Durch Zunahme von Wolframit leiten sie zu den reinen Wolframitpegmatiten über. Das Vorkommen von Wolframit und Zinnstein auf ein und demselben Pegmatit kann jedoch keinesfalls als charakteristisch bezeichnet werden. Wenn sie zusammen vorkommen, handelt es sich meist um Pegmatite, die mit dem viel jüngeren Ergonogranit in Verbindung stehen, so daß sich durch Oberflächennähe die Erscheinungen etwas überlagern.

Die reinen Wolframitpegmatite sind in typischer Weise am Kranzberg entwickelt. Sie sind immer reichlich mit Turmalin vergesellschaftet und enthalten keinen Zinnstein. Neben Wolframit kann auch Scheelit in untergeordneten Mengen einbrechen.

Außerhalb des Zinngebietes kommen Wolframitpegmatite bei Klein Karas im Süden der Kolonie vor. Sie sind durch ein gemeinsames Auftreten von Wolframit und Molybdänglanz gekennzeichnet.

Ein charakteristisches Merkmal der Wolframitpegmatite ist es, daß auf ihnen weder Rubellit noch Lepidolith vorkommen.

Intensitätstabelle der auf den Wolframitpegmatiten beobachteten Mineralien

	Pegmatitisch	Pneumatolytisch	Hydrothermal	
in großer Menge	Orthoklas	Quarz	Quarz	
in Menge	Quarz	Wolframit		
		Turmalin		
in deutlichen Mengen .		Scheelit	Kupferkies	Flußspat
		Muskovit		Kalkspat
		Indigolith		
in spärlichen Mengen .		Beryll	ged. Wismut	Pyrit
		Tantalit	Wismutglanz	
		Biotit		
		Granat		
		Rutil		
		Molybdänglanz		

g) Beryll, Topas und Rosenquarz führende Pegmatite

Zur großen genetischen Gruppe der salischen Pegmatite gehören auch die Edelstein- und Halbedelstein-führenden Pegmatite, wie sie als reiner Typus bei Rössing ausgebildet oder von Klein Spitzkopje bekannt sind. Die Mineralvergesellschaftung auf diesen Pegmatiten ist aus der Intensitätstabelle zu ersehen.

Intensitätstabelle der auf den Beryll, Topas und Rosenquarz führenden Pegmatiten beobachteten Mineralien

	Pegmatitisch	Pneumatolytisch	Hydrothermal
in großer Menge	Orthoklas	Beryll	Quarz
in Menge	Quarz	Muskovit	Rosenquarz
		Quarz	
in deutlichen Mengen .	Muskovit	Topas	
		Tantalit	
		Rubellit	
in spärlichen Mengen .		Zinnstein	Pyrit
		Wolframit	Chalzedon

Im übrigen kommt Beryll häufig, wenn auch meist in geringen Quantitäten auf zahlreichen Zinnsteinpegmatiten, aber auch auf den Wolframitpegmatiten vor.

Weitere Beryllpegmatite finden sich im Süden der Kolonie. Der Beryll tritt hier genau so wie auf den Zinnpegmatiten gerne im Muskovitgreisen auf.

h) Tantalitpegmatite

Auf mehreren Zinnstein- und Wolframitpegmatiten findet man Tantalit in kleineren Mengen. Gelegentlich kann er auch in bedeutenderen Konzentrationen auf selbständigen Pegmatiten auftreten. Ein typisches Beispiel bietet das Vorkommen von Donkerhuk. Es liegt zwar im Kupfergebiet, gehört aber genetisch zu den salischen Pegmatiten.

Intensitätstabelle der auf den Tantalitpegmatiten beobachteten Mineralien

	Pegmatitisch	Pneumatolytisch	Hydrothermal
in großer Menge	Orthoklas	Quarz	
in Menge............	Quarz	Tantalit	
	Albit		
in deutlichen Mengen.		Muskovit	
		Schörl	
		Beryll	
in spärlichen Mengen .		Biotit	Bleierze
		Granat	Wismuterze
		Apatit	Kupfererze
		Triplit	
		Blomstrandit	

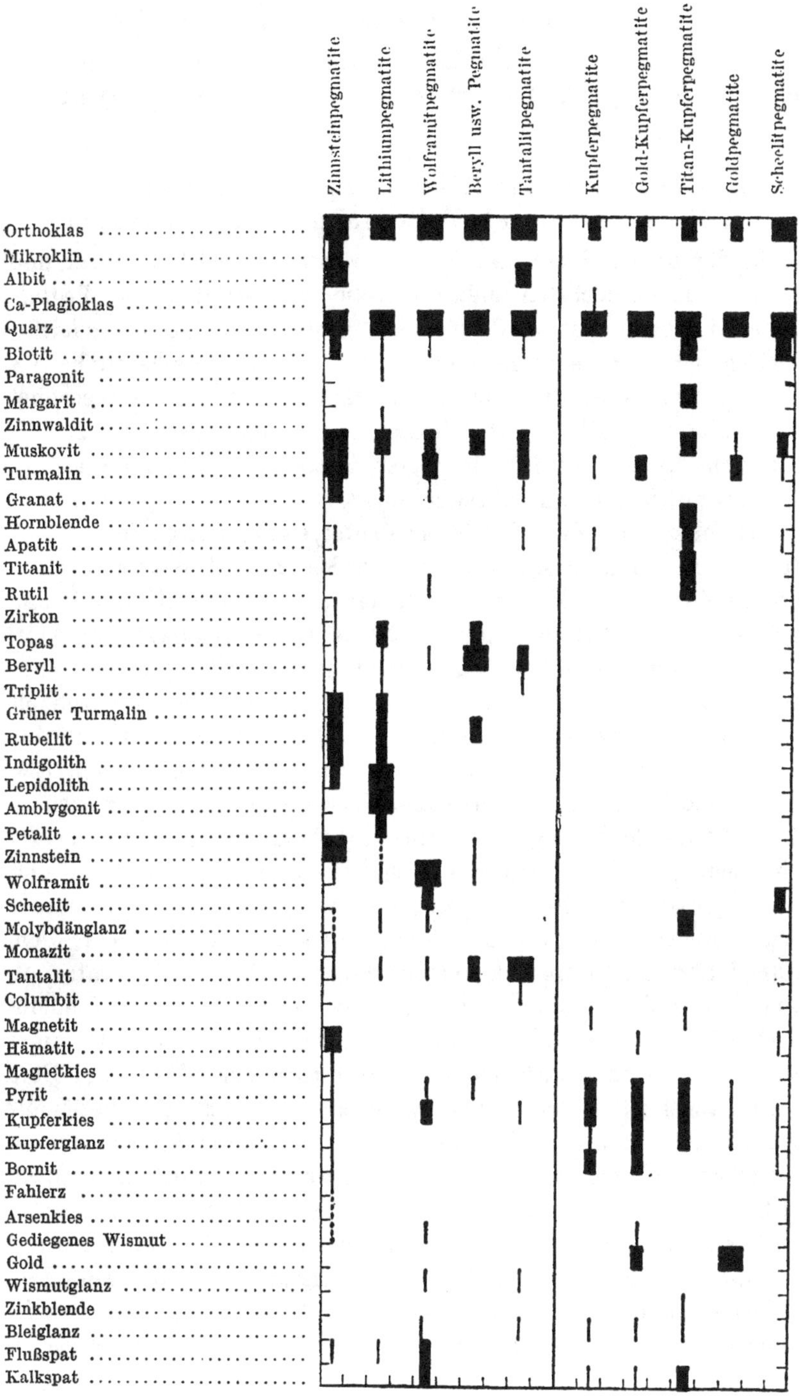

Abb. 5. **Intensität der Mineralien der salischen Pegmatite**

i) Die Mineralien der salischen Pegmatite

Die Anzahl der auf den salischen Pegmatiten beobachteten Mineralien ist recht groß. Die Art ihres Auftretens (Intensität) ist aus Abb. 5 zu ersehen.

k) Geochemie der Zinnsteinpegmatite und der mit ihnen genetisch verbundenen Pegmatittypen

In der ersten Phase, der pegmatitischen, in welcher Druck und Temperatur am höchsten sind, weicht die Gangausfüllung der Pegmatite wenig vom Typus des Granites ab. Lediglich der Gehalt an leichtflüchtigen Bestandteilen ist ein erhöhter. Es sind stets kaliumhaltige Silikate (Orthoklas, Mikroklin und Muskovit) und nur untergeordnet natriumhaltige (Albit) vorhanden. Hinzu kommt noch Quarz. Die Lösungen haben demnach in dieser Phase stets Kalium und nur untergeordnet Natrium enthalten.

Es folgt dann die II. frühpneumatolytische Phase, für die die Zufuhr von Aluminium, Eisen und etwas Mangan neben einer weiteren reichen Zufuhr von Kalium, manchmal mit zunehmendem Natrium, charakteristisch ist. Es bilden sich die Granatpegmatite mit viel Orthoklas und Mikroklin, zunehmend auch Albit, Eisentongranat (Almandin) und Mangangranat (Spessartin). Aus der Abwesenheit des Magnetits kann man schließen, daß der Eisengehalt ein beschränkter gewesen sein muß. Treten zu den oben genannten Elementen noch bor- und fluorhaltige Gase hinzu, dann kann sich in dieser Phase gleichzeitig Eisenturmalin (Schörl) bilden, und auch der Zinnstein kann bei einem entsprechenden Zinngehalt der Gase und bei Gegenwart von Fluor abgesetzt werden. Auch hier kann wieder angenommen werden, daß der Eisengehalt kein sehr hoher war; denn einmal hört die Granatbildung mit zunehmenden Schörlabsatz auf, und zum anderen konnte sich kein eisenreicher Glimmer (Lepidomelan) bilden. Denn überall, wo in dieser Phase überhaupt Glimmer auftritt, trifft man auf den hellen Glimmer, den Muskovit. Dem Eisenmangel ist es ferner zuzuschreiben, daß auch der Biotit nur spärlich vorkommt. Er konnte in bemerkenswerten Mengen nur da entstehen, wo weniger Schörl vorhanden war, der Borgehalt demnach nicht ausreichte, um das gesamte vorhandene Eisen zu binden.

Der Schörl dieser Pegmatite ist immer alkalireich. Durch die mit der zweiten Phase auftretende Turmalinisierung wurden sowohl dem Nebengestein der Pegmatite als auch den Lösungen die Alkalien weitgehend entzogen. Infolgedessen wird die Feldspatbildung unterbrochen und es beginnt die Herrschaft der pneumatolytischen Restlösungen.

Der vorhandene Kaliumgehalt wird im wesentlichen an den Muskovit gebunden; soweit er für dessen Bildung nicht ausreicht, wird er den Feldspäten entnommen, die wieder abgebaut werden. Als Folge des großen Kaliumverbrauches kommt es zu einer vorübergehenden Natriumanreicherung und damit zu einer intensiven Albitisierung der Feldspäte. Der Eisengehalt wird zunächst noch weiter, wenn auch in viel geringerem Maße, vermutlich in Abhängigkeit von dem stark verbrauchten Borgehalt an den Turmalin gebunden. Da der Mangangehalt in dieser Phase nicht mehr zur Granatbildung verwendet wird, kann Tantalit zum Absatz kommen. Das bei der Zersetzung des Orthoklases freiwerdende Aluminiumsilikat wird in geringem Maße zur Bildung von Topas verwendet. Trotzdem in dieser Phase der Zinnstein in erhöhtem Maße entsteht, scheint der Fluorgehalt kein übermäßig hoher gewesen zu sein, sonst hätte sich mehr Topas und auch Flußspat bilden müssen. In diesem Stadium kann ferner bei einem entsprechenden Berylliumgehalt auch der Beryll auf Kosten des Orthoklases zustande kommen. Die Kalkarmut muß sehr groß gewesen sein. Zwar muß ein geringer Gehalt an Ca vorgelegen haben, doch ist dieser anscheinend restlos bei der Turmalinbildung verbraucht worden, da der Apatit erst dann auftritt, wenn der Schörl verschwunden ist, und auch dann nur in geringen Mengen. Quarz ist in diesem Stadium nur so weit vorhanden, als er bei der Entstehung der Silikate übrig blieb. Ist der Eisengehalt restlos verbraucht, so kann sich auch schon in dieser Phase reichlich Indigolith und stets auch etwas Rubellit bilden.

Bei noch weitergehender Abkühlung tritt der Reichtum an zweiwertigen Basen und an Kalium immer mehr zurück, und die Restlösungen werden reicher an dreiwertigen Basen und an Natrium. Es ist dies die Bildungsphase, in der vor allem das Lithium erscheint. Nach Kunitz reichert sich das Lithium infolge der Flüchtigkeit seiner Verbindungen und mangelnder Isomorphiebeziehungen zu den übrigen Alkalien immer mehr in den Restlösungen an und erscheint daher in einem ziemlich späten Stadium der Pneumatolyse. Zunächst bildet sich der lithiumhaltige Indigolith, doch wird etwas Lithium auch schon in den Muskovit miteingebaut, und schließlich liegt nur noch Lepidolith vor. Bei noch vorhandenem Mangan kann sich auch grüner Turmalin absetzen. Der Einbau des Lithiums in Turmalin und Glimmer kann nach Kunitz in Form der Baugruppen [LiAl] und [Li_2Si] nur in stöchiometrischen Verhältnissen an die Stelle von Magnesium und Aluminium erfolgen. In dieser III. spätpneumatolytischen Phase ist schon ein großer Teil des Eisens verbraucht, und es entsteht kein

Schörl mehr (bzw. dem Bildungsstadium entsprechend auch kein Zinnwaldit). Da sich stellenweise auch reichlich Amblygonit bildet, Phosphor demnach in größeren Mengen in den Restlösungen vorhanden war, muß das Fehlen des Apatits auf den Zinnsteinpegmatiten einem Kalziummangel zugeschrieben werden. Desgleichen konnte, wie bereits erwähnt, aus diesem Grunde auch kein Flußspat gebildet werden; dieser erscheint vielmehr erst in der hydrothermalen Phase.

Zum Schluß herrscht im wesentlichen nur noch der Quarz vor. Die Temperatur ist inzwischen schon ziemlich tief bis an die Grenze des pneumatolytischen Bereiches gesunken. Diese extrem sauren Restlösungen sind noch reich an Bor, Fluor, Wolfram und etwas Zinn, Eisen ist noch vorhanden, desgleichen etwas Schwefel und Kupfer. Es kommt zur Bildung der Turmalin-Quarzgänge mit viel Schörl und ziemlich viel Kupferkies, wodurch der Eisengehalt wieder verbraucht wurde und Pyrit nur spärlich gebildet werden konnte. Dazu treten Flußspat, Kalkspat, etwas Tantalit, Beryll, Zirkon und vor allem Scheelit und Wolframit.

Da sich die Wolframmineralien so spät bilden, muß — falls bei der Zinnsteinbildung überhaupt Wolfram vorlag — dieses späte Auftreten dem Kalkmangel der Pegmatite bzw. der Muttergranite zugeschrieben werden. Dieser geringe Kalziumgehalt ist ganz allgemein für die vorliegenden Paragenesen verantwortlich zu machen.

Spezieller Teil: Die Minerallagerstätten

I. Forschungsgeschichte, Geschichte des Bergbaues und des Bergwesens

Schon vor der deutschen Herrschaft über Südwestafrika hatte man Kunde von dem Vorhandensein seiner Gold- und Kupfererzen. Die erste Expedition fand unter Hendrik Hop 1761/62 statt, der etwa bis zum heutigen Keetmanshoop gelangte. 1790/92 drang Wilhelmus van Reenen bis in den heutigen Bezirk Rehoboth vor und fand hier Kupfer und Gold. Im Jahre 1837 durchquerte Alexander das ganze Namaland bis zur Walfischbucht, fand gleichfalls Kupfer (bei Gnutais im Bezirk Rehoboth) und entdeckte Meteorite. In der ersten Hälfte des XIX. Jahrhunderts setzte infolge des Suchens nach Guano eine rege Tätigkeit auf den der Küste vorgelagerten Inseln ein. Im Jahre 1850/51 kam Galton bis ins Amboland und in die Kalahari und brachte die ersten Nachrichten über

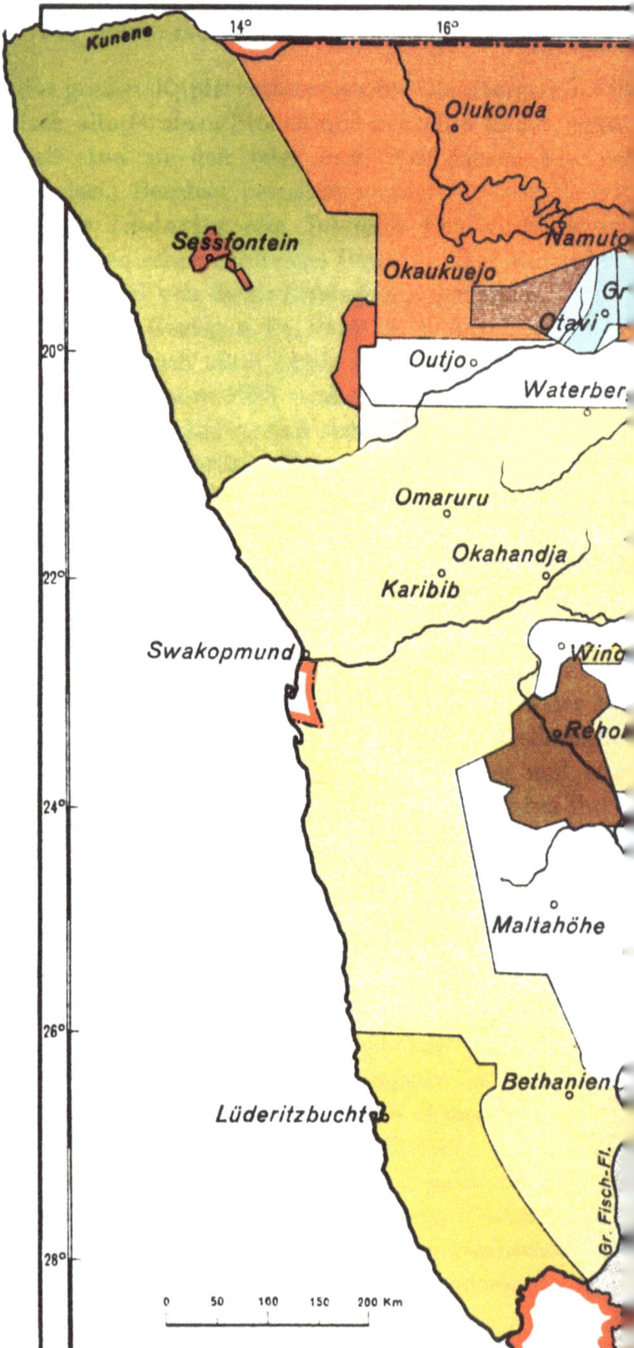

Abb. 6: Land- und Bergwerks

Verlag Walter de Gruyter & Co., Berlin W 35
Deko VII zu Bürg, Minerallagerstätten von Deutsch-Südwestafrika
Hergestellt im Reichsamt für Landesaufnahme, Berlin 1941

en von Deutsch-Südwestafrika (1914)

die großen Kupfervorkommen im Otavibergland. Da man hier vielfach alte Gruben, Stollen und Schächte findet, muß man annehmen, daß etwa in den 60er und 70er Jahren des vergangenen Jahrhunderts Bergbau betrieben wurde.

Als Lüderitz sein Interesse Deutsch-Südwestafrika zuwandte, bestanden schon zahlreiche Gerüchte über Mineralvorkommen, so daß er sich viel von deren Erforschung versprach. Er schickte als ersten deutschen Geologen Dr. Schenk in das Innere des Landes. Dieser bereiste jedoch ohne Erfolg den Südteil der Kolonie.

Als im Jahre 1888 reichere Golderze gefunden wurden und man die Hoffnung hatte, daß sich der Bergbau bald entwickeln könnte, erging die kaiserliche Verordnung vom 25. März 1888, durch welche der Deutschen Kolonialgesellschaft (s. Geschichte der D. K. G. im Kapitel über die Diamanten) das Bergregal im Schutzgebiet verliehen wurde. Jedoch schon am 15. August 1889 wurde dieses Bergregal durch eine neue Verordnung beseitigt und Schürffreiheit für diejenigen Teile des Schutzgebietes, welche von der Bergbehörde als öffentliches Schurfgebiet erklärt worden waren, eingeführt. Allerdings standen in großen Gebieten die Sonderrechte der Minengesellschaften einer Schürffreiheit im Wege. Die Minengesellschaften erwarben ihren Besitz teils direkt von den Eingeborenen und erhielten ihn später durch die Regierung anerkannt, teils beruhten ihre Rechte auf einer Verleihung durch die Kolonialverwaltung. Sie brachten eine Einschränkung der allgemeinen Schürf- und Bergbaufreiheit mit sich. Die Minenkonzessionen wurden vornehmlich in den 90er Jahren des vorigen Jahrhunderts erteilt, da man sich davon eine Belebung des Bergbaues und der Erschließung des Schutzgebietes versprach. Es entstanden mit der Zeit folgende Minengesellschaften:

Die Deutsche Kolonialgesellschaft für Südwestafrika,
die South West Africa Company Ltd.,
die South African Territories Company Ltd.,
die Hanseatische Minengesellschaft,
die Kaoko Land- und Minengesellschaft,
die Otavi Minen- und Eisenbahn-Gesellschaft.

Die Geschichte der Konzessionsgesellschaften und der Minengesellschaften, soweit sie nicht an anderer Stelle näher beschrieben sind, ist kurz folgende:

1. Die Hanseatische Land-, Minen- und Handelsgesellschaft wurde am 19. Mai 1893 mit einem Gesellschaftskapital von 2400000 M. gegründet. Diese Gründung war der Abschluß einer langen Streitigkeit zwischen der Deutschen Kolonialgesellschaft und

dem Lilientalschen Syndikat. Die neugegründete Gesellschaft erhielt eine Konzession auf die Dauer von 25 Jahren, nach der sie das ausschließliche Recht besaß, im Gebiete der Rehobother Bastards und in dem der Kauas-Hottentotten Mineralien aller Art aufzusuchen, zu gewinnen und zu bearbeiten. Infolge ungenügender Mittel wurde die erste Expedition erst im Jahre 1899 unternommen. Unter der Leitung von Eichmeyer wurde das Bastardland untersucht. Es wurden an verschiedenen Stellen Gold- und Kupfererze nachgewiesen, einen praktischen Erfolg hatte die Expedition aber nicht. Da die Gesellschaft ihren Verpflichtungen nicht nachkommen konnte, erklärte die Regierung in einer Verordnung vom 31. Dezember 1907 die gesamten Rechte aus der Konzession vom 11. April 1893 für verwirkt. Als Anerkennung für die aufgewendeten Geldmittel verständigte sich die Regierung mit der Gesellschaft dahin, daß die Hanseatische Land-Minen- und Handelsgesellschaft zu existieren aufhörte und eine neue Kolonialgesellschaft unter der Firma Hanseatische Minen-Gesellschaft gegründet wurde.

2. Die Hanseatische Minengesellschaft wurde am 7. Mai 1910 mit einem Grundkapital von 1 Million M. gebildet. Die Gesellschaft erhielt auf die Dauer von 2 Jahren das ausschließliche Recht zur Aufsuchung und Gewinnung aller Mineralien im Gebiete der Rehobother Bastards und im ehemaligen Gebiete der Kauas-Hottentotten. Dafür war die Gesellschaft verpflichtet, während dieser Zeit mindestens 60000 M. für Untersuchungen aufzuwenden. Anschließend daran stellte man der Gesellschaft für die Dauer von 3 Jahren das ausschließliche Recht des Aufsuchens von Kupfer in Aussicht. Die auf Grund der Verordnung vom 26. März 1909 später zur Erhebung gelangenden bergrechtlichen Gebühren, Steuern und Abgaben sollten für die Gesellschaft erhoben werden, und diese hatte das Recht der Beteiligung mit $^1/_8$ an dem Betriebsgewinn jeden Bergbauunternehmens. Nach der Gründung begann im Juli 1910 die bergmännisch-geologische Erforschung des Gebietes der Rehobother Bastards und des Kauas-Gebietes. Die sachgemäß und gründlich durchgeführte Untersuchung hatte ein negatives Ergebnis. In einer Erklärung vom 16. September 1913 verzichtete die Gesellschaft auf ihre Konzession insofern, als sie sich nur die durch die Kais. Bergverordnung vom 8. August 1905 festgesetzten Abgaben vorbehielt. Durch eine Proklamation der Mandatsregierung von 1920 wurden sämtliche Rechte der Gesellschaft aufgehoben.

3. Kaoko Land- und Minengesellschaft. Durch Vertrag vom 12. August 1893 kaufte die Firma L. Hirsch & Co. von der Deutschen

Kolonialgesellschaft das sogenannte Kaokofeld. Dieses wird wie folgt begrenzt: Im Norden durch den Kunenefluß, von dessen Mündung bis zur Swartboisdrift, im Osten durch eine Linie, welche von Swartboisdrift über Otjitambi, Obombo (Franzfontein) bis zu dem Punkte läuft, wo der Ugabfluß von dem 15. Grad östlicher Länge geschnitten wird, im Süden durch den Ugabfluß von dem oben erwähnten Punkt bis zur Mündung, im Westen durch den Atlantischen Ozean von der Mündung des Kunene bis zur Mündung des Ugabflusses. Der Käufer verpflichtete sich, eine deutsche Kolonialgesellschaft zur Bewirtschaftung des abgetretenen Gebietes zu errichten und so entstand am 11. April 1895 die Kaoko Land- und Minengesellschaft mit dem Sitz in Berlin. Das Grundkapital betrug 10 Millionen M. Von den 50000 Anteilen erhielt die Firma L. Hirsch & Co. 32500, die Deutsche Kolonialgesellschaft 2500. Das Barkapital betrug nur 800000 M. bei einem gegebenen Nominalkapital von 8 Millionen M. Mit diesem Gelde wurden in den Jahren 1894, 1895, 1897 und 1906 Expeditionen in das Kaokofeld unternommen, um dieses für Farmzwecke und auf Mineralien zu erforschen. Alle diese Expeditionen verliefen jedoch ohne praktisches Ergebnis. Im Jahre 1910 unternahm Kuntz eine neue Expedition und stellte an verschiedenen Punkten geringe Mengen von Gold und vereinzelte Kupfervorkommen fest, daneben Eisenerzlager von bedeutender Mächtigkeit. Am 7. April 1913 erklärte sich die Gesellschaft mit dem Inkrafttreten der Bergverordnung vom 8. August 1905 in dem größten Teil ihres Gebietes und mit einer die Bergbautreibenden nicht wesentlich ungünstiger stellenden Ausnahmebestimmung einverstanden. Im Jahre 1928 verlor sie sämtliche Rechte in Deutsch-Südwestafrika.

4. Die South African Territories Company Ltd. entstand im Jahre 1894 mit einem Betriebskapital von 25000 £ aus dem Kharaskhoma Exploring and Prospecting Syndicate Ltd. in London. Letzteres hatte von Hottentottenhäuptlingen auf deren Gebieten eine Reihe wichtiger Rechte erworben. Die S. A. T. entsandte 1897 eine Expedition nach Deutsch-Südwestafrika. Am 15. November 1901 erließ die Gesellschaft für ihr Bergrechtsgebiet ein Bergregulativ, durch welches unter gewissen Bedingungen die allgemeine Schurffreiheit eingeführt wurde. Vor allem hatte sich die Gesellschaft das Recht ausbedungen, sich an dem Reingewinn eines jeden von ihr verliehenen Bergwerks mit einem Fünftel zu beteiligen. Am 30. Oktober 1913 erklärte sie sich mit der Einführung der Bergverordnung vom 8. August 1905 mit einer Abänderung einverstanden. Die South African Territories Company wurde von der Mandatsregierung schonend

behandelt und behielt ihren Landbesitz. Nur die Bergrechte und sonstigen Rechte wurden aufgehoben.

5. Die South West Africa Company Ltd. wurde am 18. August 1892 in das Londoner Handelsregister eingetragen und zunächst mit einem Kapital von 300000 £ gegründet. Später wurde dieses auf 2000000 £ erhöht. Sie ist nach englischem Recht eine Aktiengesellschaft mit 1 Pfund-Shares. Ihre Gründung geht auf den Geldmangel der Deutschen Kolonialgesellschaft zurück, die sich zum Zwecke der Erlangung neuer Mittel zur Veräußerung eines Teiles ihrer Rechte entschließen mußte. Das Ziel war hauptsächlich die Ausbeutung der Kupfervorkommen von Otavi. Von den englischen Kapitalisten wurde aber auch das Verlangen gestellt, Land- und Eisenbahnrechte zu erhalten. Unter dem 12. September 1892 wurde der Gesellschaft die sogenannte Damaralandkonzession erteilt. Diese bestand unter anderem in dem ausschließlichen Recht zur Aufsuchung und Gewinnung von Mineralien in Deutsch-Südwestafrika in der Ausdehnung von 2 Breitegraden und 3 Längengraden oder von einer dieser gleichkommenden Fläche, welche in jedem Falle alle Kupfervorkommen des Otaviberglandes einschließt. Im Jahre 1892 wurden 2 Expeditionen entsandt, von denen die eine die Lagerstätte von Otavi untersuchte. Da die Gesellschaft auch das ausschließliche Recht besaß, Eisenbahnen zu bauen, mußte sich die Regierung, als 1897 die Rinderpest ausbrach und eine Bahn gebaut werden sollte, mit ihr in Verbindung setzen. Die Gesellschaft verzichtete auf dieses Recht und erhielt dafür in einem erheblichen Teil des Ovambolandes das ausschließliche Recht zur Aufsuchung und Gewinnung von Mineralien. Allerdings konnte die Regierung nach eigenem Gutdünken Schürffreiheit erklären, mußte aber die Gesellschaft, die sich eine jährliche Abgabe bis zu 25% aus dem Reingewinn eines entstehenden Bergbauunternehmens vorbehielt, mit der Hälfte an den Gebühren beteiligen. Die Hälfte obiger Abgaben hatte sie an die Regierung abzuführen. Die ausschließliche Aufsuchung und Gewinnung von Edelsteinen und Kupfer verblieb der Gesellschaft. Da diese bis gegen Ende der 90er Jahre des vorigen Jahrhunderts zu keinem Ziele gelangt war, gründete sie mit der Diskontogesellschaft in Berlin und der Exploration Company Ltd. in London die „Otavi Minen- und Eisenbahngesellschaft" (s. diese). Durch Vertrag vom 21. Februar 1908/25. März 1908 führte die Gesellschaft mit Ausnahme des der Otavigesellschaft abgetretenen Bezirkes von 1000 engl. Quadratmeilen die Bergverordnung vom 8. August 1905 ein, behielt sich aber eine eigene Bergverwaltung vor. Am 18. November 1908 erließ die Gesellschaft

ein Bergregulativ. Von der Schürf- und Bergbaufreiheit sind alle Edelsteine ausgenommen, da die South West Africa Company durch einen Vertrag vom 12. April 1899 gegen Barzahlung von 5000 £ das Recht zur Gewinnung von Edelsteinen innerhalb ihrer ganzen Interessenzone den De Beers Consolidated Mines Ltd. eingeräumt hatte. Mit der Zeit beteiligte sich die South West Africa Company an folgenden Gesellschaften: Hanseatische Land-, Minen- und Handelsgesellschaft, Kaoko Land- und Minengesellschaft und Otavi Exploring Syndicate. Die Gesellschaft behielt nach dem Kriege ungeschmälert ihren riesigen Landbesitz und auch ihre Bergrechte, wenn auch diese mit zeitlicher Begrenzung. Diejenigen Privilegien, die sie durch die Proklamation von 1920 eingebüßt hatte, waren nur solche von geringfügiger Bedeutung.

Das Gebiet der einzelnen Konzessionsgesellschaften ist aus Abb. 6 zu ersehen. Die erhoffte Belebung des Bergbaues durch die Gründung dieser Gesellschaften blieb jedoch zunächst aus. Trotz der zeitweilig regen Schurftätigkeit kam es nur an wenigen Stellen zu einem anhaltenden Bergbau.

Neben der bergbaulichen Durchforschung des Schutzgebietes ruhte auch die wissenschaftliche niemals, und Namen wie Schenk, Gürich, Kuntz, Lotz, Scheibe, Range, Voit, Kaiser, Rimann, Cloos, Reuning, Beetz, Schneiderhöhn und Stahl werden immer mit der geologischen und lagerstättenkundlichen Erforschung Deutsch-Südwestafrikas eng verbunden bleiben.

II. Die Kupferlagerstätten

Nach keinem Metalle wurde in Deutsch-Südwestafrika so viel geschürft und prospektiert wie nach dem Kupfer. Durch ihre lebhafte Färbung fallen die Mineralien der Oxydationszone der Kupferlagerstätten leicht auf. Die Zahl der festgestellten einzelnen Fundpunkte dürfte so leicht nicht übertroffen werden.

Wenn auch die Anzahl der kleineren Kupfervorkommen sehr groß ist, so haben sich nach eingehenden Untersuchungen bis jetzt nur die wenigsten als abbauwürdig erwiesen. Bei den meisten handelt es sich um kleine und kleinste Konzentrationen, oft nur um einzelne Erzknollen, die die Aufmerksamkeit des Prospektors auf sich gezogen haben und als „Kupfervorkommen“ in die Literatur Eingang gefunden haben.

Mit Ausnahme der großen Lagerstätte von Tsumeb im Otavibergland ist auf allen übrigen die Oxydations- und Zementationszone nur wenig mächtig ausgebildet. Es hängt dies mit den besonderen klimatischen Verhältnissen Deutsch-Südwestafrikas zusammen, die infolge der Niederschlagsarmut des Landes und des raschen Versickerns des Wassers der episodischen Regen zur Bildung von tiefreichenden Zersetzungszonen nicht geeignet sind.

Die Kupfervorkommen verteilen sich stratigraphisch auf alle Horizonte bis zur Postnamazeit. Vom ältesten Archaikum angefangen kam es in Verbindung mit der jeweiligen Eruptionsperiode auch zur Bildung von Kupfererzlagerstätten.

Die Beschreibung der einzelnen Beispiele wird daher nach stratigraphischen Gesichtspunkten vorgenommen, die insofern zugleich auch eine genetische ist, als sich zu den geologisch verschiedenen Zeiten auch lagerstättenkundlich verschiedene Kupfervorkommen gebildet haben.

Die Einteilung erfolgt nach folgendem Schema:

1. Die Kupfervorkommen des Damarasystems:
   a) Magmatische Ausscheidungen.
   b) Kupfererzpegmatite.
   c) Titan-Kupfererzpegmatite.
   d) Kontaktpneumatolytische Kupfererzlagerstätten.
   e) Imprägnationslagerstätten.
   f) Hydrothermale Kupfererzgänge.
2. Die Kupfervorkommen der Konkipformation:
   Hydrothermale Kupfererzgänge.
3. Die Kupfervorkommen der Namaformation:
   a) Metasomatische Kupfer-Blei-Zinklagerstätten.
   b) Hydrothermale Kupfererzgänge,
   c) Sedimentäre Kupfererzlager.
4. Die Kupfervorkommen der Postnamazeit:
   Magmatische Ausscheidungen in Diabasmandelstein.

Obwohl die Bildung der verschiedenen Kupfererzlagerstättentypen zeitlich große Unterschiede aufweist, läßt sie doch eine genetische Abfolge erkennen, die von den magmanahen Lagerstätten der archaischen Zeit bis zu den magmafernen der Namaformation ein Zeugnis für die fortschreitende Erkaltung des afrikanischen Erdteiles liefert.

Allen Kupfervorkommen ist eine auffallende Eisenarmut eigen, so daß Pyrit bis auf einige Ausnahmen zu den selteneren Gangkomponenten gehört. Dementsprechend ist auch der Kupferkies meist das am wenigsten häufige Kupfermineral und Kupferglanz mit

Buntkupfer herrschen vor. Infolge dieser Eisenarmut fehlt bei den höher temperierten Gängen auch der Magnetkies.

Das Kupfer kommt in mehr oder weniger bedeutenden Mengen auch mit anderen Metallen auf deren Lagerstätten vor. Derartige Beispiele sind bei der Beschreibung der Vorkommen des jeweiligen Hauptmetalles mit berücksichtigt worden.

A. Die Kupfervorkommen des Damarasystems
(Vgl. Tafel III)

1. Magmatische Ausscheidungen

Sowohl der Orthogneis als auch der Granit des Bastardlandes führen häufig als Übergemengteile Kupfer- und Schwefelkies, die oft zu Kupferglanz, Malachit und Brauneisen umgesetzt sind. Größere Anhäufungen kennt man von Krumhuk, Kamasis, Auasberge, Onatis und Kabiras. Sie haben keine wirtschaftliche Bedeutung.

2. Kupfererzpegmatite

Die Kupfererzpegmatite besitzen im Bastardland eine große Verbreitung. Schon in der zweiten Hälfte des vorigen Jahrhunderts erregten die grüngefärbten Ausbisse der einzelnen Vorkommen lebhaftes Interesse und mehrere von ihnen wurden durch englische Prospektoren untersucht. In den Jahren 1899/1900 rüstete die Hanseatische Land-, Minen- und Handelsgesellschaft eine Expedition aus, die das Bastardland bereiste und auch einige Kupfervorkommen (großer und kleiner Spitzkopf, Duruchaus, Areb, Nauas, Rehoboth und Swartmodder) beschürfte. Die gleichen Lagerstätten wurden zum Teil 10 Jahre später wieder untersucht; jedoch genügten anscheinend die vorhandenen Erzreserven nicht, um die Eröffnung eines größeren Betriebes zu rechtfertigen, und Kleinbetriebe waren bei den schwierigen Verkehrsverhältnissen von vornherein ausgeschlossen.

Die Kupfererzpegmatite sind an Orthogneise und Granite gebunden; sie treten mitunter im Granit selbst auf, in den meisten Fällen aber in den kristallinen Schiefern, in denen man an der Oberfläche auf große Erstreckungen hin Malachitausblühungen verfolgen kann. Meist handelt es sich jedoch um Pegmatite, auf denen das Kupfer nur eine recht geringe Konzentration erfahren hat. Vielfach haben die Pegmatite eine nachträgliche Faltung erlitten, wodurch für den Bergbau schwierige Verhältnisse entstanden sind.

Die Genesis der Kupfererzpegmatite ist im Kapitel: „Die Pegmatite und ihre Vererzung" eingehender besprochen worden.

a) Das Kupfervorkommen von Kamtsoas

In einem sehr unwegsamen Gelände zwischen Aomites bei Aub und Niais sündlich Windhuk liegt auf einem Bergkamm ein Kupfervorkommen, das durch 3 Schächte und 6 Stollen bergmännisch untersucht wurde. Etwa 180 m tiefer auf der Talsohle liegt die Wasserstelle von Kamtsoas.

Die Umgebung des Vorkommens baut sich aus kristallinem Kalkstein, dem dünne Lagen eines muskovitreichen Kalkschiefers eingelagert sind, aus Glimmerschiefer mit dünnen Bänken von Quarzit, Hornblendeschiefer und Orthogneis auf.

Der Hauptträger der Pegmatite ist der Kalkstein, in dem vier ostwestlich streichende Vererzungszonen mit einer Gesamtlänge von 300—400 m vorkommen. Die Vererzung ist an Pegmatite gebunden, die sehr quarzreich sind, Linsengestalt besitzen und in absätziger Weise Pyrit, Kupferkies, Buntkupferkies und Bleiglanz mit den entsprechenden Oxydationserzen — Brauneisen, Malachit, Kupferpecherz, Kupferschwärze und Manganerze — führen. Der Gehalt an Edelmetallen ist sehr gering. Der Silbergehalt schwankt zwischen 10—140 g/t, Gold (2 g/t) enthielt jedoch nur eine Probe. Die meisten Pegmatite sind steril.

b) Die Kupfervorkommen vom Gelkopf

Der Gelkopf liegt in einem flachhügeligen Gebiet etwa 34 km nordwestlich von Rehoboth. Geologisch besteht er aus Gesteinen der Primärformation, die von zahlreichen Pegmatiten durchschwärmt werden. Es sind zum Teil reine Kupfererzpegmatite, zum Teil gehören sie zur Titan-Kupferformation. Von den reinen Pegmatiten wurde eine größere Linse durch 20 kleinere Schächte untersucht. Die Linse hatte eine Länge von 230 m bei einer Mächtigkeit von mehreren Metern. Die Oxydationszone war kaum angedeutet. In der Primärzone fand man Kupferkies und Bornit. Zahlreiche große Schollen eines grobkristallinen Kalkspates schwammen in der Gangmasse. Die Erzführung war sehr absätzig und im Durchschnitt gering. Man kann mit etwa 2,6% Cu, 1 g/t Au und 16 g/t Ag rechnen.

Wo die Kupfererzpegmatite im Kalkstein auftreten, sind sie von einer 0,50 m mächtigen Imprägnationszone begleitet, die im Durchschnitt 2,5% Cu, Spuren von Gold und 15 g/t Ag enthält. Gelegentlich bildeten sich durch lokale Anreicherungen auch etwas höhere Gehalte. Derartig vererzte Kalksteinbänke können auch selbständig auftreten. Man fand mehrere bis 0,50 m mächtige, parallel verlaufende

Bänke mit einer durchschnittlichen Erzführung von 2,5% Cu. Reichere Stellen enthielten 4,8% Cu und 10 g/t Ag.

c) Das Kupfervorkommen an den Spitzköpfen bei Duruchaus

Der große und kleine Spitzkopf nordwestlich Rehoboth überragen mit etwa 150 bzw. 50 m das flache Gelände ihrer Umgebung. Sie bauen sich aus Phonoliten auf. Ihre Umgebung besteht aus Glimmerschiefern, Quarziten und Kalksteinen der Primärformation, in denen Orthogneise zwischengeschaltet vorkommen. Dieser tiefenmetamorphosierte Granit verursachte gleichzeitig die Entstehung mehrerer pegmatitischer Linsen, die wohl ursprünglich zusammenhängende Gänge bildeten und erst durch die Faltung des Glimmerschiefers auseinandergerissen und ausgewalzt wurden, so daß der Bergbau mit unbestimmbaren Verhältnissen rechnen muß.

Beide Vorkommen wurden sowohl im Jahre 1900 als auch 1910 durch verschiedene Schächte, Schurfgräben und Strecken untersucht. Diese Untersuchungen beschränkten sich jedoch nur auf die Konzentrationszonen, in denen das nesterhafte Auftreten von Kupferglanz und Freigold charakteristisch war. Manche Erzlinsen enthielten nur 5% Kupfer, andere wieder lokal bis 55%, dazu bis 50 g/t Au und 150 g/t Ag.

Der Gangquarz ist häufig fettglänzend, milchweiß und sehr fest. Von Kupferglanz freie Gangmassen enthielten kein Gold. Die bisherigen Aufschlüsse erreichten eine Tiefe von 30 m.

Die meisten Linsen neigen zum rein pegmatitischen Typus. Sie enthalten Bornit, Kupferkies und Ilmenit.

d) Die Kupfervorkommen von Swartmodder

Etwa 6 km südlich Rehoboth befindet sich in einer Meereshöhe von 1460 m ein weiteres Kupfervorkommen, das im Jahre 1900 durch einen 30 m tiefen tonnlägigen Schacht untersucht und durch mehrere Strecken aufgeschlossen wurde. Im Jahre 1911 wurden weitere 11 Schächte von geringerer Tiefe abgeteuft.

Das Vorkommen liegt in einem größeren Granitmassiv. In einer nordsüdlich streichenden, etwa 1,5 km langen und 150 m breiten Zone durchziehen den Granit regellos streichende Quarzlinsen, auf deren Ausbissen man Malachit, Chrysokoll, Kupferglanz, Brauneisen und etwas Freigold beobachten kann. Ferner treten zum Teil unmittelbar unter der Oberfläche auch schon die primären Erze, wie Schwefelkies, Kupferkies, Bornit und auch etwas Magnetit auf. Der pegmatitische

Charakter der Linsen wird durch das gelegentliche Vorkommen von Turmalin und Apatit unterstrichen.

Die Mächtigkeit der Linsen ist sehr verschieden. Sie kann bis 1 m betragen bei einem Streichen von über 50 m Länge. Die meisten Linsen keilen schon wenige Meter unter Tage aus. Manche von ihnen können durch Zunahme des Goldgehaltes bei entsprechendem Zurücktreten des Kupfers zu den Goldquarzgängen gerechnet werden. Oft zeigte sich, daß die kupferreichen Partien frei von Gold sind.

Die Untersuchungen ergaben Kupfergehalte von durchschnittlich 10%, doch scheint es sich dabei um Anreicherungen in der Oxydations- und Zementationszone bei nur geringen Vorräten zu handeln. Der Goldgehalt ist sehr wechselnd und kann von Spuren bis 8 g/t nebst etwa 36 g/t Ag betragen.

e) Die goldhaltigen Kupfererzgänge von Neuras

Auf dem Gebiete der Golderzgänge von Neuras südlich Rehoboth (siehe diese) findet man in Glimmerschiefern und Gneisen, ab und zu auch an der Grenze beider, als Lagergänge und Quergänge, aber auch in Form von ausgesprochenen Linsen Kupfervorkommen, die vor allem in der Oxydationszone relativ viel Freigold führten. In den unzersetzten Zonen sind Pyrit, Kupferkies und Kupferglanz vermutlich die ausschließlichen Träger des Goldes.

Die Anzahl der sonstigen, noch nicht eingehender untersuchten Vorkommen ist sehr groß. Es seien hier genannt:

Km 22 der Eisenbahnlinie Windhuk—Rehoboth.
Zwischen Uis und Aub.
Östlich Oamites (mit 0,5—2% Cu).
Niais.
Hohewarte (mit Bleiglanz).
Kudis (4 km westlich davon).
Zwischen Kudis und Langbein (1,7% Cu).
Vley-Kubis (zwischen Aub und Rehoboth).
Nauas Mine (3% Cu).
Kanibib-Berge (südöstlich Nauas).
Rietfontein am Gauchab.
Zwischen Rietfontein und Walburg.
Rehoboth (beim Distriktamt).
Kamasis (3—4 km westlich davon im Granit).
Auchas (mit silberarmem Bleiglanz).
Kabiras (3—4 km und 8—10 km nordöstlich davon).
Samaubes (5 km südlich im Granit).

Onatis (2 km nördlich davon im Granit).

Areb (im Granit).

Außer den eben aufgeführten Vorkommen sind auch einige aus dem Warmbaddistrikt im Süden der Kolonie, bekannt geworden.

f) Das Kupfervorkommen bei Gaidip

Unmittelbar am Oranje, zwischen Ramansdrift und Homsdrift, befindet sich das Kupfervorkommen von Gaidip. In einem Quarzdiorit, in dem der Quarz überwiegt, mit wechselndem Gehalt an Hornblende, mit Oligoklas als einzigem Feldspat, Titanit und Rutil tritt ein etwa 2 m mächtiger, ostwestlich streichender, steil einfallender Pegmatitgang auf, der an der Oberfläche hauptsächlich aus Quarz besteht. Nach der Tiefe nimmt der Feldspatgehalt in Form von Mikroklin, Orthoklas und Plagioklas zu. An Übergemengteilen findet man spärlich Apatit. Die Vererzung ist durch Schwefelkies, Kupferkies, Bornit, Malachit und Brauneisen gekennzeichnet. Die Erze bilden nesterartige Anreicherungen in der Mitte des Pegmatites. Sie sollen angeblich nach der Tiefe nicht abnehmen.

g) Das Kupfervorkommen von Aiais

Gangförmige Kupfererzpegmatite treten am Unterlauf des großen Fischflusses bei Aiais auf. Die Berge um den Fischfluß sind aus Graniten und Dioriten aufgebaut, deren Kerne oft aus Diabas bestehen.

Außerordentlich zahlreiche Pegmatite durchsetzen alle Gesteine, auch die Diabase. Auf einem wenige Zentimeter bis $^1/_4$ m mächtigen Gang fand man Kupfererze. Malachit, Rotkupfererz, Brauneisen und hauptsächlich Ziegelerz, zum Teil noch mit einem Kern von Kupferkies, wurden beobachtet. 3 km südlich davon kommen fünf annähernd ostwestlich streichende, schwach mit Kupfererzen ausgefüllte Klüfte vor, die sich teilweise vereinigen und dann größere Mächtigkeiten annehmen.

3. Titan–Kupfererzpegmatite

Auf manchen Kupfererzpegmatiten brechen größere Mengen von Rutil und Ilmenit ein, so daß man einen besonderen Pegmatittypus, den der Titan-Kupfererzpegmatite abtrennen kann. Obgleich diese Pegmatite in kleineren Vorkommen über das ganze kupfererzführende Gebiet verteilt sind, kommen die zwei bedeutendsten, die zeitweise zu einem regen Abbau Anlaß gaben, am Rande vor. Es sind dies die Kupfererzlagerstätten von Otjisongati und die der Khangrube.

Letztere ist eigentlich kein reiner Vertreter dieses Pegmatittypes. Wenn sie trotzdem hier besprochen wird, so geschieht dies deshalb, weil sie sich durch eine betonte Titanitführung auszeichnet und durch ihren gesamten Mineralbestand mehr zu diesem Typus hinneigt.

Außer diesen beiden größeren Vorkommen kennt man Titan-Kupferpegmatite aus dem Bastardland. Hierher gehören einige Vorkommen am Großen und Kleinen Spitzkopf bei Duruchaus, vereinzelte Pegmatite in den kristallinen Schiefern am Schaffluß zwischen Hatsamas und Langbein, zwischen Walburg und Leben, in den Bergen südöstlich Nauas und im Gelände von Gelkopf (nach Rimann).

a) Das Kupfervorkommen von Otjisongati

Dieses Kupfervorkommen war schon den Eingeborenen bekannt. Der Kupferbergbau und -hüttenbetrieb lag hier in den Händen der Ovambos, die einen Weg von fast 500 km zurücklegten, um die reichsten Erze höchstens bis zu einer Tiefe von 7 m zu gewinnen. Das Verschmelzen nahmen sie offenbar im Swakoptal vor, wo sie Holz und Wasser zur Verfügung hatten. Die Europäer wurden erst durch den Engländer Stanley auf dieses Vorkommen aufmerksam, der 1900 auf den mächtigsten Gängen schürfte. Die Nebenfelder wurden durch die Firma Weck und Voigts belegt, die 1907 das Otjozongati-Minensyndikat gründete. Die Arbeiten wurden nach dem Weltkriege nicht wieder aufgenommen.

Das Grubengebiet war in vier Bergbaufelder von je 1 qkm Größe unterteilt. Davon befanden sich zwei im Besitze des Otjozongati-Minensyndikates und zwei im Besitze der Deutschen Kolonialgesellschaft, die aber schon im Jahre 1904 mit den Untersuchungen aufhörte (Abb. 7).

Das Grubenfeld liegt im Quellgebiet des Swakop im nördlichen Teil des Damaralandes nordöstlich Windhuk. Die Grube gehört mit zu den wenigen, die, wenn auch in bescheidenem Maße, mit größeren oder kleineren Unterbrechungen zu einer Produktion kamen. Leider entwickelte sich diese infolge der ungünstigen lokalen Verhältnisse zu einem Raubbau schlimmster Art. Bis 1903 beschränkten sich die Arbeiten auf reine Oberflächenuntersuchungen. In diesem Jahre kamen zum ersten Male 100 t Kupfererze zur Verschiffung und zur Verhüttung nach Deutschland. Sie enthielten 28,5% Kupfer. Weiterhin kamen 1907/08 Kupfererze mit einem durchschnittlichen Kupfergehalt von 18% und 1909/10 934,75 t mit 21% Kupfer im Durchschnitt zum Versand. Eine Sendung aus dem Jahre 1908 enthielt sogar 35,8% Kupfer. Die Belegschaft betrug zu jener Zeit 4 Weiße sowie 48 männliche und 44 weibliche Eingeborene. Trotz des schon

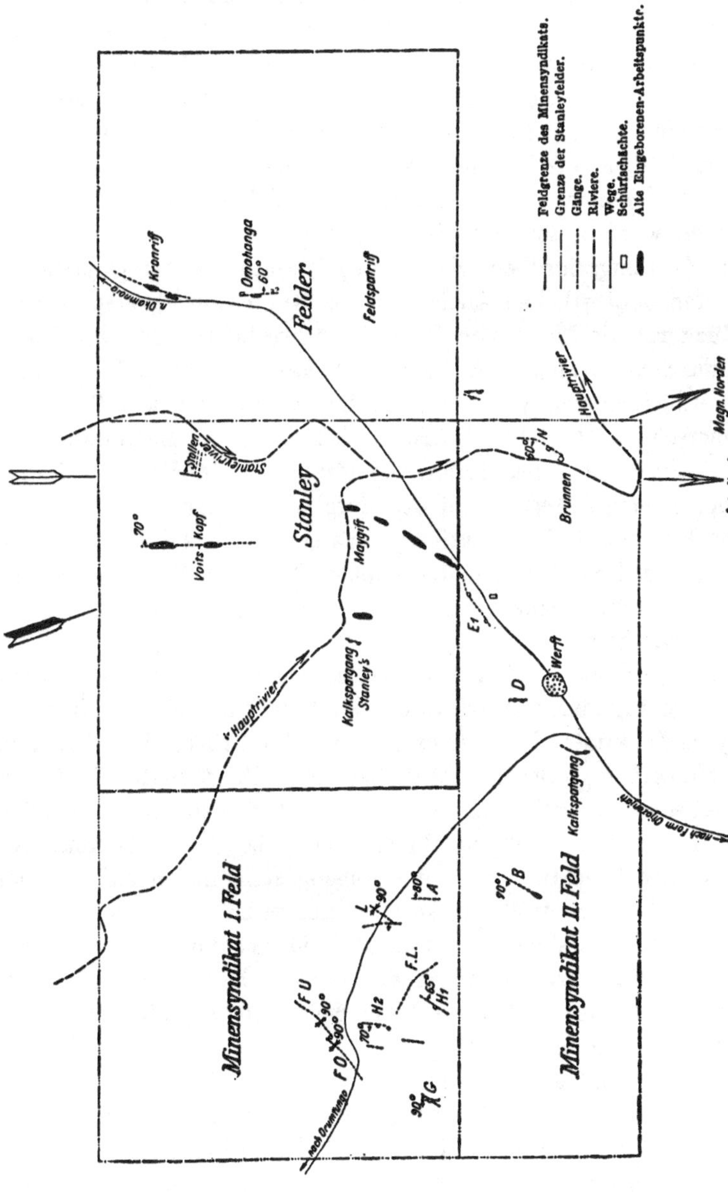

Abb. 7. Lagerriß der Otjozongati-Mine. Maßstab etwa 1:30000. Nach H. Westphal

erwähnten Raubbaues konnte ein Gewinn nicht erzielt werden, da bei rund 100 km Ochsenwagen- und 300 km Bahnfracht die Gestehungskosten zu hoch lagen. Insgesamt wurden in den Jahren 1908 bis 1912 etwa 2600 t 20%ige Kupfererze gewonnen. Die Erze waren sehr rein, enthielten weder Blei oder Zink, noch Wismut oder Arsen und wurden von den deutschen Hütten gerne übernommen.

Die Ochsenwagen brauchten für den etwa 100 km langen Weg 4—5 Tage, so daß die Tonne Erz allein bis zur Bahnstation 40 M. kostete. Dadurch lag die untere Grenze der Rentabilität etwa bei 25% Kupfer! Hinzu kam noch, daß die Aufbereitung ganz primitiv mit Handsieben durchgeführt wurde, so daß „ärmere“ Erze, d. h. solche, die weniger als 25% Kupfer enthielten, meist nicht mitgewonnen wurden, sondern als Versatz dienten.

Die Otjisongatigruben bilden einen Bestandteil der Onjatiberge, die in den nordöstlichen Ausläufern des Khomashochlandes, das wie ein Rückgrat die Mitte von Deutsch-Südwestafrika von SSW nach NNO durchzieht, liegen. Auf einem Hochplateau, etwa 60 km Luftlinie nordöstlich von Windhuk, das im wesentlichen aus Gneis und Glimmerschiefer besteht, befinden sich in einer Meereshöhe von 2020 m auf einem engen Raum von etwa 2 qkm mehr als 20 Gänge, von denen einige Gegenstand des Bergbaues waren.

Die Hochfläche der Onjatiberge hat eine Niederschlagsmenge von 400 mm. Der Regen ist auf die Monate Dezember bis März verteilt. Trotz der verhältnismäßig großen Regenmenge herrscht ein kahler Steppencharakter vor.

Die Onjatiberge bestehen ausschließlich aus metamorphen Sedimenten der Primärformation, in die der Granit intrudierte. In seiner Gefolgschaft entstanden Pegmatite, die die Träger der Vererzung sind. Sie sind in großer Anzahl vorhanden. Scharfe Salbänder fehlen. Das Nebengestein ist mehr oder weniger stark verändert, vor allem verquarzt, so daß es oft zu allmählichen Übergängen kommt. Am Kontakt der Pegmatite mit dem Nebengestein haben sich vielfach Biotitblättchen in größeren Mengen ausgeschieden. Oft ist diese Biotitbildung von einer ausgeprägten Epidotisierung begleitet. Statt des Fluorapatits tritt häufiger ein reiner Chlorapatit in schönen Kristallen auf; desgleichen wird die Epidotisierung ab und zu von einer Chloritisierung gefolgt.

Die Gänge haben eine verschiedene formale Ausbildung und besitzen kein einheitliches Streichen. Ihre Länge ist ebenfalls großen Schwankungen unterworfen. Sie bewegt sich zwischen 50 und 500 m, wobei sich allgemein gezeigt hat, daß die reinen Quarzgänge besser entwickelt sind als die Pegmatite und im Streichen auch länger anhalten. Die Mächtigkeit ist sehr verschieden. Im Durchschnitt schwankt sie von 0,8—1,5 m; sie kann aber auch mehr als 10 m erreichen. Oft sind größere linsenförmige Anschwellungen nur durch ganz schmale Pegmatitadern verbunden. Über ihr Verhalten nach der Tiefe lassen sich noch keine Aussagen machen, da sich die meisten Aufschlüsse nur in der Nähe der Oberfläche bewegten. Immerhin konnte festgestellt werden, daß schon in verhältnismäßig geringer Tiefe (etwa 50 m) unzersetzte primäre Erze anfallen. Da die Gänge bzw. Linsen den gefalteten Schieferungsflächen der kristallinen Gesteine folgen, zeigen sie im Streichen große Unregelmäßigkeiten und auch nach der Teufe zu wird der Linsencharakter bewahrt.

Westphal unterscheidet je nach der Gangfüllung verschiedene Typen:

1. Feldspatgänge. Sie sind selten mächtiger als 1 m, haben an der Oberfläche keine große, streichende Erstreckung und bestehen vornehmlich aus zersetztem Feldspat mit Biotitblättchen. Einige von ihnen haben ein diagonales Streichen zum Hauptgang und sind besonders dort gut vererzt, wo sie Scharungspunkte und Gangkreuze bilden. Haupterz ist der Kupferglanz. Der Quarz tritt mehr oder weniger zurück; sein Anteil übersteigt selten 30%. Da man sich auf den meisten dieser Gänge — es wurden im ganzen 6 näher untersucht — nur in der Oxydationszone bewegte, waren die vorherrschenden Erze Malachit und Chrysokoll. Der Gang B von ihnen war auf der Oberfläche über ein Streichen von 200 m zu verfolgen. Er führte recht gute Kupferglanzerze mit 20—28% Kupfer.

Zu den Feldspatgängen gehören folgende:

1. Gang A: Streichen 50 m, Mächtigkeit 1,5 m. Bis 25 m Tiefe abgebaut.

2. Gang L: Nur tagebaumäßig bis auf eine Tiefe von 8 m erschlossen. War arm an Erzen.

3. Gang B.

4. Gang H_2: Im Streichen auf 60 m aufgeschlossen. Bis zur 16-m-Sohle abgebaut. Hoher Eisengehalt.

5. Gang H_1: 50 m lang, 1 m mächtig, Fallen NW. Bis zur 16-m-Sohle abgebaut.

6. Gang Fl: Streichen über Tage auf über 200 m zu verfolgen. Enthielt an Kreuzungspunkten Linsen von 2 m Mächtigkeit. Ist ein Lagergang. Durchschnittliche Mächtigkeit 0,5—0,8 m. Erzführung gering.

In den Gängen 1—3 überwiegt der Feldspat, in den Gängen 4—6 der Quarz.

2. Quarzgänge (Quarzpegmatite). In ihnen kann der Quarzgehalt bis auf 95% steigen. Dementsprechend nimmt der Feldspat-

gehalt ab, doch sind hauptsächlich an der Grenze zum Nebengestein immer auch noch Feldspat, Glimmer und Apatit vertreten. Die Quarzgänge zeigen im allgemeinen eine etwas regelmäßigere Ausbildung als die Feldspatgänge. Die Erzführung ist eine recht gute und besteht vornehmlich aus Kupferkies und Schwefelkies, die in einigen Gängen mehr als die Hälfte der Gangausfüllung ausmachen. Der Gang FO wurde mit einem Schacht von 50 m Tiefe aufgeschlossen. Bei 31 m trieb man eine Strecke von 130 m vor. Je nach dem Gehalt an Schwefelkies schwankte der Kupfergehalt der Erze stark. Diese wurden vielfach nicht abgebaut, da sie nur 15% Cu enthielten. Die kupferreichen Erze bildeten einen südwestlich einfallenden Erzfall. Dieser Gang zeigte auf eine streichende Erstreckung von 140 m eine ziemlich gleichbleibende Vererzung. An der Grenze gegen das Nebengestein fand man stets gut ausgebildete Kristalle von Molybdänglanz, Rutil, Apatit und Magnetit. Hier kam immer auch etwas Feldspat vor. Im Gang selbst stellen Kupferkies, Quarz und vor allem Kalkspat den zuletzt ausgeschiedenen Teil dar. In der Zementationszone enthielten die Erze des FU-Ganges, der dem FO-Gang in einer Entfernung von 8 m parallel läuft, bis 36% Cu, doch schon auf der 31-m-Sohle nur mehr 18%.

Der Gang N war einer der mächtigsten Gänge mit einer durchschnittlichen Mächtigkeit von 1 m. Entsprechend stärker war auch die Anreicherungszone ausgebildet. Er war über Tage mehr als 100 m lang und wurde in 16 m Tiefe mit einer Strecke von etwa 60 m aufgeschlossen. Er hatte sehr viele Wasserzuläufe, so daß er mit den damaligen primitiven Mitteln nicht weiter bearbeitet werden konnte. Die Erze bestanden hauptsächlich aus Rotkupfererz, gediegenem Kupfer und Kupferglanz. Die Versanderze von diesem Gang ergaben im Durchschnitt 24—28% Kupfer.

Die G-Gänge hatten stellenweise bis 35% Kupfer. Es handelt sich um 2 Gänge von etwa 50 m streichender Länge und 1—2 m Mächtigkeit. Auf dem Gang E_1 setzten die reichen Erze, vor allem Rotkupfererz, in derben Massen bis in eine Tiefe von 12 m, wo dann der Quarzgehalt zunahm, so daß man die Arbeiten einstellte. In den oberen Zonen konnte man überall die Spuren alter Eingeborenenarbeiten feststellen. Diese ziehen sich bis zum Maygiftgang, so daß es sich möglicherweise um einen einzigen langen, bis 1,5 m mächtigen Gang handeln könnte.

3. Diagonaltrümer und Diagonalgänge. Sie lassen in ihrer Gesamtheit — meist sind sie nur wenig mächtig — eine Zunahme des Quarzgehaltes nach Osten und des Feldspatgehaltes nach Westen er-

kennen. Sie sind nur dort erzführend, wo sie einen der Hauptgänge schneiden oder sich mit ihnen scharen. Man kann sie als Fortsetzung der schon beschriebenen Gänge betrachten.

4. Glimmergänge. Sie kommen im westlichen Teil, hauptsächlich außerhalb der Bergbaufelder vor. In ihnen überwiegt der Glimmer (Biotit, Muskovit und Margarit) als Gangart. Dagegen treten Quarz und vor allem Feldspat zurück. Oft bildet der Muskovit in mehr oder weniger großen Knollen die einzige Gangart. Nur in der Mitte des Ganges findet man gelegentlich Quarz und etwas Kupferkies. Besser aufgeschlossen war nur der „Kriegsfeldgang". Er hatte an der Oberfläche eine Mächtigkeit von 80 cm und verringerte sich in einiger Tiefe auf 30—40 cm bei guter gleichmäßiger Erzführung. Das Haupterz ist Kupferglanz.

Als ein Übergangstypus zu den Kalkspatgängen kann der Maygiftgang betrachtet werden, der viel Muskovit und vor allem Margarit führt. Er ist bis 3 m mächtig und an der Oberfläche ziemlich weit zu verfolgen, wenn man die im gleichen Streichen liegenden alten Arbeiten der Eingeborenen mit dazu nimmt. Er soll gute Kupfererze geführt haben, doch mußten die Arbeiten frühzeitig eingestellt werden, da der Wasserzulauf zu groß war. Die von hier versandten Erze hatten einen Gehalt von 32—36% Kupfer. Häufige Ganganschwellungen bestehen aus Feldspat, Margarit, Apatit, Rutil, Magnetit und etwas Kalkspat.

5. Kalkspatgänge. Zwei Vertreter dieses Gangtypus sind bekannt. Einer bildet den nördlichsten Gang des Minensyndikatfeldes der zweite befindet sich auf den Stanley-Feldern. Neben Kalkspat führen sie Quarz, Molybdänglanz und Kupferkies, wobei Kalkspat den letzten Absatz bildet. Der Gang Stanley ist bei einer Mächtigkeit von 1 m über eine streichende Länge von 100 m zu verfolgen. Er wurde durch einen Schacht von 9 m Tiefe aufgeschlossen.

6. Quarzgänge. Sie streichen alle NS und sind, im Gegensatz zu den pegmatitischen Gängen, auf größere streichende Erstreckungen — meist bis 400 m — zu verfolgen. Desgleichen erreichen sie eine außergewöhnliche Mächtigkeit. Das Kronriff kann z. B. bis zu 20 m mächtig werden. Der Quarz dieser Gänge ist rein weiß, hart und fettglänzend und weicht im Habitus ganz von dem der Pegmatitgänge ab. Apatit, Rutil, Margarit und Muskovit treten nur ab und zu in kleinen Kriställchen auf.

Der Omahangagang ist auf eine Erstreckung von 100 m zu verfolgen. Seine durchschnittliche Mächtigkeit beträgt 2 m. Man fand reiche Nester von Kupferglanz.

Das Kronriff ist im Mittel 2—6 m mächtig. Bisher traf man gleichfalls nur Kupferglanz an. Allerdings kam man nur auf einige Meter Tiefe.

Der dritte Gang dieses Typus ist der Voitskopf, der ebenfalls keine Beurteilung darüber zuläßt, wie sich der Erzgehalt in der Tiefe verhält. Angeblich soll die Erzführung in allen drei Gängen bald aufhören. Der Voitskopf ist an der Oberfläche durch eine 4 m mächtige und 150 m lange weiße Quarzmauer zu verfolgen. Er wurde 1907 durch einen 20 m tiefen Schacht erschlossen.

In der weiteren Umgebung scheinen noch die Gänge von Okamuvia im Swakoptale, 12 km südwestlich von Otjisongati, zu diesem Pegmatittyp zu gehören, ebenso die Vorkommen von Iversberg und Oganjira in einer Entfernung von 40 km von Otjisongati.

Genetisch gehören die Pegmatite von Otjisongati ohne Zweifel zu den Graniten des Damarasystems, die nach der Natur der Gänge zu schließen, in keiner allzu großen Tiefe, von der heutigen Oberfläche aus gerechnet, zu suchen wären. Wie näher im Kapitel „Die Pegmatite und ihre Vererzung" dargelegt wurde, müssen sie einem Kalk-Alkali-Magma entstammen, worauf allein schon der hohe Kalkgehalt der Gänge schließen läßt. Sie bilden insofern eine Ausnahme, als auf ihnen die eisenreichen Sulfide Pyrit und Kupferkies die Hauptrolle spielen. Ramdohr erwähnt unter den Primärerzen auch den Cubanit.

Westphal beurteilt die bergmännischen Verhältnisse der Otjisongativorkommen nicht ungünstig. Die Hauptforderung scheint zunächst eine kapitalkräftige Gesellschaft zu sein.

b) Die Khangrube

Etwa 60 km von Swakopmund entfernt, im Khangebirge südlich Arandis, wurde im Jahre 1905 mit der Aufschließung von Kupfererzen begonnen, die später zu einem einigermaßen guten Kupferbergbau führten. Es handelte sich um sehr reine Kupferglanz- und Buntkupfererze, die zunächst mit einem Stollen untersucht wurden. Zur richtigen Produktion kam es aber erst viel später, nachdem der Hauptgang auf eine streichende Länge von 400 m und eine flache Teufe von 230 m aufgeschlossen war. Zur gleichen Zeit wurde der Bahnanschluß an die Otavibahn (11 km bis Arandis) durchgeführt, eine Maschinenzentrale mit Rohölantrieb und eine elektrische Zentrale mit 560 PS errichtet, desgleichen eine Aufbereitung mit 100 t Tagesleistung gebaut. Das Wasser wurde aus dem 7 km entfernten Khanfluß gepumpt. Seit 1922/23 wurde der Betrieb eingestellt und die gesamte

Photo Reisener, 1931

Abb. 2. **Inselberg im Waterberg-Distrikt**

Photo P. A. Wagner

Abb. 8. **Übertagebauten der Khangrube vom Norden aus gesehen**

Verlag Walter de Gruyter & Co., Berlin W 35
Deko VII. Zu Bürg, Minerallagerstätten von Deutsch-Südwestafrika

Einrichtung 1928/29 verschleudert. Zeitweilig waren 80 Europäer und 400 Schwarze beschäftigt (Abb. 8).

Das Grubengebiet der Khangrube, das sich im „alten Abbaufeld" über eine Fläche von 2650000 qm erstreckt und außerdem noch 22 gemeine Schurffelder von einer Ausdehnung von je 1200×600 m umfaßt, liegt in einem kleinen Seitental des Khanriviers in einer stark zerklüfteten Gegend, die aus Gesteinen des Grundgebirges aufgebaut ist. In die nicht allzu steil gestellten Schichten intrudierten Granite. Als deren Differentiate liegen Pegmatite oder Quarzgänge mit Orthoklas und Hornblende vor. Jünger als die Vererzung ist eine Anzahl von Granit und Pegmatitgängen und -stöcken, die die älteren Gänge durchsetzen und zum Teil verwerfen. Eine sehr große Verbreitung haben die Khanquarzite Gevers. Schließlich kommen auch weiterhin verfolgbare Gänge des Karrudolerits vor.

Es sind auf dem Grubengebiet zwei Lagerstättentypen vorhanden:

a) Kontaktmetasomatische Bildungen,

b) Pegmatite der Titankupfererzformation zum Teil.

Die kontaktmetasomatischen Bildungen sind in typischer Ausbildung in den sogenannten „Ortnerschen Feldern" etwa 10 km nordöstlich der Khangrube entwickelt. Hornblende-Salitgesteine können mit Bornit und zum großen Teil aszendentem Kupferglanz imprägniert sein. Daneben findet man Covellin, Rotkupfererz, etwas gediegenes Kupfer, Tenorit und neben Chrysokoll reichlich Malachit. Als Begleiter kommen, zum Teil lokal angereichert, Orthoklas, Kalkspat, Flußspat, Titanit und Zeolithe vor, die mit der Vererzung gleichalterig sind.

Der beste Vertreter der Pegmatite ist der Hauptgang der Khangrube, der lagerartig mit großer Ausdehnung zwischen metamorphen Schichten liegt (Abb. 9). Untersucht wurden aber nur jene Partien, deren Kupfergehalt über 4,5% lag; alle anderen — und damit ein großer Teil — sind noch unverritzt. Reiche Mittelteile des sogenannten Südfeldes streichen im Khanrivier zutage aus und gaben Anlaß zur Entdeckung dieser Lagerstätte. Durch den Bergbau wurden dann später die Nordfelder verquert. Die Aufschlüsse auf beiden haben ergeben, daß sich der Kupfergehalt von diesem Mittelteile nach beiden Richtungen rasch senkt. Der Pegmatit zeigt hier eine stark absätzige Erzführung. Reicherzlinsen und taube Partien folgen in raschem Wechsel aufeinander. Die Mächtigkeit des Erzpegmatites beträgt im Durchschnitt etwas über 1 m. Die Salbänder sind oft gut ausgeprägt, doch zeigen sich auch kontektmetasomatische Veränderungen, wie sie von den „Ortnerschen Feldern" beschrieben wurden, d. h. eine zum

Teil verquarzte Hornblenditisierung mit gleichzeitiger Anreicherung von Bornit.

Die Gangarten bilden roter Orthoklas, zum Teil in schriftgranitischer Verwachsung mit Quarz, in den metasomatisch veränderten Gangpartien auch Pyroxene, Hornblenden, Flußspat, Kalkspat, stellenweise grüner Apatit und oft reichlich Titanit. Die Erze sind

Abb. 9. Erzverteilung auf dem Hauptgang der Khangrube in isometrischer Darstellung (Nach P. Ramdohr)

durch Buntkupfererz, Kupferglanz und wenig Kupferkies vertreten. In mikroskopisch kleinen Mengen treten ferner Wittichenit, Bleiglanz, Zinkblende, Linneit und Dyskrasit (?) auf.

Etwa 600 m vom Hauptschacht entfernt streicht im Rivier ein Kupfer- und Zinkerze führender Gang aus, den Ramdohr ebenfalls für einen Pegmatit mit reichlicher Orthoklasführung hält. Die Gangmächtigkeit beträgt 1,55—2 m, die streichende Länge ist nur auf kurze Entfernung verfolgt. Die Erzführung besteht vorherrschend aus Zinkblende, dann Kupferkies, Bornit, untergeordnet Pyrit und Bleiglanz, dazu in Spuren ein Wismutmineral. Die Vorräte scheinen „einigermaßen groß" zu sein.

Die ursprünglichen Erzvorräte bis zur heute bekannten Tiefe des Hauptganges waren roh geschätzt folgende:

mit 11% Kupfer	.... etwa	36000 t
„ 9% „	.... „	20000 t
„ 6% „	.... „	31000 t
„ 5% „	.... „	24000 t
„ 4% „	.... „	6000 t
unter 4% „	.... „	40000 t
	zusammen etwa	157000 t

Die reicheren Erze sollen im wesentlichen abgebaut sein.

Die Zusammensetzung der Aufbereitungskonzentrate im Oktober 1916 war nach Ramdohr folgende:

Cu	54,53 %
S	18,98 %
Fe	5,94 %
Bi	0,09 %
Se	0,10 %
Te	0,005%
Pb	0,08 %
Zn	0,02 %
Co-Ni	0,01 %
Gangarten	20,04 %
Salze (NaCl, Na_2SO_4)	0,10 %

Die Erze enthielten außerdem noch etwa 1 g/t Au und 175 g/t Ag. Die Salze entstammen dem Aufbereitungswasser.

Außer den eben beschriebenen beiden Kupfervorkommen findet man die Titan-Kupferpegmatite an den Spitzköpfen bei Rehoboth und in Rehoboth. Hier enthalten langgestreckte Linsen in einem stark gefalteten Glimmerschiefer Rutil, Ilmenit, Muskovit, Biotit, Orthoklas, Quarz, Turmalin, Braunspat und goldhaltigen Bornit. In den oberen Teufen fand man auch reichlich Kupferglanz, Cuprit, Malachit und Kupferlasur.

4. Kontaktpneumatolytische Kupfererzlagerstätten

Dieser Lagerstättentyp ist am besten in der Hendersongrube entwickelt, deren Verhältnisse eingehend von Frau Margarete Brinkmann beschrieben wurden. Es sind Kupferpegmatite in weiterem Sinne. Der Unterschied gegenüber den reinen Pegmatiten besteht nur darin, daß der Pegmatitbildung eine Kontaktpneumatolyse voranging.

Die Hendersongrube

Das Kupfervorkommen der Hendersongrube liegt etwa 12 km südlich Usakos in einer Höhe von 800 m. Die Verkehrsverhältnisse sind demnach recht günstig. Das Gebiet wird von den metamorphosierten Gesteinen des Damarasystems aufgebaut. Wie die geologische Skizze (Abb. 10) erkennen läßt, handelt es sich um Gneise und Glimmerschiefer, Quarzite und Kalke. Letztere sind in Marmor umgewandelt.

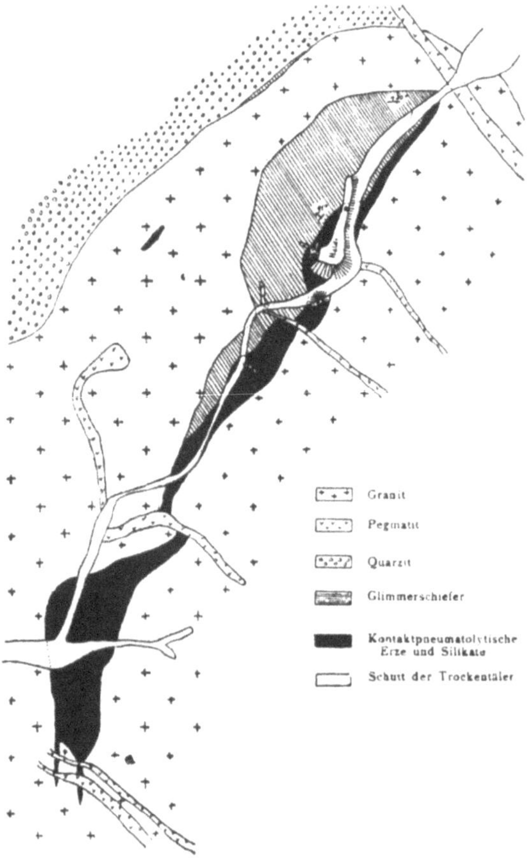

Abb. 10. Geologische Skizze der Hendersongrube. Maßstab etwa 1:8000. Aufgenommen von E. Rimann, 1912

Innerhalb des Grubengebietes drang ein Granitbatholith in den Verband der kristallinen Schiefer ein, die zum Teil in kleineren Schollen vollkommen von diesem umschlossen werden. Der Granit hat ein hellrotes Aussehen und ist von mittelfeinem Korn. Orthoklas ist meist vorherrschend, kann aber auch an manchen Stellen gegen den Plagioklas (Oligoklas) zurücktreten. Quarz und ganz wenig braungrüner Biotit ergänzen die Hauptgemengteile. Akzessorisch treten Zirkon und Apatit auf. Am Kontakt mit dem Nebengestein hat sich eine aplitische Randfazies entwickelt. Granit und Aplit sind gänzlich erzfrei. An der Grenze zum kristallinen Kalk kam es zur Herausbildung einer Kontaktzone mit Kalksilikaten, vor allem mit Granat. Aber auch magmatischer Kalkspat hat sich direkt ausgeschieden.

Die Hauptvererzung ist an den Kontakt von Glimmerschiefer und Granit gebunden, wo es zur Bildung von kontaktpneumatolytischen Erzen und Silikaten kam. Daneben kommen noch deutlich jüngere Pegmatite vor, die gleichfalls eine Vererzung erkennen lassen.

Die ostwestlich streichende erzführende Kontaktzone besitzt eine durchschnittliche Mächtigkeit von 4 m. Sie wurde durch 4 Schächte aufgeschlossen, von denen Schacht I der bedeutendste war. Er erreichte eine tonnlägige Teufe von 70 m, in der die außergewöhnlich hohe Temperatur von 50° C herrschte.

Es wurden folgende Mineralien beobachtet:

I. Mineralien der Silikatpneumatolyse:

a) im endogenen Kontakt:

Granat	Rutil
Apatit	Titanit
Zirkon	Biotit
Hedenbergit	Magnetit,

b) im exogenen Kontakt (besonders in Kalkschollen):

Hedenbergit	Apatit
Hornblende	Titanit
Forsterit	Zirkon
Monticellit	Albit
Phlogopit	Glimmer mit radioaktiven Substanzen
Xantophyllit	Magnetit.
Lievrit	
Cordierit	

II. Mineralien der Erzpneumatolyse:

a) im endogenen Kontakt:

Kobaltkies	Silberglanz
Buntkupfererz	Gold,
Kupferkies	

b) im exogenen Kontakt:

Kobaltkies	Gold
Buntkupfererz	Kalkspat
Kupferkies	Quarz.
Silberglanz	

Der Absatz der Erze erfolgte auf die Bildung der Hornblende. Die Sulfide imprägnierten das ganze Gestein. Zur Ausbildung von derben Erzen kam es jedoch fast nie, vielmehr sind diese von den Gangmineralien weitgehend durchsetzt. Ebenso innig ist auch die Verwachsung der einzelnen Sulfide untereinander. Unter den Erzen herrschen Buntkupferkies und Kupferkies vor. Daneben findet man in untergeordneten Mengen Kobaltkies, Kupferglanz, Silberglanz, Gold und als jüngere Bildungen, die nach der Pneumatolyse zum Absatz kamen, Kalkspat und Quarz. Stellenweise konnte nachstehende Altersfolge festgestellt werden: Magnetit — Mg-Ca-Silikate — Diopsid — Hornblende — sulfidische Erze (Kobaltkies — Buntkupfererz — Kupferkies) — Kalkspat — Quarz.

Die Gold- und Silbergehalte sind an das Auftreten der Kupfererze gebunden. Sie können beim Silber bis 50 g/t, beim Gold bis 8 g/t steigen.

Ein weiteres Vorkommen dieses Lagerstättentypes ist aus der Khangrube (s. dort) bekannt.

5. Imprägnationslagerstätten

Die Imprägnationslagerstätten liegen in Gebieten, die von den oberen Schichten des Damarasystems, der sogenannten Khomasserie, beherrscht werden. Diese zeichnen sich vor den unteren Schichten dadurch aus, daß — anscheinend infolge ihrer großen Mächtigkeit — die Granite in tieferen Regionen steckenblieben. Daß aber auch hier in der Tiefe Produkte des granitischen Magmas vorliegen müssen, sieht man einmal an der Anwesenheit dieser Imprägnationslagerstätten, dann daran, daß auf dem Gebiete der Potmine ein Granit zutage ausstreicht, und schließlich an der Tatsache, daß die vererzte Seite der Imprägnationslagerstätten meist dem außerhalb des Gebietes liegenden Granitzug zugekehrt ist. Man kann demnach die Imprägnationslagerstätten als Dachregion einer granitischen oder vielleicht mehr dioritischen Vererzung ansehen, die als magmaferne Bildung in den übrigen Teilen des Kupfergebietes größtenteils der Erosion zum Opfer gefallen ist.

a) Die Gorob-Mine

Die Anfangsarbeiten auf der Gorob-Mine gehen auf die letzten Jahre des vergangenen Jahrhunderts zurück und beschränkten sich auf die Untersuchung von Ausbissen. Im Jahre 1907 wurden etwas umfangreichere Untersuchungen im Auftrage des Gorobsyndikates Berlin durchgeführt, doch zeitigten sie kein günstiges Ergebnis. Die Grube gehörte ursprünglich der Anglo-German Copper Company Ltd. und ging 1913 in den Besitz der Gorob Minen A. G. in Berlin über, die mit einem Kapital von nur 14200 M. gegründet wurde. Sie kam über die Gründung nicht hinaus. Die Grube liegt in der Küstenwüste etwa 150 km südöstlich von Swakopmund auf dem nördlichen Ufer des Kuiseb Riviers in einer Meereshöhe von 670 m. Dieser führt bedeutende Mengen Grundwasser, so daß man überall schon in einer Tiefe von 3—4 m mit Brunnen reichlich Wasser erschließen konnte. Für die Grube lieferte die Salzstelle Unib das Wasser.

Amphibolite umschließen linsenartig einen feinkörnigen Glimmerschiefer, der Zwischenlagerungen von Quarzlinsen enthält. Die Mächtigkeit dieser Linsen ist sehr regelmäßig und beträgt im Durchschnitt 2 m. Sie sind mit größeren Unterbrechungen in einem Zuge angeordnet, der SW—NO streicht und etwa 4000 m lang ist. Immer im Hangenden dieser Linsen ist der Glimmerschiefer in ziemlich großer Mächtigkeit dicht mit Kupfererzen imprägniert. Diese bestehen in der primären Zone aus Kupferkies und Schwefelkies, in den obersten Umwandlungszonen aus Kupferglanz, Malachit und Azurit, Cuprit, Chrysokoll, gediegenem Kupfer, Atakamit, Volborthit und Brauneisen.

Die wohl meist in der Nähe der Oberfläche entnommenen Erze ergaben im Durchschnitt 31—35% Kupfer bei einem Eisengehalt von 18—19%. Eine Probe zeigte 3 g/t Au und 150 g/t Ag. Eine Sendung von 9555 kg unausgesuchten Erzes wurde in der Altenauer Kupferhütte eingeschmolzen und ergab 1239 kg Kupfer, also 13%.

Die Untersuchungen des Gorobsyndikates wurden von 11 Weißen und 50 Eingeborenen im Jahre 1907 vorgenommen. Hierbei wurden größere Aus- und Vorrichtungsarbeiten durchgeführt. Aus früheren Zeiten bestanden 5 Schächte, die tonnlägig unter 40—50° mit der Lagerstätte einfielen und weiter abgeteuft wurden. Gleichzeitig trieb man von der tiefsten Schachtsohle aus Strecken nach beiden streichenden Richtungen. Da auch das Hangende verquert wurde, gewann man ein gutes Bild über die Lagerstätte. Im einzelnen waren die Arbeiten folgende:

Schacht 1: Dieser Schacht war 18 m tief und wurde weiter auf 35 m abgeteuft. Die oberen Zonen und hauptsächlich das Hangende führten reiche Ziegelerze, die folgende Zusammensetzung aufwiesen:

Cu	44,64%
Fe	6,55%
Al_2O_3	2,54%
CaO	0,80%
MgO	0,28%
S	0,44%
SiO_2	4,14%
$BaSO_4$	1,80%
Unlöslich	4,04%
Rest	34,75%
zusammen	99,98%

Die Probe enthielt 14 g/t Feingold. Der Rest bestand aus gebundenem Wasser, Kohlensäure, Chlor und Sauerstoff.

Weitere Proben ergaben Kupfergehalte zwischen 32 und 35%. Es gab aber auch ausgesprochen arme Erze, in denen die Eisenerze vorherrschten, mit nur 6,0—6,6% Cu. Der Goldgehalt erwies sich auch nicht als beständig und war meist recht gering.

Schon wenige Meter unter der Tagesoberfläche ging der reiche Quarzausbiß in Glimmerschiefer über, der ebenso wie der Amphibolit eine starke Malachitführung mit bis 2,3% Cu aufwies. In einer Tiefe von 18 m begann immer mehr Kupfer- und Schwefelkies in Erscheinung zu treten. In der Tiefe von 35 m lag schon eine reine Kupferkieslagerstätte vor, die hier etwa 2 m mächtig war. Neben Kupferkies traten auch Bornit und Kupferglanz auf.

Durch einen Querschlag ins Hangende der 35-m-Sohle konnte man feststellen, daß auf die eigentliche Lagerstätte ein Amphibolit mit lettigen Einlagerungen und Ausscheidungen zahlreicher Nester geschwefelter und oxydischer Erze folgte. Diese mit Erzen imprägnierte und verschnürte Zone hatte folgende Gehalte:

Cu	4,39%
Fe	11,01%
S	12,41%
Al_2O_3	13,05%
SiO_2	46,94%
Sn	0,47%
P	0,12%
Rest	11,71%
zusammen	100,10%

Gold und Silber waren nicht nachweisbar. Die ganze Zone erwies sich als etwa 5 m mächtig. Dann wurde die Vererzung immer schwächer, nur ab und zu fand man Schnüre von Kupferkies und nach 17 m erreichte man den reinen Glimmerschiefer.

Im Streichen wurde die Lagerstätte ebenfalls aufgeschlossen. Im Querschlag, der in östlicher Richtung getrieben wurde, zeigte sich eine rasche Abnahme des Kupfergehaltes, so daß der Durchschnittsgehalt nur noch 1,4% betrug. Desgleichen zeigte auch der westliche Querschlag schon nach 7 m ein Nachlassen des Kupferkieses und ergab nur 1,78% Cu im Durchschnitt. Nach 42 m Querschlagslänge wurde wieder eine Strecke gegen das Hangende aufgefahren, die aber schon nach einigen Metern nur noch eine ganz schwache Vererzung erkennen ließ. Die gleichen Verhältnisse herrschten auch im westlichen Querschlag.

Schacht 2: Da die Schachtsohle schon bei 12 m Tiefe im Tauben stand, wurde eine tonnlägige Bohrung bis auf 55 m niedergebracht. In einer Tiefe von 36 m fand man Kupfererze mit 2,28% Cu, bei 55 m war keine Vererzung mehr festzustellen.

Schacht 3: Dieser Schacht wurde zunächst auf 43 m abgeteuft. Auf der Sohle fand man Einsprengungen von Kupferkies und Bornit. Mit einem Querschlag von 12 m wurde das Hangende durchfahren. Es bestand hier aus Quarznestern, die unregelmäßig mit Kupferkiesschnüren durchzogen waren. Darauf folgten Glimmer- und Amphibolitschiefer mit spärlichen Einsprengungen, unter denen auch noch Ziegelerze und Malachit auftraten. Der Kupfergehalt betrug nur 0,6%. Da man in dieser Imprägnationszone noch oxydische Erze fand, wurden noch 10 m abgeteuft. Man verquerte dabei einige Quarzlinsen mit Kupferkies- und Schwefelkiesnestern, die auch im Hangenden vorhanden waren.

Die Verhältnisse im Schacht 4 und 5 waren ähnlich, nur daß die Vererzung schon in geringer Tiefe aufhörte.

Diese Untersuchungsarbeiten haben damit eindeutig gezeigt, daß der etwa 4000 m lange Zug der an der Oberfläche mächtigen Quarzlinsen sich schon in geringer Tiefe in zahlreiche kleine Linsen aufteilt, die von einem mehr oder weniger reichlich mit Erzen imprägnierten Hangenden begleitet sind. Da diese Vererzung an die Nähe der Quarzlinsen gebunden ist, hört sie auf, sobald diese auskeilen, so daß für einen größeren Betrieb trotz rentabler Gehalte in den höheren Zonen keine Reserven vorhanden sind.

b) Die Hope-Mine

Die Hopemine befindet sich im Gorobgebiete etwa 7 km von Naramas entfernt. Geologisch ähnelt sie der Gorob-Mine. Auch hier treten Quarzlinsen im Glimmerschiefer auf, von denen aus letztere mit Kupfererzen imprägniert wurden. Die imprägnierten Zonen sind bis 80 m lang und im Durchschnitt 0,3 m mächtig. Die Erzführung besteht aus Kupferkies, Buntkupferkies und Kupferglanz. Daneben findet man auch Kalkspat und Schwerspat und in der Oxydationszone Atakamit und Volborthit. Im Jahre 1885 wurden bei den Untersuchungen 825,38 Zentner Erze mit einem Durchschnittsgehalt von 3,36% Cu gefördert.

c) Die Matchless-Mine

Die Matchless-Mine wurde schon 1840 von der Walfischbay Copper Mining Co. in Angriff genommen, mußte aber wegen der schwierigen Transportverhältnisse wieder aufgegeben werden. Sie ging dann über Lüderitz in den Besitz der deutschen Kolonialgesellschaft über. Die Grube befindet sich 30 km südwestlich von Windhuk im Khomashochland. Da sie mehrere Jahre in Betrieb war, ist sie an vielen Stellen bis zum Grundwasserspiegel abgebaut worden. Im Jahre 1902 bis zum Januar 1903 wurde das Vorkommen durch das Damara Copper Syndicate umfangreich, doch scheinbar ohne Erfolg untersucht. Allerdings hat man sich dabei wohl nur auf die obersten Teufen beschränkt; denn das Urteil eines Beamten der Bergbehörde im Jahre 1906 lautete dahin, daß man einen Schacht bis in 50—100 m Tiefe und mehr wie 100 m Querschläge treiben müßte, um sich ein endgültiges Urteil über die Grube bilden zu können. Im Jahre 1893 erreichte man mit einem Schacht eine Tiefe von 24 m. Der Betrieb wurde eingestellt, weil der Transport „der reichen Kupfererze“ der Rentabilität der Grube im Wege stand. Ebenso war eine Verhüttung mangels Holz oder Kohle unmöglich.

Quarzlinsen treten im Gneis und Glimmerschiefer auf, die von parallel eingeschalteten Amphibolitvorkommen begleitet werden. Die imprägnierte Glimmerschieferzone befindet sich stets in unmittelbarer Nähe der Quarzzüge und ist mit Unterbrechungen in nordöstlicher Richtung über mehrere Kilometer zu verfolgen. Neben den Erzen führen die Imprägnationszonen auch reichlich Quarz und Schwerspat und zeigen stockförmige Anschwellungen, auf denen man kleinere Schächte abteufte. Zwischen den einzelnen „Kupfererzstöcken“ befindet sich eine mehr oder weniger gut imprägnierte pyritreiche Zone, wie überhaupt das Eisensulfid an Menge vorherrscht. Diese Zone konnte bis 1,20 m mächtig werden. Die Erze bestanden in den oberen Zonen aus Kupferpecherz, Rotkupfererz, Chrysokoll, gediegenem Kupfer, Bornit, Covellin, Kupferglanz und etwas Eisenglanz und Baryt, in den unteren Teufen, soweit diese erreicht wurden, vornehmlich aus Kupferkies und vor allem Eisenkies. Voit erwähnt auch Arsenkies.

d) Kleinere Vorkommen

In der Literatur findet man noch eine Anzahl kleinerer Vorkommen erwähnt, auf denen man meist über das Anfangsstadium des Schürfens nicht hinauskam. Sie sind aber deshalb von Interesse, weil sie wichtige Aufschlüsse über die Genesis dieser Imprägnationslagerstätten geben.

Auf dem Gebiete der Potmine südlich Karibib handelt es sich um Gneisen zwischengelagerte Granatfelsschichten, die spärliche Kupferimprägnationen aufweisen. In der Nähe der Grube befindet sich ein Granitgang.

Die Ubibmine liegt 20 km südsüdwestlich Usakos und besteht aus dünnen und nur einige Meter langen Quarzeinlagerungen in einem feingeschichteten Glimmerschiefer, der eine Scholle im Granit bildet. Der Quarz ist vielfach mit Kupferglanz imprägniert, in der Oxydationszone fand man kleine Körnchen von Gold.

Ähnlich sind auch die Verhältnisse bei Hussab am Swakop südlich der Khangrube. Hier lagert auf dem Granit eine große Gneisscholle mit Einlagerungen von Glimmerschiefern, die dort, wo sie das Hangende von Quarzlinsen bilden, mit Kupfererzen imprägniert sind.

Schließlich befindet sich auch in der Umgebung der Khangrube selbst eine epigenetische Vererzung durch Malachit (primär Kupfer- und Eisenkies) im Gneis und Glimmerschiefer, die offenbar auch hier mit erzbringenden Quarzklüften in Verbindung steht.

Bei Noatis südwestlich Rehoboth wird ein poröser Sandstein von Quarzgängen aus mit Malachit und Chrysokoll imprägniert.

Etwa 1 km westlich der Farm Gosorobis südwestlich Rehoboth tritt ebenfalls eine Serie von Quarzgängen in einem Sandstein auf, der in einer Breite von 1 m vom Salband aus mit Malachit, Azurit und Chrysokoll imprägniert wurde.

6. Hydrothermale Kupfererzgänge

a) Das Kupfervorkommen bei Swartmodder

Dieses Kupfervorkommen liegt etwa 80 km westlich von Maltahöhe etwa 5 km südlich des Swartmodder Riviers. In dunklen Biotitschiefern wechsellagern Granitgneise mit Amphiboliten. Beide sind von zahlreichen Quarzgängen durchtrümert. Diese haben zum Teil durch ihre Feldspat- und Muskovitführung einen pegmatitischen Charakter. Die bisher bekannte Vererzung ist aber an einen echten Quarzgang gebunden, der mit einer durchschnittlichen Mächtigkeit von etwa 0,5 m an der Oberfläche ausstreicht. An einer Anschwellung des Ganges wurde 1920 ein 20 m tiefer Schacht abgeteuft. Am liegenden Salband war eine Vererzung von 0,15 m Mächtigkeit zu verfolgen, die aus Buntkupfererz und Kupferglanz bestand. Die übrigen Gangteile waren taub, teilweise aber auch mit Bleiglanz imprägniert, der in kleineren Nestern auch im Nebengestein zu finden war. Das Vorkommen ist nach der Ansicht von Beetz nicht bauwürdig.

b) Kleinere Vorkommen

Der hydrothermale Typ der Kupferlagerstätten tritt noch an zahlreichen anderen Stellen auf. So findet man dicht bei Rehoboth Quarzgänge in Ton- und Chloritschiefern. Der Kupfergehalt betrug 0,05% bei 5 m Tiefe und 3,95% im Ausgehenden. Gold konnte nicht nachgewiesen werden.

20 km nordwestlich von Rehoboth am großen und kleinen Spitzkopf enthält das zerrüttete Grundgebirge zahlreiche Gänge, die in den oberen Zonen im Durchschnitt 3—4 g/t Au und 20 g/t Ag enthielten. In dem fettglänzenden, milchweißen oder rötlichen Gangquarz fand man Freigoldkörner bis zu 4 g Gewicht. Der bröckelige und matte Quarz hingegen enthielt das Gold fein durch die ganze Masse verteilt. Die Durchschnittsgehalte waren 3,2 g/t Au und 28 g/t Ag. An Kupfererzen sind Malachit und Kupferlasur in der Oxydationszone und Kupferglanz in den tieferen Zonen vorhanden. Der Kupferglanz tritt in Erznestern auf, die oft Freigold aufwiesen; der Kupferglanz selbst ist goldfrei. Die Aufschlußarbeiten erreichten schon am Anfang des Jahrhundertes eine Tiefe von 30 m. Die Erze konnten durch Handscheidung bis auf 50% Cu konzentriert werden.

Bei Nauas, etwa 30 km nördlich von Rehoboth, treten an vielen Stellen Eisen und Kupfer führende Gänge auf, die den Glimmerschiefer durchziehen.

In der Nähe von Niais nordwestlich Rehoboth fand man im kristallinen Kalk Quarzadern, die Bornit und Pyrit als Primärerze und Malachit als Oxydationserz führen. Ein ähnliches Vorkommen wurde auch südöstlich Niais bekannt.

Bei Kaunas nördlich Rehoboth wurden Malachiterze auf einem Quarzgang beobachtet.

Hierher gehört vielleicht auch der Kupferfundpunkt von Aus, wo in einem grobspätigen Marmor lokal etwas Cuprit, Kupferglanz, Kupferkies und Bleiglanz angetroffen wurden. Es wurden größere Schurfarbeiten durchgeführt, ohne nennenswerte Vorkommen zu entdecken.

Etwa 15 km westlich der Eisenbahnstation Karibib kommt ein 1—1,5 m mächtiger Quarzgang vor, der in reichem Maße Malachit und Kupferlasur und in geringeren Mengen Kupferkies führt. In einer Entfernung von 20 m wurden stark zersetzte, fast erdig aussehende Gesteine beobachtet, in denen auf eine Länge von mehreren 100 Metern Kupferlasur- und Malachitanreicherungen auftreten, die mit tauben Mitteln wechseln.

Kupfererze fand man auch 10—20 km von der Station Kubas entfernt (Kilometer 147 der Staatsbahn Swakopmund—Karibib). In einer Tiefe von 20 m erschloß man mit einem Schacht einen kupfererzführenden Gang von 1,5 m Mächtigkeit. Die Proben ergaben einen Kupfergehalt von 36,12% Cu. Gold und Silber war nur in Spuren vorhanden.

Südöstlich der Klein-Karasberge kommen Quarzgänge mit Malachit und Kupferkies in granitischen Gneisen vor.

B. Die Kupfervorkommen der Konkipformation

Beetz konnte verschiedentlich einen primären Erzgehalt der basischen Eruptivgesteine der Sinclairschichten feststellen. So führen Diabase an mehreren Stellen zwischen Farm Naus und Barby Kupferkies und Schwefelkies. Demnach kann man diese Kupfervorkommen als das Produkt eines basischen Magmas ansehen und ihr Alter muß zumindest das der Sinclairschichten besitzen, da in diesen die Diabase auftreten. Das obere Alter dieser Vorkommen ist durch die Namaformation gegeben, in deren Basiskonglomerat die Eruptivgesteine der Konkipformation wiederzufinden sind. Ein weiteres wichtiges Moment für die Altersbestimmung ist die Mitfaltung der Quarzgänge der Sinclair-Mine. Diese Faltung muß, wie dies aus den enormen Konglomerat- und Brekzienablagerungen des unteren Horizontes der Auborusschichten hervorgeht, ihr Maximum nach der Ablagerung der Sinclairschichten gehabt haben.

a) Die Sinclair-Mine (Nördliche Sinclair-Mine)

Dieses im südlichen Namaland 144 km nördlich von Aus gelegene Vorkommen wurde nach einem englischen Prospektor namens Sinclair benannt, der schon Mitte des vergangenen Jahrhunderts hier schürfte. Mehrere Ochsenwagen mit Erz wurden damals über den ungefähr 200 km weiten Weg nach der Prinzenbucht geschafft. Am Anfang dieses Jahrhunderts untersuchte die Görz-Gesellschaft das Vorkommen, das im Jahre 1913 in den Besitz der Deutschen Kolonialgesellschaft überging. Im darauffolgenden Jahr wurden von dieser umfangreiche Untersuchungsarbeiten durchgeführt. Die daraufhin angesetzten Arbeiten wurden aber bald wieder eingestellt. Nach dem Weltkriege wurde die Grube von einer Johannesburger Gesellschaft übernommen und in Betrieb gesetzt. Sie wechselte jedoch noch öfters ihren Besitzer und lag zwischendurch immer wieder für einige Jahre still. 1938 erwarb die African Metals Corporation Johannesburg, eine Tochtergesellschaft der Iron and Steel Corporation Pretoria, eine Konzession auf gemeine Mineralien, die sich auf ein Gebiet von 225000 ha erstreckte und 16 Farmen in den Bezirken Lüderitzbucht,

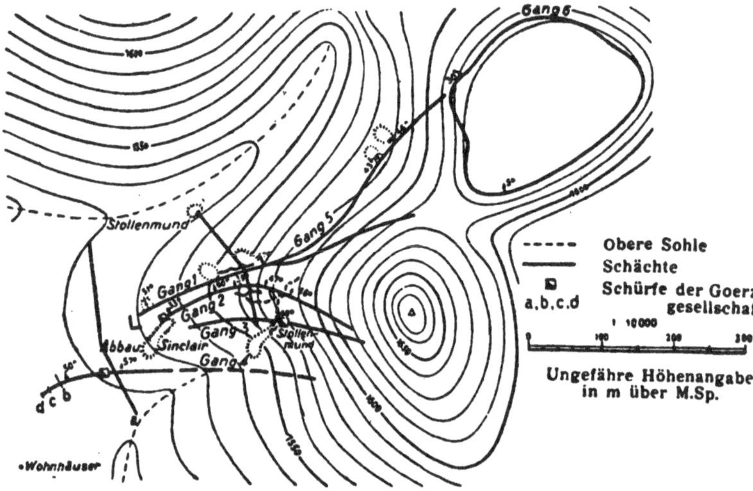

Abb. 11. Übersicht über die Erzgänge und bisherigen Aufschlußarbeiten der Sinclair-Mine. (Nach Beetz)

Bethanien und Maltahöhe umfaßte. Unter diesen Farmen befand sich auch die Farm Sinclair und hier wurde die alte Sinclair-Mine als Basis für die Untersuchungen gewählt.

Das Grubengebiet baut sich aus Sandsteinen und Schiefern der Konkipformation auf und wird von einer Reihe von Kuppen, die aus Feldspatporphyrit bestehen, umgeben. Daneben ist auch noch Diabas in einigen Gängen und Decken vorhanden. Das Erz tritt in einer Reihe von zum Teil epidotisierten Quarzgängen auf, die meist in den Porphyriten erscheinen. Fünf Gänge wurden eingehender untersucht. Der Hauptgang ist 1—5 m mächtig und besteht aus schneeweißem Quarz mit einer an das Saldband gebundenen Erzführung. Die übrigen Gänge sind weniger mächtig; doch konnte auf Gang 3 (Abb. 11) beobachtet werden, daß die Mächtigkeit mit der Teufe zunimmt. Leider halten die Gänge im Streichen nicht an. Der Hauptgang zersplittert sich schon nach 150 m, die übrigen noch früher. Das Haupterz ist

Kupferglanz. Dazu kamen noch in der gute Erze liefernden Oxydationszone Malachit, Azurit, Atakamit und Schwarzkupfer.

Die einzelnen Gänge zeigten folgende Eigenschaften:

Gang 1. Er war weniger unregelmäßig als die übrigen und zeigte ein gutes Anhalten im Streichen.

Gang 2. Die durchschnittliche Mächtigkeit betrug 0,5 m, die Länge 150 m. Er war teilweise gut vererzt.

Gang 3. Hier konnten die besten Erzaufschlüsse gemacht werden. Die Mächtigkeit nahm von oben mit 0,4 m nach unten auf 1,2 m zu. Länge auf Grund der Aufschlüsse 150 m.

Gang 4. Er wurde bis jetzt nur an der Oberfläche erschürft. Er zersplittert sich wie alle anderen Gänge und besitzt eine Mächtigkeit von 0,40—0,80 m. Man fand gut vererzte Nester.

Gang 5 und 6 scheinen einen einzigen Gang zu bilden.

Die Consolidated Diamond Mines nahm nach dem Weltkriege Vermessungen vor und schätzte die zu erwartenden Erzmengen auf den Gängen 2, 3 und 4 bis zur untersten Sohle auf etwas über 40000 t. Rechnet man mit einer zusätzlichen Tiefe von 100 m, so würden die Reserven mit 200000 t erweitert werden können.

Eine sachgemäß entnommene Durchschnittsprobe eines Haufwerkes von mehreren hundert Tonnen, die aus verschiedenen Schürfstellen stammten, ergab einen Durchschnittsgehalt von 25,5% Cu, 118,2 g/t Ag (die Tonne mit 2000 lbs) und Spuren von Gold. Da das Erz körnig ist, konnte es durch Handscheidung auf 28% Cu angereichert werden. Durch einfaches Aufschließen und Waschen könnte die Anreicherung leicht auf 35—40% Cu gesteigert werden.

Die Umgebung der Mine läßt berechtigte Hoffnungen auf Wasserfindigkeit zu, doch rechtfertigen die bisherigen Aufschlüsse noch nicht die Anlage eines größeren Kapitals, es sei denn, daß man dieses Vorkommen mit den beiden noch zu beschreibenden zusammen betrachtet.

b) Das Kupfervorkommen von Haremub

Die Entfernung dieser Grube von der Sinclairgrube beträgt etwa 20 km in südöstlicher Richtung. Bis jetzt ist dieses Vorkommen nur durch Oberflächenuntersuchungen bekannt. Der geologische Aufbau des Gebietes ist der gleiche wie bei der Sinclairmine. Es liegen Quarzgänge vor, die zum Teil einen Labradorporphyrit durchsetzen. Bei einem Ausstrich handelt es sich um einen bis 10 m mächtigen Gang mit Kupferglanz und Fahlerz, karbonatischen Kupfererzen und Rotkupfererz. Die Erze sind derb und körnig in der Gangmasse, die auch hier nur aus Quarz besteht, verteilt. Im Ausbiß scheinen sie an die Hangendpartien geknüpft zu sein, wogegen das Liegende fast nur aus taubem Quarz besteht. Der Ausstrich kann an der Oberfläche über eine Erstreckung von nahezu 2 km verfolgt werden. Der Gang wäre leicht durch Stollen zu erschließen. Nördlich davon befindet sich ein zweiter Gang, der etwa 1,5 km streichende Länge besitzt.

Beetz unternahm eine rohe Schätzung der möglichen Erzvorräte. Bei einer Mächtigkeit von durchschnittlich 1 m, einer Länge der zunächst festgestellten, an der Oberfläche erzführenden Gangzone von 100 m und bei einer Abbauhöhe bis zum Grundwasser von 250 m kommt man nach ihm auf etwa 142000 t Erz mit einem angenommenen Durchschnittsgehalt der Proben 4 und 5, die dieser Partie entstammen von 9% Cu. Einige Analysen ergaben folgende Gehalte:

Probe	Cu %	Ag g/t	Mächtigkeit m
1	2,3	17,3	2,60
2	10,25	62,9	2,20
3	7,8	49,0	1,60
4	2,7	12,2	0,95
5	4,65	10,8	1,25

Die nächsten Wasserstellen befinden sich bei Groß-Haremub 5 km, bei der Koraisquelle 8 km, bei Gorab 11 km und Auborus 12 km entfernt.

c) Die Ginasfelder

Die größte Kupferlagerstätte dieses Typus befindet sich auf den Ginasfeldern etwa 20 km nordöstlich der Sinclair-Mine. Beetz hält sie für größer als die beiden anderen zusammengenommen. Ein Quarzgang kann hier bei einer durchschnittlichen Mächtigkeit von mehr als 1 m über eine streichende Länge von etwa 2500 m verfolgt werden. Durch natürliche Aufschlüsse konnte man feststellen, daß eine mittlere Partie von 150 m Länge und 2 m Mächtigkeit durchweg eine gute Erzführung zeigt. Diese Gangpartie wäre leicht in etwa 40 m Teufe durch einen kurzen Stollen anzuschneiden. Das Vorkommen, das sich im Besitz der Kolonialen Bergbaugesellschaft befand, wurde 1938 mit zahlreichen Schürfen und zwei Stollen untersucht. Die Mächtigkeit der Gänge nahm nach der Teufe ab und der Erzgehalt ging stark zurück. Die Untersuchungsarbeiten konnten jedoch nicht abgeschlossen werden.

Nach einer unveröffentlichten Arbeit von Ibach wurden auf den zuletzt genannten 3 Kupfervorkommen im Jahre 1938 9 Monate lang Untersuchungsarbeiten mit großer Intensität betrieben. Zwölf weiße

Bergleute unter der Leitung eines Geologen, ein Maschineningenieur und 140 Eingeborene standen zur Verfügung. Dazu kam alles erforderliche Gerät, 3 Kompressoren und 3 Lastwagen. Die Ergebnisse waren nicht befriedigend. Alle Quarzgänge des Grubengebietes, die an der Oberfläche eine gute Vererzung mit Malachit und nahe der Oberfläche reiche Kupfererznester mit gediegenem Kupfer zeigten, waren in der Primärzone ausgesprochen arm. Die Mächtigkeit der Gänge ging rapid zurück und meist zerschlugen sie sich in schwächere Adern. Trotzdem empfiehlt Ibach, einzelne vorzeitig unterbrochene Arbeiten weiterzuführen. Vor allem haben die Tiefenaufschlüsse der Sinclairmine enttäuscht. Jedoch scheinen bei den Untersuchungen Geldschwierigkeiten der Gesellschaft die Hauptrolle gespielt zu haben.

Außer den Vorkommen Sinclair, Ginas und Haremub wurden auch auf den Farmen Barby und Naremub Schurfarbeiten durchgeführt, doch waren die Ergebnisse unbefriedigend.

Die Farmen Aruab, Witmannshaar, Haremub, Ganaans, Kronenhof, Naus und Aubures wurden durch Begehung prospektiert. Man fand auf einigen Stellen Quarzgänge mit einer schwachen Vererzung, größere Erzkörper konnten aber nicht festgestellt werden.

d) Weitere Kupfervorkommen der Konkipformation

Zum gleichen Lagerstättentyp scheinen fast alle Kupfervorkommen des Namalandes zu gehören, wenngleich sicherlich auch solche auftreten werden, die direkt von einem Granit abgeleitet werden können. Dies dürfte vornehmlich im südlichen Teil, dem Warmbaddistrikt, zu erwarten sein, wo das Grundgebirge in größerem Umfange wieder zutage tritt, ebenso im Lüderitzlande. Zu erwähnen sind vor allem die Kupfererzvorkommen von Kunjas, Kleinfontein nördlich der Südbahn, Witmannshaar (25 km östlich der Sinclairmine), Feldschuhhorn und Tschahanabis in der Nähe der Südbahn.

C. Die Kupfervorkommen der Namaformation

In der Namaformation befindet sich das wichtigste Kupfervorkommen Deutsch-Südwestafrikas, die metasomatische Kupfer-Bleierzlagerstätte von Otavi. Im Süden, wo die Namaformation am verbreitetsten ist, sind bisher nur geringwertige Kupfervorkommen entdeckt worden. So fand man schwache Imprägnationen oxydischer Kupfererze in den Fischflußschichten bei Feldschuhhorn. Möglicherweise sind zum Otavitypus auch zwei Vorkommen aus dem nordwestlichen Teil des Kaokofeldes zu stellen. Hartmann fand hier in dichten Massenkalken, die vermutlich der Otaviformation angehören, zwischen den Orten Otjirambo und Ompempasemo einige Stücke reicher sulfidischer Kupfererze und bei Gauas gleichfalls im Kalk oxydische Kupfererze.

Stellenweise ist die Namaformation im Namaland in ostwestlicher Richtung aufgebogen worden. In diesen Gegenden entstand eine Reihe von ostwestlich streichenden Quarzgängen mit Kupfer- und Bleierzen. Ein solches Vorkommen ist von der Farm Portjes etwa 50 km südlich Maltahöhe bekannt. Hier streicht ein Quarzgang über eine Länge von etwa 9 km und mit einer Mächtigkeit, die zum Teil über 50 m erreicht, an der Tagesoberfläche aus. Die Gangfüllung besteht aus einem völlig drusigen Quarz mit zum Teil schönen Bergkristallen. Unterhalb der Oberfläche beginnt in kleineren Butzen die Erzführung. Sie besteht aus Chrysokoll, der auch die Wände der Drusen bekleidet. Die Schürfe haben nur eine Tiefe von 1—2 m erreicht.

Gleichfalls in ostwestlicher Richtung sind die Schichten des Schwarzkalkes an der sogenannten Minenkuppe bei Kleinfontein etwa 50 km südwestlich von Maltahöhe aufgebogen. Zahlreiche mit Quarz gefüllte Spalten befinden sich in der Aufsattelung. Sie führen hauptsächlich Schwefelkies, Kupferkies, Bornit, Kupferglanz, karbonatische Kupfererze und Bleiglanz, der auch in derben Massen Nester im angrenzenden Schwarzkalk bildet. Nennenswerte Funde konnten bisher nicht gemacht werden.

1. Die verfestigten Seifen der Namaformation

Es handelt sich um eluviale Kupfervorkommen, die sich dort gebildet haben, wo der Granit des Bastardlandes von den Sedimenten der Namaformation überlagert wird. Bei der Abtragung der Granite und der Bildung der Namasedimente wurden auch die Kupfererzgänge zerstört, deren Erze mit dem Schutt verfestigt wurden. Es handelt sich um kleine Vorkommen, die nur wenig mehr als 1 m im Streichen erreichen.

Rimann beschreibt folgende Fundpunkte:

Onatis: Gerölle von Kupfererz führendem Granit in dem Konglomerat der Basisschichten.

Zwischen Klein Aub und Gosorobis: In den Tonschiefern der Basisschichten.

Gosorobis: Im Sandstein der Basisschichten.

Südlich Campels-Aub (8—10 km): In den Quarziten der Basisschichten.

Westlich des Katzenberges zwischen Grundrei und Lämmerwater: Im Sandstein der Basisschichten.

Schlip (7 km nordöstlich davon): In der Arkose der Basisschichten.

Dreihuk (3—4 km nordöstlich davon): Im Tonschiefer der Fischfluß- oder Schwarzrandschichten.

Zwischen Roikranz und dem Fischfluß: An mehreren Stellen im Tonschiefer der Fischflußschichten.

Zwischen Audabib und Hamis: Im Quarzit der Basisschichten mit 5,5% Cu.

Am Witkuiberg: Im kalkigen Tonschiefer der Basisschichten mit 1% Cu.

An manchen Stellen durchsetzen Störungslinien die kupfererzführenden Sedimente und dann konnte sich das Kupfer wieder auf die Wanderschaft begeben und sich in neugebildeten Quarz- und Quarzbrekzienausscheidungen absetzen, z. B. bei Gosorobis, Schlip, Dreihuk und Lämmerwater.

Ähnliche Vorkommen fand man auch im Kauas-Hottentottenland, wo sie gleichfalls an den Fischflußsandstein gebunden sind; so z. B. bei Klein Aub zwischen Oas und Stamried, bei Nabatsaub und bei Kaitsaub. Das letztere Vorkommen besteht aus einer Linse von 50 m im Streichen und 50 cm Mächtigkeit, wobei der Kupferglanz eine Zone von 30 cm Breite einnimmt. Der Durchschnittsgehalt beträgt 0,56% Cu und 10 g/t Ag.

2. Die Kupfervorkommen im Otaviberglande

a) Geologische Verhältnisse

Das Otavibergland bildet das Gebiet zwischen der Grootfonteiner Omaheke im Osten und der Goabpforte im Westen. Im Norden und Osten geht es in das Sandfeld der Kalahari über und seine morphologische Grenze ist, wie auch im Süden, ziemlich scharf. Im Westen dagegen bilden niedrige Höhenzüge die Fortsetzung des bergigen Otavilandes. Nach Schneiderhöhn kann man das Otavibergland als ein unregelmäßiges Oval auffassen, dessen Nord-Südachse etwa 75 km, die Ost-Westachse 110 km lang ist. Es ist ein flächenreiches Land, das seine höchste Erhebung mit 2150 m im Süden besitzt. Nach Norden flachen die Berge allmählich ab und bilden typische Inselberge. Die sich um die Inselberge ausbreitenden Flächen haben eine durchschnittliche Meereshöhe von 1400—1450 m.

Das Otavibergland besitzt ein fast tropisches Klima und unterscheidet sich dadurch von den übrigen, zum größten Teil subtropischen Regionen Deutsch-Südwestafrikas. Infolge der größeren Niederschlagsmenge von 550—650 mm herrscht eine reiche Vegetation. Vor allem der Trockenwald und die Baumgrassteppe sind weit verbreitet. Die Nächte sind meist kühl, die Tage heiß; tagsüber wurden in Tsumeb bis zu 46° C im Schatten gemessen. Die Hitze ist aber verhältnismäßig leicht zu ertragen, da der Feuchtigkeitsgehalt der Luft sehr gering ist.

Ähnlich wie das Otavibergland morphologisch und klimatisch eine Sonderstellung einnimmt, hebt es sich auch geologisch von seiner weiteren Umgebung ab. Der archaische Sockel, der mit seinen hochmetamorphen und stark gefalteten kristallinen Gesteinen den Untergrund bildet, wird durch die Schichten der Otaviformation bedeckt. Zu diesen weitverbreiteten Gesteinen kommen als jüngste Bildungen nur noch die Kalahariablagerungen, die als roter Flugsand und als Oberflächenkalke die Senken und Wannen füllen, hinzu.

Die Gesteine des Damarasystems treten vor allem am Südrand des Otaviberglandes an die Oberfläche. Sie zeigen die aus allen anderen Gebieten bekannte Zusammensetzung. Nach Stahl muß man zu diesem archaischen Sockel auch die granitischen Gesteine rechnen, die im Osten, zwischen Grootfontein, Nosib und Gaub, die unmittelbare Unterlage der dolomitischen Ablagerungen der Otaviformation bilden. Es handelt sich um einen grobkörnigen Hornblendegranit mit dioritischen Übergangstypen. Auch einige Diabasgänge treten auf. Diese Granite wurden bereits durch Wagner im Jahre 1911 als Eruptivgesteine des Grundgebirges angesehen. Später glaubte man, sie wären in die Otaviformation intrudiert und brachte deshalb die Kupfererzlagerstätten bzw. die Gesteine, in denen sie auftreten (irrtümlicherweise als „Aplite" bezeichnet), mit ihnen in Verbindung. Stahl konnte jedoch als erster nachweisen, daß die Nosibkonglomerate, die über dem Granit der Awagobibfläche nördlich Guchab gefunden wurden und die die unterste Stufe der Otaviformation bilden, Granitgerölle führen, die vollkommen identisch mit dem anstehenden Flächengranit sind. Ebenso erwiesen sich die Beobachtungen über scheinbare Kontaktwirkungen an den Dolomiten der Otaviformation als unbegründet. Damit war erwiesen, daß die Granite des Otaviberglandes älter als die Otaviformationen sind und demnach ein Pränamaalter besitzen.

Die Gesteine der Otaviformation, die nach herrschender Auffassung mit der Nama- bzw. Transvaalformation des Südens parallelisiert wird, lagern diskordant auf dem Grundgebirge. Sie bedecken nicht nur das Otavibergland, sondern umsäumen, wie Stahl nachwies, in einem halbkreisförmigen, mehr als 100 km breiten Streifen das Etoschabecken von der Grootfonteiner Omaheke bis zum Kunene m Norden.

Die Otaviformation beginnt mit den klastischen Nosibschichten, die aus roten und braunen Sandsteinen, Arkosen, Quarziten und Konglomeraten aufgebaut werden. Es sind dies die ersten Aufschüttungen des transgredierenden Otavimeeres, das sich rasch vertiefte, so daß sich auf den Nosibschichten verschieden mächtige Dolomite absetzen konnten. Damit beginnt eine mächtige Folge karbonatischer Gesteine. In dieser Serie sind folgende Gesteine zu unterscheiden:

Muldenquarzit

		Bezeichnung	
		nach Schneiderhöhn	nach Stahl
Dolomitserie	Kieseloolithbänder .... schwarze Dolomite .... Stinkkalke .... Hornsteinbänke .... hellgraue Dolomite mit Hornsteinbändern	geschichtete Kalke und Dolomite	geschichtete Dolomite
	Klotziger Dolomit	Oberer klotziger Dolomit	Hauptdolomit
	Quarzschiefer .... Plattenkalke	Aurosschiefer	Aurosschiefer
	Hellgraue Dolomite	unterer klotziger Dolomit	unterer Dolomit

Nosib-Schichten

Der Hauptdolomit ist das charakteristische Gestein des Otaviberglandes; er kann gelegentlich Mächtigkeiten bis 1000 m erreichen (Schneiderhöhn schätzt die Gesamtmächtigkeit der Otaviformation auf etwa 5000 m, wovon auf die Kalke und Dolomite allein etwa 3000 m entfallen dürften). Die obersten Schichten dieser Gesteinsfolge zeigen bereits eine allmähliche Verflachung des Otavimeeres an. Es entstanden Lagunenablagerungen und schließlich die klastischen Festlandsbildungen des obersten bekannten Horizontes der Otaviformation, der Muldenquarzit. Es sind dies rote und braune, zum Teil auch graue Arkosesandsteine und Arkosequarzite. Sie bilden zusammen mit dem Dolomit das Nebengestein der Lagerstätten.

Die Ablagerungen der Otaviformation zeigen nach Stahl einen starken Fazieswechsel, der sich am auffälligsten von innen nach außen vollzog. In der Nosibstufe ist der Sandstein in der Innenzone mächtig und die Konglomerate herrschen in der Außenzone vor. Ebenso schrumpft auch der Dolomithorizont, der in der Innenzone durchweg eine bedeutende Mächtigkeit besitzt, in der Außenzone stark zusammen.

Alle Gesteine der Otaviformation sind gefaltet. Der Grad der Faltung ist verschieden und meist nicht besonders stark. Auch hier zeigt die Innenzone eine steilere Lagerung. An ihr lassen sich auch verschiedene Überkippungs- und Überschiebungserscheinungen beobachten, die auf einen Druck von außen deuten. Nach Stahl lag der Hauptdruckherd möglicherweise zwischen der Innen- und Außenzone. Die Druckrichtung war eine nordsüdliche, denn die Faltenzüge streichen im großen und ganzen etwa ostwestlich. Eine akzentuierte Tektonik ist auch in den Begrenzungslinien des Gebirges als Ganzes festzustellen. Die scharfe Südgrenze der Otaviformation, wahrscheinlich auch der Nordabbruch und andere Linien sind tektonischen Ursprungs.

Die mächtigen Ablagerungen der Karbonatgesteine stellen ein ideales Karstgebiet dar. In der Nähe der Grenze der Otaviformation gegen das Grundgebirge entstanden zahlreiche Quellen, die alle ihren Ursprungsbereich im Inneren des Gebirges haben. Ebenso findet man auch viele Quellen an der tektonischen Grenze Granit—Otavigesteine. Neben diesen Quellen ist die unterirdische Wasserführung an Karstgerinne gebunden, die dort, wo sie in eingestürzten Dolinen zutage treten, Dolinenseen (z. B. den Otjikotosee) bilden. Schließlich müssen auch die zahlreichen Höhlen genannt werden, die mit herrlichen Tropfsteinbildungen geschmückt sind (Höhle bei Gaub, Tigerhöhle zwischen Nosib und Tsumeb u. a.).

b) Die Erzlagerstätten

α) Entdeckungs- und Entwicklungsgeschichte

Die Kupfervorkommen des Otaviberglandes waren schon vor hundert Jahren den dort lebenden Buschmännern bekannt, die sich die Kupfererze aus der Oxydationszone des Groß-Otavivorkommens holten und an die Ovambos austauschten. Diese verarbeiteten das Kupfer zu kleinen Handwerkszeugen. Außerdem benutzten sie es auch als Schmuck und verzierten damit ihre Waffen. Die verheirateten Frauen trugen damals schon bis 8 Pfund schwere Ringe. Später entdeckte man, daß die Ovambos gleich in einiger Entfernung von der Lagerstätte das Kupfer auf höchst primitive Weise aus den karbonatischen Erzen mit Holzkohle ausschmolzen.

Der erste, dem der „grüne Hügel" von Tsumeb auffiel, war der Buschmannkapitän Johannes Krüger, wohl in der ersten Hälfte des vorigen Jahrhunderts. 1892—1893 rüstete die South West Africa Co. eine Expedition unter Kapitän Rogers aus, der die Tsumeblagerstätte mit zwei Schächten von je 20 m Tiefe untersuchte. Desgleichen wurde auch auf den Kupfervorkommen von Groß-Otavi, Asis und Guchab prospektiert.

Im Jahre 1900 wurde die Otavi Minen- und Eisenbahngesellschaft mit dem Sitze in Berlin gegründet. Das Gründungskapital betrug 1000000 M. Das Ziel der Gesellschaft war der Abbau des Kupfervorkommens bei Tsumeb und der Bau einer Eisenbahn von der Küste zum Otavigebiet, um damit die hier von der South West Africa Co. gefundenen und untersuchten Kupfervorkommen wirtschaftlich ausbeuten zu können. Zu diesem Zwecke wurde unter der Leitung von Christopher James eine Expedition ausgerüstet, die das Kupfervorkommen abermals erforschte. Die Länge der Eisenbahn wurde auf 570 km veranschlagt, die Erzreserven mit etwa 300000 t mit einem Gehalt von 12,6% Cu und 25,3% Pb festgestellt. Desgleichen wurde auch das Vorhandensein von 190000 t geringwertigen Erzes mit 2,9% Cu und 4,4% Pb nachgewiesen. Obwohl diese Reserven den Bau der Eisenbahn noch nicht rechtfertigten, aber ohne Eisenbahn nicht rentabel auszubeuten waren, entschloß sich die Gesellschaft 1903 mit dem Bau der Eisenbahn zu beginnen, Das Aktienkapital der Gesellschaft wurde auf 20 Millionen M. erhöht. Der Bau der Eisenbahn wurde durch den Hereroaufstand vorübergehend verzögert, doch dann beschleunigt weitergetrieben, so daß am 25. August 1906 Tsumeb, der Mittelpunkt des Kupferdistriktes, erreicht wurde. Die Eisenbahn wurde 1910 in Staatsbesitz überführt, doch hatte sie die Otavi-Gesellschaft für 30 weitere Jahre gepachtet und damit ihre Kupfertransporte sichergestellt.

Der Bergbau machte gleichfalls von Anfang an gute Fortschritte und entwickelte sich mit der Zeit zu einem gut organisierten und rentablen Betrieb. Daneben verwendete man besondere Sorgfalt auf den Bau von Verwaltungs- und Wohngebäuden und auf die sozialen Einrichtungen. Die Betreuung der Belegschaft war mustergültig. Schon im Jahre 1907 wurden größere Wohnhäuser errichtet, eine Messe für die Beamten und europäischen Arbeiter sowie Lazarette für die weißen und eingeborenen Arbeiter eingerichtet. Zur Versorgung mit Licht wurde eine elektrische Licht- und Kraftzentrale gebaut.

Das Wasser mußte, da sich Tsumeb in einem trockenen Karstgebiet befindet, zu Anfang von dem 21 km entfernt liegenden Otjikotosee mit

Hilfe einer Wasserleitung herangeschafft werden. Später stieß man auf der 70-m-Sohle auf erhebliche Wassermengen, die immer reichlicher wurden, so daß man auf der 280-m-Sohle täglich etwa 1800 cbm Wasser fördern mußte, das als Trinkwasser und zu Wirtschaftszwecken verwendet wurde.

Es wurde ein Hauptförderschacht angelegt, der mit 2 Förder- und 1 Fahrturm später allmählich bis auf 220 m abgeteuft wurde. Im Jahre 1922 wurde ein zweiter Förderschacht westlich des ersteren und in größerem Abstand vom Erzkörper abgeteuft, mit dem man bis heute eine Tiefe von 460 m erreicht hat. Die jetzige tiefste 20. Sohle wurde durch ein Gesenk in einer Tiefe von 580 m erschlossen. Die erste Sohle wurde in einer Tiefe von 20 m angelegt, die zweite bei 50 m, die dritte bei 70 m; weitere Sohlen folgten alle 30 m bei 100, 130, 160 m usw.

Nachdem die South West Africa Co. eine Zweigbahn von Otavi nach Grootfontein angelegt hatte, wurden im Jahre 1907 auch im Otavital bergmännische Arbeiten unternommen. Bei Großotavi, Asis und Guchab gewann man hochprozentige bleifreie Kupfererze, daneben auch Schmelzerze von geringerem Wert.

Im Jahre 1909/10 wurde behufs schnellerer und intensiverer Aufschließung des Bergwerkgebietes der Gesellschaft mit deutschen und englischen Firmen eine Studiengesellschaft gegründet, das Otavi Exploring Syndicate Ltd. London. Mit dieser Studiengesellschaft wurde ein Abkommen getroffen, durch welches dem Syndikat die Bergwerksgebiete der Otavi-Gesellschaft mit Ausnahme von Tsumeb, Guchab, Asis und Groß-Otavi zur bergmännischen Ausbeute auf die Dauer von 10 Jahren mit einem Gewinnanteil von 35% überlassen wurden. Außerdem war die Otavi-Gesellschaft mit 11% des Kapitals an dem Syndikat beteiligt.

Im Gegensatz zu den Diamantengesellschaften, die alle nach dem Weltkriege sich der Konsolidierung anschlossen und ihren wertvollen Besitz in Deutsch-Südwestafrika aufgaben, behielt die Otavi-Gesellschaft ihre Bergbaurechte. Sie blieb Eigentümerin aller in ihrem Besitz befindlichen Minen, sie behielt die Landrechte in dem 1000 englische Quadratmeilen umfassenden Bezirk sowie in den 10 km breiten Zonen zu beiden Seiten der Eisenbahn im früheren Gebiete der South West Africa Co. und das alleinige Recht, für drei Jahre hier zu schürfen. Dagegen wurde ihr Pachtvertrag für die Eisenbahn nicht anerkannt.

Da während des Weltkrieges nicht gearbeitet und auch nachher die Erze zunächst nicht nach Deutschland ausgeführt werden konnten,

Photo Ilse Steinhoff

Abb. 12. **Ansicht von Tsumeb. Im Vordergrund die Halden der Grube**

Photo Ilse Steinhoff

Abb. 28. **Vanadiumgrube Abenab, D.I.W.H. Blick auf die Sohle des Tagebaues**

Verlag Walter de Gruyter & Co., Berlin W 35
Deko VII. Zu Bürg, Minerallagerstätten von Deutsch-Südwestafrika

beschränkte man sich auf die unbedingt notwendigen Aus- und Vorrichtungsarbeiten, die die sichtbaren Erzreserven erheblich vergrößerten. Diese Arbeiten erforderten aber große Kredite. Dadurch stand die Gesellschaft vor schweren Aufgaben, und es ist ihr hoch anzurechnen, daß sie das Geld zur Abdeckung der Schulden und zur Weiterführung der Arbeiten nicht im Auslande suchte, sondern den viel schwereren Weg einschlug, das Geld im eigenen Lande aufzubringen.

So blieben diese wertvollen deutsch-südwestafrikanischen Gruben in deutscher Hand, ein Musterbeispiel eines gut durchgeführten kolonialen Bergbauunternehmens (Abb. 12).

Nachdem in der Nachkriegszeit die rechtliche Lage der Otavi-Gesellschaft geklärt worden war, konnte die Förderung wieder aufgenommen werden. In den folgenden Jahren entwickelte sich der Bergbau zur höchsten Blüte. Die größte Erzförderung wurde 1930/31, das größte Metallausbringen 1929/30 erreicht. Daraufhin erfolgte ein jäher Rückgang, verursacht durch den Preissturz der Metalle Kupfer und Blei, die im Jahre 1932 gegenüber der Vorkriegszeit fast um zwei Drittel gefallen waren. Trotz aller Sparmaßnahmen und Beschränkungen des Abbaues auf die oberen Sohlen mußte die Erzförderung am 1. Agust 1931 eingestellt werden. Damit keine Schäden entstanden und der Betrieb später wann immer wieder aufgenommen werden konnte, wurden jedoch alle Betriebsanlagen in Stand gehalten. Als die Metallpreise wieder stiegen, wurde die Grube leergepumpt und am 1. Januar 1938 konnte wieder mit der Förderung begonnen werden.

β) Abbau und Aufbereitung

Mit der laufenden Verschiffung der Erze wurde im Juli 1907 begonnen. Bis dahin beschränkten sich die Arbeiten in der Grube im wesentlichen auf Aus- und Vorrichtungsarbeiten.

Der Abbau geschah anfangs, bis etwa 1909, vorwiegend im Tagebau. Später ging man zum Tiefbau über, wobei das Erz zunächst durch zweimännisches Bohren gewonnen wurde. 1909 wurden 6 Bohrhämmer eingeführt, deren Anzahl dann im Laufe der Zeit und mit zunehmender Leistungsfähigkeit der Kraftzentrale ständig vermehrt wurde. Anfangs brachte man die Abbaumethode des „Firstenbaues mit breitem Blick“ in Anwendung, doch ging man später aus Gründen der Sicherheit der Grubenbaue und der Arbeiter zum Querbau über. Schneiderhöhn beschreibt ihn als scheibenförmigen Versatzbau. „Von der streichenden Strecke aus beginnt zunächst der Verhieb der ersten Scheibe im Niveau der Fördersohle in einzelnen Abschnitten je nach Form und Mächtigkeit der Lagerstätte. Die Hohlräume werden mit Versatzbergen ausgefüllt. Ist die erste Scheibe ganz oder teilweise hereingewonnen, so wird hochgebrochen und es beginnt der Abbau der nächst höheren Scheibe.“ Als Versatz dient der Abraum aus dem früheren Tagebau, der sich auf dem Ausbiß des Erzkörpers bewegte. Die unregelmäßigen Lagerungsverhältnisse der beiden Erzkörperhälften machten oft besondere bergmännische Untersuchungsarbeiten notwendig. Daneben liefen dauernd die Aus- und Vorrichtungsarbeiten weiter.

Anfangs wurden die Reicherze von Hand ausgeklaubt und direkt nach Europa verschifft. Die ärmeren wurden an Ort und Stelle verschmolzen. 1910 wurde die Rost- und Siebanlage der Aufbereitung erweitert und ein Jahr später verbessert. Die Waschanlage wurde durch Aufstellung einer Läuter- und Siebtrommel sowie durch den Bau zweier liegender Herde und 10 Gefluterkammern rentabel gestaltet. Inzwischen wurden in Deutschland umfangreiche naßmechanische Versuche des Erzes des „Eruptivkörpers“ unternommen, die im Jahre 1914 zur Aufstellung einer naßmechanischen Aufbereitung führten. Gleichzeitig damit wurde auch eine Separations- und Klaubanlage für die normalen Erze errichtet. Damit wollte man auch solche Erzmittel, die bisher ihres niedrigen Gehaltes wegen unverwendbar waren, teils zu Versanderzen, teils zu Schmelzerzen aufbereiten. Die beiden Separationsanlagen ermöglichten vor allem die Ausschaltung der teuren und und schwer zu beschaffenden Menschenkraft. Sie konnten aber erst 1915 in Betrieb genommen werden.

γ) Der Hüttenbetrieb

Schon im Jahre 1906 begann man mit der Errichtung einer Schmelzhütte. Sie bestand aus 2 Blei-Kupferschachtöfen mit eisernem Wassermantel und den dazugehörigen Maschinenanlagen. Der erste Schachtofen konnte im September 1907 angeblasen werden. Ärmere Erze wurden mit den entsprechenden Zuschlägen auf Kupferstein und Werkblei verschmolzen. Die Hüttenanlage war am Anfang nur zeitweise und je nach Bedarf in Betrieb und arbeitete mit Verlust. Dieser Verlust entstand durch die hohen Kosten für den westfälischen Koks für die Zuschläge und durch die hohen Arbeitslöhne. Man dachte deshalb daran, aus den harten Hölzern der Umgebung Holzkohle herzustellen, und diese an Stelle des Kokses zu verwenden. Später im Weltkrieg wurde der vorzügliche Natalkoks eingeführt. Außerdem gelang es, Eisenerze in genügender Menge und guter Beschaffenheit in Kalkfeld bei km 308 der Otavibahn aufzuschließen, deren Verwendung als Zuschlag beim Schmelzen eine weitere Ermäßigung der Schmelzkosten ermöglichte. Später wurde der für das Schmelzen notwendige Schwefel des Bleiglanzes durch Schwefelkies ersetzt. Dies war vor allem bei den schwefelarmen oxydischen Erzen notwendig, für die man Schwefelkies aus Norwegen importierte.

Nach dem Weltkriege, im Jahre 1923, wurde mit dem Bau eines dritten Ofens begonnen und 1924 einer der alten Öfen vergrößert. Die Hüttenanlage wurde 1925 durch den Bau einer elektrischen Cotrellgasreinigungsanlage zur Flugstaubgewinnung aus den Gichtgasen wieder erweitert. Dadurch war es möglich, den Cadmiumgehalt der Erze zu verwerten, außerdem auch etwa 1000 t Blei jährlich zu gewinnen, das im Flugstaub enthalten ist. 1928 wurde neben anderen Arbeiten auch der dritte Schachtofen durch einen größeren Querschnitt ersetzt und ein kleiner Rundofen sowie ein Saigerofen mit Ölfeuerung, in dem alle bleihaltigen Abfälle geschmolzen werden können, aufgestellt. Dazu kam 1930 noch ein Drehofen zum Rösten des cadmiumhaltigen Flugstaubes.

Als die tiefen Metallpreise einsetzten, wurden auch die Hüttenbetriebe eingestellt, nachdem vorübergehend der beim Arbeiten angefallene Flugstaub in einem kleinen Rundofen zu Konzentraten und auf Blei verarbeitet worden war.

Schneiderhöhn beschreibt die Verhüttung der Erze nach einer Zusammenstellung von Dipl.-Ing. Mickisch wie folgt: „Die geförderten dolomitischen Erze werden gemischt in Haufen zu je 8000 t auf dem Gichtboden gelagert, von dort gelangen sie von Hand durch eingeborene Arbeiter in die Beschickungstrolleys. Als Kieselsäurezuschlag dient der aus der Grube geförderte Aplit mit etwa 50% SiO_2 und 7—10% Cu. Der Eisenzuschlag in Form von Roteisenstein, der mit der Bahn von der der Gesellschaft gehörigen Grube bei Kalkfeld antransportiert wird, enthält als hauptsächliche basische Schlackenbildner 50—55% FeO und 5—8% MnO, leider sonst keine verwertbaren Metalle. Die einzelnen Materialien werden in der Trolley abgewogen und in Sätzen von 2500—3500 kg zusammen mit 12—13% Koks in die Öfen gegeben. Die Öfen haben eine offene Gicht, den Abschluß bildet die Beschickung. Zu jedem Ofen führt eine Windleitung, durch die der von dem jeweiligen Gebläse erzeugte Wind mit einer Pressung von 100—150 cm Wassersäule durch die Düsen in den Ofen geblasen wird. Es sind 5 Gebläse (Kreiskolbengebläse Bauart Jaeger, Leipzig) verschiedener Größe von 150—250 cbm Wind je Minute vorhanden.“

„Die Produkte zusammen mit der Schlacke fließen zunächst in den aus Lehm gestampften Vorherd. Dort setzen sich Blei und Kupferstein infolge ihres höheren spezifischen Gewichtes ab. Die Schlacke hat folgende Zusammensetzung: 35—37% SiO_2, 18—21% FeO, 12—17% CaO, 6—8,5% MgO, 10—12% ZnO, 1,5% BaO, 1,5% Al_2O_3, 0,3% Cu, 1,5% Pb."

„Die Abfuhr der Schlacke besorgt eine elektrische Lokomotive, die ihren Strom einer mit Gleichstrom gespeisten Oberleitung entnimmt. Zeitweilig wird die Schlacke granuliert. Der erzeugte Schlackensand eignet sich vorzüglich zur Betonherstellung."

„Wenn der Vorherd voll Kupferstein ist, wird er abgestochen. In einem Topf sammelt sich das Werkblei, das mit einem Löffel in Formen geschöpft wird. Der Kupferstein läuft auf ein aus Eisenplatten hergestelltes Bett, wird zerschlagen und geht zum Versand. Zum Transport dient eine vor den Öfen herlaufende elektrische Kranbahn mit einer Hubleistung von 7,5 t. Die Weiterbehandlung findet in Europa statt."

δ) Die maschinellen Einrichtungen über und unter Tage

Mit dem Übergang vom Tagebau zu Tiefbau war eine Intensivierung der Maschinenkraft geboten. Deshalb wurde 1908 die elektrische Licht- und Kraftzentrale erweitert, so daß nunmehr zwei Dynamomaschinen von je 30 und 51 Kilowatt in Betrieb waren, welche die elektromotorische Kraft für die Lichtanlage des Gesamtwerkes und die Niederlassung Tsumeb, für die Werkstatt, die Hüttenpumpwerke, das Laboratorium, den Erzbrecher, das Transportband und die Separationstrommel der Aufbereitung und den Kompressor der Bohrmaschinenanlage lieferten. Die Tagesanlagen der Tsumebgrube wurden 1910 durch einen zweiten größeren Dampfkessel beim Hauptförderschacht und durch Aufstellung eines zweiten Luftkompressors mit 25 cbm minutlicher Leistung vervollständigt. Mit Ausnahme der Fördermaschine, eines Kompressors und der Pumpen wurden alle Werkzeug- und Arbeitsmaschinen durch Elektromotore betrieben. Für die unterirdische Wasserhaltung wurde eine größere Zentrifugalabteufpumpe mit elektrischem Antrieb aufgestellt. Als der Schacht immer tiefer wurde, ergab sich die Notwendigkeit, eine Zwillings-Ventil-Fördermaschine einzusetzen. 1913 wurde eine neue elektrische Kraftzentrale mit Dieselmotorbetrieb eingerichtet, wodurch die Stromkosten von 30 Pfennig je erzeugte Kilowattstunde auf 18 Pfennig gesenkt werden konnten. Nach Erweiterung dieser

Anlage mit einem Dieselmotoraggregat von 430 PS konnten insgesamt 930 PS geleistet werden. Je größer die einzelnen Betriebe wurden, desto mehr Kraftstrom war nötig, so daß die elektrische Zentrale 1922/23 durch zwei Wolf-Lokomobilen von je 420 PS erweitert wurde. Damit konnten alle Neuanlagen, sowie eine zweite Fördermaschine, eine Dwight-Lloyd-Anlage zum Agglomerisieren von Erzen und die Cotrell-Gasreinigungsanlage mit Strom versehen werden. Hinzu kamen neue Druckluftkompressoren, Kesselanlagen mit Wasserenthärter, ein Kühlturm und die Aschenaufbereitung.

ε) Arbeiterverhältnisse

Von den ersten Jahren des Abbaues angefangen hatte die Tsumebgrube unter schlechten Arbeiterverhältnissen zu leiden. Neben den weißen Vorarbeitern standen nur die Eingeborenen aus der näheren und weiteren Umgebung zur Verfügung, deren Zahl in der Grube und über Tage 2000 erreichte. Nach Wiederaufnahme der Arbeiten im Jahre 1938 betrug die Größe der Belegschaft etwa 300 Weiße und 3000 Eingeborene. Der größte Teil der eingeborenen Arbeiter setzte sich aus Ovambos zusammen, die, da sie einem Ackerbau treibenden Stamme angehören, für die Grubenarbeiten von ihrem Häuptling nur auf 5 Monate beurlaubt wurden. Sobald die Regenzeit einsetzte, fluteten sie wieder in ihr Reservat zurück. Die Ovambos sind fleißig und arbeitsam und als Arbeiter gerne gesehen, doch sind sie für die Arbeiten unter Tage nicht geeignet. Hierfür verwendet man Hereros, die geschickter sind und auch mit Bohrwerkzeug und sonstigen Maschinen umzugehen wissen. Die Ovambos dagegen und die Eingeborenenfrauen wurden in der Aufbereitung und bei der Handscheidung beschäftigt. Obgleich die Ovambos dank ihrer guten Verpflegung und Behandlung gerne in Tsumeb arbeiteten, machte sich doch die Entdeckung der Diamanten und die Entwicklung einiger Farmbetriebe unangenehm bemerkbar, so daß wichtige Arbeiten oft wegen Arbeitermangel zurückgestellt werden mußten. Um die für einen normalen Betrieb gefährlichen Schwankungen in der Zahl der Arbeiter zu beheben, dachte man daran, chinesische Kulis anzuwerben; jedoch versagte der Gouverneur seine Zustimmung. Später gab er die Erlaubnis dazu, doch dann unterband der Weltkrieg die Durchführung dieses Planes. Schließlich suchte man durch die Anwerbung von Mischlingen oder Farbigen und Kaffern aus der Kapkolonie einen ständigen Arbeiterstamm zu erreichen, doch wurde deren Auswanderung durch die Regierung der Union erschwert. Die gesündeste Entwicklung in dieser Beziehung war die zunehmende Mechanisierung aller Betriebe, die zwar den Eingeborenen nicht entbehrlich machte, die Arbeiterfrage jedoch erleichterte.

ζ) Gestehungskosten, Erzzusammensetzung, Metallgehalte, Erzförderung und Metallgewinnung

Solange das Erz nur tagebaumäßig gewonnen wurde, waren auch die Gestehungskosten verhältnismäßig gering. Für das Jahr 1907 bis 1908 betrugen sie 10.40 M./t, von denen 3.80 M. auf den Abbau 1.80 M. auf die Förderung und 4.80 M. auf die Aufbereitung und Wasserhaltung entfielen. Wie aus nachstehender Zusammenstellung ersichtlich ist, betrugen die Gestehungskosten beim Tiefbau mehr als das Doppelte und konnten erst wieder gesenkt werden, nachdem die Mechanisierung des Bergbaues weitgehend fortgeschritten war.

Gestehungskosten:

1907/08	....	10,40 M./t	
1908/09	....	11,60 „	
1909/10	....	25,30 „	
1910/11	....	23,00 „	
1911/12	....	23,00 „	
1912/13	....	20,00 „	
1913/14	....	18,00 „	
1921/22	..... etwa	11,20 „	(12,89 sh)

Anfangs wurde hauptsächlich karbonatisch-oxydisches Erz gefördert. Als man zum Tiefbau überging, begann das oxydische immermehr vorzuherrschen, und etwa seit 1912 auch das sulfidische mehr und mehr zuzunehmen. Nunmehr wurden in der Hauptsache Bleiglanz und Kupferglanz gewonnen. Sulfidische Erze mit etwa 6—7% Cu und 10—25% Pb ließen sich durch Aufbereitung zu Exporterzen verarbeiten. Nach der Verbesserung der Aufbereitung kurz vor dem Weltkriege waren auch die Kalk- und Sanderze mit 7—8% Cu und 5—6% Pb auf Exporterz zu verwerten. Die Erze mit noch geringeren Gehalten wurden an Ort und Stelle geschmolzen, und als Kupferstein und Werkblei exportiert. Sowohl die Exporterze als auch der Kupferstein und das Werkblei enthielten größere Mengen von Silber.

Über die chemische Zusammensetzung der verschiedenen Erzsorten des sulfidischen Teiles der Lagerstätte geben zwei Bauschanalysen Aufschluß, die Schneiderhöhn als Durchschnitt von größeren Mengen Fördererz anfertigen ließ, und die dem mittleren Gehalt des damals in der Tsumebmine anstehenden Erzes recht gut entsprechen:

	I	II
Cu	14,22 %	6,10 %
Pb	22,74 %	4,95 %
Zn	9,34 %	1,00 %
Cd	0,27 %	Sp
Fe	1,60 %	1,35 %
Ag	0,0264 %	0,0090 %
As	2,85 %	0,80 %
Sb	Sp.	—
S	12,30 %	3,98 %
SiO_2	13,00 %	72,70 %
Al_2O_3	0,57 %	6,20 %
MnO	0,18 %	—
CaO	6,95 %	2,40 %
MgO	4,12 %	1,30 %
BaO	0,06 %	—
CO_2	9,90 %	nicht best.
SO_3	0,03 %	—
H_2O	nicht best.	nicht best.
K_2O	—	0,75 %
Na_2O	—	0,21 %
V_2O_5	0,25 %	—
zusammen	99,83 %	101,75 %

(Analytiker: Bartetzko)

Die ungefähre mineralogische Zusammensetzung gibt Schneiderhöhn folgendermaßen an:

	I	II
Kupferglanz	8,1 %	4,7 %
Enargit, Fahlerz	14,5 %	3,9 %
Bleiglanz	25,4 %	5,7 %
Zinkblende	13,8 %	1,4 %
Pyrit	3,3 %	2,7 %
Mottramit	0,8 %	—
Quarz	12,0 %	60,6 %
Dolomitspat (Mn-haltig)	18,5 %	5,5 %
Kalkspat	2,2 %	1,0 %
Schwerspat	0,1 %	—
Albit	—	1,7 %
Serizit	1,4 %	6,4 %
Kaolin	—	6,4 %
zusammen	100,1 %	100,0 %
davon Erze	65,9 %	18,4 %
„ Gangarten	34,2 %	81,6 %

I = Sulfidischer Haupterzkörper, 6. Sohle (160 m) Westen. Mittel aus 35 Förderproben (je etwa 1000 kg).

II = Sulfidisch vererzter „Aplit“, 7. Sohle (190 m). Durchschnittsprobe von etwa 100 t Fördererz.

Im gemischt oxydisch-sulfidischen Hauptkörper waren die Metallgehalte ähnlich hoch. Nur der Schwefelgehalt trat naturgemäß stark zurück. Der ausgelaugte oxydische „Aplit“ enthielt in den obersten Partien nur etwa 4% Cu und 4% Pb.

Zu den Verschiedenheiten in der Erzführung des Hauptkörpers und des vererzten „Aplits“ kamen noch Schwankungen hinzu, die sich mit der Teufe ergaben. Ein auffallender Wechsel in dem Verhältnis der einzelnen Metalle zueinander trat etwa von der 6. Sohle an auf, wo der deszendente Zementationskupferglanz ganz zurücktrat und die primären Erze überwogen. Aus über 1000 Analysen konnte Schneiderhöhn folgende durchschnittlichen Metallgehalte der ersten 160 m von über Tage bis einschließlich der 6. Sohle errechnen:

	Haupterzkörper	„Aplit“
Cu	13—14%	etwa 6 %
Pb	23—24%	„ 10—11%
Zn	8—9 %	„ 3 %

Unterhalb der 6. Sohle sind die Metallgehalte des „Aplit“ ungefähr dieselben, nur diejenigen des Haupterzkörpers ändern sich, wobei jedoch die Gesamtgehalte (etwa 45—50%) annähernd konstant bleiben. Hier waren im Durchschnitt 7—9% Cu, 26—28% Pb und 13—15% Zn vorhanden. Es ist also eine Abnahme der Kupfer- und eine Zunahme der Zinkführung festzustellen. In Tabelle 8 sind die durchschnittlichen Metallgehalte der verschiedenen Erzsorten, getrennt nach Sohlen, nach einer Aufstellung der Otavi Minen- und Eisenbahngesellschaft zusammengefaßt.

Wenn auch der durchschnittliche Gesamtmetallgehalt im großen und ganzen konstant blieb, so kamen doch immer wieder Wechsel von besonders reichen Partien vor, wie dies aus einer von Schneiderhöhn wiedergegebenen Streckenanalyse schön hervorgeht (Abb. 13). Wie diese Streckenanalyse erkennen läßt, schwellen nicht alle drei Hauptmetalle gleichlaufend an und ab, sondern nur je zwei, meist Cu und Pb; aber auch Cu und Zn verhalten sich reziprok, indem die Maxima des einen mit den Minima des anderen zusammenfallen.

Durch das Auftreten solcher Reicherze kann mit Leichtigkeit im laufenden Betriebe ein versandfähiges Exporterz ausgehalten werden, dessen Gehalte für die einzelnen Jahre aus Tabelle 9 und der graphischen Darstellung Abb. 14 zu ersehen sind.

Neben den schon genannten Metallen ist vor allem das Silber zu erwähnen, das in den Erzen dem Kupfergehalt parallel läuft, und hier speziell mit dem Gehalt an Kupferglanz steigt. Auf je 10% Cu können

Tabelle 8

Durchschnittliche Metallgehalte von Sohle zu Sohle der Tsumeb-Mine

Sohle	Versanderz			Fördererz		
	% Cu	% Pb	% Zn	% Cu	% Pb	% Zn
6.—7.	10,00	32,00	12,00	6,10	15,19	8,54
7.—8.	9,50	31,00	12,00	6,39	15,19	9,35
8.—9.	9,50	31,00	12,00	6,33	18,03	9,88
9.—10.				5,40	14,19	10,21
10.—11.	11,28	32,84	11,26	6,15	10,49	12,69
11.—12.	13,97	28,91	10,11	6,62	9,25	8,94
12.—13.	18,84	19,22	9,64	7,69	4,43	2,07
13.—14.	17,72	19,93	9,22	9,44	6,14	3,49
14.—15.	14,16	23,24	8,13	9,23	8,74	4,43
15.—16.	10,22	19,65	9,07	5,91	15,76	7,23
16.—17.	8,68	33,34	10,18	4,60	21,99	8,60
17.—18.	11,16	29,76	9,89	5,70	18,56	6,85
18.—19.	14,06	24,22	11,74	6,13	18,25	6,96
19.—20.	14,17	28,11	11,38	5,50	17,83	4,86

Sohle	Zinkreiches Normalerz			„Aplit“		
	% Cu	% Pb	% Zn	% Cu	% Pb	% Zn
6.—7.	6,00	18,00	16,00			
7.—8.	6,00	18,00	16,00	6,30	5,19	3,00
8.—9.				6,30	6,00	3,00
9.—10.						
10.—11.	1,99	26,22	27,44	6,67	10,12	6,38
11.—12.	3,12	18,64	25,42	6,72	10,10	6,46
12.—13.	3,90	20,10	19,48	7,25	10,05	7,31
13.—14.	3,15	21,26	18,24	3,67	17,13	6,82
14.—15.	3,78	22,92	17,24	5,61	10,29	3,92
15.—16.	3,66	22,87	17,73	6,84	11,16	5,71
16.—17.	3,54	13,95	18,45	8,33	12,37	7,63
17.—18.	6,60	19,53	19,76	6,08	9,43	4,09
18.—19.	6,56	20,38	23,25	5,92	10,09	4,14
19.—20.	4,83	16,28	26,36	5,47	5,83	2,32

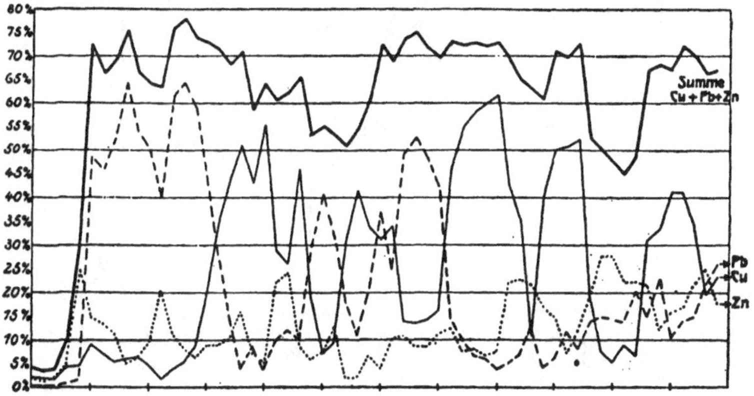

Abb. 13. **Reicherzanalysen im Haupterzkörper der VI. Sohle West in Abständen von 20 zu 20 cm.** (Nach H. Schneiderhöhn)

Tabelle 9

Metallgehalte von Exporterz Kupferstein und Werkblei

Jahr	Exporterz			Kupferstein			Werkblei	
	% Cu	% Pb	g/t Ag	% Cu	% Pb	g/t Ag	% Pb	g/t Ag
1907/08	19,0	23,0	350	36,0	17,0	400	96,0	900
1908/09	17,0	30,0	330	42,0	23,0	440	96,0	670
1909/10	16,0	26,0	280	48,0	24,0	410	97,0	650
1910/11	16,0	24,0	290	47,0	26,0	440	98,0	620
1911/12	16,0	25,0	270	48,0	26,0	420	98,0	700
1912/13	13,0	25,0	230	48,0	25,0	440	98,0	910
1913/14	13,0	23,0	240	49,0	22,0	1180		
1921/22	13,5	29,3	325	49,3	20,3	850	97,3	1628
1922/23	13,3	31,1	312	48,8	19,5	850	98,0	1776
1923/24	13,2	33,9	314	47,7	22,9	850	98,0	1500
1924/25	12,2	34,0	280	46,8	21,7	844	98,1	1530
1925/26	12,2	28,5	260	46,5	20,5	754	98,1	1353
1926/27	12,1	27,9	275	46,5	20,0	786	97,7	1484
1927/28	12,5	27,5	281	44,0	21,2	655	97,6	1193
1928/29	12,4	28,2	257	35,0	23,2	450	96,7	788
1929/30	12,7	27,8	279	43,3	20,7	724	96,9	1178
1930/31	12,8	28,6	276	44,8	22,8	763	96,3	1147
1931/32	13,3	27,1	314	48,5	23,0	866	97,6	913
1932/33	13,3	26,9	319				96,8	232
1935/36				45,5	23,0			
1936/37				45,1	24,0			
1937/38	13,1	27,2	295	44,6	23,2	680	97,9	715
1938/39	12,2	27,4	256	42,6	24,3	695	98,5	1117

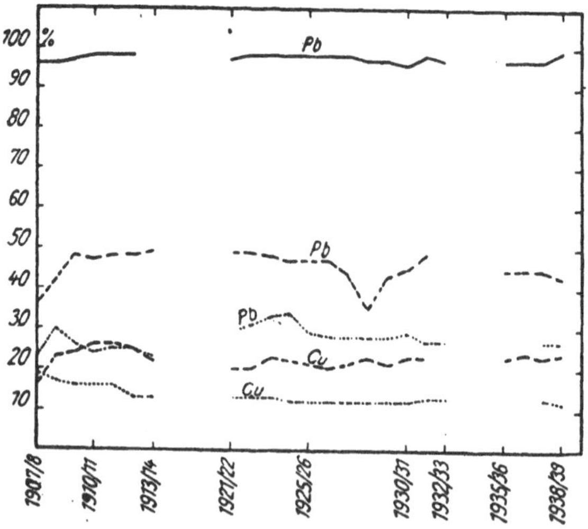

Abb. 14. Graphische Darstellung der Metallgehalte der Exporterze (punktiert), des Kupfersteins (gestrichelt) und des Werkbleis (volle Linie), in den Jahren 1907—1939

etwa 200 g Ag/t gerechnet werden. Schließlich ist auch der Cadmiumgehalt der Zinkblende ein recht erheblicher. Die sehr eisenarme Zinkblende enthält, auf reines ZnS umgerechnet, 2,5% Cd oder 2,9% CdS. Auch die karbonatischen Zinkerze können viel Cadmium enthalten.

Die übrigen, meist nur in Spuren vorhandenen Metalle spielen praktisch keine Rolle. Moritz konnte spektrographisch noch folgende feststellen: Gold, Gallium, Indium, Thallium, Germanium, Antimon, Molybdän, Mangan.

Die Erzförderung und Hüttenproduktion der Tsumeb-Mine für die Jahre 1906/07 bis 1938/39 veranschaulichen die Tabelle 10

Tabelle 10

Erzförderung und Hüttenproduktion der Tsumeb-Mine

Jahr	Erzförderung t	Kupferstein t	Werkblei t
1906/07	15000		
1907/08	25700	1000	760
1908/09	44250	3150	3000
1909/10	49500	2940	2732
1910/11	42000	2200	2040
1911/12	35200	991	913
1912/13	54100	655	400
1913/14	70000	1179	
1914/20	219000	1100	200
1920/21	26000		
1921/22	85000	2894	450
1922/23	106809	4244	659
1923/24	123462	5967	622
1924/25	114043	5393	813
1925/26	111690	6289	1619
1926/27	124743	7671	1682
1927/28	156824	11408	3535
1928/29	160459	14727	5004
1929/30	184330	13356	2802
1930/31	213423	15036	3661
1931/32	102556	8322	2641
1932/33	23400	—	1045
1933/34	—	—	—
1934/35	—	—	—
1935/36	—	—	—
1936/37	—	—	—
1937/38	46500	4920	2700
1938/39	181569		

und die graphischen Darstellungen Abb. 15 und 16. Eine Zusammenstellung der Erz- und Metallausfuhr wird in Tabelle 11 und in der graphischen Darstellung Abb. 17 wiedergegeben. In Tabelle 12 und in den graphischen Darstellungen Abb. 18 und 19 sind schließlich die

Metallinhalte der ausgeführten Erze und Hüttenprodukte zusammengefaßt.

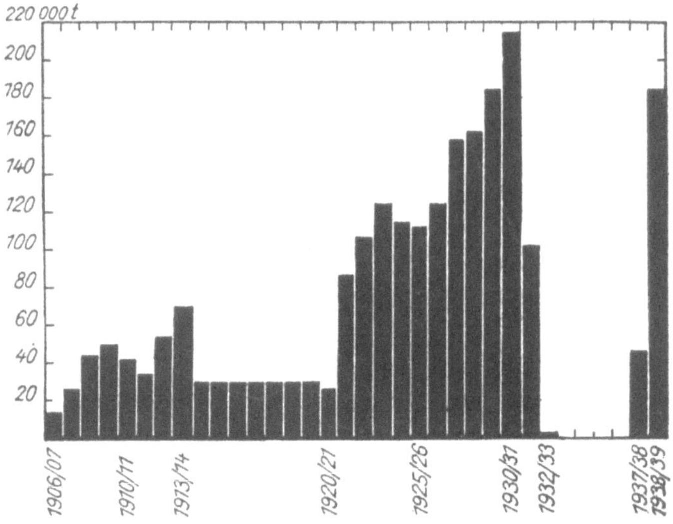

Abb. 15.
Graphische Darstellung der Erzförderung der Tsumeb-Mine in den Jahren 1906/07—1938/39

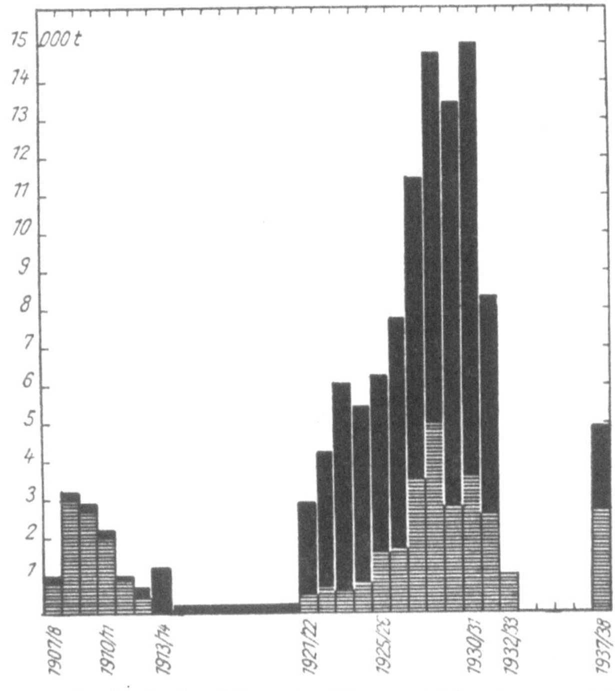

Abb. 16. Graphische Darstellung der Hüttenproduktion der Tsumeb-Mine in den Jahren 1907/08—1937/38. Schwarz = Kupferstein, gestreift = Werkblei

Tabelle 11. **Erz- und Metallausfuhr der Tsumeb-Mine**

	Exporterze			Kupferstein			Werkblei			Gesamtwert
	t	Wert in		t	Wert in		t	Wert in		
		RM.	£		RM.	£		RM.	£	RM.
1906/07	7181									288720
1907/08	15000			1000			700			4830375
1908/09	27700			3150			3000			8211423
1909/10	33500			2940			2732			8227511
1910/11	30063	5471488	267293	2829	1412410	68999	1414	390260	19065	7274158
1911/12	28867	5984323	292346	1241	665009	32487	1121	352186	17205	7001518
1912/13	37812	7609180	371542	408	307384	15009	562	239247	11682	8155811
1913/14	50678	9873070	482319	1298	886842	43324	44	21678	1059	10781590
1914/21	78614	18723026	982836	—	—	—	—	—	—	18723026
1921/22	38924	6543453	376710	2094	1008415	58055	320	151796	8739	7703664
1922/23	29276	6776879	357620	4235	2722641	143675	693	430563	22721	9930083
1923/24	44474	12010241	638503	4709	2829506	149594	643	439307	23355	15279054
1924/25	43540	10714134	553702	6039	3675958	189972	608	451165	23316	14841257
1925/26	42386	8841859	434703	6636	4035295	198396	1417	1031157	50696	13908311
1926/27	42269	7651668	374531	6750	3711518	181670	1873	1128941	55259	12492127
1927/28	39437	6464441	316574	9652	5203302	254814	3113	1467136	71848	13134879
1928/29	48385	9040253	443367	11501	6291946	308580	4851	2293753	112494	17625952
1929/30	52623	9577276	469734	10539	6088902	298622	3479	1491406	73144	17157584
1930/31	42797	3705289	187895	10191	3132897	158869	3054	838021	42496	7676207
1931/32	32664	2336353	138164	6923	1604945	94911	3550	716308	42360	4657606
1932/33	15242	859964	59886	—	—	—	677	85471	5952	945435
1933/34	—	—	—	—	—	—	—	—	—	449793
1934/35	—	—	—	—	—	—	—	—	—	1348004
1935/36	—	—	—	3036			—	—	—	1635228
1936/37	—	—	—	2011			256			2449765
1937/38	37800			4920			2700			5221520
1938/39	47000			7400			3380			6396624
										226347225

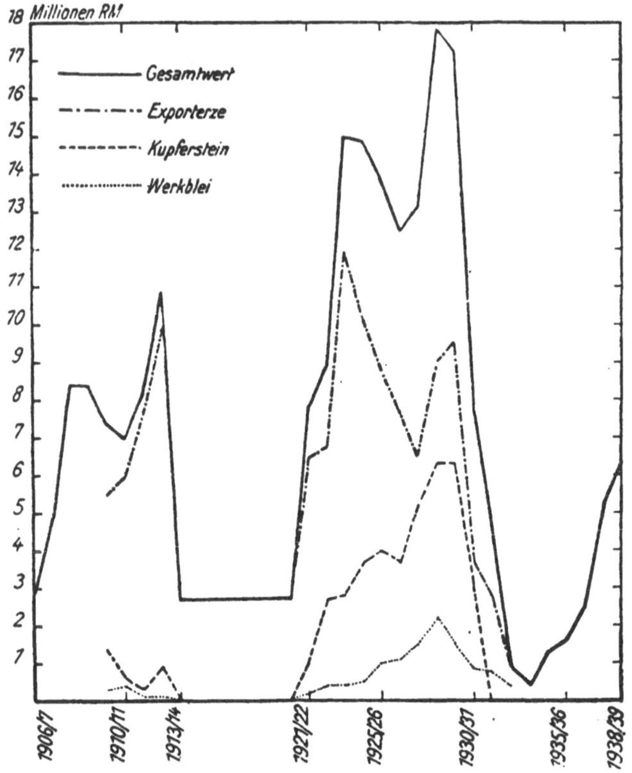

Abb. 17. Graphische Darstellung des Wertes der Metallausfuhr der Tsumeb-Mine in den Jahren 1906/07—1938/39

Tabelle 12

Metallinhalt der ausgeführten Erze und Hüttenprodukte der Tsumeb-Mine[1])

Jahr	Kupfer t	Blei t	Silber kg	Jahr	Kupfer t	Blei t	Silber kg
1906/07	—	—	—	1926/27	8584	14728	19911
1907/08	3210	4350	6334	1927/28	10395	17694	24772
1908/09	6032	11915	12537	1928/29	10982	21510	22649
1909/10	6771	12066	12361	1929/30	12514	20214	27758
1910/11	6090	10155	11397	1930/31	12240	19252	27539
1911/12	5212	8553	9047	1931/32	8385	13354	19886
1912/13	6106	11694	10899	1932/33	2035	5128	5127
1913/14	7087	11775	13408	1933/34	—	—	—
1914/21	—	—	—	1934/35	—	—	—
1921/22	6398	11813	17558	1935/36	1381	698	
1922/23	6280	11317	14652	1936/37	907	483	
1923/24	8812	17299	19929	1937/38	7146	14065	16428
1924/25	7746	16520	17780	1938/39	8886	18005	20950
1925/26	8024	14789	17801				

[1]) Im wesentlichen nach F. E. Klingner.

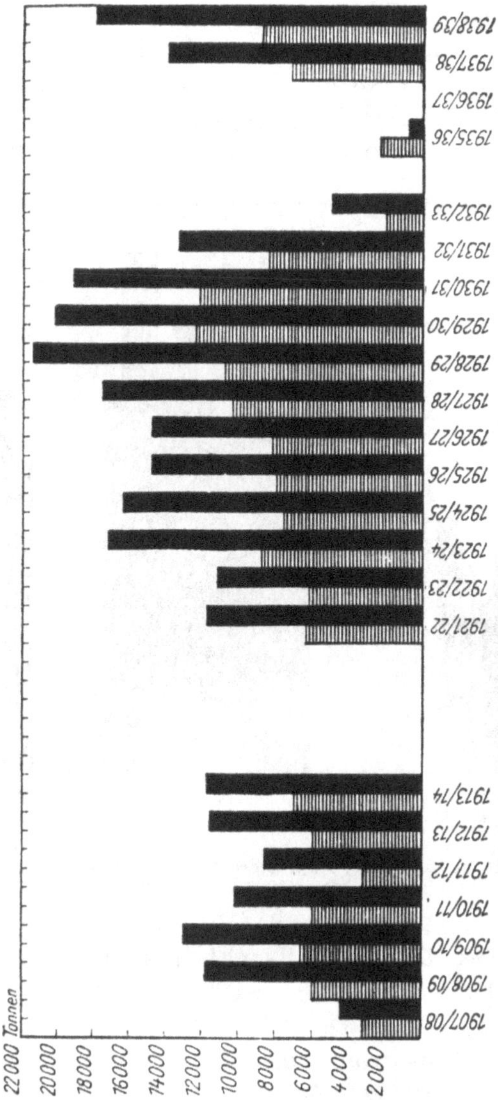

Abb. 18. Graphische Darstellung des Kupfer- und Bleimetallinhaltes der Exporterze der Tsumeb-Mine in den Jahren 1907/08—1937/38. (Schwarz = Blei, gestreift = Kupfer)

η) Beschreibung der Lagerstätten

Die Kupfererzlagerstätten des Otaviberglandes häufen sich in Antiklinalzonen und Zonen lebhafter Faltungsintensität, die mit Mittelschenkelzerreißungen und Überschiebungen verknüpft sind. Entsprechend lassen sie in Lage und Verteilung deutliche Beziehung zur Tektonik erkennen. Das flachgefaltete Gebirge im Westen ist so gut wie erzfrei und nur die stärker gefalteten Teile sind erzführend.

Dies ist besonders schön in der Tsumebgegend zu beobachten, wo eine stärkere Faltung nachgewiesen werden konnte, und vor allem auch im Otavital, von wo die Otavitalüberschiebung bekannt geworden ist. Hier verlaufen die Erzlagerstätten parallel zur Linie der Hauptquellen (Okambongora—Urupupa—Rietfontein—Otavifontein).

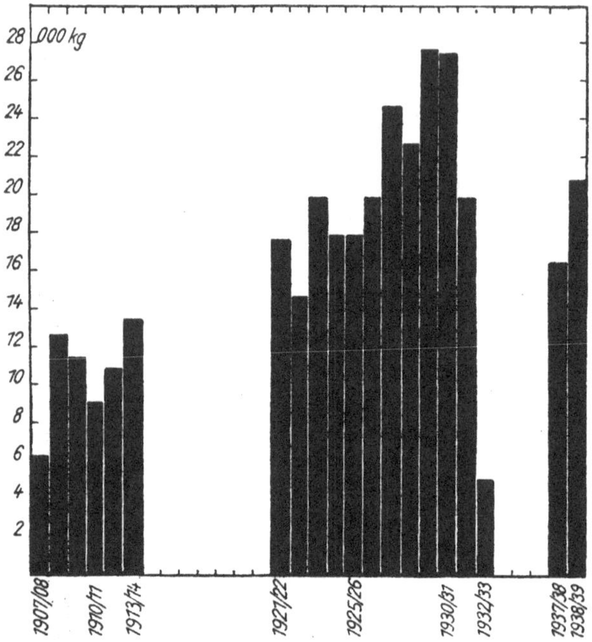

Abb. 19. **Silbergehalt der Exporterze, des Kupfersteins und des Werkbleis der Tsumeb-Mine in den Jahren 1907/08—1938/39**

Die Hauptlagerstätte ist die Tsumeb-Mine. Eine größere Anzahl von kleineren Fundpunkten ist von Tsumeb West bekannt. Ein weiteres Vorkommen liegt bei Bobos. Im mittleren Otavibergland befinden sich die Kupfervorkommen von Nosib und Gaus. Die südliche, Kupfererzlagerstätten führende Zone verläuft im Otavital. Die Fundpunkte Groß-Otavi—Asis—Guchab liegen in einer WO streichenden Linie (Abb. 20).

Die Tsumeb-Mine

Die Tsumeb-Mine liegt im nördlichen Teil des Otaviberglandes. Der Ort Tsumeb ist die Endstation der Otavibahn und befindet sich am Nordrand einer 3 km breiten, dicht mit Busch bewachsenen Fläche. Die Lagerstätte streicht zwischen einer niederen Hügelkette mit dem

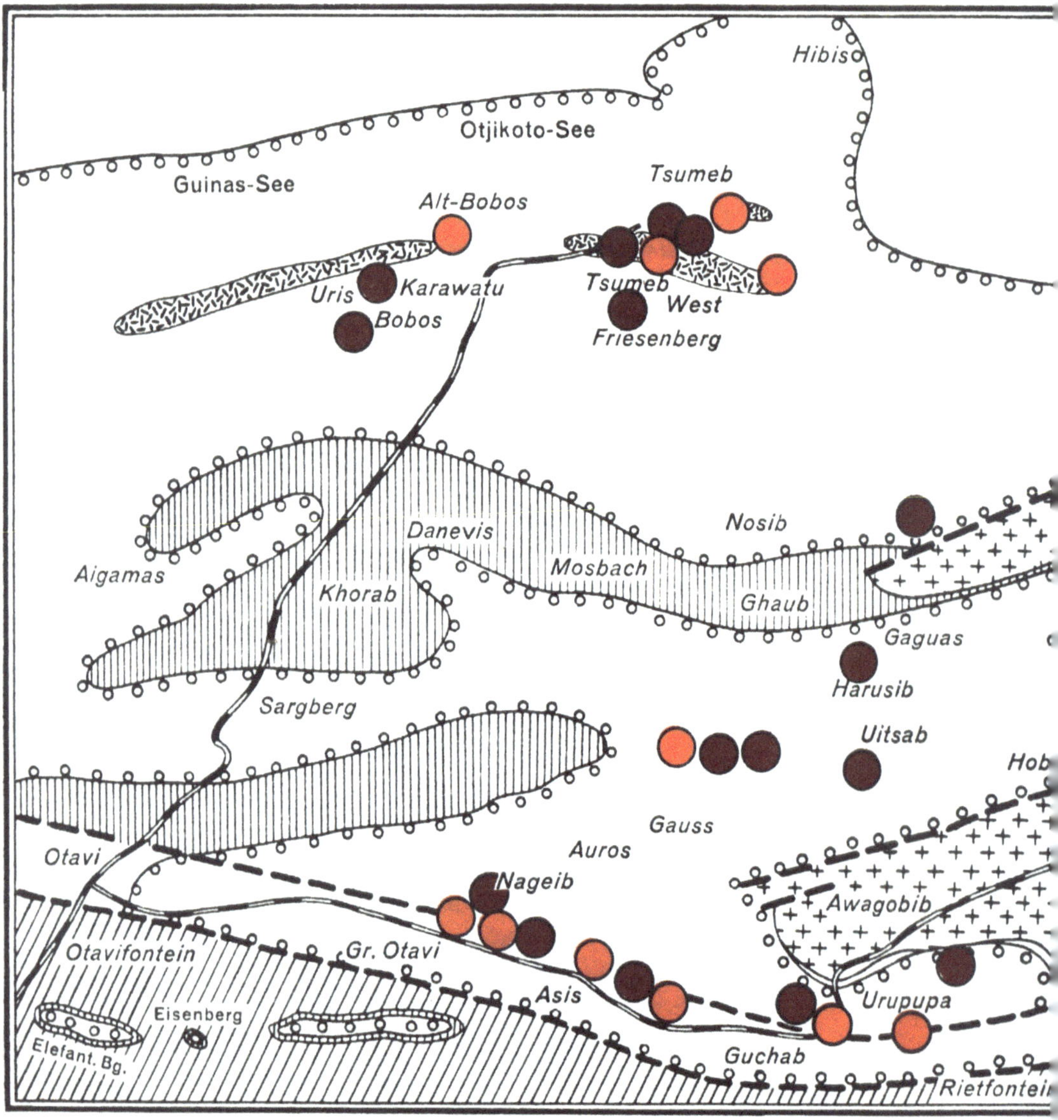

Abb. 20: Geologische Karte des Otav
Nach Schneiderhöhn und Stah

Verlag Walter de Gruyter & Co., Berlin W 35
Deko VII zu Bürg, Minerallagerstätten von Deutsch-Südwestafrika
Hergestellt im Reichsamt für Landesaufnahme, Berlin 1941

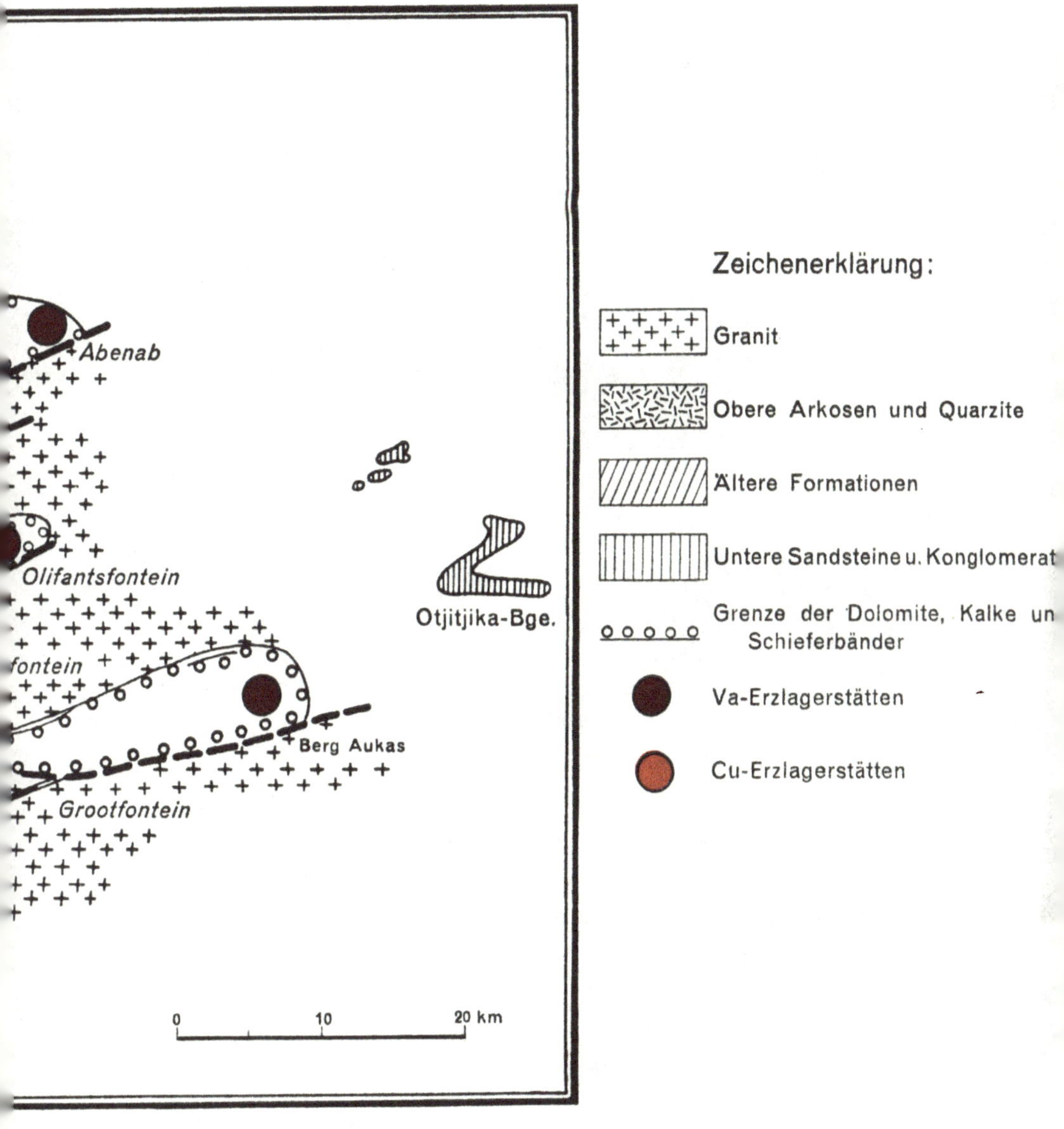
Abenab
Olifantsfontein
fontein
Berg Aukas
Grootfontein
Otjitjika-Bge.
0
10
20 km
Zeichenerklärung:
Granit
Obere Arkosen und Quarzite
Ältere Formationen
Untere Sandsteine u. Konglomerat
Grenze der Dolomite, Kalke un
Schieferbänder
Va-Erzlagerstätten
Cu-Erzlagerstätten

70 m hohen Hüttenberg und den Minengebäuden aus. Das ganze Gebiet baut sich aus Dolomiten auf. Die Muldenkerne werden von Muldenquarzit eingenommen, der sich teilweise schlotförmig in die Tiefe zieht.

Der Erzkörper von Tsumeb bildete bei seiner Entdeckung einen 180 m langen, 40 m breiten und 12 m hohen grünen Hügel, der fast nur aus Malachit mit Resten von Kupferglanz und Bleiglanz bestand. Da hier zwei Tagebaue angesetzt wurden, befinden sich heute an seiner Stelle große Pingen. Nach der Tiefe entwickelte sich die erzführende Zone zu einem unregelmäßig elliptischen Körper, der in den obersten Schichten mit einem südlichen Einfallen von etwa 60° in dem Dolomit, und dessen Schichten parallel, in die Tiefe setzt. In einer Tiefe von etwa 80 m wurde die Breite stark und die Längserstreckung etwas weniger stark durch eine Einschnürung verringert, die sich nach 18 m wieder auftat. Der Erzkörper setzte sich dann mit den ursprünglichen Dimensionen weiter fort. Ähnliche Einschnürungen kamen auch in etwas größerer Teufe wieder vor. Nach Schneiderhöhn sind sie an Störungszonen gebunden, durch die die Dolomitschichten rings um die Lagerstätte in eine Anzahl von Schollen und Keile zerlegt wurden.

Den Kern des Erzkörpers bildet die sogenannte Mulden-Arkose, ein früher irrtümlich als „Aplit“ bezeichneter Feldspat-Quarzit, der durch die aufsteigenden hydrothermalen Lösungen weitgehend verändert wurde. Die Feldspäte wurden zu Serizit umgewandelt und mit dem Quarz zusammen verdrängt. An ihrer Stelle lagerten sich Sulfide und Arsensulfide ab. In den obersten Zonen der Oxydationszone ist der Quarzit stark ausgelaugt, in den tieferen Teilen mit oxydischen Erzen imprägniert.

Um den vererzten Quarzit legt sich mantelförmig der Haupterzkörper, der durch metasomatische Verdrängung des brekziösen dolomitischen Nebengesteines entstanden ist. Dieser Erzmantel hat nördlich und südlich des Quarzits nur geringe Mächtigkeiten, während er sich nach Osten und Westen weit ausdehnt. Seine Gestalt und seine Querschnitte auf den einzelnen Sohlen hat Schneiderhöhn in den Abb. 21 und 22 wiedergegeben. Aus der gleichen Arbeit stammen auch die in Abb. 23 dargestellten Querprofile.

Die Erzlösungen benutzten bei ihrem Aufsteigen die Diskontinuitätsflächen zwischen Quarzit und Dolomit. Die Metasomatose war eine sehr vollkommene; denn auf viele Meter weit stehen die Abbaustöße im reinen kompakten Sulfiderz, in dem man nur hier und da kleinere Reste eines schwarzen Hornsteins oder gebleichten Dolomits findet. Selbst die Gangarten fehlen in solchen Partien fast vollständig. Nur ab und zu kann man Kalkspatäderchen oder kleine Quarzkörner entdecken.

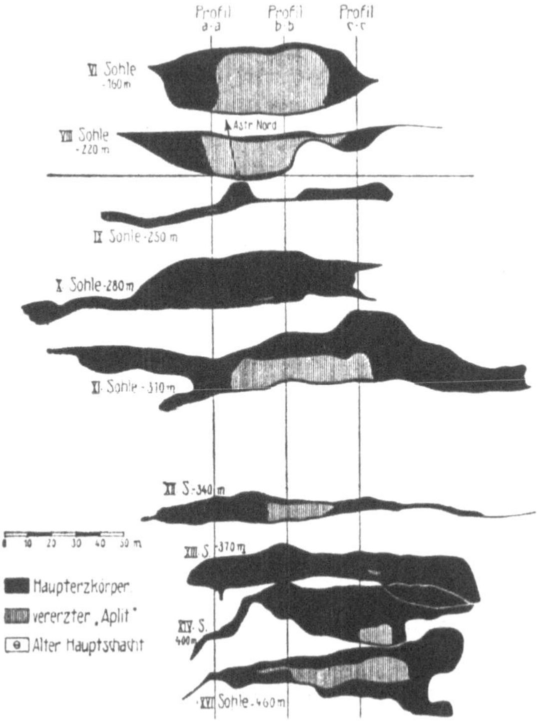

Abb. 21. Horizontalprojektion der tieferen Sohlen der Tsumeb-Mine.
(Nach den Grundrissen der Bergwerksdirektion gezeichnet von H. Schneiderhöhn, 1929)

Die kompakten sulfidischen Erzmassen stoßen stets an den Störungszonen glatt ab. Nur im Bereiche der Zementations- und Oxydationszone kam es zur Ausbildung von Brekzien infolge des Aufreißens von Seitentrümmern, die aber schon in einer Tiefe von 130 m unter Tage aufhören. Auf den tieferen Sohlen ist jenseits der Klüfte nur noch eine geringe, rasch abklingende Vererzung auf einige Meter festzustellen. Die Verkieselung des Dolomits dagegen ist bis 50 m weit nach allen Seiten zu verfolgen.

Die Struktur der Erze ist in der Sulfidzone kompakt, richtungslos und massig. Drusenbildungen fehlen fast vollständig. An der Grenze des Hauptkörpers gegen den Nebengesteinsdolomit und gegen den Quarzit treten in den oberen Sohlen und gelegentlich auch auf den

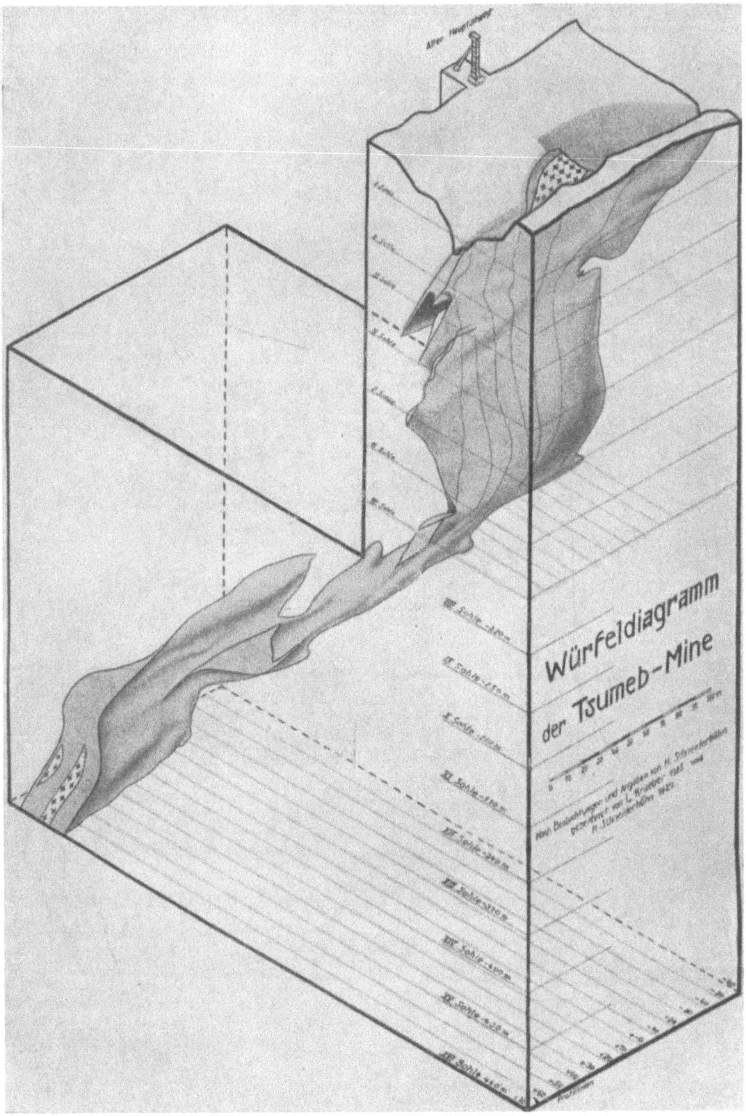

Abb. 22. **Würfeldiagramm der Tsumeb-Mine.** (Von H. Schneiderhöhn)

Verlag Walter de Gruyter & Co., Berlin W 35
Deko VII. Zu Bürg, Minerallagerstätten von Deutsch-Südwestafrika

unteren oft mehrere Meter mächtige Klüfte auf, die als Lösungsklüfte aufzufassen sind und in den oberen Teufen mit einem zähen gelblichen Letten gefüllt waren. In den Hohlräumen fand man prachtvoll kristallisierte Oxydationserze, die viele Sammlungen zieren.

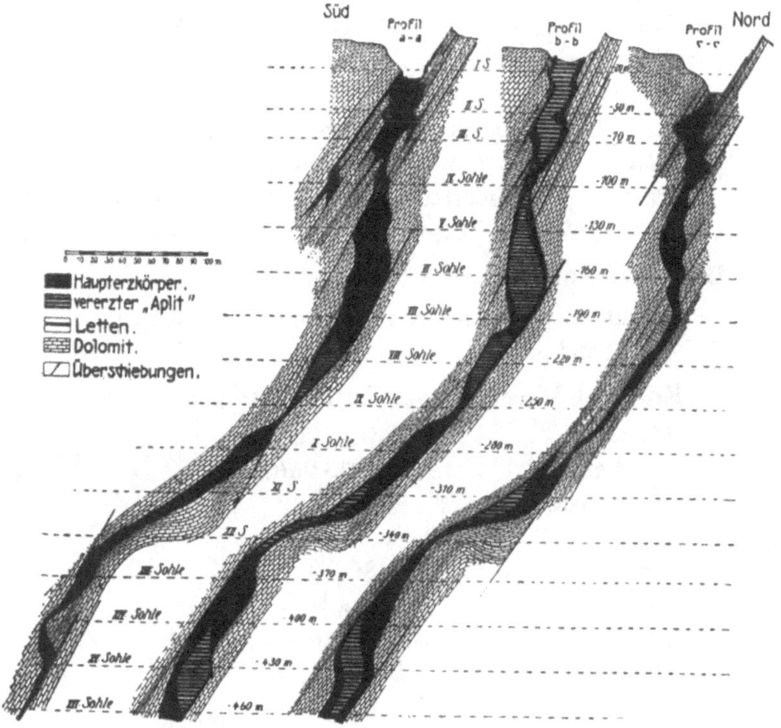

Abb. 23. Querprofile der Tsumeb-Mine. (Von H. Schneiderhöhn)

Der Erzinhalt

Nach Schneiderhöhn und Moritz ist der Erzinhalt der Tsumeber Lagerstätte folgender:

I. Aszendente (primäre) Mineralien, nach der Altersfolge geordnet:
Nebengesteinsdolomit,
„Aplitquarz",
Pyrit,
Buntkupferkies,
Kupferkies,
Graues lamellares Mineral,
Germanit (Cu_6FeGeS_4),
Zinkblende,

Serizit,
Verkieselungsquarz,
Luzonit,
Dolomitspat,
Enargit,
Kupferarsenfahlerz (als Reaktionsprodukt).
Kupferarsenfahlerz (zinkreicher Tennatit),
Bleiglanz,
Lamellarer Kupferglanz (obere Teufen),
Blauer Kupferglanz (untere Teufen),
Paramorpher nichtlamellarer Kupferglanz (untere Teufen),
Buntkupferkies, Kupferkies, Kupferindig als Entmischung.

II. Deszendente Zementationserze:

Körniger (ursprünglich rhombischer) Kupferglanz,
Kupferindig.

III. Erze und Mineralien der Oxydationszone:

Malachit	$CuCO_3 \cdot Cu(OH)_2$,
Kupferlasur	$2CuCO_3 \cdot Cu(OH)_2$,
Rotkupfererz	Cu_2O,
gediegenes Kupfer ..	Cu,
Brochantit	$CuSO_4 \cdot 3Cu(OH)_2$,
Atakamit	$CuCl_2 . 3Cu(OH)_2$,
Kupfervitriol	$CuSO_4 \cdot 5H_2O$,
Dioptas	(H_2CuSiO_4),
Chrysokoll	$CuSiO_3$,
Tsumebit	$5(Pb \cdot Cu)O \cdot P_2O_5 \cdot 8H_2O$,
Olivenit	$Cu(CuOH)AsO_4$,
Stibioluzonit	Cu_3SbS_4,
Cerussit	$PbCO_3$,
Anglesit	$PbSO_4$,
Linarit	$PbSO_4 \cdot Cu(OH)_2$,
Phosgenit	$PbCl_2 \cdot PbCO_3$,
Schultenit	$PbHAsO_4$,
Duftit	Bleikupferarseniat,
Bayldonit	Kupferbleiarseniat,
Caledonit	$(PbCu)SO_4 \cdot (PbCu)CO_3 \cdot H_2O$,
Mimetesit	$ClPb_5(AsO_4)_2$,
Pyromorphit	$ClPb_5(PO_4)_3$,
Wulfenit	$PbMoO_4$,
Zinkspat	$ZnCO_3$,

Barthit .... $3ZnO \cdot CuO \cdot 3As_2O_5 \cdot 2H_2O$,
Auricalcit .... $2ZnCO_3 \cdot 3Zn(OH)_2$,
Greenockit .... CdS,
Mottramit .... $2[(Cu, Pb)(OH)]VO_4$,
Vanadinit .... $ClPb_5(VO_4)_3$,
Cuprodescloizit ..... $(Pb, Cu, Zn)(PbOH)VO_4$.

An Gangarten sind im sulfidischen Teil der Lagerstätte solche zu unterscheiden, die als Verdrängungsreste des Nebengesteins aufgefaßt werden können, und umkristallisierte Mineralien, die sich bei der metasomatischen Verdrängung des Nebengesteins oder der älteren Erze gebildet haben. Zu den ersteren gehören:

Verkieselter Dolomit,
Hornstein,
Quarzit;

zu den letzteren:

etwas Kalkspat, Serizit,
sehr viel Quarz, selten Schwerspat.

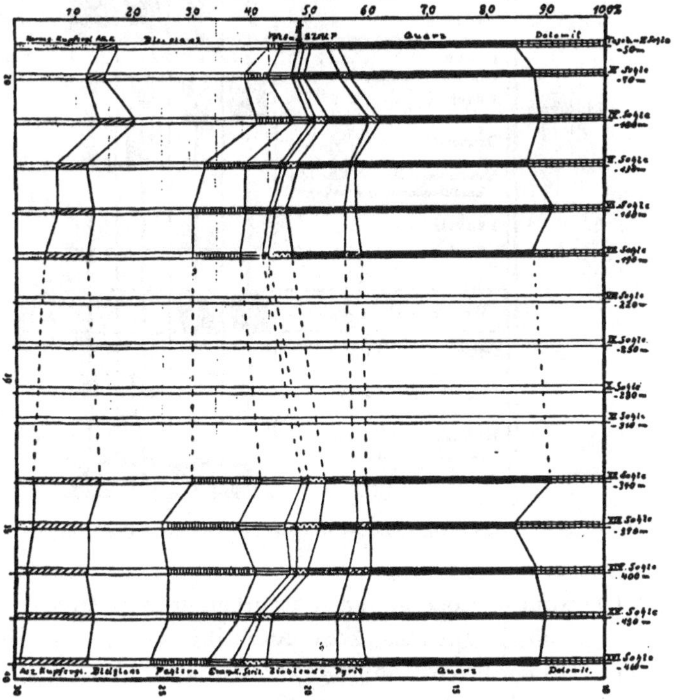

Abb. 24. Verteilung der verschiedenen Mineralien auf die einzelnen Sohlen der Tsumeb-Mine. (Nach H. Moritz)

Als mittlere Gehalte für die Gangarten konnten an Hand einer größeren Anzahl von Analysen folgende Werte ermittelt werden:

Dolomitspat	13—15%
Kalkspat	1—2 %
Quarz	14—16%
Schwerspat	0,1%

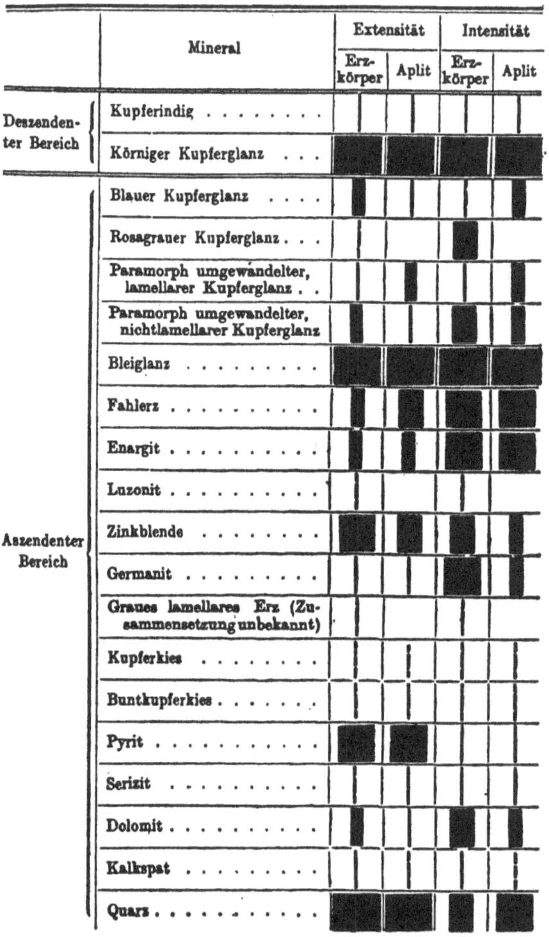

Abb. 25. Extensität und Intensität des sulfidischen Bereiches der Tsumeb-Mine. Nach H. Moritz

Zu der Oxydationszone kommen natürlich größere Mengen Gangarten vor, wie überhaupt diese Zone durch ihre schön kristallisierten und seltenen Mineralien berühmt geworden ist.

Über die Verteilung der einzelnen Mineralien auf die verschiedenen Sohlen gibt eine Zusammenstellung von Moritz Aufschluß (Abb. 24),

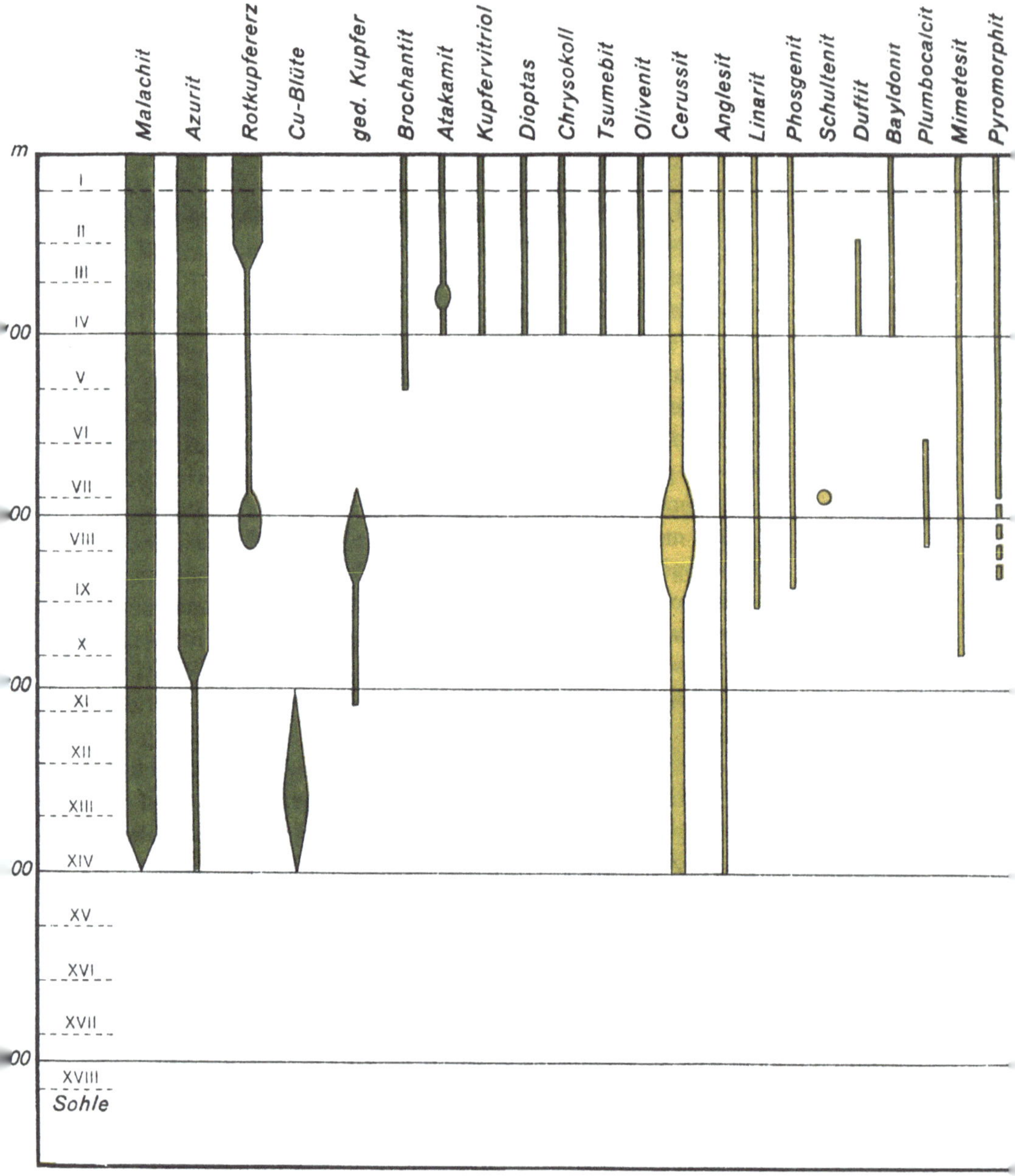

Abb. 26 Tiefenreichweite der Minerale

Verlag Walter de Gruyter & Co., Berlin W 35
Deko VII zu Bürg, Minerallagerstätten von Deutsch-Südwestafrika
Hergestellt im Reichsamt für Landesaufnahme, Berlin 1941

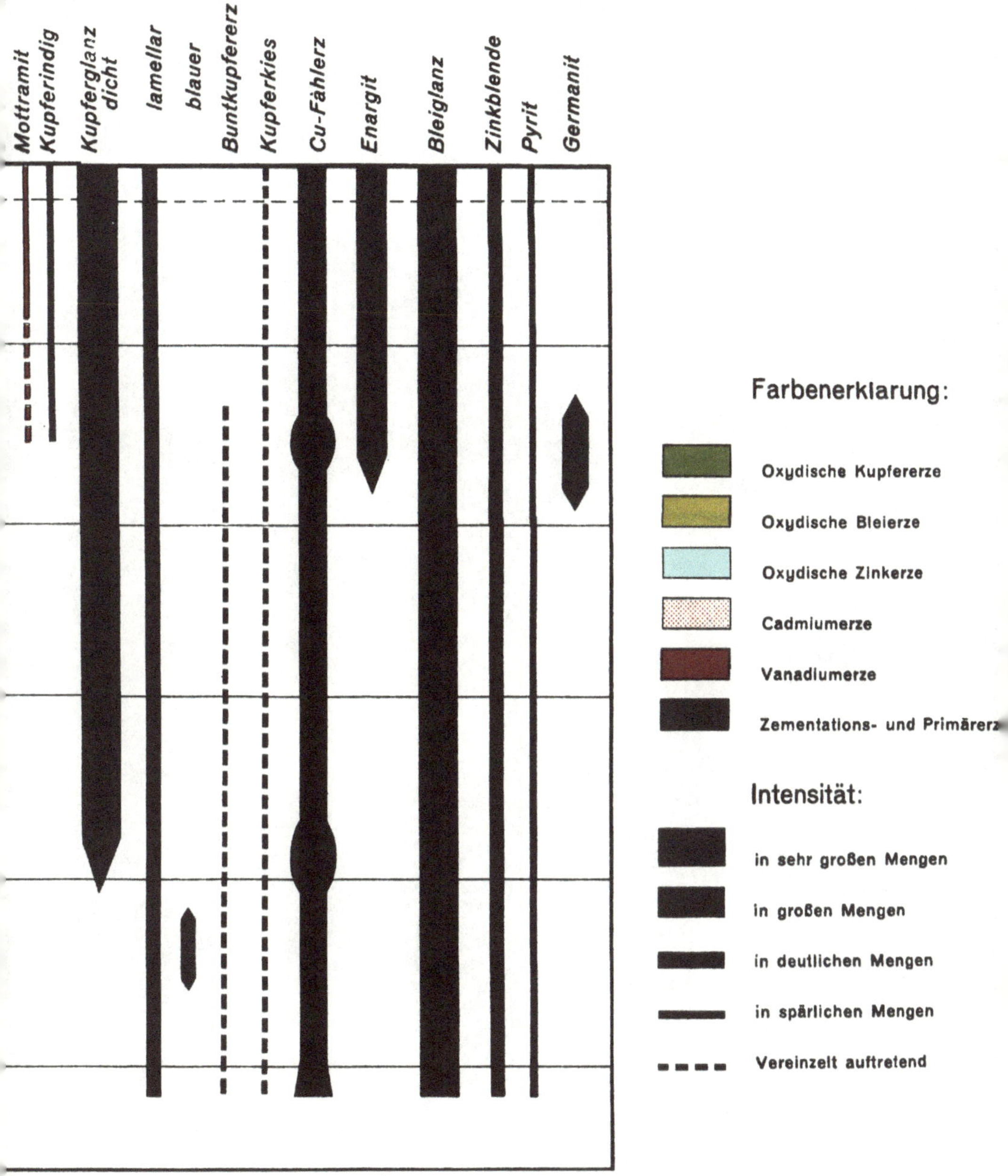
Mottramit
Kupferindig
Kupferglanz dicht
lamellar
blauer
Buntkupfererz
Kupferkies
Cu-Fählerz
Enargit
Bleiglanz
Zinkblende
Pyrit
Germanit
Farbenerklarung:
Oxydische Kupfererze
Oxydische Bleierze
Oxydische Zinkerze
Cadmiumerze
Vanadiumerze
Zementations- und Primärerz
Intensität:
in sehr großen Mengen
in großen Mengen
in deutlichen Mengen
in spärlichen Mengen
Vereinzelt auftretend

eb-Mine

wogegen die allgemeine extensive und intensive Verbreitungsweise in Abb. 25, gleichfalls nach Moritz, dargestellt ist.

Die räumliche Verteilung der Oxydations-, Zementations- und primären Erze

Klein, der langjährige Betriebsleiter der Tsumebgrube, schilderte in einem Vortrag die Tiefenreichweite der einzelnen Minerale der Tsumeb-Mine. Diese Verhältnisse sind in Abb. 26 graphisch dargestellt. Aus dieser Darstellung ist zu ersehen, daß einige typische Mineralien der Oxydationszone, wie Malachit und Cerussit, bis in eine Tiefe von etwa 400 m zu verfolgen waren, dagegen die Erze der Zementationszone (körniger Kupferglanz und Kupferindig) in größeren Mengen auf etwas höhere Horizonte beschränkt waren. Weiterhin fällt auf, daß bei einer so außergewöhnlich tief wirkenden Verwitterung die Oxydationszone nicht etwa nur aus Oxydationserzen besteht, sondern auch noch reichlich alle Sulfide der Primärzone in unzersetztem Zustand enthält. Es hängt dies nach Schneiderhöhn mit der Eigenart der Wasserverhältnisse der Tsumeb-Mine zusammen. In den dolomitischen Gesteinen sucht man vergebens nach einem konstanten Grundwasserspiegel. Die Zirkulation des Wassers ist an unterirdische Wassergerinne, offene Spalten und Höhlensysteme gebunden. Dadurch bildet sich kein gleichmäßiges Wasserniveau, vielmehr kann das Wasser in den verschiedenen Kluftsystemen, soweit sie keine Verbindung untereinander haben, in verschiedener Tiefe stehen und zirkulieren. Es sind vor allem auch sehr große Mengen, die auf diese Weise als Lösungs- und Transportmittel in Frage kommen können. In der Tsumeb-Mine betrug der Wasserzulauf 1000 l/Min. oder 1440 cbm/Tag.

Diese eigenartigen Grundwasserverhältnisse sind auch für die besondere Ausbildung der sekundären Erzanreicherungen in der Tsumeb-Mine verantwortlich zu machen. In einem durchlässigen Nebengestein kann das Grundwasser ein einheitliches Niveau einnehmen, und es kommt daher zu der überall bekannten Zonengliederung der Lagerstätte. Hier dagegen sind die oxydierenden Lösungen den schmalen, in die Tiefe setzenden, wasserführenden Auflösungsspalten gefolgt, die sich hauptsächlich an der Trennungsfläche Erzkörper — Nebengestein gebildet hatten und dazu führten, daß der Erzkörper von einem Mantel oxydischer Erze umgeben wurde, der nach der Tiefe an Mächtigkeit abnimmt, und bei etwa 400 m ganz aufhört. Selbstverständlich drangen dabei die deszendenten Lösungen auf Spalten und Rissen auch in den kompakten Erzkörper ein und gaben hier zu Um- und Neubildungen Anlaß.

Im Gegensatz zum Haupterzkörper steht die Zersetzung der Erze im quarzitischen Kern der Lagerstätte. Hier findet man die normale Zonengliederung. Bis zu einer Tiefe von 115 m kommen rein oxydische Erze vor, dann folgte bis 140 m eine Zone, in der auch schon zunehmend sulfidische Erze auftraten, und unter 140 m hatte die Vererzung einen rein primären Charakter. Der Quarzit als durchlässiges Gestein erlaubte demnach eine oxydierende Diffusion der Lösungen nach allen Seiten hin gleichmäßig, die aber infolge des Fehlens von Spalten nicht sehr tief in das Gestein eindringen konnte.

Die genetischen Verhältnisse der Tsumeb-Mine

Für die Klärung der genetischen Verhältnisse der Tsumeb-Mine ist die Erkenntnis von großer Wichtigkeit, daß der „Minenaplit" nicht eruptiven Ursprunges ist, sondern ein sedimentäres Gestein darstellt, und daß die „Kersantitgänge" nicht existieren, somit das Eruptivgestein, dem die Lagerstätte zugeordnet werden könnte, noch nicht entblößt ist.

Schneiderhöhn gibt für die Entstehung der Mulden-Arkose, als die sich der „Minenaplit" herausgestellt hat, folgende Erklärung: Noch vor dem Absatz der Mulden-Arkose wurden die obersten dolomitischen Gesteine herausgehoben und verkarstet. Es bildeten sich 200—250 m unter der damaligen Oberfläche liegende Karstgerinne, die später mit den Quarz-Feldspatsanden zugespült wurden. Durch dieses Aneinanderstoßen von ungleichartigen Gesteinen konnten sich bei der tektonischen Phase an diesen Stellen die besseren Spalten bilden und bei der nachträglichen Vererzung nahmen die Lösungen diesen vorgeschriebenen Weg.

In ihrem aszendenten Teil stellt die Tsumeb-Mine eine intrusivhydrothermale Verdrängungslagerstätte mit eisenarmen Kupfer-Blei-Zink-Arsenverbindungen dar.

Solange man noch an die eruptive Natur des Minenaplites glaubte — in diesem Zusammenhang ist es von Interesse, daß Maucher das Nebengestein der Tsumeber Erze, also den „Aplit", schon im Jahre 1908 als „Sandstein", jedenfalls als Sedimentgestein auffaßte und beschrieb — brachte man die Tsumeber Lagerstätte mit einen Granit in Verbindung; dieser wäre dann etwa mit dem Erongogranit zu parallelisieren gewesen.

Leider ist die Namaformation in Deutsch-Südwestafrika ganz allgemein arm an Eruptivgesteinen. Nach der sehr regen magmatischen Tätigkeit im Archaikum findet man noch einige Nachklänge in der Konkipformation. Es entstanden hier hauptsächlich Porphyre und Porphyrite und nur sehr untergeordnet noch Granite, die mit Sicherheit in Deutsch-Südwestafrika bis jetzt noch nicht festgestellt wurden. Jedenfalls ist es wichtig, daß die eben erwähnten Gesteine Kupferlagerstätten führen, die, wie bereits beschrieben, sich durch einen magmaferneren oder oberflächennäheren Charakter von den archaischen, meist pegmatitischen Kupfererzlagerstätten unterscheiden. In der Fortführung dieser Linie würde man etwa bei noch weiter fortschreitender Erkaltung des Magmas, einmal zeitlich, dann aber auch räumlich gesehen, zu einem Lagerstättentyp kommen, wie er durch das Tsumeber Vorkommen repräsentiert wird. Jedenfalls scheint er diesem Magma näher zu stehen als dem rein alkalischen der Postkarruzeit, dem ja auch der Erongogranit zuzuschreiben ist. Über das Alter der Lagerstätte läßt sich unter diesen Umständen schwer etwas sagen. Vielleicht liegt eine Parallele zum Damarasystem vor und die Faltung, Intrusion und Lagerstättenbildung ist an das Ende der Namazeit zu verlegen. In diesem Zusammenhang ist es von Interesse, daß die granitischen Intrusionen im Namasystem vom Kapland bis zum kleinen Namalande weit verbreitet sind. Im großen Namalande dagegen, d. h. in Deutsch-Südwestafrika, sind diese granitischen Intrusionen noch nicht erschlossen worden. Aber man kennt zahlreiche pegmatitische Nachschübe, die vor allem in den Küstenfalten verbreitet sind.

Die übrigen Kupfervorkommen des Otaviberglandes

Ein Teil dieser Vorkommen ist einwandfrei zu dem gleichen Lagerstättentyp zu rechnen wie die Tsumeb-Mine. Über die Genesis des anderen Teiles herrschen noch verschiedene Anschauungen. Zu letzterem gehören die kupfererzführenden Dolomitschlotten, denen Schneiderhöhn eine deszendente Entstehung zuschreibt. Nach ihm dürften diese Kupfererze gelöst in die mit Flugsand gefüllten Dolomitschlotten einfiltriert worden sein und haben sich dann konkretionär um Fremdkörper, vielleicht auch unter teilweisen Verdrängungen, abgeschieden. Er rechnet zu diesem Lagerstättentyp die Vorkommen von Bobos, Guchab, Groß-Otavi und zahlreichen anderen Orten, die in die Hunderte gehen und von denen einige erhebliche Mengen hochhaltiger und reiner Kupfererze geliefert haben. Schneiderhöhn selbst hat besonders bei Guchab Gänge beobachtet, auf denen die erzführenden Schlotten aufsitzen. Stahl nimmt deshalb fast für alle Erzvorkommen des Otaviberglandes eine ursprünglich aszendente Entstehung an. Er fand unter anderem auch in Guchab gelegentlich Reste von Kupferkies und Schwefelkies, ebenso auf kleineren Lagerstätten östlich von Asis.

Wie bereits erwähnt, ist die Zahl der kleineren Kupfervorkommen sehr groß. Allein innerhalb des Bergbaukreises von Tsumeb (mit einem Radius von 7,5 km) kommt Kupfer noch an etwa 40 Punkten vor. Von all diesen Fundpunkten sollen nur die wichtigsten beschrieben werden.

Tsumeb West

Dieses Kupfervorkommen liegt inmitten einer flachen Aufwölbung südlich von Tsumeb. Zwischen den Dolomitschichten kommt ein etwa 200 m langer und breiter Quarzitstock vor, an dessen Kontakt Kupferglanz und Malachit gefunden wurden.

Um den Quarzitkörper treten in den Dolomiten und Stinkkalken der oberen Stufe der geschichteten Dolomite weitere kleinere Vorkommen auf. Der Quarzit wurde durch zwei Schurfschächte mit 50 bzw. 15 m erschlossen. Sie ergaben, daß der Quarzitkörper schlotförmig fast senkrecht in die Tiefe setzt. Am Kontakt zum Dolomit hat sich eine Art Brekzie gebildet. Man findet hier Stücke von Dolomit und Hornstein in der quarzitischen Grundmasse. Der Quarzit ist oft schwach mit Malachit durchtränkt. Diese Durchtränkung wird am Kontakt mit dem Dolomit stellenweise stärker und hier tritt auch Kupferglanz in feinen Imprägnationen auf. Die Kupferglanzimprägnationen können einige Zentimeter stark werden.

Die Kupfervorkommen in den Dolomiten sind typische Erznester, die von einer unmineralisierten, kieselig-karbonatischen Zone umgeben werden. Die Erze treten meist fein eingesprengt auf. Tiefer als 5—6 m war kein Vorkommen aufgeschlossen, da sich schon hier eine Abnahme des Kupfergehaltes feststellen ließ. Größere und reichere Konzentrationen fand man in den Schlotten, die oft den oben beschriebenen Kupfervorkommen aufsitzen.

Die mineralogische Zusammensetzung all dieser Lagerstätten ist recht eintönig. Körniger Kupferglanz nebst Quarz und Kalkspat bildet Ausfüllungen in den Brekzienzonen. Daneben findet man oxydische Erze, wie Rotkupfererz und Malachit häufig, Chrysokoll, Planchëit und Dioptas seltener. Gelegentlich konnte man auch gelbgrüne, wahrscheinlich arsenhaltige Kupfermineralien beobachten.

Bobos

Dieses Kupfervorkommen wurde durch das Otavi Exploring Syndicate bearbeitet. Bobos liegt etwa 18 km westlich von Tsumeb. Die Lagerstätte setzt in den obersten geschichteten Dolomiten auf, die zu der gleichen Mulde gehören, in der auch die Tsumeb-Mine liegt. Eine kleinere ringsum geschlossene Spezialmulde, deren Kern von

Quarzit eingenommen ist, wurde mit rotem Flugsand und Nebengesteinsresten mit Konkretionen von Kupferglanz und Malachit ausgefüllt. Es kommen zahlreiche Schlotten, die bis 10 m mächtig werden können und in der Tiefe manchmal durch Tunnels in Verbindung stehen, vor. Die Kupfererzkonkretionen bilden ab und zu Blöcke bis 1 cbm Inhalt und bestehen oft aus reinem Kupferglanz. Ihre Form ist stets abgerundet.

Neben diesen Schlottenerzen treten auch rosa bis weiß gefärbte Hornsteinbänder auf, die mit Kupferglanz vererzt sind. Stellenweise fand man in diesen anstehenden Vererzungszonen auch reichlich Malachit und Cerussit.

Die Kupfervorkommen des Otavitales

Das landschaftlich sehr schöne und außergewöhnlich fruchtbare Otavital zieht sich mit einer Länge von etwa 50 km zwischen Guchab und Otavifontein in ostwestlicher Richtung hin. Es befindet sich im südlichsten Teile des Otaviberglandes, schon dicht an der Grenze der Gesteine der Otaviformation.

Das Otavital besitzt eine mittlere Meereshöhe von 1600 m und entwässert sowohl nach dem Süden als auch durch die Otavipforte nach dem Westen.

Geologisch ist es wie das ganze Otavibergland aufgebaut. Zu den Dolomiten kommt noch der Otavischiefer. Außerdem findet man in seinem Bereich auf der tischglatten Awagobibfläche den Granit der älteren Formation, der allerdings nur an den Rändern zum Vorschein kommt. Die Wanne selbst ist mit Schutt bedeckt.

Fördererergebnisse der Gruben im Otavital

Jahr	Verschifft von Guchab t	Verschifft von Asis t	Förderung Otavital t
1907/08	1800		
1908/09	500	200	
1909/10			4800
1910/11			5400
1911/12			3000
1912/13			1900
1913/14			1900

Hinzu kommen noch etwa 500 t Kupfer- und Bleierze, die durch das Otavi Exploring Syndicate 1912/13, und etwa 430 t, die im Jahre 1913/14 als Versuchserze zum Versand gebracht wurden.

Vom Jahre 1921/22 ab wurde die Förderung aus dem Otavital mit den Verschiffungszahlen von Tsumeb angegeben.

9*

Groß-Otavi

Dieses Kupfervorkommen liegt etwa 1 km nördlich vom km 29,5 der Eisenbahn an der Kante einer Talterrasse. Es wurde 1910 in Betrieb genommen und durch einen Stollen unterfahren, der mit einem in der Mitte des Tagesausstreichens angesetzten Schacht durchschlägig ist. Durch ein Gesenk seitwärts des Schachtes wurde der Erzkörper durchquert. Hier wurden stellenweise Erze mit 40% Kupfer gefunden.

Das Erzvorkommen bildete an der Oberfläche eine flache elliptische Einsenkung im Dolomit von 100 × 30 m, in der man zahlreiche Blöcke eines cerussithaltigen Brauneisensteins fand. Durch den Stollen wurde der Erzkörper gleichfalls aufgeschlossen. Er bestand hier aus einem mürben, stark zersetzten, stellenweise schieferigen Gestein, das weitgehend mit Brauneisen, Cerussit, Malachit, Kupferlasur und anderen Oxydationserzen von Kupfer und Blei imprägniert war. Es ist der gleiche Quarzit, wie er auch in der Tsumeb-Mine vorkommt, der hier ebenfalls den Dolomitschichten konkordant angelagert ist und mit 60—70° nach Süden einfällt. Der mittlere Teil bestand aus einer blei- und eisenreichen Zone, um die sich zwei kupfer- und eisenreiche Zonen legten. Im Nebengesteinsdolomit fand man mikroskopisch feine Einsprengungen von Kupferkies.

Außer diesem Kupfervorkommen gibt es auch in der Umgebung von Groß-Otavi eine große Anzahl von sanderfüllten Dolomitschlotten mit Erzkonkretionen. Es handelt sich um eine in ostwestlicher Richtung etwa 150 m lange, in nordsüdlicher Richtung 30—70 m breite vererzte Zone, in der neben den Schlotten auch zahlreiche Kupferglanzgängchen im Nebengestein vorkamen. In den Schlotten fand man reine Kupferglanzblöcke mit einem Gewicht bis zu 20 t. Daneben kamen hauptsächlich faust- bis erbsengroße Konkretionen vor, die als Sieberz gewonnen werden konnten. Einzelne Knollen bestanden gelegentlich auch aus Bleiglanz oder es waren Bleiglanz und Kupferglanz innig miteinander verwachsen und von Malachit umkrustet.

Ein ähnliches Vorkommen befindet sich bei km 33. Es gehört dem Otavi Exploring Syndicate. Die Schlotten waren bis 25—30 m tief und keilten dann aus. Man fand hier neben den schon erwähnten Erzen als Seltenheit Dioptasknollen, auch Planchëit kam mit Malachit in dünnen Rinden auf den Knollen vor. Die Wände der Schlotten waren oft mit zentimeterstarken Krusten von Malachit und Kupferglanz bedeckt.

Asis

Auch bei Asis ist die Kupferführung an eine ostwestlich streichende Zone gebunden. In dieser Zone entwickelte sich die Asis-Mine, die auf größere Teufe niedergebracht wurde (1919: 60 m). Dadurch wurde sie zur weitaus bedeutendsten Grube des Otavitales. Es wurden silberhaltige Kupfererze gewonnen, die 27% Cu und 0,029% Ag enthielten. 1925 konnten die Erze wirtschaftlich nicht mehr abgebaut werden, weshalb der Betrieb eingestellt wurde.

Die Asis-Mine liegt unweit des Bahnhofes von Asis bei km 41 der Bahn Otavi—Grootfontein. Der Ausbiß der Lagerstätte wurde durch einen 35 m langen und 20 m breiten Tagebau erschlossen. Dann ging man mit einem Schacht von 60 m Tiefe zum Tiefbau über. Im Tagebau gewann man drei mit Malachit und Kupferglanz gut vererzte Quarzitkörper, die 8, 4 und 0,50 m mächtig waren. Im Tiefbau teilten sich die Quarzitkörper und verästelten sich in vielfach gewundene Adern von 0,2—1,5 m Mächtigkeit. Gelegentlich traten größere Ausweitungen auf. Auch hier war der Quarzit überall vererzt, wobei sich die Erzimprägnation auch auf einige Meter in das unmittelbare Nebengestein verfolgen ließ. Die Länge der erzführenden Zone betrug auf der 30- und 60-m-Sohle etwa 90 bzw. 80 m, die Breite 5—25 m. Die Erze sind bis zur 30-m-Sohle hauptsächlich karbonatisch gewesen, doch fanden sich in dieser Tiefe auch schon reichlich sulfidische Partien, die in den Dolomit übergriffen. Auf der 60-m-Sohle baute man reine Kupfersulfide ab. Man fand Kupferkies, Buntkupferkies und seltener Kupferglanz. Sie kamen sowohl fein eingesprengt als auch in größeren derben und reinen Klumpen vor. Die Kupfersulfide verdrängten unter Neubildung von Serizit den Feldspat und den Quarz der Arkose. Im Dolomit fand man auch geringe Mengen von Pyrit.

Auch in der Umgebung der Asis-Mine fehlten die vererzten Schlotten nicht; ebenso fand man viele kleine Gängchen, die mit Arkose gefüllt und vererzt sind. Außerdem wurde eine vererzte und tektonisch abgequetschte Quarzitscholle abgebaut. Ferner traten brekzienartige Gänge auf, die mit Kupferglanz und Malachit durchtrümert waren. Sie wurden mit einem 80 m langen Tagebau bis auf eine Tiefe von 10 m abgebaut und durch einen 40 m langen tiefen Nordsüdgraben weiter aufgeschlossen.

Am Ostende des Bergbaukreises, etwa 1800 m östlich vom Förderschacht der Asis-Mine, fand man auf einem Dolomithügel eine 200 m lange vererzte und von Quarzitadern durchschwärmte Zone, die bei einer Breite von 20—40 m in ostwestlicher Richtung streicht und durch einen Tagebau erschlossen wurde. Die Arbeiten wurden aber schon 1914 eingestellt. Eine Quarzitlinse von 8 m Mächtigkeit und 45 m Länge zeigte am Kontakt mit dem Dolomit starke Verästelungen. An diesen Stellen bildeten sich auch sanderfüllte Schlotten mit Erzkonzentrationen. Der stark eisenschüssige Quarzit enthält überall Malachit, Kupferlasur und gelbgrüne arsenhaltige Kupfermineralien. Die sulfidische Zone war noch nicht erreicht.

Guchab

Das Kupfervorkommen von Guchab ist das östlichste im Otavital. In einem schmalen, ostwestlich streichenden Streifen, der zur großen erzführenden Zone des Otavitales gehört, kann man etwa 50 einzelne Gänge unterscheiden. Das Nebengestein der vererzten Zone, die 150 bis 300 m breit ist, bildet der klotzige Dolomit. Es treten Längs- und Quergänge auf. Es handelt sich aber um keine echten Gänge, sondern um Mineralisationszonen, in denen viele Erztrümer mit Gangarten, Brekzien und Nebengesteinsschollen abwechseln. Die Vererzung klingt nach beiden Seiten allmählich ab. Die Mächtigkeit der gut vererzten Partien kann 5—8 m betragen. Im Streichen erreichen einige der vererzten Zonen 200—300 m. Wo sich die mineralisierten Zonen scharen oder durchkreuzen, bildeten sich recht mächtige Erzstöcke, von denen der „Eiserne Hut“ eine Ausdehnung von 80×50 m erreichte (Abb. 27).

Die Arbeiten wurden 1907 aufgenommen. Die geförderten Erze enthielten 29—33% Cu und 0,032—0,04% Ag. Ende 1908 war der Tagebau nahezu erschöpft. Im Tiefbau wurde aber noch bis 1928/29 gefördert. Erst als Tsumeb stillgelegt werden mußte, hörte auch hier der Abbau auf.

Die Erze sind in der Oxydationszone sehr reich und mannigfaltig. Neben Malachit sind vor allem Dioptas und Planchëit in prachtvollen Drusen bekannt geworden. Außerdem fand man noch Rotkupfererz, Brauneisen, lokal Kupferlasur und eine Anzahl weiterer oxydischer Kupfererze. Begleitet sind die Erze von größeren Mengen von Kalkspat. Quarz wurde nur gelegentlich beobachtet. Serizit spielt im Gegensatz zu den übrigen Vorkommen keine wesentliche Rolle. Die tieferen sulfidischen Partien bestehen aus Kupferglanz und Kupferindig. Weitere Sulfide wurden nicht beobachtet, obgleich die Haufwerksanalysen auf das Vorhandensein von Zn, seltener Pb- und As-haltigen Erzen hindeuten.

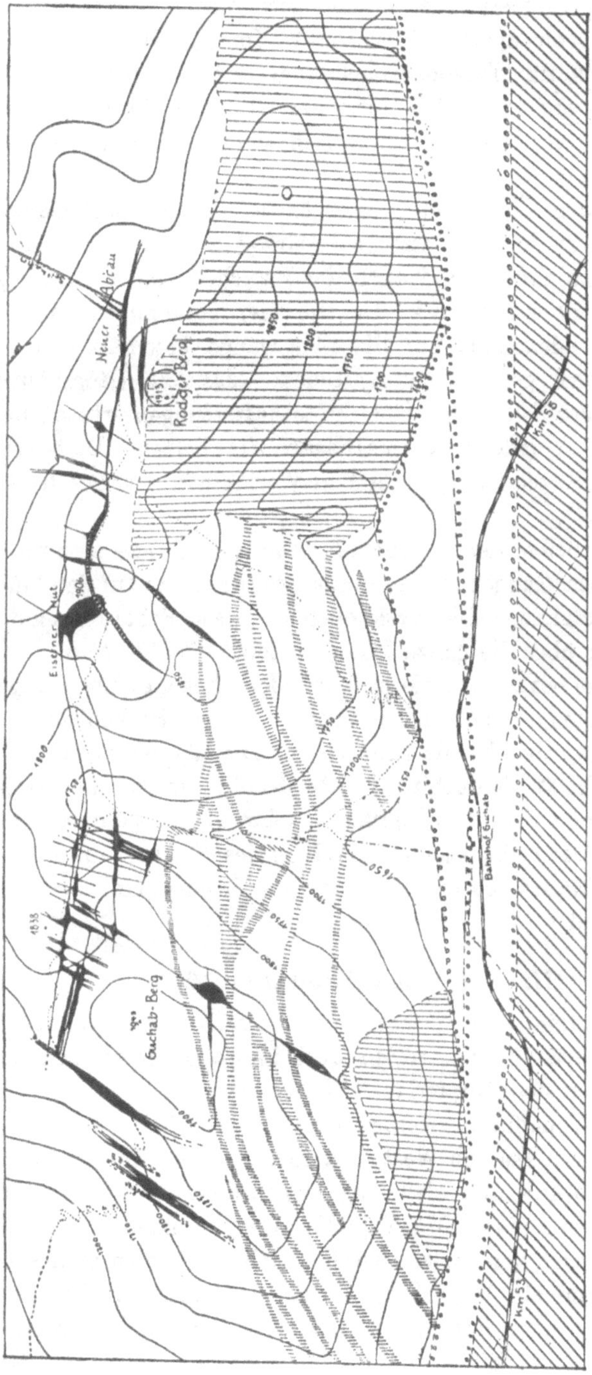

Abb. 27. Geologische Karte der Kupfererzvorkommen bei Guchab im Otavital. Aufgenommen von H. Schneiderhöhn

Wie in der Tsumeb-Mine, so sind auch hier die oxydischen Erze auf die Nähe von Spalten beschränkt. Im eigentlichen Erzkörper findet man bis zur Tagesoberfläche unzersetzte sulfidische Kerne. In einer Tiefe von etwa 50 m unter der jeweiligen Oberfläche waren die Erze verschwunden. Oft zeigte sich schon nach 10 m eine merkliche Verarmung.

Zwischen den Längs- und Quergängen war ein Unterschied in der Vererzung zu beobachten. Der Dioptas z. B. war nur auf den Längsgängen zu finden, und auch der Planchëit trat auf den Quergängen nur sehr selten auf. Da die hier vorkommenden jungen Aragonitgänge gleichfalls auf die Längsgänge beschränkt sind, ist Schneiderhöhn geneigt, anzunehmen, „daß die Längsgänge in geologisch junger Zeit noch wiederholte Aufreißungen erlitten haben, auf denen SiO_2-beladene Thermalwässer zirkulierten. Diese setzten sich mit den Kupferlösungen und in Wechselwirkung mit Kalkspat um zu Dioptas".

Die Hauptmenge der in Guchab gewonnenen Erze stammt aber nicht von diesen Gängen, sondern aus Schlotten, die auf den Gängen im Dolomit aufsitzen. Die Erzknollen in diesen Schlotten sind hier oft regelmäßig über die ganze Masse verteilt; oft aber sind auch bestimmte Zonen bevorzugt, die sich mit dem Ausbiß eines Ganges in Deckung bringen lassen. Eine Sonderung der Erzknollen in der Horizontalen wurde niemals beobachtet. Der überwiegende Teil der Knollen besteht aus Malachit. Da die Knollen meist nur gerundet, aber nie abgerollt sind, könnte man annehmen, daß sie innerhalb der Sandmassen durch chemische Ausfällung des Kupfers aus Lösungen und dessen Konzentration um gewisse Sammelpunkte zustande gekommen sind.

III. Die Vanadiumlagerstätten

Die Vanadiumerze von Deutsch-Südwestafrika sind auf das Otavibergland beschränkt. Sie treten dort in isolierten Ansammlungen unabhängig von den Kupferlagerstätten auf.

Das erste Vanadiumvorkommen wurde 1912 bei den Prospektierungsarbeiten von Tsumeb West entdeckt. Es konnten etwa 200 t gut verwertbare kupfer- und bleihaltige Vanadiumerze mit einem Durchschnittsgehalt von etwa 10% Vanadinsäure gewonnen und verschifft werden. Erst nach dem Kriege wurden auch an anderen Stellen in der Nähe von Tsumeb Vanadiumvorkommen gefunden. Infolge der Rüstungen in Europa hat sich dann die Vanadiumförderung gut entwickelt. Die Otavi Minen- und Eisenbahngesellschaft erbaute gemeinsam mit den Vereinigten Aluminiumwerken die Ferrovanadinfabrik in Lautawerk in der Lausitz, die im April 1924 in Betrieb genommen werden konnte.

Heute sind von Westen nach Osten folgende Fundpunkte bekannt:

Uris (O M E G)[1]),
Karavatu (beide bei Bobos gelegen) (O M E G)[1])
Friesenberg (O M E G),
Tsumeb West (O M E G),
Tsumeb Süd (O M E G),
Bahnhofsberg bei Tsumeb (O M E G),
Tsumeb-Mine (O M E G),
An der Pad Gaub — Gauss,
Uitsab,
Berg Aukas,
Okambongora,
Farm Auros,
Zwhischen Guchab und Uitkomst,
Sclangental bei Guchab,
Groß Otavi (O M E G)[1]),
Asis-Nord (O M E G)[1]),
Nageib und Nageibtal,
Olifantfontein,
Baltika-Mine,
Abenab.

Bei den meisten Vorkommen handelte es sich um mehr oder weniger kleine Nester, die oft so wenig Reserven enthielten, daß ein wirtschaftlicher Bergbau nicht eröffnet werden konnte. Einige machten sich dadurch bezahlt, daß man sehr schöne Kristalle fand, die von den britischen und amerikanischen Museen gut bezahlt wurden. Besonders schöner Vanadinit in haselnußgroßen, fast durchsichtigen rosa- bis ziegelroten Aggregaten kam in Olifantfontein vor.

Das größte Bergwerk befindet sich bei Abenab. Es gehört der South West African Company Ltd.

1. Das Vanadiumvorkommen von Abenab

Abenab liegt etwa 30 km nördlich von Grootfontein. Es ist eine Wasserstelle, zu der eine Straße führt. Die Abenabquelle bildet ein Becken von etwa 40 × 60 m im Durchmesser. Sie speist die gesamte

[1]) Vanadiumvorkommen, die vom Otavi Exploring Syndicate übernommen wurden.

Grubensiedlung. In der Nähe dieser Quelle befindet sich ein Kessel von einigen Kilometern Durchmesser, in dem die Vanadiumlagerstätte liegt. Die Umgebung der Grube ist mit reichem Baumbestand des „Tambutibaumes“ gesegnet. Das Tambutiholz wird zur Feuerung in Dampfkesseln verwendet. Der erste Vanadinerzfund gelang einem Buschmann 1920, der von seinem Herrn angehalten war, nach gefärbten Steinen zu suchen. Schon bei den sofort angesetzten Aufschließungsarbeiten fand man Drusen mit prachtvollen Erzen. Neben diesen Hohlraumausfüllungen kommen auch Gänge vor, die mit Brekzien und Vanadinerzen ausgefüllt sind. Haupterze sind Descloizit bzw. Cuprodescloizit, zum Teil auch Vanadinit.

Die Gewinnung war anfangs sehr primitiv. Die losgesprengten Stücke wurden mit Wasser und einer Bürste von den lehmigen Umkrustungen gereinigt, und dann die Vanadinerze mittels eines Hammers von ihrer Unterlage gelöst. Diese Arbeit wurde von Ovambos unter der Aufsicht einiger Weißen durchgeführt. Trotz dieser einfachen Methoden wurden schon in den ersten Monaten 30—80 t Erz gewonnen, die einen Erlös von 80—100 £ pro Tonne erbrachten. Nach Erschließung der Abenabquelle führte man das Wasser in Rohren an die Grube. Gleichzeitig wurde eine fahrbare Lokomobile eingesetzt, die Schüttelsiebe zum Reinigen der Erze antrieb.

Durch Sohlen mit einem Tiefenabstand von 7—8 m schloß man den gesamten nordwestlich einfallenden Erzkörper auf und gewann zunächst raubbaumäßig die reichsten Stellen. Es sollen Erznester von ungewöhnlicher Größe gefunden worden sein. Ein solches Nest enthielt 60—80 t Erz. Große Kristalle mit guter Flächenbegrenzung traten auf. Die sogenannte „Rose von Abenab“ war ein pilzförmiges Kristallaggregat von der Größe eines kleinen runden Tisches, übersät von hunderten von Kristallen. Sie wog über 8 Zentner. Gelegentlich fand man auch beiderseitig ausgebildete, sehr regelmäßige Kristalle mitten im Ton.

Erst 1923 wurde die Mine wirtschaftlich ausgebaut und ausgebeutet. Eine Kesselanlage mit zwei 12 m langen Flammrohrkesseln löste die Lokomobile ab und eine Aufbereitung mit Erzwäscherei wurde eingerichtet. Der Abbau geschah nunmehr mit Druckluftbohrern. Der Stollenbau, der nur die reichsten Mittel hereingewann, wurde aufgegeben, und man ging zum Tagebau über (Abb. 28, nach S. 104). Erst später führte man wieder den Tiefbau unter gleichzeitiger Anlegung eines Förderschachtes ein. Das Erz wurde gleich am Förderschacht durch Steinbrecher zerkleinert. Von hier kam es mittels eines elektrischen Aufzuges auf die Höhe eines Hügels, wo sich die Verteilungsbunker befinden. Ein laufendes Gummiband brachte die Erze über ein Waschsieb zur Aufbereitung. Hier wurden die groben Stücke ausgehalten und die vererzten ausgeklaubt. Der Rest wurde in Kugelmühlen zerkleinert, mit Turbinenpumpen wieder auf die oberste Terrasse gehoben, und hier mit 16 Schüttelherden gesetzt. Die Konzentrate enthielten nach Lunkenbein 85—90% reines Vanadiumerz. Der Überlauf wurde auf Spezialtischen weiter konzentriert.

Die Aufbereitung wurde durch elektrische Kraft betrieben. Den Strom lieferte eine Sauggasmaschine von 250 PS. Diese 4-Zylindermaschine versorgte 32 Elektromotoren und die Gesamtanlage mit Licht. Das Gas für die Krafterzeugung lieferte die Verschwelung des Tambutiholzes.

Die Belegschaft betrug normalerweise etwa 30 Weiße und 400 Eingeborene. 1932, kurz vor der Stillegung, wurden durchschnittlich 300 t im Monat gefördert. Der Preis war damals von 80 £/t auf 32 £/t loco Bahnstation Grootfontein zurückgegangen. Die Erze wurden vor allem nach Deutschland, dann aber auch nach England, Frankreich und USA exportiert. 1935 konnte der Abbau wieder aufgenommen werden. Die Erze zeigten — man bewegte sich schon auf der 10. bis 12. Sohle — auch weiterhin ein gutes Anhalten nach der Tiefe.

Die Abenab-Mine hatte folgende Förderung (Vanadiumkonzentrate):

1922	1048 long t
1923	2240 „
1924	1040 „
1925	958 „
1926	1666 „
1927	1298 „
1928	2647 „

Weitere Zahlenangaben fehlen. Seit 1936 ist die South West Africa Company alleinige Produzentin. Sie fördert in den Gruben Abenab und Baltika.

2. Die übrigen Vanadiumvorkommen

Außer Abenab besitzt augenblicklich nur noch die Baltika Mine Bedeutung. Sie wurde 1936 erschürft. Beim Prospektieren fielen 228 t Erze an. Die Reserven sollen einigermaßen groß sein.

Die übrigen Vorkommen erschöpften sich mehr oder weniger rasch. Da die Lagerstätten an tektonische Linien und Brekzienzonen gebunden sind, ließ sie South West Africa Company in der letzten Zeit ein Areal von 1000 Quadratmeilen vom Flugzeug aus photographisch aufnehmen, um auf diese Weise, vor allem in den schwer zugängigen Otavibergen, Ansatzpunkte für das Prospektieren zu gewinnen.

Die Vanadiumerze sind, ähnlich wie die Kupfererze, stets an Schlotten der Dolomitoberfläche gebunden. Diese sind mit roten Flugsand ausgefüllt, in dem Blöcke eines verkieselten Dolomits liegen, zusammen mit Konzentrationen von oft ganz reinen Kupfer-, Blei- und Zinkvanadaten, die bis kopfgroße Klumpen bilden können. Es werden die Mineralien Descloizit, Cuprodescloizit, Mottramit und Vanadinit beobachtet. Sie überkrusten oft die Wände der Schlotten und die darin befindlichen Dolomitbrocken.

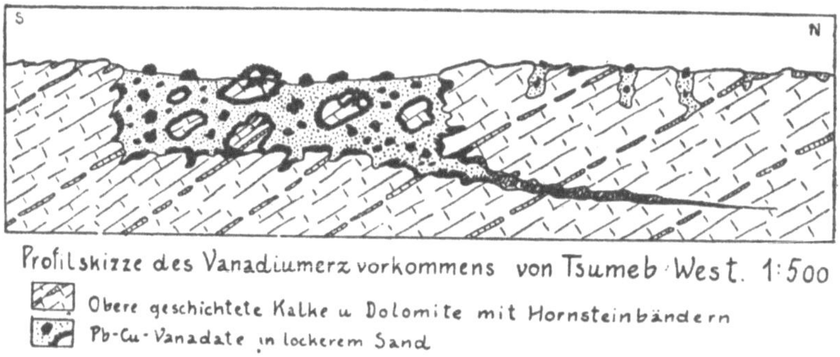

Abb. 29. Profilskizze des Vanadiumerzvorkommens von Tsumeb West. Nach H. Schneiderhöhn

Das Vorkommen von Tsumeb West war 20 m lang, 10—15 m breit und nur 5 m tief. Es befand sich in einem verkieselten Dolomit mit Hornsteinbänken. Die Vanadiumerze reichten noch bis zu einer gewissen Tiefe in kleinen Adern ins Nebengestein, wo sie dann auskeilten. Ein etwas mächtigerer Erzgang war auf 22 m Entfernung zu verfolgen (Abb. 29).

Manche der Vanadiumvorkommen konnten auch auf größere Tiefe verfolgt werden. Vielfach fand man dort sulfidische Erze (Bleiglanz und Zinkblende), die gangförmig das Nebengestein durchzogen. Wo sie auftraten, hörte die Vanadinführung auf.

Über die Entstehung der Vanadiumlagerstätten bestehen 2 Ansichten. Schneiderhöhn hält die Vanadiumerze für biogenen Ursprungs, und leitet sie aus den Oberflächenwässern uralter Landoberflächen her. Stahl hingegen sieht den Ursprung der Vanadinkonzentration in sehr armen, unter den Schlotten vorhandenen Bleiglanz- und Zinkblendeerzen. Sie wären demnach Hutbildungen sulfidischer Lagerstätten, deren Erze primär Vanadium enthalten müßten. Von Interesse ist in diesem Zusammenhang die Tatsache, daß man in der Tsumeb-Mine bis zu einer Tiefe von 85 m Vanadinerze von wirtschaftlicher Bedeutung und bis 160 m in Spuren verfolgen konnte.

3. Die wirtschaftliche Bedeutung der Vanadiumvorkommen

Die Vanadiumerze Deutsch-Südwestafrikas haben in den letzten Jahren eine wirtschaftliche und technische Weltgeltung erlangt. Über die Vorkriegszeit liegen keine einwandfreien Angaben über Vanadiumerzförderung vor.

Die Gesamtproduktion der Jahre 1920—1938 an Vanadiumerzkonzentraten ist in Tabelle 13 und in der graphischen Darstellung Abb. 30 wiedergegeben. An dieser Produktion ist die Otavi

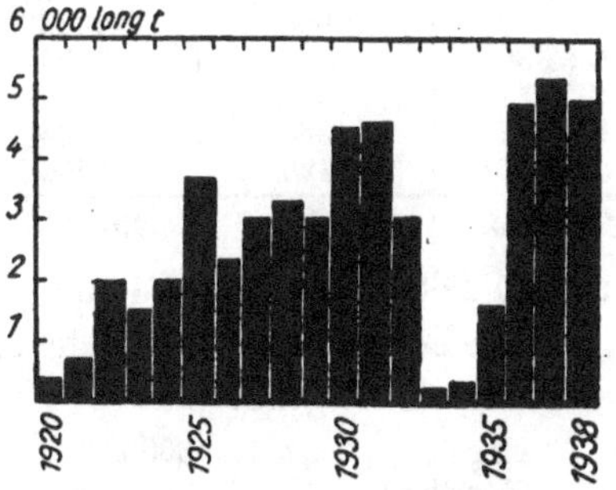

Abb. 30. Graphische Darstellung der Vanadiumerzförderung in den Jahren 1920—1938

Tabelle 13
Vanadiumerzförderung Deutsch-Südwestafrikas (Konzentrate)

Jahr	Förderung			Ausfuhr		
	long t	Wert in		long t	Wert in	
		£	RM.		£	RM.
1920	360	18000	276490	278	13880	213198
1921	650	32000	516800	387	19055	307738
1922	1981	99000	184140	711	35551	661249
1923	1452	75000	144000	1167	59217	1136966
1924	2122	110000	2026200	1605	83433	1536836
1925	3740	194000	3934320	1234	66699	1352656
1926	2321	120000	2463487	1230	58000	1883780
1927	3038	158000	3231100	1354	68500	1400082
1928	3339	126000	2569140	3983	152000	3099280
1929	3036	117000	2386800	5287	222000	4528800
1930	4461	176000	3590956	3817	150700	3071266
1931	4602	152000	2913896	3938	130700	2492449
1932	2973	112700	1663452	1378	52200	770472
1933	177	6710	93672	1170	44312	618596
1934	324	10200	129132	1645	51575	652940
1935	1570	61220	746272	3288	128232	1563150
1936	4864	196992	2438512	5263	213151	2632415
1937	5264	205296	2529247	5098	197867	2437721
1938	4960	171369	2087274	4522	171369	2087274
Summe	51234	2143187	33924890	47355	1918441	32446868

Anmerkung: Die Konzentrate enthielten im Durchschnitt etwa 18,5% V_2O_5. Den Wert der Vanadiumproduktion bis zum Jahre 1920 kann man mit etwa rund 1 Million RM. annehmen.

Minen- und Eisenbahngesellschaft mit folgenden Summen beteiligt gewesen:

Jahr	Ertrag in £	Ertrag in RM.
1921/22	8485	147385
1922/23	2	62
1923/24	111	2088
1924/25	5047	97659
1925/26	291	6019
1926/27	683	13975
1927/28	870	17786
1928/29	6903	140752
1929/30	278	6290
1930/31	566	11180
1931/32	365	6189
1932/33	125	1794
1921—1933	23726 £	451179 RM.

Hinzu kommen noch 200 t, die 1912/13 und 450 t, die 1913/14 ausgeführt wurden, und die Förderung für das Jahr 1938/39, die auf die einzelnen Vorkommen verteilt folgende war:

Nageib	300 t
Nageibtal	99 t
Karavatu	410 t
Tsumeb	52 t
Asis-Nord	27 t
Uris	12 t
Groß-Otavi	10 t
	910 t

Der durchschnittliche Metallgehalt der Erze war folgender:

	Cu-%	Pb-%	V_2O_3-%
Nageib	2,28	27,88	10,09
Nageibtal	1,39	43,66	16,82
Karavatu	6,49	22,59	9,34
Tsumeb	8,45	27,12	10,23
Asis-Nord	8,23	37,40	15,77
Uris	5,10	28,16	11,05
Groß-Otavi	11,23	35,88	14,14

Die Vanadiumerzförderung der Otavi Minen- und Eisenbahngesellschaft verteilt sich auf die einzelnen Grubenbetriebe wie folgt:

Jahr	Tsumeb-Mine t	Tsumeb West t	Tsumeb Süd t	Friesenberg t	Eisenbahnberg t	Gesamtförderung t
1922/23	105	909				1014
1923/24		172	87			259
1924/25	2	284	589	830	11	1716
1925/26	9			2264	5	2278
1926/27	2	40		2900		2942
1927/28	1256	1267		1031		3554
1928/29	495	491				986
1929/30	2					2
1930/31	1524					1524
1931/32	989					989
1922—1932	4384	3163	676	7025	16	15264

Die durchschnittlichen Metallgehalte für die einzelnen Vanadiumvorkommen in den Jahren 1922/23—1931/32 waren folgende:

	Cu-%	Pb-%	V_2O_5-%
Tsumeb-Mine	4,47	12,19	4,53
Tsumeb West	4,01	13,49	4,77
Tsumeb Süd	3,28	15,87	6,29
Friesenberg	4,15	22,74	9,44
Eisenbahnberg	9,36	31,76	11,47

IV. Die Zinnlagerstätten

A. Entwicklungsgeschichte des Zinnbergbaues

Die ersten Zinnfunde wurden nach einer brieflichen Mitteilung von H. Lotz schon 1908 im nordwestlichen Teil des Omarurubezirkes gemacht. Ein Jahr später fand man Zinnstein auf der Farm Ameib in der Umgebung von Karibib. Nach und nach stellte sich ein immer größeres zinnführendes Gebiet heraus. Es setzte eine eifrige Prospektiertätigkeit ein. Mit Ausnahme von Arandis, das erst im Jahre 1920 entdeckt wurde, waren bald alle Vorkommen bekannt. Gleich in den ersten Jahren nach dem Auffinden des Zinnsteins wurden zahlreiche Schürffelder belegt und eluviale Seifen im Kleinen ausgebeutet. Verschiedene größere Gesellschaften unternahmen umfangreiche Untersuchungen. Vor allem wandte die Consolidated Mining and Smelting Co. of Canada erhebliche Mittel zur Untersuchung eines Gebietes von 48000 qkm Flächeninhalt auf, gab aber bald den größten Teil ihrer Konzession wieder auf. Die Otavi Exploring untersuchte im Jahre 1912 die Felder bei Neineis, Uis, Chatpütz und Ameib. Im gleichen Jahre nahm die De Beers-Gesellschaft die Felder des Kaufmanns Schmidt in Okombahe bei Tsomtsaub, Aubinhonis und Uis in Option. Im Jahre 1931 wurde die Paukuab Tins Ltd. und die Okombahe Ltd., die sich als die Hauptgesellschaften nach dem Kriege entwickelt hatten, der schlechten Zinnpreise wegen liquidiert.

B. Gewinnungsmethoden

Die Abbaumethoden sind zum Teil noch sehr primitiv. Ganz allgemein hat der Bergbau mit schwierigen Verhältnissen zu rechnen, da die Zinnsteinführung auf allen Pegmatiten sehr absätzig ist. Hinzu kommt noch, daß die Pegmatite vielfach schon in der Tiefe von 20 bis 30 m und oft sogar schon nach 5—10 m auskeilen.

Dort, wo kein Wasser vorhanden ist, geschieht die Rohkonzentrierung auf einfachen ovalen Holztischen. Die so erhaltenen Rohkonzentrate werden dann von Hererofrauen in der Weise, wie sie früher Grassamen von der Spreu zu trennen pflegten, in hölzernen Trögen ausgeschwungen und ausgeschleudert (Abb. 31). Mit dieser billigen Kraft der Hererofrauen kann man vor allem die kleinen eluvialen Seifenvorkommen wirtschaftlich bearbeiten.

Günstiger liegen die Verhältnisse dort, wo Wasser zur Verfügung steht. Da in diesem Falle ein besseres Aufschließen mit Pochstempeln möglich ist, kann man auch solche Lagerstätten bearbeiten, die den Zinnstein in feiner Verteilung enthalten. Für die Konzentrierung werden in der Regel Gerinne verwendet (Abb. 32).

Die mechanischen Aufbereitungen waren naturgemäß den örtlichen Verhältnissen angepaßt. In Ameib z. B. bestand 1928 die Aufbereitung aus Steinbrechern, Klassiertrommeln, Wippen und Konzentrationstischen. Die größte naßmechanische Aufbereitung besteht in Otjimbojo, das 1934 nach der South West African Mines Ltd. gehörte. Der Betrieb war vollständig mechanisiert. Das Geröll der eluvialen Vorkommen wurde mittels eines Elevators in eine Trommel gehoben, wo es klassiert wurde, nachdem man vorher die größeren Erzbrocken ausklaubte. Nach der Klassierung gelangt das Gut auf ein Gerinne, das 30 m lang und 60 cm breit ist. Das Wasser wird hinter dem Gerinne gesammelt und durch Pumpen wieder der Aufbereitung zugeführt. Die Aufbereitungskosten betrugen 1928 3 sh/t. Die letzte Konzentrierung geschieht durch Frauen mittels Magneten. Das erzführende Ganggestein wird zunächst in Steinbrechern zerkleinert und dann klassiert. Das klassierte Material wird in Spitzkästen und auf Tischen weiter verarbeitet und konzentriert. Die Unkosten dürften 10 sh/t nicht übersteigen.

Die unterste Grenze der Abbauwürdigkeit lag nach dem Weltkriege bei etwa 1% Zinn.

C. Produktion

Da es sich bei den fördernden Gruben stets um Kleinbetriebe handelt, ist der Anteil der Zinnerzproduktion an der gesamten Mineralgewinnung des Landes gering. Immerhin wurden bis einschließlich 1938 insgesamt 4304 t Zinnerzkonzentrate mit einem Gesamtwert von 11034014 RM. gefördert und exportiert (vgl. hierzu Tabelle 14 und die graphischen Darstellungen Abb. 33 und 34).

Photo C. M. Schwellnus

Abb. 31. **Das Ausschwingen des eluvialen Seifenmaterials unter gleichzeitiger Konzentrierung des Zinnsteins**

Photo C. M. Schwellnus

Abb. 32. **Gerinne zur Gewinnung von eluvialem Zinnstein bei Paukwab**

Verlag Walter de Gruyter & Co., Berlin W 35
Deko VII. Zu Bürg, Minerallagerstätten von Deutsch-Südwestafrika

Tabelle 14. **Erzeugung und Ausfuhr von Zinnerzkonzentraten**

Jahr	Förderung			Ausfuhr		
	long t	£	RM.	long t	£	RM.
1912				9	470	9626
1913				209	34500	706215
1914						
1915				8	685	13995
1916				28	3333	68093
1917				94	12512	255620
1918				74	11872	242544
1919	111	19700	366420	113	20370	378882
1920	201	40200	617472	166	33200	509952
1921	156	18700	302005	104	10950	176843
1922	223	24500	455700	260	28860	536796
1923	237	35500	681600	233	34995	671904
1924	217	32500	598650	209	31399	578361
1925	193	36500	742248	191	36250	735150
1926	188	37440	764150	199	39500	806195
1927	211	40400	826180	205	39300	802113
1928	230	34500	703455	239	36000	734040
1929	244	34000	693600	228	32000	652800
1930	185	21500	438170	173	20200	411676
1931	117	9300	177351	106	8500	162095
1932	93	8400	123984	112	10000	147600
1933	206	29100	406236	204	28800	402048
1934	194	31300	396258	203	32400	410184
1935	235	37206	453541	239	37842	461294
1936	231	31647	390840	233	31916	394163
1937	242	36482	449458	215	32496	400351
1938	235			250	30006	365474
zusammen				4304	638356	11034014

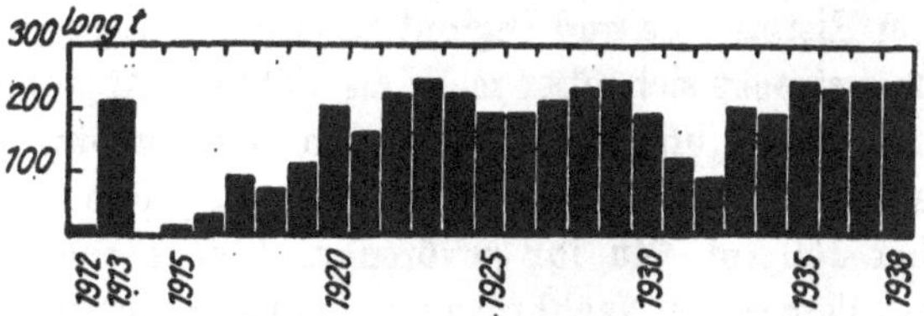

Abb. 33. Graphische Darstellung der Erzeugung von Zinnerzkonzentraten in den Jahren 1912—1938

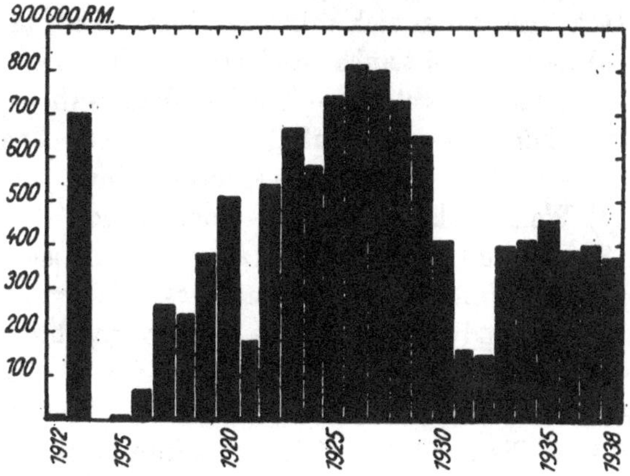

Abb. 34. Graphische Darstellung des Erlöses für die Zinnerzausfuhr in den Jahren 1912—1938

D. Geographische Lage und Verbreitung der Zinnvorkommen

Das zinnführende Gebiet umfaßt das gesamte nordwestliche Damaraland, doch ist nicht das ganze, in Abb. 35 umschriebene Areal vererzt. Die Zinnvorkommen bilden vielmehr einzelne Zonen, die durch das allgemeine örtliche Streichen der kristallinen Schiefer bestimmt sind. Dieses Streichen ist ein ausgesprochenes NO—SW-liches. Wie die geologische Karte des zinnsteinführenden Gebietes (Tafel IV) erkennen läßt, verlaufen auch die Kontakte der Granite mit den kristallinen Schiefern in der gleichen Richtung. Wie ferner nachstehend gezeigt wird, streichen nicht nur die zinnführenden Zonen in NO—SW-Richtung, sondern es lassen sich sogar innerhalb dieser Zonen NO—SW streichende linienhafte Anordnungen sehr schön unterscheiden (Abb. 35).

Die zinnführenden Zonen sind von NW nach SO folgende:

1. Die Nordzone beginnt im Süden des Brandberges und zieht sich über Plögers Schurffelder in NO-Richtung nach Uis, wo gewaltige Pegmatitbildungen vorkommen. Es erscheint möglich, daß diese Zone eine größere Ausbildung hat, als dies bisher bekannt ist. Es beginnt hier aber das wasserlose Wüstengebiet, wodurch das Prospektieren sehr erschwert ist. Trotzdem stammte der größte Teil der Zinnproduktion der Jahre 1937/38 aus dieser Zone (123,69 long tons 1937 und 149,77 long tons 1938).

2. Die nördliche Zentralzone verläuft längs des Omaruru oder Eisibriviers und beginnt mit ihrer Hauptverbreitung bei Neineis. Sie erstreckt sich über mehr als 100 km Länge bis nördlich der Stadt Omaruru. Nimmt man aber noch Lewater hinzu, wo gleichfalls Zinn gefunden wurde, dann verlängert sich diese zinnführende Zone auf über 150 km. Zu ihr gehören zahlreiche wichtige Vorkommen, die vor allem in der Nachkriegszeit den Hauptanteil an der Zinnproduktion hatten. Es lassen sich folgende „Zinnlinien" unterscheiden:

a) Lewater—Etemba—Neineis—Aubinhonis—Nobgams—Humdigams—Tsomtsaub—Meridas—Paukwab.

b) Okombahe—Goldfuß-Schurf—Nareis—Thelma Mine—Kohero—Oothuizens Schurf—Müllers Schurf.

c) Wolfsbank—Okarundu—Kompaneno.

3. Die südliche Zentralzone beginnt südwestlich von Ebony bei Stipelmanns Schurf und erstreckt sich von hier aus über Sandamab zur südwestlichen Ecke des Erongogebirges, wird durch dieses unterbrochen und zieht sich dann bis über die Stadt Omaruru hinaus bis Omaruru Kop. Die Gesamtlänge dieser Zone beträgt ebenfalls über 150 km. Sie zerfällt in folgende „Zinnlinien":

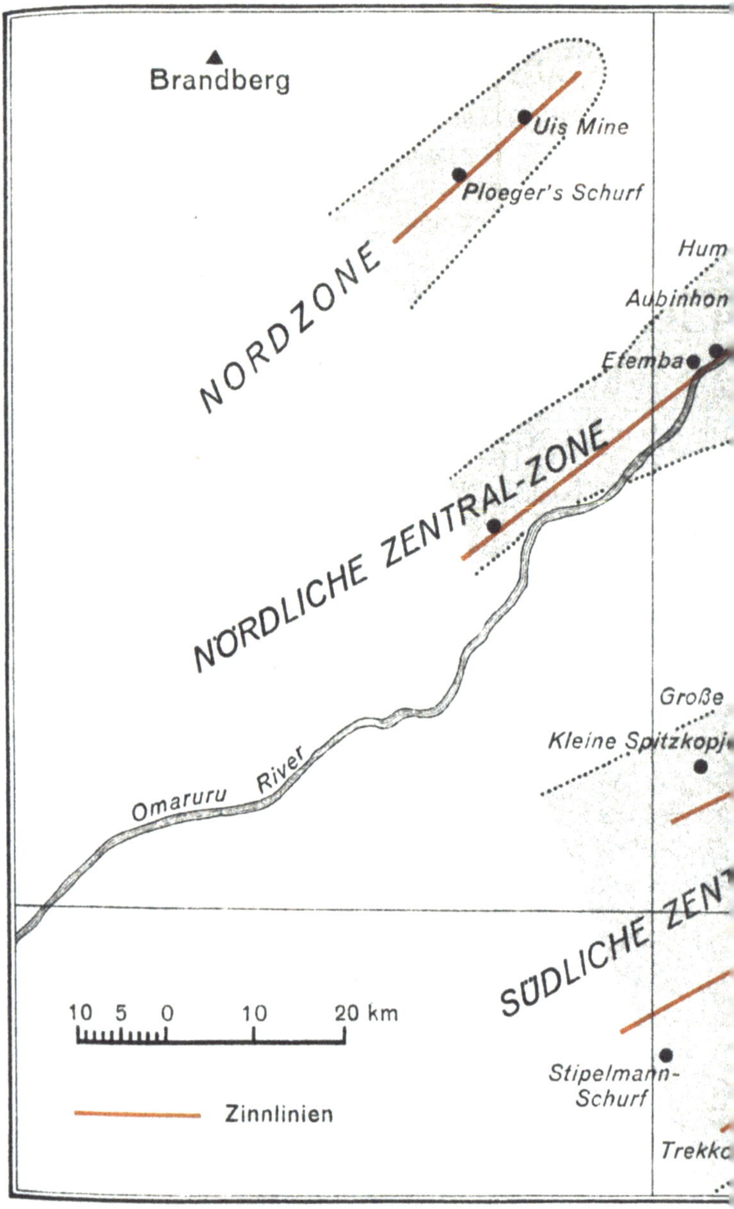

Abb. 35: Die Zinne

Verlag Walter de Gruyter & Co., Berlin W 35
Deko VII zu Bürg, Minerallagerstätten von Deutsch-Südwestafrika
Hergestellt im Reichsamt für Landesaufnahme, Berlin 1941

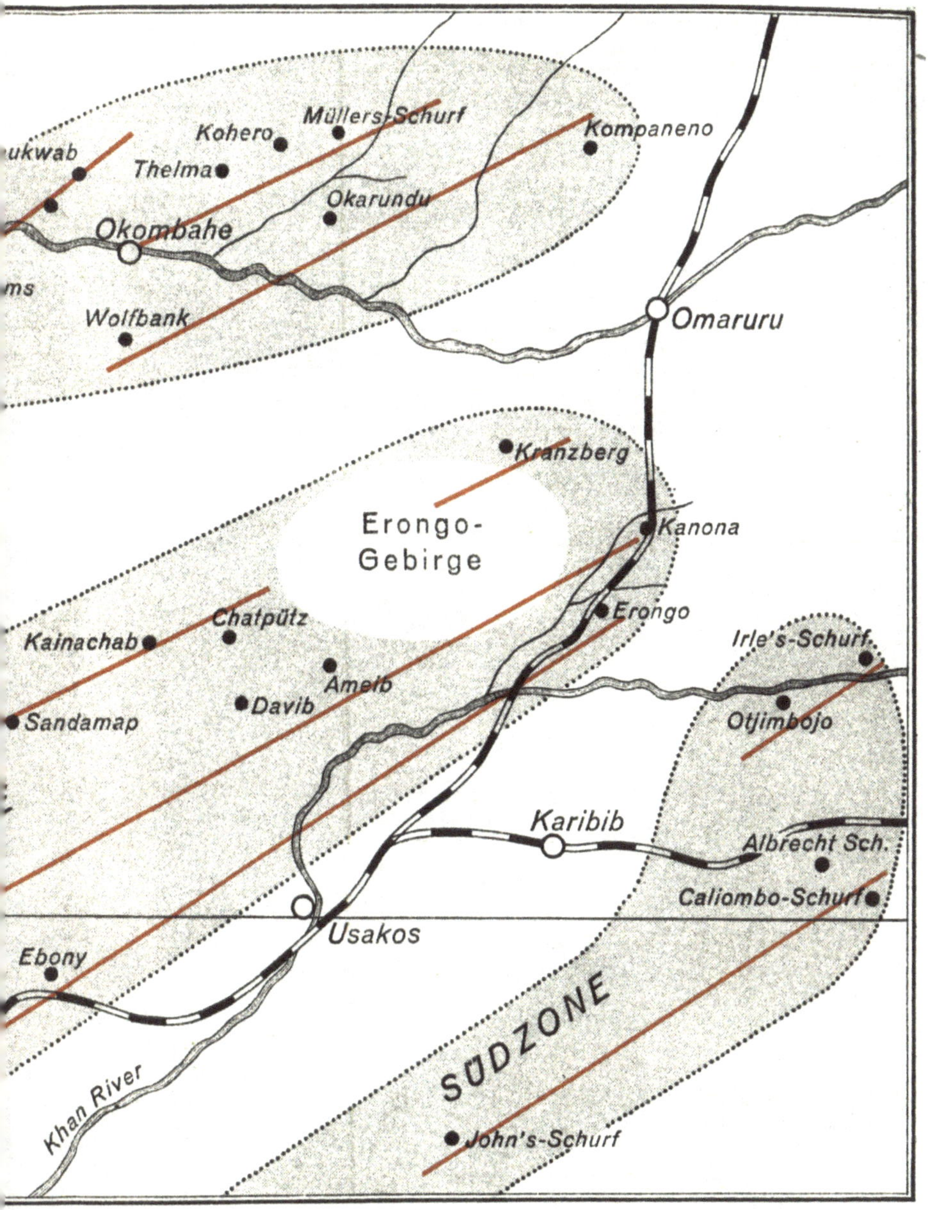

nordwestlichen Damaralandes

a) Klein-Spitzkopje—Groß-Spitzkopje—Sandamap—Kudubis—Chatpütz—Kranzberg—Otjompaje.
b) Stipelmanns Schurf—Sidney Mine—Goabeb Mine—Carsie Mine—Davib—Ameib—Onguati—Kanona.
c) Trekkopje—Ebony—Stingbank—Usakos—Karibib—Erongo.

4. Die Südzone ist, wie auch die nördliche, noch wenig bekannt und scheint wie jene zu den Ausläufern des Zinngebietes zu gehören. Sie beginnt bei Johns Schurf und dehnt sich in NO-Richtung bis Otjikatjongo. Die bisher bekannt gewordenen Fundpunkte sind folgende:

Johns Schurf—Okavango—Caliombo Schurf—Albrechts Schurf—Otjimbojo—Irles Schurf bei Otjikatjongo.

E. Klima und Morphologie

Der westliche Teil des zinnführenden Gebietes hat ein arides Klima mit weniger als 50 mm Regen im Jahr und gehört zu der Namibwüste, während der östliche Teil mit bis zu 350 mm jährlicher Niederschlagsmenge Pflanzen- und Baumwuchs besitzt und Farmland bildet.

Das Gebiet entwässert durch den Ugabrivier im Norden, den Omarururivier in der Mitte und den Khanrivier im Süden. Diese Riviere fließen zwar alle oberirdisch nur wenige Tage im Jahr, doch besitzen sie einen beträchtlichen unterirdischen Wasserlauf, der als Grundwasserstrom in den Ozean fließt. Wo im Gelände natürliche Grundschwellen vorliegen, bilden sich offene Wasserstellen, die nur selten austrocknen.

Große Teile des Gebietes sind mit Sand bedeckt und das charakteristische morphologische Merkmal sind Hügel und Berge vom Inselbergtypus. Der östliche Teil mit etwa 900 m Meereshöhe liegt über 500 m höher als der westliche. Die höchsten Erhebungen sind im Westen der Brandberg, der mit seinen 2610 m zugleich der höchste Berg Deutsch-Südwestafrikas ist, und der 2219 m hohe Erongo im Osten.

F. Geologie und Tektonik

Das zinnführende Gebiet baut sich vornehmlich aus den Gesteinen des Damarysystems auf. Diese bestehen aus Marmoren, die z. B. im Kompanenogebirge bis 450 m mächtig sind, und aus verschiedenen Glimmerschiefern der Khomasserie. Alle diese Schichten sind durch das Eindringen des granitischen Magmas an vielen Stellen kontaktmetamorph verändert. Es entstanden lokal Kalksilikatfelse oder granatführende Gesteine. Die kristallinen Kalke führen an den Kontaktstellen ab und zu diopsidische Pyroxene (z. B. in der Kristallmine), Flecken von Graphit (bei Otjompaue, westlich Omaruru, südlich Okombahe und Neineis) und Wollastonit (südlich der Farm Lindholm, in den Bergen von Tjirundo und Kompaneno Süd).

In die Falten der Damaragesteine intrudierte, wie bereits erwähnt, das granitische Magma und ließ die Postsalemgranite mit ihren zahllosen Pegmatiten entstehen, die im Kapitel „Die Pegmatite und ihre Vererzung" näher beschrieben sind. An basischen Eruptivgesteinen liegen metamorph veränderte Diabase vor.

Der Granit bildet größere Stöcke im Ameiber Tal, bei Kainachab, Goabib, Neubrunn und Okawayo, liegt aber zum größten Teil in kleinen und kleinsten Intrusionen vor, so daß man im nördlichen, westlichen und östlichen Vorland des Gebietes den Eindruck bekommt, als würden kristalline Schieferinseln auf einem granitischen Ozean schwimmen. Am unteren Eisib dagegen könnte man annehmen, der Granit und die Pegmatite hätten das Schieferdach an zahlreichen Stellen durchlöchert.

Nach dem Abschluß der Damaraformation und der Konsolidierung des Gebietes durch die zahlreichen granitischen Intrusionen herrschte längere Zeit Ruhe. In der Namaformation, in der der ganze südafrikanische Kontinent wieder unter den Meeresspiegel versank, setzten sich im Zinngebiet unbedeutende Massen von Kalken und Dolomiten ab. Dann folgen Sandsteine, Konglomerate und Quarzite der Karruformation, die sich auf das Erongogebiet beschränken. Durchbrochen werden diese Schichten der Karruformation durch die Eruptivgesteine der Erongofolge. Dem Alter nach geordnet sind es folgende Eruptivgesteine:

Ophitischer Olivindiabas und Dolerit in Gängen und Stöcken.
Laven und Ströme von Melaphyren und Augitporphyriten.
Basische Tuffe.
Stöcke von Diorit und Granodiorit.
Dykes von Dioritporphyriten und Granitporphyriten.
Saurer Quarzporphyrit und Quarzporphyr.
Porphyrtuff.
Erongogranit.

Ergibt sich schon durch eine Parallelisierung der Sedimente eine Ähnlichkeit des Erongogebietes mit dem Kaokofeld, so ist dies noch mehr der Fall durch die Übereinstimmung der Eruptivgesteine. Beide gehören der Karruformation an.

Mit der Karru hört die Schichtenbildung im Zinngebiet auf und es kommt nur noch mancherorts zur Ablagerung von oberflächlich angewehten Sanden und anderen Gesteinen in einem ariden Klima. Es entstanden blutrote, tonige Sande, Kalaharikalke und Schotterterrassen.

Die alten Flußläufe und die heutigen Riviere sind von alluvialen und eluvialen Terrassen begleitet.

G. Beschreibung der einzelnen Zinnvorkommen

1. Die Nordzone

In dieser Zone sind zwei Vorkommen näher bekannt und besser ausgeschlossen: Plögers Schurffelder und die Pegmatite von Uis. Auf Plögers Schurffeldern wurden mehrere Zinnsteinpegmatite abgebaut. Daneben kommen auch vollkommen vergreisente Pegmatite vor, die reichlich Tantalit, aber praktisch keinen Zinnstein führen. Uis ist gleichfalls von vielen Pegmatiten umgeben, auf denen die De Beers Consolidated Mines Co. bis Januar 1913 Aufschließungsarbeiten durchführte, die nach ihr vom Besitzer der Felder Schmidt fortgesetzt wurden. Diese Felder sind heute maßgebend an der Produktion beteiligt. Für das Jahr 1939 war die Aufstellung eines Pochwerkes geplant, mit dem man eine Tagesleistung von 30 t erzielen wollte. In der Ausdehnung der Aufbereitung ist man durch das nur spärlich vorhandene Wasser gehemmt. Neben normalen Zinnpegmatiten fand man auch reine Quarzgänge, auf denen der Zinnstein ohne Muskovit und Turmalin mit Pyrit und Kupferkies abgeschieden wurde. Sie erreichen bei einer Mächtigkeit von 1,5 m aber nur Längen von 12—15 m.

Die 10737 ha großen Bergbaufelder von Uis gingen im Jahre 1934 in den Besitz der South West African Mines Ltd. in den der Namib Tin Mines über, der auch die Zinnfelder bei Neineis, Kohero, Sandamap und Otjimbojo gehören.

2. Die nördliche Zentralzone

(Vgl. Tafel V)

a) Neineis-Etemba

Zinnpegmatite mit einer Gesamtmächtigkeit von etwa 7 m sind mit vielen Unterbrechungen und Verdrückungen den kristallinen Schiefern eingelagert. Die Mineralisation der einzelnen Pegmatite ist recht unterschiedlich. Auf der sogenannten Quarzkuppe wurde auf einem Quarzgang mit reichlicher Feldspat- und Turmalinführung ein Schacht abgeteuft, der in einer Teufe von 6 m auf Zinngehalte von 1% traf. Der Hereroschacht (Abb. 36) wurde in einem glimmerreichen Pegmatit bis auf eine Tiefe von 18 m abgeteuft. In Taschen fand man Turmalin und Quarz mit Zinnstein. Über die Ausbildung des dort erschlossenen Ganges gibt Abb. 37 Aufschluß. Der Durchschnittsgehalt betrug hier nur 0,5% Zinn. Ähnliche Verhältnisse herrschten auch im Schacht Nr. 4 und im Heinrich- und Paulschacht. In allen Aufschlüssen war der Zinnstein an die glimmerreichen Partien des Ganges gebunden. Im Heinrichschacht wurde ein Gang bei einer Breite von 65 cm auf eine Entfernung von 150 m verfolgt und abgebaut.

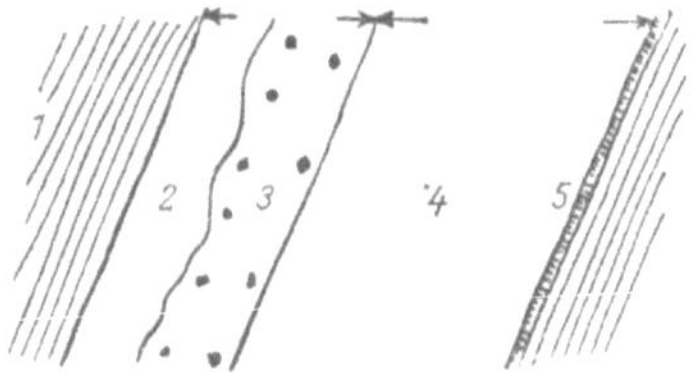

1 = Schiefer
2 = Glimmerfreie Gangpartie
3 = Glimmerreiche Gangpartie mit Zinnstein
4 = Feinkörniger Feldspat und Quarz
5 = Salband mit reichlichem, orientiert gewachsenem Glimmer

Abb. 37. Das Zinnvorkommen auf dem Etemba-Schurffeld Nr. 3. Nach Haughton

Im Jahre 1934 gehörten die Neineis Bergbaufelder (Neineis, Nobgams und Tsomtsaub) der South West African Mines Ltd. In Neineis wurden bei den eluvialen Vorkommen im Durchschnitt 30 eingeborene Frauen beschäftigt.

Der Zinnstein kann auch in den Kontaktzonen auftreten. So fand man auf den Etembaschurffeldern am Kontakt mit dem Schiefer eine fast 30 cm breite, an Glimmer und Zinnstein reiche Zone. Direkt am Kontakt ist der Zinnstein und der Glimmer grobkörnig; darauf folgt eine Zone, in der beide sehr feinkörnig ausgebildet sind. Auf manchen Pegmatiten fand man neben dem Zinnstein auch Tantalitkristalle.

Die häufiger auftretenden eluvialen Vorkommen werden ebenfalls abgebaut. Sie sind meist von geringer flächenhafter Ausdehnung.

b) Aubinhonis

Zahlreiche Pegmatite verlaufen zwischen dem Namibplateau und dem Rande des Granites im kristallinen Schiefer. Vielfach ist dieser vom Dünensand bedeckt, doch kann man auf Tafel IV erkennen, daß die Pegmatite darunter ohne Unterbrechung weiterstreichen. Neben dem normalen Typ findet man sehr glimmerreiche Pegmatite, die neben etwas Quarz fast gar keinen Feldspat enthalten, andere dagegen bestehen nur aus Quarz und Feldspat. Sie alle führen Zinnstein, aber

Photo H. F. Frommurze

Abb. 36. **Ansicht eines Zinnsteinpegmatites, der als Lagergang zwischen den Schichten des Damarasystems ausgebildet ist. Herero-Schacht bei Neineis.**

Verlag Walter de Gruyter & Co., Berlin W 35
Deko VII. Zu Bürg, Minerallagerstätten von Deutsch-Südwestafrika

keinen Turmalin. Dieser kommt gelegentlich in Quarzadern, die von Glimmerpegmatiten ausstrahlen, zusammen mit Tantalit vor. Schließlich treten im Norden von Aubinhonis Turmalinpegmatite auf, die auch etwas Zinnstein führen.

c) Nobgams

Die Zinnvorkommen von Nobgams liegen hauptsächlich im NW dieses Gebietes, das im allgemeinen keine sehr intensive Mineralisation zeigt. Durch einen Schacht wurde eine zinnsteinführende Zone auf-

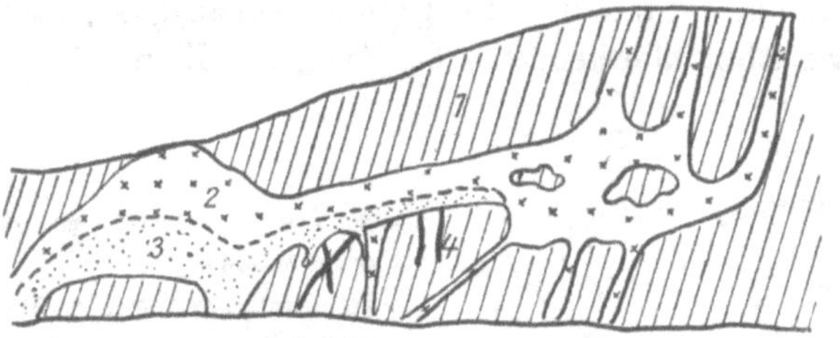

Abb. 38. Schematische Skizze einer Pegmatitinjektion im Schiefer des Flußufers bei Nobgams. Nach Frommurze und Schwellnus

geschlossen. Sie ist vom Pegmatit durch ein tonig zersetztes Schieferzwischenmittel getrennt und bis zu einer Tiefe von fast 20 m freigelegt. Der Zinnstein findet sich gerne in den muskovitreichen Partien, vielfach mit blauem Turmalin vergesellschaftet. Andere Pegmatite enthalten Zinnstein, grünen Turmalin und Lepidolith.

Etwa 800 m westlich von Nobgams, bei Otjompaue, kommt eine etwa 4 m mächtige Quarzlinze auf einem Pegmatit vor. In einer Tiefe von 10 m verschwindet sie und geht in einen stark vergreisten und turmalinisierten Pegmatit über, der sich durch sehr reichliche Zinnstein- und Schörlführung auszeichnet. Es konnten von hier mit Leichtigkeit Konzentrate von 72% Zinn hergestellt werden. Leider ist das Vorkommen sehr absätzig.

Abb. 38 zeigt in einem natürlichen Profil die Differentiation innerhalb einer Pegmatitinjektion.

Die Zinnfelder von Nobgams gehörten 1934 der South West African Mines Ltd. Die Aufbereitungsanlage besteht aus 5 Pochstempeln a 250 lbs. und einem James-Tisch. Die Leistungsfähigkeit beträgt etwa 2 Tonnen Erz pro Stunde. Das Erz hat einen durchschnittlichen Zinngehalt von 1—2%. Zeitweilig gewann man aus 250 Tonnen Erz 8 Tonnen Konzentrate mit 70% Sn.

d) Humdigams

In der Nähe von Humdigams befinden sich die Zinnwald-Schürffelder, auf denen die bedeutendste Zinngrube des Omarurugebietes arbeitet. Auf dem Nordufer des Omaruru tritt eine große Anzahl von Pegmatiten auf, von denen die meisten Zinnstein führen. Die gegenwärtigen Arbeiten beschränken sich jedoch auf einige wenige Pegmatite, die sich als die reichsten erwiesen haben. Wenn auch die einzelnen Pegmatitgänge keine große Länge haben, so kommt es doch durch Scharung zu beachtlichen Erstreckungen, in denen gleichaltrige Pegmatite zahlreiche Apophysen in das Nebengestein entsenden. Das Hauptvorkommen bildet ein Gang, der auf einer Länge von 40 m aufgeschlossen ist und auf dem, wie Abb. 39 erkennen läßt, der grobe Zinnstein auf

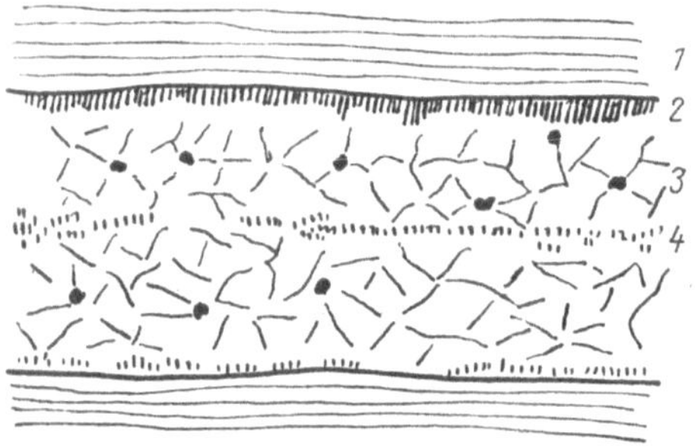

1 = Schiefer
2 = Salband mit orientiert gewachsenem Muskovit
3 = grobkörniger Pegmatit mit Muskovit und derbem Zinnstein
4 = feinkörniges aplitisches Material mit feinkörnigem Zinnstein und grünem Muskovit

Abb. 39. Skizze eines Pegmatitvorkommens in der Humdigams-Mine. Nach Schwellnus

die ganze Pegmatitmasse verteilt ist. Im gleichen Pegmatit findet man auch, in bänderartigen Zonen angeordnet, feinkörniges aplitisches Material, in dem feinkörniger Zinnstein mit viel Muskovit vergesellschaftet ist. In den grobkörnigen Pegmatitteilen kam es zur Ausbildung von Drusen, in denen schöne Beryllkristalle auftreten. Die mikroskopische Untersuchung des feinkörnigen Teiles ließ erkennen, daß Orthoklas, Quarz und Glimmer von einer zweiten Generation von feinkörnigem Quarz, Orthoklas, Mikroklin und Muskovit verdrängt werden. Schließlich verdrängt Lithiumglimmer den Muskovit, Zinnstein, Orthoklas und Quarz. Ab und zu findet man unter dem Mikroskop auch Zirkone. Man erkennt ferner, daß sich die Pneumatolyse unter Beteiligung von eisenhaltigen Gasen abgespielt haben muß, denn der Zinnstein ist oft von einem feinen Film von Eisenoxyd umgeben. Der Zinngehalt beträgt im Durchschnitt 4%. Man kann die Beobachtung machen, daß die stark vergreisten Gangteile meist keinen Zinnstein führen, wogegen solche, die kaum oder nicht vergreist sind, bis 8% Zinn enthalten können.

Da die Verwachsung des Zinnsteins mit dem Ganggestein eine sehr innige ist, mußte die Handscheidung durch eine naßmechanische Aufbereitung mit Pochstempeln ersetzt werden. Pumpen besorgen das nötige Wasser. Die Konzentrate enthalten im Durchschnitt 68—69% Zinn. Manche Sendungen enthielten auch bis zu 73% Sn.

Die Humdigams-Mine wurde 1930 stillgelegt, da beim damaligen niedrigen Zinnpreis ein Gewinn nicht zu erzielen war. 1934 wurde wieder gearbeitet und mittels Handarbeit durchschnittlich etwa 1 Tonne Zinnerzkonzentrate monatlich erzeugt. Gleichzeitig wurde die Aufbereitungsanlage wieder in betriebsfähigen Zustand gebracht. Die Kraft für die Aufbereitungsanlage wird von zwei Dieselmotoren (25 und 50 PS) geliefert. Sie besteht aus zwei Stempelbatterien mit je 5 Stempeln zu 750 lbs, 1 Wilfley-Tisch, 2 neuen James-Tischen für Sand und Schlämme, 2 Cornish-Erzwäschern und aus Spitzkästen. Die Anlage kann 10 t/Stunde durchsetzen. Für den Gesamtbetrieb waren 11 Weiße und 85 Eingeborene notwendig.

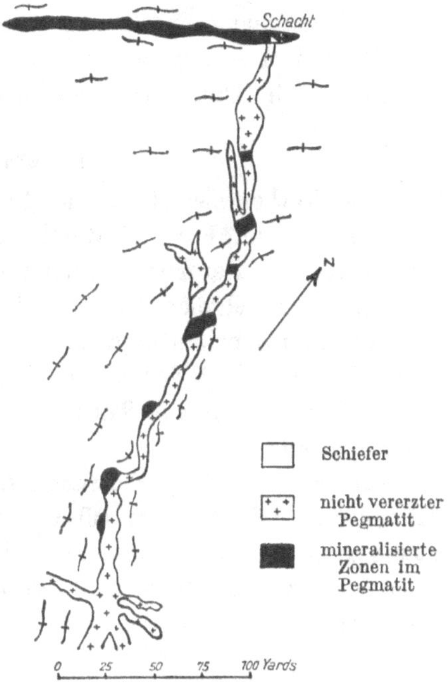

Abb. 40. Selektive Mineralisation eines Pegmatits auf dem Ganschow-Schurffeld bei Tsomtsaub. Nach Gevers

e) Tsomtsaub

Bei dem Zinnvorkommen von Tsomtsaub ist der Zinnstein in Glimmerbändern konzentriert, die parallel mit den Pegmatiten streichen. Ein häufiger Begleiter ist blauer Turmalin, desgleichen findet man auch oft in schmalen Adern Lazulit. Eisen- und Kupfersulfide sind ebenfalls häufig. Schörl fehlt auf diesen Vorkommen. Der Zinnstein ist ausgesprochen an jene Partien gebunden, in denen der Glimmer den Feldspat verdrängt. Manche der Mineralisationszonen sind anscheinend an NO—SW streichende Spalten gebunden, denn der Pegmatit ist typisch zonenhaft in dieser Richtung mineralisiert (Abb. 40). Der Metallgehalt dieses Vorkommens, Ganschows Schurffeld genannt, wurde auf 1% Sn geschätzt. Die Konzentrierung kann durch Handscheidung nicht erfolgen, da der Zinnstein zu feinkörnig und mit den Gangmineralien zu innig verwachsen ist.

Etwa 3 km von diesem Vorkommen entfernt, treten bis zu 2,5 km lange Gänge auf, die im NW-Teil sehr glimmerreich sind und wenig grünen Turmalin führen. Nach NO nimmt der Muskovit graduell ab unter entsprechender Zunahme des Feldspates, bis schließlich der Glimmer ganz verschwindet. Der Pegmatit ist im feldspatreichen Teil sehr grobkörnig, ebenso auch der Zinnstein, der dagegen am NW-Ende feinkörnig über die ganze Gangbreite verteilt ist. Das Vorkommen wurde etwa 1 km vom NO-Ende des Pegmatites durch einen Stollen von 25 m im Streichen aufgeschlossen. Der grobkörnige Zinnstein ist hier auf eine Gangbreite von fast 1 m verteilt. Etwa 700 m südlich dieses Vorkommens sind Turmalinpegmatite häufig. Sie führen zwar auch Zinn, doch sind gerade die breiten Stellen der Pegmatite zinnarm, so daß man die Untersuchungsarbeiten einstellte.

f) Meridas

Dieses Vorkommen stellt einen NO—SW streichenden Pegmatitzug dar, von dem ein Pegmatit durch einen Schacht von 13 m Tiefe aufgeschlossen ist. Der Zinnstein kommt hier in Nestern vor und kristallisiert in sehr schönen Visierzwillingen, die bis 15 cm lang sind. Die Aufschlußarbeiten ergaben einen konstanten Gehalt von durchschnittlich 1% Sn. Neben dem Zinnstein tritt häufig Muskovit auf, gelegentlich auch grüner Turmalin. In Drusen fand man sehr kleine Beryllkristalle.

Auf dem Schurffeld Florence Nr. 2 ist der Zinnstein mit sehr viel Glimmer und Schörl vergesellschaftet. Gelegentlich findet sich auch etwas Granat. Nördlich davon sind die Pegmatite gut vergreist, führen aber nur wenig Zinnstein. Zahlreiche Turmalinpegmatite kommen vor.

g) Paukwab

Die Zinnvorkommen von Paukwab liegen im Okombahe-Reservat im Omarurudistrikt unter 21 Grad 45 Minuten Breite und 14 Grad 45 Minuten Länge. Die Grube selbst befindet sich etwa 70 km westlich von Omaruru. Die Vorkommen wurden von Otto Ortner entdeckt. Verschiedene Arbeiten, zum Teil kleinere Schächte bis zu 10 m Tiefe, wurden durchgeführt und die eluvialen Seifen untersucht.

Im Laufe der Untersuchungen wurden folgende Analysen angefertigt:

Abb. 41: Da

Verlag Walter de Gruyter & Co., Berlin W 35
Deko VII zu Bürg, Minerallagerstätten von Deutsch Südwestafrika
Hergestellt im Reichsamt für Landesaufnahme, Berlin 1941

Zinngebiet (nach Gevers u. a.)

a	b	c	d	e
B-Schacht	4—5 Fuß	24 Zoll	2,16%	43,2 lbs
C-Schacht	30 „	34 „	3,22%	64,4 „
D-Schacht	24 „	33 „	2,73%	54,6 „
E-Schacht	Oberfläche	36 „	2,56%	51,2 „
F-Schacht		17 „	2,88%	57,6 „
G-Schacht		69 „	5,32%	106,4 „
H-Schacht		57 „	1,26%	25,2 „
Nordabteilung				
A-Schacht	14 Fuß	90 „	0,43%	3,6 „
Ostabteilung				
E-Schacht	10 „	42 „	0,31%	6,2 „

a = Orte der Probenahme
b = Tiefe
c = Breite des Ganges, über welche die Probe entnommen wurde
d = Gehalt an Zinn in Prozenten
e = Pfund Zinn, auf 1 short ton Rohhanfwerte umgerechnet.

Die Transportkosten des Erzes von Paukwab nach der Station Usakos betrugen 1921 4 s/100 lbs, konnten aber auf 2 s 6 d verringert werden, wenn der Wagen in beiden Richtungen Fracht mitnahm. Die Reise dauerte 3 Tage in einer Richtung. Die Arbeiter setzten sich aus Bergdamaras und Hereros zusammen. Die Männer verdienten 1921 1—5 £ pro Monat, die Frauen 15 s. Holz für die Grubenbaue ist vor allem am Omarurivier genügend vorhanden. Das Vorkommen wurde 1920 von der Protectorate Exploration Company London erworben, die mit einem Kapital von 100000 £ die Untersuchungen begann.

Das Paukwabgebirge erstreckt sich in einer Länge von 7 km und einer Breite von 1,5 km in NNO—SSW-Richtung. Die Zahl der Pegmatite ist sehr groß. Auf einem flächenbeschränkten Gebiet wurden über 400 gezählt. Das Gelände ist stark gewellt und weist einen unterschiedlichen Pflanzenwuchs auf. Auf dem Granit gedeiht Buschwerk, der Schiefer hingegen ist vegetationslos.

Geologisch setzt sich das Paukwabgebirge aus Schichten des Damarasystems, in die der Salemgranit in Form einer Antiklinale intrudierte, zusammen. Große Olivindiabasgänge treten im Westen am Kontakt zwischen Granit und Schiefer auf. Daneben kommen Phyllite, Knoten- und Glimmerschiefer und etwas Hornfels vor (Abb. 41).

Im Jahre 1937 wurde das Gebiet intensiv bearbeitet; der Abbau bewegte sich hauptsächlich auf den eluvialen Seifen, auf denen man im Monat durchschnittlich $1^1/_4$ t Zinnerzkonzentrate gewann. Meist geschah das Waschen von Hand. Nur in einem Falle wurden auch Gerinne verwendet. Die Konzentrate enthielten im Durchschnitt 72% Sn.

Neben den Pegmatiten findet man auch Aplite, die älter als jene sind. Wo der ältere Aplit vom jüngeren Pegmatit geschnitten wird, haben sich Mineralisationszonen ausgebildet, die meist recht reich waren. Die Pegmatite kommen sowohl im Granit als auch im Schiefer vor, wo sie gewöhnlich mächtiger sind. Oft findet man bis 1,50 m mächtige Linsen, die sowohl im Streichen als auch nach der Tiefe ein gutes Anhalten zeigen. Der größte Teil des Zinnsteines wurde in den Pegmatiten der Granite gefunden.

Die Vorkommen im Granit haben ein verschiedenes Streichen und weisen oft Zonarstruktur auf. Der obere Teil ist grobkörniger ausgebildet mit viel Feldspat und Quarz in schriftgranitischer Verwachsung und gleichzeitiger Anreicherung von Muskovit. Auch findet man hier Bänder von Schörl mit Granit und Topas. Nach der Tiefe zu folgt ein feinkörnigeres aplitisches Material mit Zinnstein und Schörl. Diese Vergesellschaftung ist charakteristisch für das Vorkommen von Paukwab. Entweder verdrängen Schörl und Zinnstein zusammen den Feldspat oder es gehört der Zinnstein einer späteren Phase an und verdrängt den Schörl. Die Pegmatite in der Nähe des Kontaktes Granit-Schiefer sind granatreich und führen auch kleine Beryllkristalle.

Für die Pegmatite im Schiefer ist die Vergesellschaftung von Muskovit und Zinnstein charakteristisch. Die Mineralisation beschränkt sich hier auf die Salbänder und besteht meist aus großen Muskovittafeln, Lithiumturmalin, Zinnstein und gelegentlich Beryll. Der Zinngehalt war in einer Tiefe von 7 m oft nicht mehr bauwürdig.

Das wichtigste Vorkommen dieser Art befindet sich auf dem Waldron-Schurffeld, wo eine Linse von fast 1 m Mächtigkeit auf 600 m Länge verfolgt werden konnte. In einem Schacht von 35 m Tiefe konnte ein durchschnittlicher Zinngehalt von 1% nachgewiesen werden. Der Zinnstein ist so fein verteilt, daß er durch einfache Siebaufbereitung nicht gewonnen werden kann. In der Verlängerung der Streichrichtung dieser Lagerstätten liegen die Meridasvorkommen, die einen ähnlichen Charakter aufweisen.

Die eluvialen Vorkommen bedecken eine Fläche von fast einem Quadratkilometer bei einem Gehalt von 1—1½ lbs. Zinnstein je Kubikyard. Hier fand man auch kleine Stückchen von ged. Wismut. Die Eingeborenenfrauen erzeugen durch einfache Handaufbereitung Konzentrate von 72% Sn.

h) Goldfuß-Schurffeld

Auf dem alten Wege nach Okombahe, südlich der noch zu beschreibenden Thelma-Mine, streichen einige Pegmatite aus, die sehr quarzreich und feinkörnig sind. Orthoklas ist auch vertreten. Die Umgebung der Pegmatite ist stark serizitisiert und kaolinisiert. Der Zinnstein bildet dunkelrote durchscheinende Kristalle, die einen kurzen tafeligen Habitus aufweisen. Vergesellschaftet ist er mit etwas Lepidolith und mit langen, prismatischen, lichtblau pleochroitischen Klinozoisiten. Neben diesen Pegmatiten sind auch turmalinisierte Linsen und Aplite häufig. Die Untersuchungen haben kein wirtschaftlich zufriedenstellendes Ergebnis gezeitigt.

i) Nareis

Das sogenannte Jetske-Schurffeld liegt zwischen Paukwab und der Thelma-Mine auf der Farm Okombahe Nr. 112. Grobkörniger Zinnstein tritt zusammen mit langen Rubellitkristallen und größeren Massen von Lepidolith auf. Sie bilden mit Quarz und Feldspat die Ausfüllung der glimmerreichen Pegmatite.

k) Thelma-Zinngrube

Auf dem Grubengebiet der Thelma-Zinngrube erscheint ein mittelkörniger rötlicher Granit, der größere Linsen eines grobkörnigen

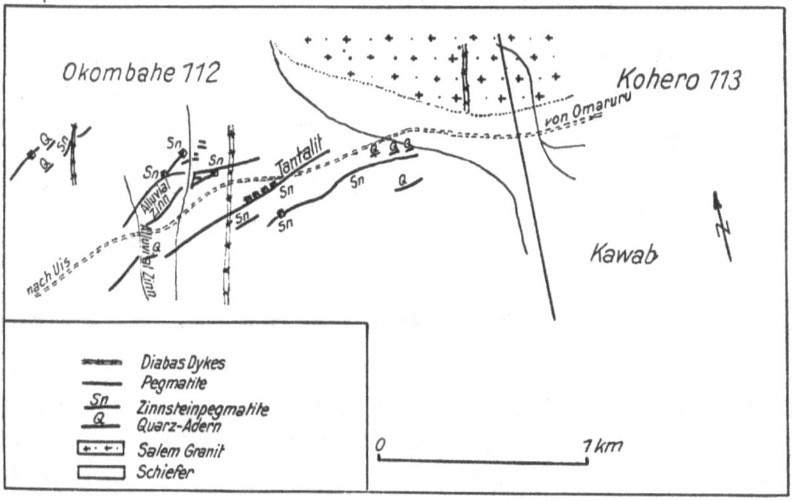

Abb. 42. Die Thelma-Zinnmine. (Nach Haughton)

Granites einschließt. Die Randpartien sind porphyrisch ausgebildet. Im Schiefer und in der Nähe des Granites treten ziemlich stark vergreisente Pegmatite auf, von denen die feinkörnigeren Feldspatpegmatite reich an Muskovit sind und auch Zinnstein führen (Abb. 42). Auf einer Linse von fast 100 m Länge und 1—1,20 m Mächtigkeit an der

Oberfläche wurde ein Schacht von 25 m abgeteuft. Der Zinnstein ist immer mit Muskovit vergesellschaftet. In einem anderen Pegmatit fand man in der Nähe des Zinnsteins viel Hämatit. In letzterer Zeit wurde auch etwas Tantalit nachgewiesen. Die eluvialen Vorkommen sind klein.

l) Kohero (vgl. Tafel VI)

Besitzerin im Jahre 1910: Die Central Mining and Investment Corporation.

Mehrere größere Pegmatite weisen dort eine gute Vererzung auf, wo ihr Streichen in das der Schiefer einlenkt (Abb. 43). Gleichzeitig

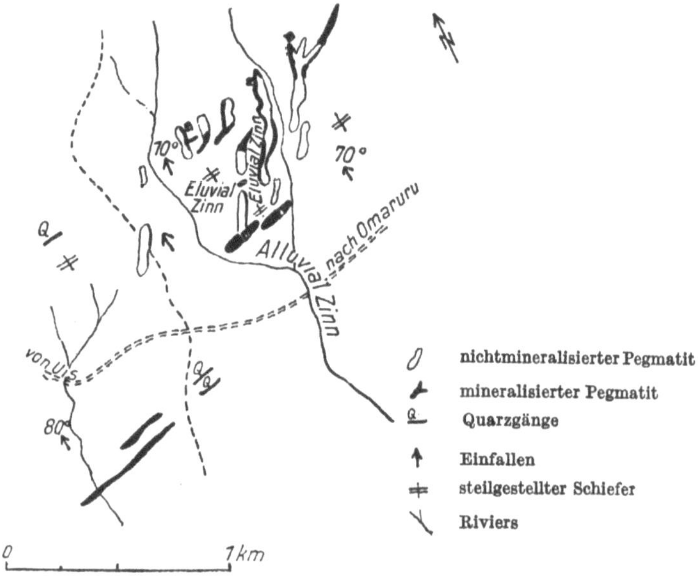

Abb. 43. **Kohero Zinnmine.** (Nach Schwellnus)

kann man an diesen Stellen auch eine starke Greisenbildung beobachten. Der Zinnstein ist mit Muskovit an den Salbändern der Pegmatite konzentriert. Mit dem Zinnstein kommt gelegentlich auch Rubellit vor. Einige Pegmatite lassen folgende Verhältnisse erkennen: In der Mitte befindet sich Quarz mit Lepidolith, am Salband, wo der Pegmatit stark vergreisent ist, Zinnstein mit Rubellit, etwas Kalkspat und Flourit, die auch von geringen Mengen Pyrit und Biotit begleitet sein können. Durch mehrere Schächte konnte nachgewiesen werden, daß die Zinnsteinführung nicht nur in der Horizontalen, sondern auch in der Vertikalen eine sehr unregelmäßige ist. Mit einem Schacht, der eine Tiefe von 33 m erreichte, traf man bei 20 m auf eine Verarmung an Zinnstein, der nach 3—4 m wieder zunahm, um dann wieder abzunehmen. Manche Pegmatite hörten in einiger Tiefe ganz auf und gingen in eine mineralisierte Gesteinszone mit Turmalin und Zinnstein über. Die meisten Pegmatite hatten nur einen Durchschnitt von 0,2—0,3% Zinn und wurden deshalb nicht bearbeitet. Auf den eluvialen Vorkommen ist der Zinnstein oft mit Magnetit vergesellschaftet, der den Schiefern entstammt, so daß eine magnetische Aufbereitung vorgenommen werden mußte. Etwa 120 t Zinnerzkonzentrate mit 70% Sn wurden auf den Seifen erzeugt.

Auf dem Schurffeld Neu-Kohero I haben quer zum Streichen der Schiefer verlaufende Pegmatite solche, die parallel dazu verlaufen, mineralisiert (Abb. 44).

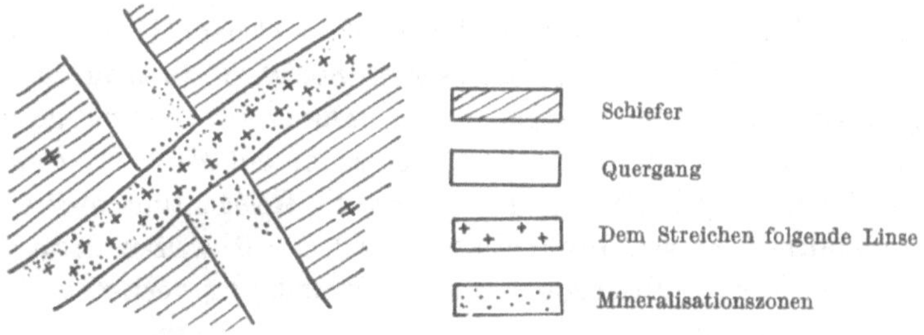

Abb. 44. **Skizze zweier Pegmatitgenerationen auf dem Neu Kohero Schurf I. Nach Haughton u. a.**

Etwa 2 Meilen nordnordwestlich der Kohero-Zinnmine befindet sich Stöckles Schurffeld. Hier treten die Pegmatite etwas zurück und man findet zahlreiche Quarzgänge, an die auch die Vererzung gebunden ist. Die Gangausfüllung besteht neben Quarz im wesentlichen aus Glimmer, mit dem auch der Zinnstein auftritt, und ab und zu etwas Schörl. Auf einem Quarzgang kommt Tantalit vor. Das Auftreten des Zinnsteins ist sehr absätzig, so daß die Untersuchungsarbeiten wieder eingestellt wurden.

Im westlichen Teil Koheros, etwa 5 km davon entfernt, befinden sich die Oosthiuzen Schürffelder. Biotit- und muskovitführende Pegmatite streichen in NO—SW-Richtung. Der Zinnstein befindet sich nicht auf den Pegmatiten selbst, sondern mit Muskovit vergesellschaftet in Quarzlinsen. Schon nach einigen Metern war der Zinngehalt zu gering und ein Abbau daher nicht rentabel. Etwa 1,5 km östlich von diesem Vorkommen treten Pegmatite auf, in denen man Zinnstein mit Tantalit und Schörl fand.

Die östlichen Kohero-Zinnfelder sind unter dem Namen Müllers Schurffelder bekannt. Sie liegen etwa 3 km nordöstlich der

Kohero-Zinngrube. Zwischen zahlreichen Turmalinpegmatiten treten einige Quarzgänge auf, die im Ausbiß durch oxydische Kupfererze grün und blau gefärbt sind. In einer Tiefe von 6 m traf man den ersten Zinnstein, der hier mit Kupferkies und Bornit zusammen vorkam. Turmalin und Muskovit fehlten auf diesen Gängen. Im westlichen Teil der Felder fand man auf einem Pegmatitgang Quarz, Orthoklas, Muskovit, etwas Mikroklin, Zirkon, Topas und Triplit, begleitet von kleineren Nestern von Zinnstein. Aus einem Quarzreef wurde Zinnstein mit Kupferkies und Bornit im Gesamtgewicht von 38 t gewonnen. Vor dem Kriege arbeitete hier die Anglo-German Tin Ltd. mit gutem Erfolg. Diese kleine Mine lieferte insgesamt 120 t Zinnerzkonzentrate mit 70% Sn. In einer Tiefe von 30 m keilte der Pegmatit aus.

Schließlich fand man auf der Farm Kawab Nr. 117 am Kontakt des Salemgranits mit den kristallinen Schiefern turmalinführende Pegmatite, die auch Zinnstein aufwiesen. Dieser war stets mit größeren Mengen von Muskovit vergesellschaftet sowie mit Rubellit, kleineren Mengen von Beryll, Fluorit und Kalkspat. Gelegentlich auftretende Pseudomorphosen von Brauneisenerz nach Pyrit weisen darauf hin, daß auch die hydrothermale Phase der Erzbildung vertreten ist.

m) Tjirundo-Kompaneno (vgl. Tafel VII)

Im westlichen Teil des Tjirundo-Kompaneno-Gebirges bedeckt die Marmorserie des Damarasystems größere Flächen. In sie drangen zahlreiche Turmalin- und Zinnsteinpegmatite ein. Dadurch entstand eine für diese Gegend charakteristische Mineralisation, die am besten in der Kristallmine zu studieren ist. Diese liegt im nördlichen Teil des Gebietes auf dem linken Ufer des Okandjou- oder Entendero-Riviers. Neben zahlreichen kleineren Flecken von porphyrischem Granit findet man viele Aplite und Pegmatite, die oft Turmalin und Zinnstein in bescheidenem Umfang führen. Größere Mengen von Zinnstein sind an die in den Pegmatiten auftretenden Quarzlinsen gebunden. Auf ihnen ist der Zinnstein mit Bornit, Magnetkies, Kupferkies, Tetraedrit und Pyrit vergesellschaftet. In den obersten Teufen findet man häufig Markasit, Azurit und Malachit. Der Zinnstein verdrängt den Kalkstein an vielen Stellen metasomatisch und bildet zum Teil derbe Massen von einigen hundert Pfund Gewicht. Auf diese Weise konnten Anreicherungen bis zu 9—10 t Erz mit 72% Zinn gewonnen werden. Oft bildet der Zinnstein an solchen Konzentrationsstellen 10—12 cm breite Zonen am Salband des Ganges und ist von einem breiten Streifen Hämatit begleitet (Abb. 45). In der pegmatitischen

Masse kommt Zinn in mikroskopischer Verteilung vor. In einer Tiefe von etwa 8 m verschwand die gesamte Mineralisation und der Pegmatit ging in den porphyrischen Granit über.

In der Umgebung der Kristall-Mine finden sich auch kleinere eluviale Seifen, die etwa 20 t hochprozentige Konzentrate geliefert haben. Auf der Mine selbst wurden bis 1938 etwa 28 Tonnen hochwertiger Zinnerzkonzentrate gewonnen. Der Abbau ist durch das absätzige Auftreten des Zinnsteins schwierig. Oft zeigen kleine grünlich gefärbte, mit chloritischem Material erfüllte Spältchen im kristallinen Kalk den Anbruch von reichen Zinnerzen an.

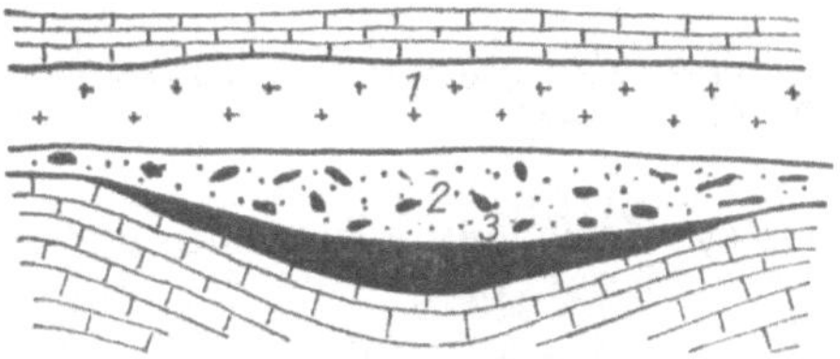

Abb. 45. Schematische Skizze einer Eisenoxyd- und Zinnsteinsegregation in einem Pegmatit der Kristall-Zinn-Mine. Nach Schwellnus

Neben den Vorkommen in den kristallinen Kalken findet man auch zahlreiche Pegmatite in den kristallinen Schiefern. Diese sind weniger intensiv vererzt, dafür enthalten sie aber den Zinnstein gleichförmiger auf die ganze Masse des Pegmatits verteilt. Häufig ist der Zinnstein an Turmalinpegmatite gebunden, die eine recht große streichende Erstreckung erreichen können. Auf Bremers Schurffeldern kommen auch Wolframit und Scheelit vor. Parallel zu den Pegmatiten streichen mehrere Quarzlinsen, die aber keinen Zinnstein enthalten. Lepidolith fand man auf einem wolframit- und zinnsteinführenden Pegmatit in der Nähe der Abzweigung des Weges nach Omaruru und Kohero. Der Pegmatit war hier stark vergreisent. In der Nachbarschaft der Farm Kompaneno 104 kommen zahlreiche Quarzlinsen vor, die stark turmalinisiert sind und neben Zinnstein auch Wolframit führen. Ein Pegmatit mit recht hohen Zinngehalten befindet sich etwa 75 m nördlich der Wegabzweigung Kohero-Ondundu. Er ist stark vergreisent und lepidolithführend. Der Zinnstein ist jedoch feinkörnig und so innig mit dem Gangmaterial verwachsen, daß eine Handscheidung nicht möglich und die Gewinnung trotz Gehalten bis zu 8%, wie man sie in einer Tiefe von 1 m fand, nicht rentabel war. Eine gleich feine Verteilung zeigt der Zinnstein auf den Gouwsschen Schurffeldern.

Schließlich kommen auch Pegmatite vor, auf denen der Zinnstein mit Kupfersulfiden vergesellschaftet ist. Auf der Farm Okandjou Nord 105 fand man in den Greisenpartien eines Pegmatits am

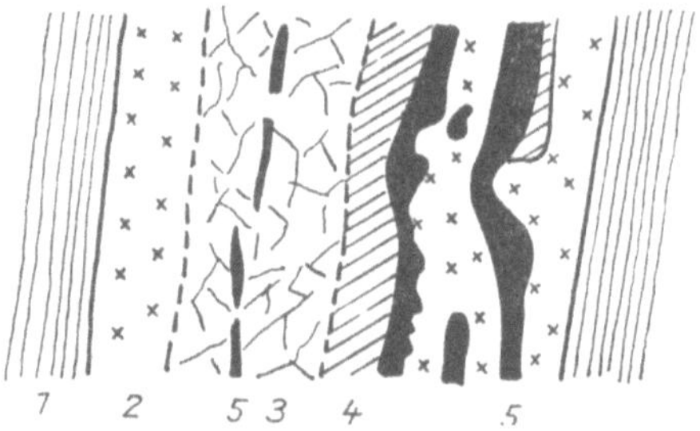

1 = Schiefer
2 = Quarz
3 = Feldspat und Quarz
4 = Muskovit
5 = Zinnstein

Abb. 46. Querschnitt eines Pegmatites von Okandjou Nord 105 (natürliche Größe)
Nach Schwellnus

Salband lagenförmigen Zinnstein (Abb. 46). Turmalin fehlte auf diesem Vorkommen.

3. Die südliche Zentralzone

a) Die Zinnvorkommen des Kranzberges (vgl. Tafel VIII)

Der Kranzberg bildet eine etwa 500 m hohe Erhebung ca. 19 km südwestlich von Omaruru. In seinem nördlichen Teil, im Gebiete des porphyrischen, häufig turmalinisierten Salemgranites und der kristallinen Schiefer, befinden sich die Zinnvorkommen. Die Kuppe des Kranzberges selbst besteht aus jüngeren Sedimenten.

Der Zinnstein tritt auf verschiedenen Lagerstätten auf:

α) In den Sedimenten des Kranzberges kann man neben einer intensiven Turmalinisierung auch Pegmatite und Aplite beobachten, die in Kontaktnähe mit den viel älteren Damaraschichten mineralisiert sind. Die Mächtigkeit der vererzten Zone beträgt etwa 80 Fuß (24 m) und erstreckt sich vom nördlichen Rand des Kranzberges aus in südlicher Richtung. Der Zinnstein ist an die reich turmalinisierten Partien gebunden, in denen folgende Ausscheidungsfolge beobachtet werden konnte: Turmalin — Beryll — Zinnstein — Quarz — Flußspat. Diese Vorkommen wurden als Explosionsbrekzien gedeutet, in denen die oben erwähnten Minerale das Kittmaterial bilden. Der Zinnstein findet sich zusammen mit Turmalin und Beryll in Hohlräumen. Meist bildet er gut ausgebildete zonare Kristalle. Braune und lichter gefärbte Zonen wechseln sich gegenseitig ab, wobei die letzte Zone häufig farblos ist. Die Berylle sind fahlgrün, die Turmaline bräunlich mit grünem Querschnitt oder bläulich gefärbt. Der Tieftemperaturquarz ist nach dem Zinnstein in verschiedenen Generationen abgelagert worden. Der Flußspat bildet blaßgrün bis blaßblau gefärbte Kristalle. Gelegentlich fand man auch Opal.

β) Im südöstlichen Teil des Kranzberges (s. Tafel VII) fand man ein konisch geformtes Vorkommen vulkanischer Brekzie, die nachträglich durch Turmalin verkittet wurde. Gleichfalls tritt auch der Zinnstein in feiner Verteilung in dieser Zwischenmasse auf. Die größten Durchmesser der Röhre sind 80 und 40 m. Der Zinnstein wurde vornehmlich am Rande des Schlotes abgelagert. Die gleichen Verhältnisse weist auch ein weiterer Vulkanschlot auf. An der Peripherie führt er grobkristallinen rubinroten Zinnstein.

γ) In nicht allzu großer Entfernung vom Kranzberg in südwestlicher Richtung fand man einen an Zinnstein reichen Gang, der mit einem Vulkanschlot in Verbindung steht.

δ) Etwa 4—5 km nordwestlich vom Kranzberge kommen einige Quarz-Turmalingänge, die Zinnstein führen, im porphyrischen Salem granit vor. Die Mächtigkeit ist sehr verschieden. An manchen Stellen bestehen die Gänge aus reinem Quarz. Der Zinnstein ist besonders an die turmalinreichen Partien der Gänge gebunden. Diese werden oft von Chalzedon und Jaspisbändern durchzogen. Der Zinnstein ist meist grobkörnig und bildet knieförmige Zwillinge. Seine Farbe ist bräunlichgeb, der Glanz metallisch. In Hohlräumen fand man gelegentlich größere Mengen Zinnstein. Gänge, die oben nur aus Turmalin bestehen, können in der Tiefe in Quarz-Turmalingänge übergehen und sind dort reich an Zinnstein. Nach P a r t r i d g e kann man zwei Arten von Quarz-Turmalingängen unterscheiden. Die eine Art besitzt keine Bänderung, der Turmalin ist bläulich und ist das zuerst ausgeschiedene Mineral. Diese Gänge enthalten weder Beryll noch Zinnstein. Opal kommt gelegentlich vor, und von Hämatit umgebene Rosetten von Muskovit sind häufig. Die zweite Art ist gebändert. Die Bänderung entsteht durch die Abwechslung von zinnstein- und turmalinreichen Zonen. Auch hier ist der Turmalin die Erstausscheidung und besitzt eine bläuliche Farbe. Beryll fehlt. Quarz tritt gern mit Turmalin auf und verdrängt diesen. Der gleichzeitig mit anwesende Zinnstein bleibt dabei unverändert.

Schließlich kommen auch reine Quarzgänge mit langprismatischen Turmalinkristallen und Zinnstein von graulicher Farbe vor.

ε) 4 km nordöstlich vom Kranzberg bildet der Zinnstein Drusenausfüllungen in einem quarzreichen Pegmatit. Er ist mit Schörl vergesellschaftet. Das Auftreten von Azurit, Malachit und Brauneisen weist darauf hin, daß in größerer Tiefe auch Sulfide vorkommen müssen. Parallel zu diesen Pegmatiten verlaufen stark turmalinisierte Quarzadern, die kleine Mengen von Wolframit enthalten.

Von Interesse ist schließlich das Auftreten von Zinnstein in Schmitzen auf kleineren Gängen eines Porphyrites, der in den Salemgranit intrudierte und auch dessen Pegmatite schneidet. Der Zinnstein wird von Turmalin und Flußspat begleitet. Zinnstein und Turmalin treten auch in Gängen am Kontakt des Porphyrits mit dem Granit auf.

b) Davib

In der Umgebung von Davib herrschen mächtige pegmatitische Quarzkörper vor, die in die Pegmatite eindrangen. Der Zinnstein ist auf die Verdrängungszonen um den Quarz begrenzt. Große Triplitblöcke begleiten den Zinnstein. Auf einem Gang wurde eine Zinnsteinmasse von 500 englischen Pfund Gewicht gefunden. In seiner Umgebung war eine starke Greisenbildung zu beobachten. Der Zinnstein war von Columbit, Wolframit, Monazit und Molybdänglanz begleitet. Im Jahre 1920 erwarb die „Goabeb Tin Ltd." für 60000 £ einige Felder.

c) Kainachab, Chatpütz, Ameib, Goabeb

Die Schieferzone von Kainachab wird im Süden vom Postsalemgranit begrenzt. Sie enthält sehr viele konkordant streichende Pegmatite, die in der Nähe des Granits grobkörnig und turmalinreich, weiter entfernt davon feinkörnig sind und viel Zinnstein und Muskovit enthalten. Quer- und Diagonalgänge sind seltener, wellenförmige Intrusionen wurden noch keine beobachtet.

Die gleichen Verhältnisse herrschen auch bei Ameib und Chatpütz vor, nur das hier die wellenförmigen Pegmatite häufiger auftreten. Der Zinnstein konzentrierte sich in den Wellenbergen, so daß diese Pegmatite sehr rasch nach der Tiefe vertauben. Bei Ameib wurde durch einen Schürfschacht von 30 m Tiefe ein 0,50 m mächtiger Pegmatitgang erschlossen, dessen Salbänder aus feldspatreichen Zonen mit örtlich vorkommendem Muskovit bestanden. In der Innenzone fand man reinen blauen Quarz. An der Grenze dieser beiden Zonen trat der Zinnstein auf. Manche Pegmatite enthielten neben Zinnstein auch Schörl und Apatit.

d) Onguati

Der geologische Bau der Umgebung von Onguati ist gleichfalls durch kristalline Schiefer, Granite und Marmore bestimmt. Der

Granit ist von Pegmatiten förmlich durchschwärmt. Auf mehreren Pegmatiten fand man zusammen mit dem Zinnstein rötlichen und blauen Turmalin.

e) Omaruru-Kop

Etwa 1,5 km nordnordwestlich von Omaruru-Kop, das ca. 5 km ostsüdöstlich von Omaruru liegt, kommt eine große Anzahl von Pegmatiten und Quarzlinsen vor, die aber nur selten pneumatolytisch vererzt sind. In manchen Quarzlinsen fand man rubinroten Zinnstein. Dieser tritt auch in den Salbändern der Eisenturmalinpegmatite auf. Er kann hier 5—8 cm breite derbe Bänder in den bis zu 3 m mächtigen Pegmatiten bilden. Apatit ist ein häufiger Begleiter des Zinnsteins. Aus eluvialen Vorkommen wurden 3—4 Tonnen hochwertige Konzentrate gewonnen. Die Arbeiten auf den Pegmatiten wurden eingestellt, weil durch das absätzige Auftreten des Zinnsteins ein zu geringer Durchschnittsgehalt erzielt wurde.

4. Die Südzone

a) Otjimbojo

Dieses Vorkommen liegt auf der Etirofläche, einer Ebene, aus der mehrere Inselberge aufragen. Die Umgebung wird im wesentlichen aus kristallinen Schiefern aufgebaut, in denen zahlreiche Pegmatite auftreten. Im Osten ist diese Schieferzone durch den Granit von Otjikatjongo begrenzt, der von einem Marmorzug abgelöst wird. Der Marmor schmiegt sich auch in einem südlichen Zug an das Gebiet. Die Pegmatite kommen als Lagergänge, aber auch als diskordante Quer- und Diagonalgänge vor. Sie führen in der Nähe des Granits Turmalin, wogegen der Zinnstein häufiger an die Schiefermulde gebunden ist. Die turmalinreichen Partien beginnen oft schon im Granit selbst. Einige Pegmatite treten auch im Marmor auf. Man kann hier nach der Turmalinisierung eine intensive Greisenbildung mit Zinnstein, Lepidolith und Rubellit beobachten. Etwas silberreicher Wismutglanz wurde auch gefunden. In der Nähe kommen goldhaltige Sulfidgänge mit Bleiglanz, Pyrit und Kupferkies vor.

Im Jahre 1912 wurden $23^1/_3$ t mit $72{,}2^0/_0$ Sn, 1913 21,5 t Zinnerzkonzentrate gefördert.

b) Irles Feld

In kristallinen Kalken treten mehrere, von großen Quarzkörpern durchdrungene Pegmatite auf. Sie sind weitgehend turmalinisiert und vergreist. Die Greisenbildung ist jünger als die Turmalinisierung und mit ihr hat sich auch der Zinnstein abgesetzt. Vergesellschaftet ist dieser mit Lepidolith und Rubellit, wogegen Paragenesen von Zinnstein und Schörl nicht beobachtet wurden. Die schön gefärbten Rubellite sitzen oft direkt auf den Zinnsteinkristallen. In den Lepidolith-Greisenbändern findet man häufig etwas silberhaltigen Wismutglanz, der meist am Kontakt mit dem pegmatitischen Quarz auftritt. Etwa 150 m vom Hauptvorkommen entfernt liegt ein 60 cm mächtiger reiner Lepidolithgang vor. Weiterhin befinden sich in der Nähe kleinere Gänge mit Kupferkies, Bornit, Malachit und Azurit. Desgleichen kommen im kristallinen Kalk schmale Trümer mit Bleiglanz und goldhaltige kupfer- und eisensulfidführende Quarzadern vor.

Bei den übrigen Zinnvorkommen herrschen die gleichen Verhältnisse wie bei den bisher beschriebenen. In den meisten Fällen ist kaum etwas Näheres über sie bekannt.

5. Die Zinnvorkommen außerhalb des eigentlichen Zinngebietes

Es erscheint möglich, daß bei einer genauen lagerstättenkundlichen Durchforschung der Kolonie noch weitere Zinngebiete entdeckt werden. Vereinzelte bisher bekannt gewordene Funde aus petrographisch ähnlich aufgebauten Gegenden kennt man im Nordwesten des eigentlichen Zinngebietes, wo das Vorkommen von Kubugabis bekannt ist, dann im Südwesten, wo sich die Arandisgrube befindet, und schließlich ganz im Süden, wo im Warmbaddistrikt bei Hogeis Zinnstein auftritt. Schließlich ist noch Eluvialzinn bei Tsumis südlich Rehoboth festgestellt worden.

Die Zinnvorkommen von Arandis

Etwa 30 km nördlich von Arandis, einer Eisenbahnstation in der Namib und 64 km von Swakopmund entfernt, wurden Ende der zwanziger Jahre die Zinnvorkommen von Arandis durch Stiepelmann entdeckt. Er verkaufte die Zinngrube „Annaberg“ an die Oversea Trust Corporation Ltd. für 20000 £. Es handelt sich hier um ein Vorkommen, das nur dadurch, daß es zufällig räumlich an einen parallelen Zug von Diabasgängen gebunden ist, vor der Abrasion bewahrt wurde. Es liegt in einem Band von stark gefalteten kristallinen Schiefern und Kalken. In die Falten intrudierte der Hauptgranit mit seiner porphyrischen Phase, in deren Gefolgschaft sich auch Aplite und Pegmatite bildeten.

Die Hänge sind mit windpolierten Erzbrocken des eisernen Hutes bestreut, die Eisenoxyde, Eisenkiesel, Jaspis und Chalzedon führen.

Die sulfidische Zone beginnt bereits 3—4 m unter dem gewachsenen Boden.

Wie überall im Zinngebiet, so handelt es sich auch hier um viele kleine Vorkommen, die sich in größere Züge einordnen lassen. Nach Ramdohr waren 1936 schon über 60 Einzelvorkommen in Schürfen bis zu 20 m Tiefe erschlossen. An mehreren Stellen kommen nur taube Turmalinpegmatite vor, auf denen man Partien mit reinem Rosenquarz fand, sonst Zinnerzpegmatite und schließlich solche Pegmatite, die neben Zinnstein auch reichlich hydrothermale Erze führen.

Nach Ramdohr handelt es sich, dem Mineralbestand entsprechend, um kontaktpneumatolytische Bildungen in Gestalt von Erzschläuchen im Marmor, die unmerklich in mehreren Stadien in hydrothermale übergehen. Ihr Mineralbestand ist sehr artenreich und enthält einen auffallend großen Anteil an Sulfiden, besonders an Magnetkies. Von den mehr als 60 verschiedenen Mineralien sind die wichtigsten folgende: Kalkspat, Dolomit, Quarz, Graphit, Mikroklin und Orthoklas, Plagioklase, Pyrit, Rutil, Zirkon, Apatit, Titanit, Glimmer, Zinnstein, Magnetkies, Diopsid, Magneteisen, Turmalin, Skapolith, Chondrodit, Danburit, Scheelit, Axinit, Vesuvian, Flußspat, Arsenkies (sehr selten), Tremolit, Kupferkies, Wismut, das merkwürdige, nur von hier bekannte grüne Zinnsilikat, Arandisit, Zinnkies und die vielen Minerale der Verwitterungszone.

Der Zinnstein liegt zum Teil als „Feinzinn" vor, so daß bei der primitiven Aufbereitung ziemlich viel Erz verloren geht. Er gehört den verschiedensten Bildungsphasen an. Der Zinnstein der Pegmatite zeigt große Ähnlichkeit mit dem des eigentlichen Zinngebietes. Er ist dunkel gefärbt und stark pleochroitisch. Der Zinnstein der Kontaktpneumatolyse ist weitaus der häufigste und findet sich neben Quarz, Magnetkies und Turmalin zum Teil auch außerhalb der Schläuche im Marmor. Die Kristalle können bis 10 cm im Durchmesser besitzen und Aggregate von mehreren Zentnern Gewicht bilden. Sie sind schwach gefärbt, die Außenzone ist oft wasserklar. Nun folgt eine Phase, in der sich Zinnkies bildete, danach zusammen mit Kupfer und Wismut wieder Zinnstein in säuligen, nicht nadeligen Kristallen von licht-braungelber Farbe. Bei noch weiter sinkender Temperatur entstand der Arandisit. Schließlich bildete sich der späthydrothermale Zinnstein, der alle Merkmale des typischen Nadelzinns erkennen läßt. Er tritt in Büscheln von ganz dünnnadeligen Kristallen auf und ist fast farblos. Außer Zinnstein und Zinnkies kommen noch andere Zinnmineralien, wie Nordenskiöldin $CaSn(BO_3)_2$, der schon erwähnte Arandisit und Kolbeckin-Herzbergit SnS vor.

6. Die eluvialen Zinnseifen

Fast jedes größere primäre Zinnvorkommen ist auch von eluvialen Seifen begleitet, die meist so reich sind, daß sie mit den schon erwähnten primitiven, trockenen Aufbereitungsmethoden ausgebeutet werden konnten. Sie waren aber stets so klein, daß sich eine Auswertung durch größere Anlagen nicht rentiert hätte. Die meisten Seifen sind heute schon abgebaut. Der Zinnstein findet sich in ihnen zusammen mit den gleichen Begleitmineralien wie auf den Gängen und ist daher örtlichen Schwankungen unterworfen. Auf sehr vielen fand man auch Gold, das auf den Zinnsteinpegmatiten noch nicht beobachtet wurde. Wolframit ist meist auf eigenen Seifen konzentriert.

7. Die charakteristischen Mineralien der einzelnen Zinnvorkommen

Um eine Übersicht über die Mineralkombinationen des Zinngebietes zu erhalten, deren Kenntnis für den Prospektor von Bedeutung ist, wurden die besser studierten Vorkommen in einer Tabelle (Tabelle 15) zusammengefaßt. In dieser sind das Haupterz (ein Kreis mit einem Kreuz) und die Hauptgangart (ein schwarzer Kreis) besonders hervorgehoben. Dadurch werden eigenartige genetische Verhältnisse sichtbar. Sie bestehen darin, daß in der nördlichen Hauptzone (Neineis — Müllers Schurf) in der südöstlichen Ecke hauptsächlich Feldspatpegmatite auftreten; in nordwestlicher Richtung herrschen die Muskovitpegmatite vor und schließlich beenden diese Zone im Nordwesten die Quarzpegmatite. Außerdem ist besonders gut die merkwürdige Rolle des Erongogebirges zu erkennen, die sich darin äußert, daß hier hauptsächlich Quarzpegmatite mit mehr oder weniger Turmalin vorkommen und der Wolframit den Zinnstein zum Teil vollständig verdrängt. Ganz allgemein kann man feststellen, daß von Westen nach Osten fortschreitend eine Verquarzung stattfindet, mit der Hand in Hand eine Zunahme des Wolframits, der im Westen ganz fehlt, vor sich geht.

Aus der Tabelle ist zugleich auch der Extensitätsgrad der einzelnen Mineralien ersichtlich. Es sind zu unterscheiden:

a) Gemeine Mineralien: Orthoklas, Quarz, Zinnstein.

b) Verbreitete Mineralien: Muskovit, Turmalin.

c) Zerstreute Mineralien: Wolframit, Scheelit, Lepidolith, Beryll.

d) Spärliche Mineralien: Granat, Tantalit, grüner Turmalin, Indigolith, Rubellit, Eisensulfide, Kupfersulfide, Kalkspat, Flußspat.

Alle anderen Mineralien sind selten.

Mineralkombinationen der

	Neineis	Etemba	Aubinhonis	Nobgams	Humdigams	Ganschows Schurf	Tsomtsaub	Meridas	Paukwab im Schiefer	Paukwab im Granit	Nareis	Goldfuß-Schurf	Thelma-Mine	Kohero	
Orthoklas	●	● ● ●	+	+ + +	+	+	+ +	+ +	+ + +	+ + +	+	+	+ +	+ +	
Quarz	+	+ + +	+	+ + +	+	+	+ +	+ +	+ + +	+ +	+	+	+ +	+ + ●	●
Biotit															
Muskovit	+	+ + +	●	● ●	●	●	● +	● ●	● ● ●	+ +	●	●	● ●	● ●	
Granat							+	+		+ +					
Turmalin	+			●			+	+		+ +					
Zinnstein	⊕	⊕⊕⊕	⊕	⊕⊕⊕	⊕	⊕	⊕⊕	⊕⊕	⊕⊕⊕	⊕ ⊕	⊕			⊕⊕⊕	⊕
Wolframit															
Scheelit															
Tantalit		+													
Hämatit															
Topas										+ +					
Beryll					+			+	+	+					
Apatit															
Rutil															
Zirkon					+										
Lazulit															
Sillimanit						+						+			
Grüner Turmalin ..				+			+	+							
Indigolith				+	+	+						+			
Rubellit									+		+			+	
Lepidolith				+							+			+	
Kupfersulfide						+									
Eisensulfide						+								+	
Fahlerz															
Arsenkies															
Ged. Wismut															
Epidot		+													
Klinozoisit												+	+		
Nontronit							+	+					+		
Kalkspat														+	
Flußspat														+	

● Hauptgangart ⊕

Verlag Walter de Gruyter & Co., Berlin W 35
Deko VII. Zu Bürg, Minerallagerstätten von Deutsch-Südwestafrika

rkommen des Zinngebietes

	Tjirundo-Kompaneno im Marmor	Tjirundo-Kompaneno im Schiefer	Kranzberg Brekzie und Vulkanschlote	Kranzberg im Erongogranit	Wolfsbank	Paukwab	Okarundu	Okandjou	Kompaneno	Otjompaue
+	++++	++ +	+		++	+	+			
+	+●+●++	++●●+●++	●●●●●	++●++++++	+●++	●●	●●●	●	●	●
●	+++●	+● ● +		●	●	●	+			
+		+			++●					
	+	+ ●	●●●++	●●++++ ●	+	+●	● ●	●	●	●
⊕	⊕⊕ ⊕⊕	⊕⊕ ⊕⊕⊕⊕	⊕⊕⊕⊕+						+	+
		+++ +	⊕ ⊕	⊕⊕⊕⊕⊕⊕⊕⊕⊕	⊕⊕⊕	⊕⊕	⊕⊕⊕	⊕	⊕	⊕
		+++		+	++	+	+++	+		
	++			+						
	+									
+		+		++						
					+					
+										
		+								
+	+	+ +	+							
	++	●		+++						
	+ +		+		+	+	+++	+		
	++				+			+		
				+						
							+++			
	+									
	+		+	++++++	+					
	+			+ +	+					

Übrige Gangkomponenten

V. Die Wolframlagerstätten

Obgleich Wolframit und Scheelit auch gemeinsam auf manchen Pegmatiten des Zinngebietes vorkommen, findet man sie in wirtschaftlich bedeutsamen Mengen doch stets getrennt. Es sind zu unterscheiden:

1. Die Wolframitvorkommen des Kranzberges
(Vgl. Tafel VII)

Das Auffinden des Wolframites im nördlichen Teil des Kranzberges gab der Prospektiertätigkeit dieser Gegend einen neuen Aufschwung. Die Wolframitlagerstätten lassen verschiedene Erscheinungsformen erkennen:

a) Quarzite des Damarasystems sind an ihrem Kontakt mit dem Granit auf eine Länge von über 150 m vererzt. Schiebt sich kristalliner Schiefer zwischen den Quarzit und den Granit, so fehlt die Vererzung vollkommen. Die Hauptanreicherungen des Wolframits findet sich dort, wo der Quarzit Taschen im Salemgranit bildet. Seltener sind die Vorkommen des Wolframits mit Flußspat in Hohlräumen des Quarzites. Hier fand man auch ab und zu Kupferkies und gediegenes Wismut. Daneben kommen im Quarzit Adern mit Turmalin, die gleichfalls reichlich gut ausgebildete Wolframitkristalle enthalten, vor. Von der gleichen Genesis sind die Vorkommen etwa 1,2 km nordwestlich des Kranzberges. Sie sind hier an den Kontakt eines Quarz-Topasgesteines mit dem Granit gebunden.

b) Westlich des Kranzberges treten im kristallinen Schiefer einige Gänge mit reichlicher Turmalinführung auf. Der Turmalin ist lagenförmig angeordnet und nimmt die ärmeren Partien ein. Die mittleren Streifen führen Kupferkies. Dort, wo der Turmalin reichlich mit Wolframit vergesellschaftet ist, tritt auch Flußspat auf.

c) Beryllführende Quarz-Turmalingänge enthalten kleinere Mengen von Wolframit und Flußspat, ebenso auch etwas Kupferkies. Auf einem dieser Gänge fand man neben Wolframit auch Scheelit. Die gleiche Zusammensetzung haben Gänge, die sich außerhalb des Postsalemgranites befinden.

d) Sehr häufig enthält der Granit Spalten und Spältchen, die mit Turmalin erfüllt sind. Begleitet wird der Turmalin von kleinen Wolframitkristallen. Nordwestlich vom Kranzberg kommt auf einem dieser Gänge auch Tantalit vor, desgleichen schöne große Beryllkristalle.

Die Wolframitvorkommen des Kranzberges wurden 1938 durch Rumscheidt begutachtet. Die sorgfältig an Ort und Stelle vorgenommenen Waschproben ergaben einen WO_3-Gehalt (gleich praktisches Ausbringen) von 1,67% im Mittel. Die Vorräte wurden wie folgt errechnet:

Vorkommen I	126000 t	Roherz
Vorkommen II	140000 t	„
zusammen	266000 t	Roherz

Es handelt sich bei diesen Reserven um Minimalmengen, da die Vorratsberechnungen sehr vorsichtig vorgenommen wurden. Zahlreiche Gangvorkommen (Reefs) mit einem überdurchschnittlichen Gehalt bis zu 7% WO_3 wurden nicht mit berücksichtigt. Diese Gänge liegen in naher und nächster Umgebung des Kranzberges und wurden mit Erfolg aufgeschlossen und bearbeitet.

Das Vorkommen I hat einen streichenden Gangausbiß von etwa 300 m, eine Teufe im Einfallen von 30 m und eine mittlere Mächtigkeit von 5 m. Seine Zusammensetzung besteht aus Flußspat, Albit, Quarz und Wolframit.

Das Vorkommen II bildet eine Bergkuppe mit einem größten Durchmesser von etwa 130 m, die zu $^2/_3$ aus Wolframerz obigen Gehaltes besteht, so daß sie tagebaumäßig abgebaut werden kann.

2. Das Wolframitvorkommen von Otjompaue

Etwa 15 Meilen westlich von Omaruru, in der Nähe des Okombaher Weges auf der Farm Otjompaue, befinden sich auf einem Pegmatitgang und auf pegmatitischen Quarzlinsen alte verlassene Arbeiten. Die Linsen treten im Schiefer auf und begleiten serienweise eine schmale Granitintrusion. Eine der Pegmatitlinsen von etwa 1,5 m Mächtigkeit besitzt eine feinkörnige Randfazies, in der reichliche Mengen von Schörl und gelegentlich Wolframit auftreten. Geschnitten werden diese Pegmatite durch gleichalterige Quarzgänge, auf denen geringe Mengen von Wolframit nachweisbar sind. Die Ausbisse sind durch Limonit braun und durch Malachit grün gefärbt als Zeichen dafür, daß in größerer Tiefe mit dem Wolframit auch Kupfer- und Eisenkiese vorkommen müssen. Gelegentlich findet man Markasit.

3. Das Wolframitvorkommen von Okarundu

Wolframit und Scheelit sind hier vornehmlich an Quarzgänge gebunden. Die Pegmatite dagegen enthalten sehr wenig Wolframit. Mit den Wolframerzen ist Schörl vergesellschaftet. Außerdem tritt Biotit häufig auf. Da er immer an das Salband gebunden ist, wäre es möglich, daß er durch Assimilation aus dem Nebengestein entstanden ist. Für den Schörl ist es besonders charakteristisch, daß er niemals gute Kristalle bildet, wie dies auf den meisten Quarz-Turmalingängen der Fall ist, sondern stets feinkörnig auftritt, eine Erscheinung, die auf allen Wolframitlagerstätten beobachtet werden kann. Das Vorkommen von Okarundu liegt etwa 8—9 Meilen südlich der Kohero-Zinngrube, hauptsächlich in dem den Granit umgebenden kristallinen Schiefer (Abb. 47). Auf allen Gängen kann das Vorhandensein von Eisen- und Kupfersulfiden festgestellt werden. Auch ein Quarzpegmatit führt sporadisch Wolframit und Scheelit. Am Rande zeigt er eine Vergreisung. Kleine Mengen von Muskovit, albitisiertem Feldspat und gelegentlich Biotit treten in dem Greisen auf. Scheelit und Wolframit verdrängen gerne den Quarz, der nachpegmatitischer Entstehung ist.

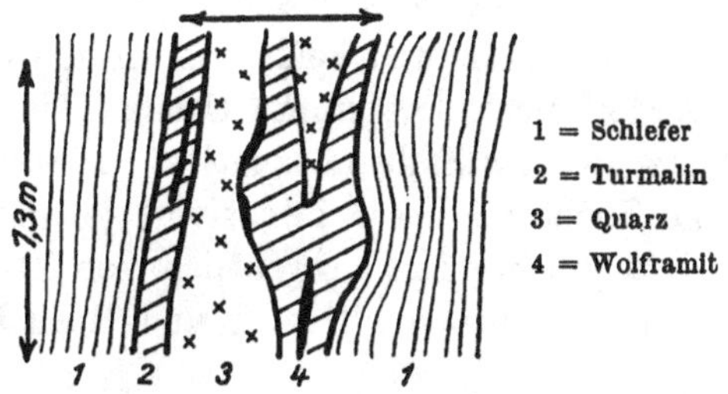

Abb. 47. **Turmalinisierter Quarz-Gang mit Wolframit von Okarundu. Nach Schwellnus**

4. Die Wolframitvorkommen von Okandjou Nord und Kompaneno

In der Nähe des Entendero-Riviers auf der Farm Okandjou Nr. 105 tritt eine Serie von Turmalin-Quarzgängen auf, die Wolframit und Scheelit führen. Der Turmalin findet sich am feinkörnigen Salband, wogegen die Gangmitte von Quarz eingenommen ist, in dem kleine Kristalle von Wolframit, begleitet von Eisen- und Kupfersulfiden, sitzen. Ungefähr 750 m südlich von diesem Vorkommen streicht ein Pegmatit aus, der neben Wolframit im quarzreichen Greisen kleine Zinnerzkristalle erkennen läßt. Das Salband ist feldspatreich. Der Wolframit ist an den quarzreichen Partien des Ganges konzentriert. An manchen Stellen ist auch eine reichliche Muskovitbildung vorhanden. An solchen Stellen bekommt man den Eindruck als würde der Muskovit den Wolframit verdrängen und seinerseits wieder durch den Zinnstein verdrängt werden.

In der Umgebung von Kompaneno findet man südlich und südwestlich der Abzweigung der beiden Wege Omaruru-Kohero und Ondundu-Goldmine turmalinisierte Quarzgänge, die neben Zinnstein auch Wolframit enthalten. Dieser kommt außerdem noch auf zinnfreien Quarzgängen und in den quarzreichen Mittelpartien der Pegmatite vor. Auf den Quarzgängen findet man ab und zu Juxtapositionszwillinge von Zinnstein und Wolframit.

5. Das Wolframitvorkommen von Wolfsbank

Im Eingeborenenreservat, etwa 6—7 Meilen südlich Okombahe, umgeben Xenolithschiefer den Granit. An diesen Schiefer sind quarzige Pegmatite mit Wolframit und Scheelit gebunden. Die Pegmatite streichen NO—SW, sind sehr stark turmalinisiert und führen Biotit, Muskovit, Quarz und Feldspat. In den Randpartien beobachtet man außerdem noch eine starke Granatbildung. Der Wolframit sitzt im Quarz, der das Salband begleitet. Dieser Quarz ist rosa gefärbt und seine Farbe ist desto intensiver, je mehr Wolframit auftritt. Die Quarzadern werden gelegentlich von kleinen Mengen von Feldspat, ab und zu auch von Granat und Rutil begleitet.

6. Das Wolframitvorkommen von Paukwab

In der Umgebung von Paukwab treten Diabase auf. Zwischen diese und den Salemgranit schiebt sich kristalliner Schiefer, dem konkordant Quarz- und Pegmatitlinsen eingelagert sind. Auf einem dieser Pegmatite wurde ein Schacht abgeteuft, in dem man die absätzige Erzführung des Gebietes erkennen kann. Die Wolframerze sind stets von Kupfer- und Eisensulfiden begleitet, desgleichen fehlt hier auch nie der Schörl. In der Tiefe findet man Wolframit und Scheelit. In den höheren Regionen verschwindet der Scheelit, der übrigens auch selbständig in Quarzlinsen des Schiefers auftreten kann. Diese Quarzlinsen sind am Rande häufig turmalinisiert. Der Wolframit sitzt entweder am Rand der turmalinreichen Zonen oder er ist an das Innere der Quarzlinsen gebunden.

7. Das Wolframitvorkommen von Klein-Karas

Dieses liegt weit abseits vom eigentlichen Zinn-Wolframgebiet ganz im Süden der Kolonie südöstlich von Klein-Karas, in einer Entfernung von 15—20 km von diesem Ort und etwa 3 km von der Eisenbahnlinie, die von Seeheim über Klein-Karas nach Kalkfontein führt. Am Aufbau des Gebietes beteiligt sich hauptsächlich Granit. In den durch Verwitterung des Granits entstandenen Sanden fand man in parallelen, NO—SW gerichteten Zügen eluvialen Wolframit. Im Granit treten mehrere ebenso streichende Pegmatite auf und schließlich kommen auch Wolframitgänge vor, die zum Teil von jüngeren Diabasen durchsetzt werden. Der Granit, der das Muttergestein der Gänge bildet, führt sehr viel Mikroklin, wogegen Orthoklas stark zurücktritt. Der Plagioklas bildet mit dem Orthoklas zuweilen mikroperthitische Verwachsungen. Muskovit ist reichlich vorhanden, Biotit dagegen nur gelegentlich zu beobachten. Akzessorisch kommen Topas, Granat, Chlorit und Apatit vor. Der Wolframit bildet in den Pegmatiten dünne Lagen und Nester. In denselben Pegmatiten findet man feinschuppige Aggregate von Molybdänglanz, die oft unmittelbar mit dem Wolframit vergesellschaftet sind. Zinn war in Spuren nachweisbar. Die Pegmatite werden zum Teil von jüngeren Quarzgängen geschnitten und verworfen, die aber schon in geringer Tiefe auskeilen. Von ihnen stammen die Kupfererze, die in der Oxydationszone als Chrysokoll und Malachit nachweisbar sind. Parallel zu diesen Vorkommen streichen Quarzgänge, die Kupfer- und Bleierze und ab und zu etwas Gold führen. Der Molybdänglanz bildet in Form von kleinen Blättchen und Einzelkristallen ziemlich häufig Spaltenausfüllungen in den Graniten und Pegmatiten.

Ähnliche Vorkommen wurden bei Nakeis in den Klein-Karasbergen, wo zahlreiche parallel streichende wolframitführende Quarzgänge im Gneis auftreten, gefunden. Es wurden bereits Schächte bis 60 m Tiefe abgeteuft und stellenweise reiche Erze angefahren.

8. Die Scheelitvorkommen der Natas-Mine

Das Gebiet, in dem die Natas-Mine liegt, gehört dem Stamme der Jan Jonker Hottentotten, die angeblich schon Mitte des vergangenen Jahrhunderts Kupfer gegen andere Gegenstände in der Walfischbucht eingehandelt haben. Den ersten Scheelit fand 1911 der Prospektor der Deutschen Kolonial-Gesellschaft Hansen. Das Erz wurde als solches durch Reuning bestimmt, der das Vorkommen noch im gleichen Jahre eingehend besichtigte. Die Deutsche Kolonial-Gesellschaft erwarb ein noch zu Recht bestehendes Schürffeld und begann 1913 mit den Aufschlüssen. Nach dem Weltkriege wurden die Aufschließungs- und Gewinnungsarbeiten fortgesetzt.

Geographisch gehört das Gebiet der Natas-Mine dem Bastardland, geologisch dem Khomashochland an. Die Umgebung der Grube baut sich aus kristallinen Gesteinen des Damarasystems auf. Wie im ganzen Khomashochland walten auch hier Biotitschiefer, Hornblendeschiefer mit Übergängen zu Amphiboliten, Marmore und Quarzite vor. In diese Serie der Damara- und Prädamaragesteine drangen Eruptivgesteine, die heute als Amphibolite, Granitgneise, Granulite, Augengneise und vor allem als Granite vorliegen, ein. Die Granite treten auf dem Gebiete der Grube stockförmig auf und bilden auch einen größeren Batholit. Reuning faßt letzteren als einen gegen das Ende der Faltungsphase eingedrungenen Intrusivkörper auf. Seine

Hauptgemengteile sind fleischroter, unverzwillingter Orthoklas, wenig saurer Plagioklas, reichlich Quarz, Biotit, besonders an den Grenzzonen gegen den Schiefer, Muskovit, der nach der Mitte zunimmt, Zoisit, Epidot, etwas Magnetit, Apatit und Zirkon und als Übergemengteile Turmalin, Rutil, Kalkspat und Chlorit.

Die Vererzung beschränkt sich auf die Pegmatitgänge und -trümer, die in großer Zahl vor allem die den Granit umgebenden Schiefer durchdringen. Auch im Granit selbst sind kleinere Pegmatitgänge beobachtet worden; sie spielen aber wirtschaftlich kaum eine Rolle. Wie alle pegmatitischen Gänge Deutsch-Südwestafrikas haben sie eine sehr unregelmäßige Ausbildung. Die Mächtigkeit schwankt dementsprechend zwischen einigen Zentimetern und über 2 m, wobei sich Verdrückungen und Ausbauchungen dauernd ablösen.

In der Hauptschwächezone scheint sich auch der Hauptpegmatitgang ausgebildet zu haben, der eine nachgewiesene Länge von über 80 m besitzt und dem Streichen der Schiefer parallel verläuft, wie alle anderen kleineren Gänge, die den Hauptgang begleiten und anscheinend seine weitere Fortsetzung bilden, das gleiche Streichen besitzen.

Ebenso ungleichmäßig wie die Mächtigkeit des Hauptganges — sie beträgt in den mittleren Partien über 1 m — ist auch seine Ausfüllung. In den oberen Teilen sind scharfe Salbänder mit vorwaltendem Feldspat ausgebildet, wogegen die Mitte meist aus Quarz und etwas Glimmer besteht. An Erzen findet man bis faustgroße Scheelitkristalle und untergeordnet haselnußgroße Körner von Kupferkies, Kupferglanz, sehr wenig Apatit, Rutil, Turmalin und Eisenglanz. In den oberen Teufen führt die Oxydationszone sekundäre Kupfererze, die auch das Nebengestein durchsetzen. Freigold kommt nur in den oberen Teufen vor, ist aber durch Waschproben auch in den tieferen Horizonten nachweisbar.

Nach de Kock sind die Scheelit führenden Partien bis auf geringe Reste abgebaut. Das Hauptfördererz bildet der Scheelit, der in Kristallen bis zu 5 kg Gewicht vorkam und ziemlich regelmäßig in der Gangmasse verteilt war, von der er 2—3%, gelegentlich sogar über 10% ausmachte. Kleinere Pegmatitschnüre wiesen bisweilen Gehalte bis zu 30% Scheelit auf. Da sie aber unregelmäßig verliefen, entstanden dem Abbau nicht unbedeutende Schwierigkeiten. Infolge der begrenzten Oberflächenausbildung und der geringen Tiefenerstreckung der scheelitführenden Gänge war ein Bergbau nur in geringem Maßstab möglich. Der Kupfergehalt spielte dabei nur eine untergeordnete Rolle. Der Goldgehalt war in der Oxydationszone erheblich, sank aber in den unzersetzten Teufen auf 0,2—4,8 g/t Fördergut.

Außer diesem Hauptgang befindet sich in der Umgebung der Natasmine noch eine größere Anzahl anderer, meist kleinerer Vorkommen, die zum Teil noch pegmatitischen Charakter aufweisen, zum Teil aber auch schon Übergänge zu den reinen Quarzgängen bilden. Schließlich kommen auch echte hydrothermale Gänge vor.

Ein sehr saurer Gang, der aber noch als Pegmatit bezeichnet werden muß, befindet sich unmittelbar in der Nähe des Hauptganges. Er ist über Tage 1,70 m, in einer Tiefe von 5,40 m bereits 2,20 m mächtig. Der Scheelit tritt auf diesem Gang zurück, dagegen walten Kiese, vor allem Eisenkies vor. Ganz selten fand man auf den Spaltrissen des Quarzes Gold.

Nördlich des Hauptganges finden sich zahlreiche kleinere Pegmatitinjektionen, die selten mächtiger als 0,50 m sind und auch im Streichen nicht lange anhalten. Trotzdem fand man auf ihnen Scheelitkristallbruchstücke, die bis 50 kg wogen und zusammenhängende Scheelitpartien bis zu 260 kg Gewicht. Auch auf diesen Pegmatiten bildet der lichtfleischrote Feldspat einen wichtigen Gemengteil. Quarz gehört zu den jüngsten Bildungen. Daneben kommen Kupfersulfide und vor allem in Schlieren in den oberen Teufen der für Pegmatite ungewöhnliche Kalkspat vor.

An der unteren Spitze des westlichen Hügels der Umgebung der Natasmine tritt gleichfalls ein scheelitführender Pegmatitgang auf. Allerdings weist er eine Länge von kaum 20 m im Streichen auf. Er wurde durch einen tonnlägigen Schacht erschlossen, zerschlug sich aber schon in einer Teufe von 9,5 m, wo er in den Biotitschiefer eintrat und nur noch kleine Trümchen bildete.

Neben den Scheelitpegmatiten kommen auch solche vor, auf denen der Scheelit fast ganz fehlt, dagegen aber Molybdänglanz einbricht. Auch diese Pegmatite enthalten Kalkspat, ferner als jüngste Bildung Turmalinnadeln und Turmalinsonnen, außerdem etwas Kupferkies, der Kerne im Buntkupferkies und Kupferglanz bildet. Der Molybdänglanz findet sich in bis Fünfmarkstück großen Tafeln und bevorzugt den Kalkspat.

Beide Typen, sowohl die scheelitführenden als auch die molybdänglanzführenden Pegmatite, setzen in unregelmäßiger Ausbildung auch im Granit auf, den sie richtungslos durchschwärmen.

Ausschließlich an den den Granit umgebenden Schiefer sind scheelitführende Quarzgänge gebunden, die nach abnehmenden Mengenverhältnissen folgende Mineralien führen: Kalkspat, Scheelit, Orthoklas, Glimmer, Turmalin, Kupfererze nebst den entsprechenden Neubildungen der Oxydationszone. Hier kommt auch Freigold vor. Die Scheelitaggregate wogen zum Teil bis zu $^1/_4$ t. Der Quarz ist trübe, grau und fettglänzend und enthält viele Flüssigkeitseinschlüsse. Der Scheelit ist, im Gegensatz zu den Vorkommen in den Pegmatitgängen, fast ausschließlich grau bis lichtgrau gefärbt und durchscheinend. Er unterscheidet sich von dem grauen derben Quarz nur durch die Schwere und den Diamantglanz seiner Bruchflächen. Es handelt sich demnach bei diesem Lagerstättentyp nicht um echte hydrothermale Gänge, sondern um sehr quarzreiche Pegmatite.

In der Umgebung der Natasmine treten auch Quarzgänge mit Kupfererzen und Gold auf, die im Streichen allgemein besser ausgebildet sind als die Pegmatite, bis 2 m mächtig werden können und in Form von Gangzügen anscheinend eine größere Tiefe erreichen. Die Gangausfüllung besteht fast ausschließlich aus derbem, bläulich durchscheinendem bis durchsichtigem Quarz. Seltener kommt Orthoklas und etwas Glimmer vor. Das Gold ist vornehmlich auf die Oxydationszone beschränkt, in welcher Gehalte bis 6,6 g/t auftraten. Unterhalb dieser beträgt der Goldgehalt meist weniger als 1 g/t. Von den Kupfererzen herrschen Bornit und Kupferglanz vor, Kupferkies dagegen ist seltener. Die Abbaue bewegten sich bis zu einer Tiefe von 12 m, ohne daß eine nennenswerte Änderung in der Erzführung eingetreten wäre. Gelegentlich fand man auch reine, nicht vererzte Kalkspatgänge.

9. Sonstige Scheelit- und Wolframitvorkommen

Außer den schon beschriebenen Wolframitvorkommen, die als selbständige Lagerstätten betrachtet werden können, setzen Wolframitgänge auch vereinzelt im Gebiete der Zinnpegmatite auf oder der Wolframit bildet einen Bestandteil dieser Vorkommen.

Im Zinngebiet von Neineis fand man einen Pegmatitgang, der nur Wolframit führte. Einige Gänge bei Kudubis enthielten neben reichlich Zinnstein auch etwas Wolframit.

Außerdem kommt Wolframit mit Tantalit östlich Swakopmund in der Namib vor. In strahligen Aggregaten fand man ihn im Granit von Goagos und Ubib im Hererolande und in der gleichen Gegend aus wismut- und goldführenden Quarzgängen. In der gleichen Weise tritt er auch bei Usis auf.

Scheelit wurde in derben, über faustgroßen Massen von graulicher Farbe und sehr lebhaftem Glanz in einer Quarzlinse im Granat- und Epidotfels nördlich der Potmine angetroffen. Desgleichen fand Reuning 1400 m westlich der Potmine einen Quarzgang von 15 m Länge und 0,5 m größter Mächtigkeit, der neben etwas Feldspat auch nußgroße Scheelitkristalle erkennen ließ.

Im Kontakt von Granit mit kristallinen Kalken bzw. kristallinen Schiefern liegen die Fundpunkte bei Pforte an der alten, jetzt abgerissenen Staatsbahn Swakopmund-Kubas und bei Husab auf dem Südufer des Sakopflusses.

Bei den Jan Jonker-Minen in der Nähe von Natas handelt es sich um Quarzgänge von einigen Dutzend bis mehrere hundert Meter Länge und 0,5—2 m Mächtigkeit. Sie sind in früherer Zeit durch die Hottentotten bearbeitet worden. Pegmatitgänge konnten noch keine gefunden werden, wohl aber kleinere, mit Scheelit durchzogene Pegmatitstücke.

10. Produktion

Die Gewinnung von Wolframit und Scheelit bewegt sich bis jetzt in sehr bescheidenen Grenzen. Sie stammt im wesentlichen von den Wolframitvorkommen vom Kranzberg, die sich im Besitze von O. Ortner befinden, und von dem Scheelitvorkommen von Natas, deren Eigentümer G. Schurz ist. Die Scheelitkonzentrate enthalten ca. 5% Cu. Die Wolframitkonzentrate zeigten 1937 folgende Zusammensetzung:

WO_3	67—73 %
Zinn	Sp.—0,2 %
Arsen	Sp.—0,05%

Die Scheelitkonzentrate wiesen im gleichen Jahre folgende Gehalte auf:

WO_3	56—60 %
Zinn	0,02—0,22%
Arsen	Sp.—0,06%

Die Förder- und Exportergebnisse sind in Tabelle 16 enthalten. Eine geringe Gewinnung fand auch schon vor 1933 statt, doch war sie so bescheiden, daß die Förderung von 1933 (15,8 t) größer war als die Produktion in den 10 vorhergehenden Jahren zusammengenommen.

Tabelle 16. **Gewinnung und Export von Wolframerzen (Konzentrate)**

Jahr	Wolframitgewinnung				Scheelitgewinnung				Gesamtergebnis			
	Förderung long t	Export long t	Wert £	Wert RM.	Förderung long t	Export long t	Wert £	Wert RM.	Produktion long t	Export	Wert £	Wert RM.
1933	15,8	15,8	1272	16104					15,8	15,8	1272	16104
1934	16,8	15,8	1272	16104					16,8	15,8	1272	16104
1935	42,0	43,0	4785	58329	1,5	1,5	165	2010	43,5	44,5	4950	60339
1936	38,0	38,0	4475	47130	2,3	2,4	246	2791	40,3	40,4	4721	49321
1937	27,8	24,5	6246	76951	9,3	5,1	1214	14969	37,1	29,6	7460	91919
1938	35,8	37,7	6024	73372	8,1	10,0	1866	22728	43,9	47,7	7890	90000
	176,2	174,8	24074	287990	21,2	19,0	3491	42498	197,4	193,8	27565	323787

Anmerkung: Der Wert der Förderung für 1938 ist geschätzt.

VI. Die Goldlagerstätten

Das Gold gab auch in Deutsch-Südwestafrika schon sehr frühzeitig zu Schürfungen Anlaß. Bereits im 18. Jahrhundert (1792) suchte van Reenen in der Ganswüste nach Gold. In den 80er Jahren des vorigen Jahrhunderts entdeckten Engländer unter der Leitung Donkins Gold in der Gegend von Natas. Im Jahre 1899 und 1900 untersuchte die Eichmeyersche Expedition die Goldgänge von Rehoboth und entdeckte die Gänge von Neuras. In den späteren Jahren wurden von Zeit zu Zeit alle Vorkommen immer wieder in Angriff genommen, ohne daß es jemals zu größeren Aus- und Vorrichtungsarbeiten gekommen wäre. In diesem Zusammenhang müssen die Untersuchungsarbeiten Rimanns erwähnt werden, die 1910 im Auftrage der Hanseatischen Minengesellschaft durchgeführt wurden. Nach dem Weltkriege gründete man verschiedene kleinere Gesellschaften, doch trat eine nennenswerte Produktion erst ein, nachdem 1932 durch die Abwertung des südafrikanischen Pfundes der Goldbergbau ganz allgemein einen neuen Auftrieb erfuhr und auch in Deutsch-Südwestafrika mehrere Kleinbetriebe zu fördern begannen (Tabelle 17). Wie die Tabelle zeigt, ist das Gesamtergebnis bisher sehr bescheiden geblieben.

Die Goldlagerstätten lassen sich genetisch folgendermaßen unterteilen:

1. Goldquarzpegmatite,
2. Goldquarzgänge,
3. Gold-Kupfererzgänge,
4. Imprägnationslagerstätten,
5. Golderzlager,
6. Goldseifen.

Tabelle 17. **Goldgewinnung Deutsch-Südwestafrikas**

	Omarurudistrikt				Rehobothdistrikt				Gesamtproduktion			
	ozs	g	Wert in £	Wert in RM.	ozs	g	Wert in £	Wert in RM.	ozs	g	Wert in £	Wert in RM.
1924	147	4577							147	4577		
1925	1780	55361							1780	55361		
1926	1701	52905							1701	52505		
1927	983	30558			1,8	56			984	30614		
1928	542	16841							541	16841		
1929	436	13071							436	13071		
1930	222	6904							222	6904		
1931	416	12938			154[1])				416	12938		
1932	772	24009			118	3670			890	27679		
1933	920	28598	5683	79336	36	1120			956	29718	5683	79336
1934	1239	38538	6206	78568	23	715	45	570	1262	39253	6251	79138
1935	2063	64146	13918	196660	1435	44615	9216	112343	3497	108761	23134	282003
1936	2203	68519	14020	173147	2231	69379	14190	175247	4434	137898	28210	348394
1937	1977	61491	12602	155257	1082	33658	6903	85045	3059	95149	19505	240302
1938	1650	51298	10665	139900	310	9631	1968	23970	1959	60929	12633	163870
Zusammen:	17051	529754			5391	162844			22284	692198		

Anmerkung: Die Goldmengen sind bis zum Jahre 1934 einschließlich auf Rohgold bezogen, dann auf Feingold.

[1]) Diese Goldmenge stammt von der Windhuker Gold Mines Ltd., die 23,4 t Gold–Kupferkonzentrate einlieferte. Diese enthielten außerdem 265 oz Silber.

Da die Goldquarzpegmatite nur vereinzelt auf dem Gebiete der Goldquarzgänge und der Gold-Kupfererzgänge auftreten, sollen sie gemeinsam mit diesen beschrieben werden.

Die Goldvorkommen sind auf eine große Fläche verteilt (siehe Tafel III); jedoch handelt es sich auch hier, wie beim Kupfer, oft nur um kleine Ausbisse, die keinen wirtschaftlichen Wert besitzen. Die wichtigsten Vorkommen sind diejenigen von Ondundu nördlich des Zinngebietes und diejenigen des Rehobother Bezirkes am Südrand des Khomashochlandes.

1. Die Goldvorkommen von Ondundu, Omarurudistrikt

In dem leicht hügeligen Gelände etwa 70 km nördlich von Omaruru liegt dieses Vorkommen am Rande des Zinngebietes. Die den Grubenbezirk durchziehenden Flüsse (Osoko oder Otjiperongo und Kakombo) sind zwar auch nur Riviere, d. h. periodisch fließende Wasserläufe wie in ganz Deutsch-Südwestafrika, doch liefern sie durch ihre Grundwasserführung genügende Wassermengen für den Bergbau. Da das Gebiet noch zu den Ausläufern des Kaokofeldes gehört, ist es semiarid und hat dementsprechend größere Bestände an krüppeligen Bäumen, deren Holz aber auf die Dauer für den Bergbau nicht ausreicht. Die Lösung der Arbeiterfrage stößt auf keine Schwierigkeiten, da zwischen Ondundu und Omaruru das Hereroreservat Omajette liegt. Für die groben Arbeiten können die Ovambos herangezogen werden.

Geologisch baut sich das Gebiet aus Schiefern, Quarziten und kalkigen Sedimenten des kristallinen Grundgebirges auf. Der Granit fehlt innerhalb des Grubenfeldes. Er muß jedoch in der Tiefe vorhanden sein, da man in einem Diabasgang einen Granitbrocken als Einschluß gefunden hat. Außerdem tritt der Granit 15 km weiter südöstlich in den Otjihorongobergen auf. Östlich und nördlich liegen Höhenzüge, die schon der Otaviformation angehören. Der ebenfalls nur in geringer Entfernung befindliche Okonjejeberg zeigt den gleichen Aufbau wie der Erongo und ist auch wie dieser von jüngeren, stark differenzierten Graniten durchbrochen.

Die Gänge haben sich in einem frühen Stadium der Auffaltung der Damaraschichten gebildet. Sie sind als Lagergänge und Quergänge ausgebildet. Die etwas älteren Quergänge lassen durch eine Feldspat- und Muskovitführung am Salband einen pegmatitischen Charakter erkennen. Die Erze, Ankerit und Quarz bilden jüngere Nachschübe. Da der Faltungsvorgang bei der Bildung der Gänge noch nicht beendet war, sondern weiter fortwirkte, sind auch die Gänge davon mit betroffen worden. Es kam zur Ausbildung von Spezialfalten, die zu einer großen Antiklinale gehören. Am Ende des Intrusions- und Faltungsvorganges bildeten sich noch einige mehr oder weniger mächtige taube Quarzgänge, die die Faltung nicht mehr mitgemacht haben. Erst viel später, in der Karruzeit, entstanden mit dem Empordringen der Diabase verschiedene Verwerfungen in ostwestlicher Richtung.

Die Quergänge haben die Stoffzufuhr bewirkt. Es sind Quarztrümer, die selten über 1 dm mächtig sind und — wie bereits erwähnt — eine deutliche Pegmatitnatur erkennen lassen. Sie führen am Salband fleischrote Orthoklase und Muskovit. Die Gangmitte dagegen besteht meist nur aus Quarz. Das wichtigste primäre Erz ist der Pyrit, der bis auf geringe Reste zu Hämatit und Brauneisen zersetzt ist. Untergeordnet kommt auch etwas Kupferkies vor. Das Gold ist hauptsächlich an den Pyrit gebunden bzw. hat sich mit ihm abgesetzt. Die Spitzen der Gänge sind goldreicher als die Mitte und Gold kommt auch im Nebengestein vor, so daß Reuning vermutet, daß es sich hier um Metallausfüllungen aus gasförmigen Einschüben handelt. Der Kupfergehalt ist normalerweise sehr gering, kann aber in den Nordfeldern bedeutend zunehmen.

Die Lagergänge treten hauptsächlich in den kristallinen Schiefern auf und sind meist nur wenige Zentimeter mächtig, scharen sich aber auf kleinem Raum zu Dutzenden zusammen. Im Streichen können sie auf weite Strecken — in einem Falle über 1100 m — verfolgt werden. In der Vertikalen können sie stark anschwellen, vereinigen sich zu mächtigeren Lagern und teilen sich dann wieder. Durch diese Ausbildungsweise kann es zu Flächenausdehnungen von einigen hundert Metern kommen. Im Razorbackfeld entwickelten sich einige Adern, die an der Oberfläche nur 2—3 cm mächtig waren, in einer Tiefe von 8 m zu 9 Lagergängchen mit zusammen 1,03 m Mächtigkeit und guten Goldgehalten. Diese waren über eine Stoßbreite von 3,70 m erschlossen. Soweit man es bisher beurteilen kann, läuft die Häufigkeit der Quergänge mit derjenigen der Lagergänge parallel. Bei ihrer Überschneidung kommt es zur Herausbildung von Erzfällen, die im allgemeinen gute Gehalte von 10—15 g/t Au aufweisen. Diese Erzfälle scheinen in den südwestlichen Flanken der Hauptantiklinalen entwickelt zu sein, wo hingegen die Mittelschenkel ärmer sind.

Nördlich der Ondundufelder und bei Epopo sind die Gänge stark kupferführend, enthalten aber nur ein paar Gramm Gold je Tonne.

Die unedlen Quarzgänge durchsetzen die Lager- und Quergänge und können sich teilweise zu größeren Mächtigkeiten bei kurzem Streichen entwickeln. Sie führen geringe Mengen von Eisen- und Kupfersulfiden, wogegen das Gold nur in Spuren vorhanden ist.

In einem Brunnen, ungefähr 3 km unterhalb Margarethental, fand man einen Gang mit unregelmäßigen Einschlüssen von Pyrit, Magnetkies und Zinkblende.

2. Die Goldvorkommen des Rehobothdistriktes

Die goldführende Zone des Rehobothdistriktes umfaßt bei einer Ausdehnung von 4366 Qudratmeilen Gebiete, die morphologisch stark kontrastieren. Der Mittelpunkt, der Ort Rehoboth, liegt auf einem Hochplateau von einer mittleren Höhe von etwa 1400 m, auf der kleine Inselberge auftreten. Im Westen von Rehoboth erheben sich die reichgegliederten Ketten des sogenannten Kristallgebirges und der Tsebriserberge mit einer Höhe von 2100 m. Die höchste Erhebung ist der Gamsberg mit 2332 m. Im Osten hebt sich der Neurasgranit aus seiner Umgebung heraus. Der östliche Teil von Rehoboth ist von stationär gewordenen Dünen bedeckt, die stellenweise die Eisenbahn erreichen; damit gehört dieser Teil geographisch schon zur Kalahari.

Mit Ausnahme der rezenten Oberflächenbildungen besteht das ganze Gebiet aus den Schichten der Primärformation, die nach de Kock in die Prädamarastufe, die sich aus Quarziten, Phylliten, Marmoren, Kalk- und Glimmerschiefern zusammensetzt, und in die Damarastufe unterteilt werden kann. Beide sind durch ein Basiskonglomerat getrennt. In diese Gesteine intrudierte das granitische Magma. Orthogneise und Granite nehmen einen großen Teil des Bastardlandes ein. In der Granitgefolgschaft treten Diorite, Quarzporphyre, Lamprophyre, Aplite und Pegmatite auf. An sonstigen Eruptivgesteinen wären noch Diabase verschiedenen Alters und jüngere Ergußgesteine zu erwähnen, die aber hauptsächlich im Windhuker Bezirk, im Auasgebirge, verbreitet sind.

Nach Rumscheidt lassen sich mit ziemlicher Sicherheit zwei verschieden alte, geologisch wie petrographisch völlig unabhängige und untereinander auch verschieden auftretende Granitintrusionen nachweisen: Die dioritischen Hornblendegranite, die bei Swartmodder, Neuras und nördlich Kobus auftreten, und der Kobusgranit. Erstere haben einen nicht porphyrischen Habitus, sind oft geschiefert und tektonisch stark beansprucht. Letzterer, der südlich Neuras vorkommt, ist tektonisch unbeansprucht und von grobporphyrischem Gefüge.

Die Schichten des vergneisten Grundgebirges und der ältere Hornblendegranit sind stark gefaltet und geschiefert. Sie besitzen ein allgemeines Streichen von NO—ONO. Das Einfallen der Schieferung ist 50—75° NW. Die Schiefer bilden Randzonen um den Hornblendegranit. In der allgemeinen Schieferung sind deutlich Scherzonen zu erkennen, die jünger sind als diese und hauptsächlich aus Chloritschiefer bestehen. Mit wenigen Ausnahmen ist die Goldführung an diese Scherzonen gebunden. Diese sind deshalb für die Prospektierung als Leitschichten von großer Wichtigkeit. Rumscheidt vermutet solche Scherzonen, außer auf dem Gebiete der Swartmodder Mine, in einer WSW—ONO streichenden geschieferten Formation, die südlich der Amphibolgranite verläuft.

Die vielen Einzelvorkommen lassen sich zu 3 Hauptgruppen zusammenfassen, von denen sich eine mit dem Gebiet von Rehoboth, die zweite mit demjenigen von Neuras deckt. Außerdem sind noch Vorkommen bei Kobus bekannt.

a) Die neuen Goldfelder bei Rehoboth

Wie bereits erwähnt, nahmen die Untersuchungen im Rehobother Bezirk 1932 wieder einen neuen Aufschwung. 1933 wurde die South West Gold Exploration Syndicate Ltd. mit einem Kapital von 100000 £ gegründet. 1 Jahr später wurde die Rehoboth Consolidated Goldfields Ltd. ins Leben gerufen, die folgende Gesellschaften kontrollierte:

1. Die South West Gold Exploration Syndicate Ltd.
2. Das Rehoboth Gold Areas Syndicate Ltd.
3. Das Golden Gate Syndicate Ltd.

Im ganzen umfaßten deren Vorkommen 12000 Transvaal-Goldclaims. Die einzelnen Fundpunkte wurden mit zahlreichen Schurfstollen und Schächten aufgeschlossen. Auf dem Gebiete dieser Gesellschaften wurden folgende größere Arbeiten durchgeführt:

Schacht Nr. 1: Tiefe 79 m mit zwei Querschlägen, einer mit 96 m, der zweite mit 42 m Länge.

Schacht Nr. 2: Tiefe 58 m mit einem Querschlag von 33 m Länge.

Schacht Nr. 3: Tiefe 58 m, Querschlag 33 m lang.

Wasser für die Aufbereitung wurde in zufriedenstellenden Mengen gefunden. Die Bohrungen ergaben:

Erstes Bohrloch in 68 m Tiefe: 18000 Gal./Tag.
Zweites Bohrloch in 74 m Tiefe: 18000 Gal./Tag.
Drittes Bohrloch in 53 m Tiefe: 20000 Gal./Tag.

Dies ergibt eine tägliche Wassermenge von 56000 Gallonen.

Im Jahre 1934 wurde die Rehoboth Central Gold Areas Ltd. mit einem Stammkapital von 30000 £ gegründet. Die Gesellschaft erwarb zwei Minenblocks von 12 bzw. 19 Feldern. Der erste liegt längs des Swartmodder Riviers, etwa 14 km von Rehoboth und 10 km von Neuras entfernt. Der zweite Block befindet sich 25,5 km vom ersten entfernt in einer Linie mit der Farm Marienhof.

Im ersten Block streichen Quarzgänge in einer Gesamtlänge von fast 700 m bei einer durchschnittlichen Mächtigkeit von 37 cm über Tage aus. Bei der Untersuchung wurden 50 t Erz verpocht, die 50,89 ozs (1582 g) Feingold ergaben, was einem Gehalt von 31,6 g/t Au entspricht. 3 Schächte wurden abgeteuft. Die Entfernung von Schacht Nr. 1 zum Schacht Nr. 2 beträgt 36 m, diejenige zwischen den Schächten Nr. 2 und 3 ist 200 m. Der untersuchte Gang besteht aus Quarz mit oxydischen Erzen und lieferte Goldgehalte von 8 bis 16 dwt (12,4—24,8 g) je Tonne. Bis zu einer Tiefe von 13 m schwankten die Gehalte in den Schächten zwischen 10 und 40 dwt/t (15,5—62 g/t) Au. Schacht 3 ergab noch in einer Tiefe von 21 m Goldgehalte von 30 dwt bis 2 ozs/t Au (46,5—62,2 g/t). Die Abbau- und Aufbereitungskosten wurden im Jahre 1934 auf 20 sh 6 d/t (13,46 RM./t) geschätzt.

b) Die Swartmodder-Mine

Die Swartmodder-Mine, etwa 6 km südlich Rehoboth, war 1938 die größte und außer der etwa 8 km südwestlich davon liegenden Thiel-Mine die einzige, die sich im Rehobothdistrikt in Betrieb befand. Indessen wurden auch auf der Swartmodder-Mine unter Tage nur Aufschluß- und Untersuchungsarbeiten vorgenommen und das dabei anfallende Erz aufbereitet. In Betrieb bzw. in Vorbereitung für neue Untersuchungsarbeiten waren: Der Hauptschacht (33 m), der Barotseschacht (28 m), der Gadowschacht (19 m) und der Inclineschacht Nr. 3 (17 m tief).

Die Gewinnungsarbeiten wurden maschinell mittels Preßlufthämmern vorgenommen. Gefördert wird auf dem Hauptschacht mit einfachen Kübeln, die mittels Preßluftwinde zutage gefördert werden (Abb. 48). Daneben ist auch Handförderung eingerichtet. Die Druckluft wird durch einen Ingersoll-Randkompressor geliefert, der mit einem Rohölmotor angetrieben wird. Unmittelbar über der Schachtsohle wurde zur Haltung der zusickernden Schachtwässer eine kleine Camerun-Druckluftpumpe aufgestellt. Die Belegschaft betrug 1938 66 schwarze Arbeiter und 6 weiße Angestellte. In allen Untersuchungsschächten wurden etwa 8 t Haufwerk je Tag gefördert.

Photo W. Rumscheidt

Abb. 48. Fördergerüst des Hauptschachtes der Swartmodder-Mine bei Rehoboth

Abb. 52. Elektrischer Kübelbagger mit einer Kapazität von 4 Kubikyard. Diamantfelder der Elisabethbucht

Verlag Walter de Gruyter & Co., Berlin W 35
Deko VII. Zu Bürg, Minerallagerstätten von Deutsch-Südwestafrika

Infolge des linsenförmigen Charakters der Erzvorkommen sollte man dazu übergehen, statt des teuren und zeitraubenden Vortreibens von Strecken und Querschlägen Kernbohrungen niederzubringen. Im vorliegenden Falle haben Bohrungen ergeben, daß die Erzkörper flache ellipsoidische Linsen darstellen, die bisweilen auskeilen und sich spalten. Gewöhnlich sind im Liegenden oder Hangenden Parallelkörper vorhanden, so daß man beim Auskeilen eines Erzkörpers wenige Meter im Liegenden oder Hangenden davon einen neuen Körper findet.

Die eingeborenen Arbeiter erhielten 1938 1 sh 6 d je Arbeitsschicht, die gelernten Bastards — als Autofahrer oder Hilfsmaschinisten — verdienten etwa 3—4 sh. Die Grubenkosten betrugen etwa 9—10 sh/t. Sie ließen sich durch eine neuzeitliche maschinelle Ausrüstung sicherlich erheblich verringern.

Rumscheidt führt folgende Analysen an, die durch die South Roodepoort Main Reef Areas Ltd. Johannesburg ausgeführt wurden und daher als einwandfrei betrachtet werden können.

Fundort	Art der Proben	Werte
1. Incline Schacht Nr. 3, Schachtsohle	7 Proben über je 12—84 Zoll im Gang	2,25 dwt (3,49 g) über 84 Zoll
2. Wasserloch östlicher Stoß	5 Proben über zusammen 63 Zoll	1,42 dwt (2,20 g) über 63 Zoll
3. Hauptschacht, West Drive	3 Proben über zusammen 34 Zoll	1,65 dwt (2,56 g) über 34 Zoll
4. Barotse-Schachtsohle	4 Proben über zusammen 42 Zoll	2,78 dwt (4,31g) über 42 Zoll
5. Hauptschacht, alte Rabiesche Baue	1 Probe über 12 Zoll	2,10 dwt (3,26 g) über 12 Zoll
6. Hauptschacht, alte Rabiesche Baue	1 Probe über 12 Zoll	20,40 dwt (31,62 g) über 12 Zoll
7. Hauptschacht, neuer Querschlag Nord	2 Proben über zusammen 30 Zoll	43,00 dwt (66,65 g) über 30 Zoll
8. Hauptschacht, neuer Erzkörper	1 Probe über 8 Zoll	2,4 dwt (3,72 g) über 8 Zoll

Die Aufbereitung erfolgt auf naßmechanischem Wege mittels eines 5-Stempelpochwerkes, weiter durch Corduroykonzentration mit anschließender Amalgamation im Amalgamfaß.

1938 befanden sich die Bergbaufelder der Swartmodder-Mine durch die Overseas Trust Corporation Ltd. Johannesburg in Option.

Im Swartmoddergebiet können folgende getrennt auftretende Erzvorkommen unterschieden werden:

1. Eine 1600 m lange, NO streichende Schieferzone mit Quarz- und Sulfidgängen.

2. Etwa 280 m südöstlich dieses Hauptzuges drei getrennte Schieferzonen mit 200 m bzw. zweimal 100 m Länge.

3. 1 km östlich der Mine am Swartmodderrivier eine über 200 m Länge verfolgbare Schieferzone.

4. Zwei weitere kleinere Erzkörper 1,5 km nordöstlich bzw. 850 m nordwestlich der Mine.

Die Goldgehalte sind im Streichen großen Schwankungen unterworfen. Im gut aufgeschlossenen östlichen Teil der Swartmodder Mine enthielten die Pyrite 12,5 dwt/t (19,38 g/t) Au, während der etwa 700 m entfernte, aber auf demselben Erzgang liegende Barotseschacht Pyrite mit nur 0,6 dwt/t (0,93 g/t) Au lieferte.

c) Das Goldvorkommen von Kunab

Dieses südwestlich von Rehoboth gelegene Vorkommen wurde im Jahre 1934 durch die Rehoboth Gold Mining and Vendor Company Ltd. erworben und durch mehrere Schächte untersucht. Die Gesellschaft wurde mit einem Kapital von 15000 £ gegründet.

Die im Schacht 1 entnommenen Proben ergaben folgende Gehalte:

In einer Tiefe von 1,2 m 15 dwt/t (23,2 g/t) Au,
in einer Tiefe von 2,7 m 17 dwt/t (26,3 g/t) Au.

Der imprägnierte Schiefer ergab über eine Mächtigkeit von 40 cm einen Goldgehalt von 9,2 dwt/t (14,2 g/t). Außerdem lieferten Proben aus einem Schurfgraben 17,2 dwt/t (26,6 g/t) Au und an einer anderen Stelle 16,5 dwt/t (25,5 g/t) Au.

Schacht 1 hatte 1934 eine Tiefe von 13 m. Der Gang besaß hier eine Mächtigkeit von 1,20—1,80 m. 1935 wurde er auf 35 m abgeteuft und erreichte den Grundwasserspiegel. Der Gang ist an der Oberfläche über eine Erstreckung von 2275 m zu verfolgen.

Es wurden 4 Europäer und 60 Eingeborene beschäftigt.

23 t Pocherz ergaben folgendes Ausbringen:

Menge	Erzeugtes Gold	Ausbringen je t
11 t	4,00 ozs (124,4 g)	7,3 dwt (11,3 g)
2 t	1,82 ozs (56,6 g)	18,2 dwt (28,2 g)
10 t	6,56 ozs (204,0 g)	13,1 dwt (20,3 g)

Dies ergibt für die 23 t verpochter Erze ein Ausbringen von 10,75 dwt/t (16,66 g/t) Au. Man hoffte, eine monatliche Produktion von 100 ozs (3110 g) zu erreichen.

1935 wurden 40 t mit einem Durchschnittsgehalt von 11,43 dwt (17,7 g) Gold verpocht. Das Erz enthielt einen hohen Prozentsatz grobkörnigen Goldes. In verschiedenen kleinen Pochwerken erreichte man einen durchschnittlichen Goldgehalt von 10—20 dwt/t (15,5 bis 31 g/t). Mit einem kleinen 3-Stempelpochwerk wurden in 20 Tagen 60 ozs (1866 g) Gold mit Kupferplatten ausgebracht. Hierzu kamen noch 10 ozs (311 g) aus dem Pochtrog nach 8tägigem Pochen. Die Unkosten betrugen im gleichen Zeitabschnitt 70 £ (853 RM.).

Bis Ende Juli 1935 waren 212 t verpocht, die ein Ausbringen von 92,38 ozs (2773 g) Gold ergaben, was einem Durchschnitt von 8,71 dwt/t (13,5 g/t) entspricht. Gleichzeitig wurden einige neue Linsen aufgefunden und bearbeitet. Von der einen wurden 49 t Erze verpocht, die einen Durchschnittsgehalt von 15 dwt/t Au (23,2 g/t) lieferten.

Viele der Pegmatite von Kunab sind nicht vererzt. Sie haben die Hügel mit Massen derben schneeweißen Quarzes überstreut. Außer diesem führten sie noch Muskovit und fleischroten Orthoklas. Sie sind nachweislich jünger als die aplitischen Nachschübe.

Das Gebiet um Kunab ist tektonisch stark zergliedert. Durch Zerrüttungen wurden im Gneis Klüfte aufgerissen, längs deren Rändern das Nebengestein mit goldhaltigem Pyrit imprägniert wurde. Derartige Klüfte verlaufen oft nur wenige Meter voneinander entfernt. Auf Kluftkreuzen entstanden Mächtigkeiten von 3 m und darüber. Charakteristisch für diese Imprägnationen ist, daß der Quarz in die Form von abgequetschten Linsen zurückgedrängt wird oder ganz verschwindet. Quarzzunahme bedeutet längeres Anhalten im Streichen, gleichzeitig aber auch Abnahme des Metallgehaltes. Am reichsten waren Quarzgänge von nur wenigen Zentimetern Breite und einigen Metern Länge.

d) Das Goldvorkommen von Neuras

Die ersten Arbeiten wurden auf dem Grubengebiet von Neuras südwestlich Rehoboth durch die Hanseatische Minengesellschaft 1910 durchgeführt. Durch zwei kleinere Schächte und 20 Schürfgräben wurde eine Anzahl Quarzlinsen untersucht, die meist nur einige Zentimeter bis maximal 40 cm mächtig sind. Diese Quarzgänge führen sporadisch Pyrit und untergeordnet Kupferkies und Kupferglanz. Gelegentlich brechen auch Orthoklas und Turmalin mit ein. Der Goldgehalt betrug im Durchschnitt 6 g/t bei Maximalgehalten von 25,7 g/t und geringer Silberführung.

Die Untersuchung dieser Gänge wurde immer wieder versucht, bis dann 1914 eine lange Stillstandsperiode eintrat. Erst 1928 und 1930 wurden durch südafrikanische Geologen Erzmuster gesammelt und analysiert. Sie ergaben angeblich gute Gold- und Silbergehalte, so daß zunächst die Rehoboth Mining and Development Co im Jahre 1932 mit einem Kapital von 10000 £ gegründet wurde. Es wurde ein Pochwerk mit 5 Stempeln in Betrieb gesetzt. Der Hauptgang wurde bis auf eine Teufe von etwa 70 m aufgeschlossen und lieferte gute Pocherze. Die Gesellschaft besitzt 5200 Schürffelder.

Etwas später entstand 5 km nördlich eine zweite Neuras Mine, die ebenfalls durch die Rehoboth-Gesellschaft bearbeitet wurde, die mit einem Schacht von 30 m Tiefe und mehreren tonnlägigen Schächten gute Erze aufschloß. Noch weiter nördlich arbeiteten die Herren Hansen und Heinz, die mit 3 Pochstempeln täglich 6 t Erz mit einem Ausbringen von 6 ozs (186 g) verpochten. Südwestlich von diesen Vorkommen arbeitete die Nama Development Co. gleichfalls mit 3 Pochstempeln. Die älteste Aufbereitung stand etwa 7 km westlich Rehoboth. Es wurden hier mit einem 2-Stempelpochwerk 50 ozs (155 g) Gold gewonnen.

Die eben beschriebenen Vorkommen haben, da sie nicht allzu weit von der Eisenbahnlinie entfernt sind, eine günstige Lage. Die Wasserverhältnisse zwingen zur Sparsamkeit und zur Wiedergewinnung des Wassers nach der Aufbereitung. Die Löhne betrugen 1933 1 sh/Tag für den ungelernten und 2 sh 6 d/Tag für den gelernten Arbeiter. Die Bastards arbeiteten für 4 £ 10 sh je Monat, europäische Bergleute und Prospektoren für 10—12 £ pro Monat. Man projektierte, statt wasserbetriebenen Pochwerken Aufbereitungsanlagen mit Dieselmotorantrieb zu verwenden. Das Rohöl kostete in Rehoboth 13—14 £/t.

Die leichtgewellte Landschaft, die von den Rivieren Drogwilhelm, Swartmodder und Kabirab durchtalt wird, baut sich aus Quarziten und Amphiboliten, gelegentlich mit eingefalteten Glimmerschiefern und Phylliten, auf. Häufig findet man Orthogneis und seine aplitische und granitische Gefolgschaft. Begleitet sind diese sauren Nachschübe von dunklen basischen Ganggesteinen, die sich in den Grubenaufschlüssen als Grünschiefer bzw. Epidotschiefer herausgestellt haben. Edlinger hält sie unter Vorbehalt für Lamprophyre der Vogesit- und Spessartitreihe und stellt sie zur Gefolgschaft des Orthogneises. Die gleichfalls in großen Scharen auftretenden Amphibolite hingegen sind metamorphe Diabase pränamaischen Alters. Die Gneise und Amphibolite werden gelegentlich von Diabasen durchschnitten, die einwandfrei jünger als die Namaformation sind. Als Vererzer muß der Neurasgranit betrachtet werden, der ein weitverzweigtes Ganggefolge aufweist. Übergänge zwischen Orthogneis und Neurasgranit sind noch nicht gefunden worden.

Die Golderzgänge zeigen eine verschiedenartige Ausbildung. Es kommen vor:

α) Goldführende Pegmatite. Entlang der Südwestflanke des Neurasgranits verläuft ein basischer Eruptivgesteinszug, in dem eine große Anzahl von pegmatitischen Erzgängen auftritt. Sie bestehen vorwiegend aus weißem oder grauem, derbem, fettglänzendem Quarz und bilden größtenteils schmale und meist nur kurze Linsen. Ausnahmsweise können sie über 1 m mächtig und bis 200 m lang werden. Orthoklas und Turmalin spielen nur die Rolle von Übergemengteilen; gelegentlich wurde auch Kalkspat beobachtet. An primären Erzen sind vertreten: Eisenglanz, Pyrit, Kupferkies, Kupferglanz und Bleiglanz. Der Eisenglanz ist stark verbreitet. Das Gold ist hauptsächlich an diesen und an den Pyrit gebunden. Das Auftreten von Freigold von tiefgelber Farbe ist auf die sehr dürftig ausgebildete Oxydationszone beschränkt. Schon wenige Meter unter Tage brechen die unzersetzten Sulfide ein. Das Gold findet sich auch in kleinen Körnchen, die im Sichertrog erscheinen, im Grünschiefer zusammen mit Pyrit.

In der schwach ausgebildeten Oxydationszone kann der Goldgehalt bis auf 30 g/t ansteigen und ist dann von sekundären Kupfererzen (Cuprit, Malachit, Chrysokoll), Brauneisen und etwas Goethit begleitet. Hier ist auch der Silbergehalt beträchtlich. Da das Gold eine tiefgelbe Farbe besitzt, dürften vielleicht Silberverbindungen, vermutlich Halogene, vorliegen. Ein Posten verschiffter Schlieche ergab 187 g/t Au und 437 g/t Ag, ein anderer 188,9 g/t Au und 182 g/t Ag.

Der Goldgehalt des Grünschiefers, dessen Mächtigkeit von 0,50 bis 3 m schwankt, kann mit 4 g/t im Durchschnitt veranschlagt werden.

Durchschnittsgehalte der Neurasgänge sind nicht bekannt. Lokal wurden befriedigende Gehalte festgestellt. So ergaben in einer Tiefe von etwa 12 m auf einer Strecke in Abständen von 1,5 m gezogene Proben 33 g/t Au und 100 g/t Ag und aus dem Schacht derselben Grube bei 12 m und 7 m Tiefe entnommene Proben 10,5 g/t Au und 21 g/t Ag.

Es wurde eine Zone von etwa 700 m Länge, 300 m Breite und 27 m Tiefe untersucht. Rentable Goldgehalte enthielt nur eine Strecke von 255 m. Bei einer Mächtigkeit von 1,50 m kann man drei verschiedene Kategorien von Goldführung unterscheiden. Cazalet schätzt die sichtbaren Reserven auf 30000 t mit einem Durchschnittsgehalt von 10 dwt/t Au (15,5 g/t), die möglichen auf 100000 t amalgamierbares Erz mit dem gleichen Durchschnittsgehalt. Da sich der Wasserspiegel in einer Tiefe von 145—160 m befindet, rechnete er bis dahin mit einer unveränderten Erzführung.

Pyritische Golderzgänge. Sie bilden auf den Feldern von Hansen einen in Richtung 153° streichenden Zug im vergneisten Granit und können bis zu 0,50 m mächtig werden. Die Länge beträgt über 400 m. Als einziges Erz tritt Pyrit auf. Das Gangmaterial besteht aus einem grauen Quarz mit Schmitzen eines grünlichen chloritähnlichen Minerals. Der Goldgehalt kann bis zu 25 g/t steigen.

e) Das Goldvorkommen von Auchas

In einer Höhe von etwa 1700 m, ungefähr 80 km südwestlich von Rehoboth treten linsenförmige Quarzausscheidungen auf, die mit einem stark gepreßten Granit in Verbindung gebracht werden können. Mit 10 Schächten von denen der tiefste 10 m erreichte, wurden 15 dieser Quarzlinsen untersucht. Die Ausdehnung der Linsen ist 10 bis 55 m im Streichen bei einer Mächtigkeit von 15—190 cm. Das Erz besteht aus Schwefelkies mit Spuren von Gold, etwas Kupferkies und Bleiglanz. Das Gold war in der Oxydationszone teilweise bis zu 86 g/t angereichert, sein Gehalt betrug aber im Durchschnitt in den Fördererzen nur 1 g/t mit 16 g/t Ag. Es sind mehrere kleinere Linsen vorhanden, die sich für einen Kleinbetrieb eignen würden. 1934 wurde mit einem Schacht von 17 m Tiefe ein Bleiglanz führender Gang erschlossen, der in der Oxydationszone lokal 63 dwt/t Au (97,6 g) führte.

Sowohl Goldquarzpegmatite als auch Goldquarzgänge und goldhaltige Kupfererzgänge, auf denen Pyrit, Kupferkies und Kupferglanz meist die ausschließlichen Träger des Goldgehaltes sind, kommen auch noch an anderen Stellen des Bastardlandes vor. Allerdings scheint der bisher beschriebene Lagerstättentyp auf die Rehobother Vorkommen beschränkt zu sein, denn nach Westen zu folgt eine durch die Fundpunkte Natas-Gamsberg-Weener gekennzeichnete Zone, in der die goldhaltigen Kupferpegmatite und goldhaltigen Scheelitpegmatite vorherrschen. Eine Ausnahme bildet nur das Vorkommen der Farm Weener, wo die Golderzgänge der pyritischen Golderzformation angehören.

f) Das Goldvorkommen der Farm Weener

In einem schwer zugänglichen Gebirgsland, etwa 80 km westlich Rehoboth, liegt zwischen den metamorphen Schiefern ein Alkaligranit, der reich ist an glimmerführenden Ausscheidungen und an aplitischen und pegmatitischen Nachschüben.

Südlich des Gaubriviers treten in einer 4 km breiten und 11 km langen Zone zahlreiche Lagergänge mit einer mittleren Mächtigkeit von 0,15—1 m auf, die aus aneinandergereihten Linsen bestehen und auf 500 m streichende Länge verfolgt werden können. Ihre Ausfüllung besteht aus weißem zuckerkörnigen Quarz, der neben neugebildetem Serizit als einziges Erz erbsengroße Pyritwürfel führt. Die Analysenwerte der Oxydationszone schwankten zwischen 5 und 50 g/t Au. Eine Analyse soll auch einen geringen Platingehalt aufgewiesen haben.

Manche Gänge der Umgebung enthalten das Gold an Kupfererze gebunden. Diese sind durch Kupferkies und Kupferglanz vertreten, die als Einsprenglinge im Gangquarz vorkommen.

Ab und zu konnte man auch Bleiglanz beobachten. In der Oxydationszone fand man Malachit, Brauneisen, Eisenkiesel und Anglesit nebst Goldflitterchen.

g) Die wirtschaftliche Bedeutung der Goldvorkommen des Rehobothdistriktes und die Zukunft des Rehobother Goldbergbaues

Nach der Überwindung der Weltwirtschaftskrise setzte eine ausgesprochene Konjunktur ein. Viele kleinere Gesellschaften wurden gegründet und tausende von Schurffeldern belegt. Man kann sich jedoch des Eindruckes nicht erwehren, daß die meisten Gesellschaften mit dem spekulativen Ziel entstanden, die von ihnen erworbenen Minenfelder durch auf günstigen Ansatzpunkten ausgeführte Aufschlußarbeiten für einen gewinnbringenden Verkauf vorzubereiten. Denn nirgends — außer der Swartmodder Mine, und auch hier erst nach verschiedenen Fehlunternehmungen — findet man planmäßige Aus- und Vorrichtungsarbeiten, um Erzreserven für den Abbau bereitzumachen. Es wurde vielmehr ein ausgesprochener Raubbau betrieben, so daß die meisten Analysenangaben und Vorratsberechnungen mit Vorsicht zu bewerten sind. Nicht als ob die Richtigkeit der Analysen angezweifelt werden könnte; man muß jedoch annehmen, daß der größte Teil aus Reichstellen der Oxydationszone stammt.

Rumscheidt konnte feststellen, daß bei den rohen Aufbereitungsverfahren, die im Rehobother Distrikt angewendet werden, das Ausbringen selbst bei den oxydischen Erzen nur 40—45% erreichte. Dies liegt daran, daß das Gold zum Teil — und dies gilt hauptsächlich für den Schiefer — sehr fein verteilt ist, zum Teil aber auch von einer feinen Haut von Brauneisen umgeben ist, so daß es mit den Aufbereitungsabgängen wegschwimmt. Noch schwieriger liegen die Verhältnisse in der Primärzone, in der das Gold so fein eingesprengt vorkommt, daß ein Erz mit 12 dwt (18,6 g/t) nur etwa 1 dwt/t Au (1,55 g/t) Ausbeute bei den bestehenden Aufbereitungsanlagen liefern konnte.

Da die Erze zum Teil einen erheblichen Kupfergehalt besitzen, wird das Cyanidverfahren zu teuer sein, so daß wohl eine Flotation oder auch eine kombinierte Flotation mit anschließender Aufbereitung mittels Schütteltischen in Frage käme.

Die Zukunft des Rehobother Goldbergbaues hängt davon ab, ob es durch systematische Untersuchungen möglich sein wird, genügende Erzreserven mit zahlbaren Goldwerten zu finden. Da 1938 alle mit großer Propaganda aufgenommenen Minenbetriebe schon wieder stilllagen, ist anzunehmen, daß die reichen Konzentrationspunkte der Oxydationszone abgebaut sind, so daß man in Zukunft nur mit einem Tiefbau rechnen kann. Dieser ist, wie die Arbeiten auf der Swartmodder Mine beweisen, langwierig und die Aus- und Vorrichtungsarbeiten sind nicht billig, da immer wieder Arbeiten auch im tauben Gestein notwendig sein werden. Außerdem muß man damit rechnen, daß auch unbauwürdige Erzkörper verquert werden. Rumscheidt schätzt die Untertagekosten auf etwa 12 sh (7,3 RM.), zu denen noch etwa 6 sh/t (3,65 RM.) über Tage dazu kämen. Dies bedingt, daß bei einem angenommenen Ausbringen von 85% = 3,4 dwt (5,27) ein durchschnittliches Erzhaufwerk von mindestens 4 dwt/t Au (6,2 g/t) vorhanden sein müßte. Bei einem Gehalt von 4 dwt/t müßte der Gang eine durchschnittliche Mindestmächtigkeit von 36 Zoll besitzen.

Für die zukünftigen Arbeiten ist zu berücksichtigen, daß bei den bisher angewandten Aufbereitungsmethoden die Halden sicherlich zum Teil noch erhebliche Goldgehalte aufweisen werden.

Die Produktionsstatistik des Rehobother Bezirkes ist in Tabelle 17 enthalten.

3. Das Goldvorkommen von Chorichas

Die Farm Chorichas liegt im südlichen Teil des Kaokofeldes. Westlich davon lagern in den steil aufgerichteten Gneisen gleichfalls steil einfallende Quarzlinsen, die in der Oxydationszone stark eisenhaltig sind und hier lokal außerordentlich hohe Goldkonzentrationen aufwiesen. Eine in Tsumeb analysierte Probe ergab:

Au	1476 g/t
Ag	581 g/t
Cu	0,5%
Bi	1,0%
Fe	50,4%
SiO_2	18,4%

Drei weitere Proben lieferten ebenfalls ungewöhnlich hohe Edelmetallgehalte:

1200 g/t Au,	510 g/t Ag		
3520 „ „	1090 „ „	(Gewicht	43 kg)
5840 „ „	915 „ „	(„	33,4 kg)

Im Gegensatz zu diesen auffallenden Werten stehen die Ergebnisse von 155 Waschproben, von denen 61 überhaupt kein Gold, 94 nur Goldspuren zeigten.

In der Gegend von Chorichas und Bethanien kommen zahlreiche Pegmatite vor, die meist kein Gold, sondern nur Spuren von Malachit und Kupferglanz enthalten.

Etwas nördlicher liegen ähnliche Goldvorkommen bei Choabendus (Otjiwasandu). Die hier entnommenen Proben waren weniger reich als diejenigen von Chorichas.

4. Sonstige Gangvorkommen

In der Literatur wird außerdem noch eine große Anzahl von Goldvorkommen erwähnt (27), die wohl zum größten Teil gleichfalls zu den hydrothermalen Goldquarzgängen, vielleicht auch zu den goldhaltigen Kupfererzgängen gerechnet werden können. Da nichts Näheres über sie bekannt ist, sei auf ihre Anführung verzichtet.

Alle bisher beschriebenen Goldvorkommen gehören hauptsächlich dem Archaikum an und haben sich zumindest in der Vorkonkipzeit gebildet. In den Konkipschichten ist ein Goldvorkommen von der Farm Kunjas, etwa 80 km nordnordwestlich Bethanien, bekannt geworden.

Schmale Quarztrümer sind hier an Diorite gebunden; zum Teil scheinen sie auch mit Diabasen in Verbindung zu stehen. Sie wurden 1914 eingehend untersucht. Man fand zum Teil gute Goldgehalte, doch sind die Gänge zu wenig mächtig und keilen bald aus. Sie setzen sich aus Gangquarz, Brauneisen, etwas Kupfererzen und Bleiglanz, ferner aus Schwefelkies und Siderit zusammen.

5. Goldhaltige Konglomerate und Goldlager

Als die ersten Nachrichten über das Auffinden von goldhaltigen Konglomeraten auftauchten, gab man sich nur allzu leicht übertriebenen Hoffnungen hin und verwies in diesem Zusammenhang immer wieder auf die Vorkommen am Witwatersrand. Bald haben jedoch die Untersuchungen ergeben, daß sowohl die Gehalte zu gering als auch bei vielen Vorkommen die Ablagerungen zu klein sind. Allerdings harren noch manche einer eingehenden Untersuchung.

Am bekanntesten sind die Vorkommen auf der Farm Korais, in der Nähe der Farm Kunjas, wo im März 1920 viele Edelmineralschürffelder auf goldhaltige Konglomerate abgesteckt wurden. Beetz gibt folgende Analysen an:

1.	Konglomeratbank:	stark eisenschüssig, quarzitisch	1,43 g/t
2.	„	: mit viel Geröllen	1,62 „
3.	„	: weich, stark feldspathaltig	0,65 „
4.	„	: 6 km östlich Koraisquelle	1,04 „
5.	„	: 1 km östlich Koraisquelle	0,91 „

Die Konglomeratbänke 1—3 befinden sich 800 m nördlich der Koraisquelle. Zwei sehr feldspatreiche Bänke enthielten nur Spuren von Gold. Die Mächtigkeit einer Konglomeratbank beträgt etwa 30 bis 100 cm; die Mächtigkeit der ganzen Gruppe ist nicht leicht zu bestimmen, da die Schichten stark gefaltet sind. Man kann sie auf etwa 30—40 m schätzen. Sie wurden durch Schurfgräben aufgeschlossen und bemustert, ergaben im Durchschnitt aber nur 1 dwt/t Au (1,55 g).

Im gleichen Horizont kommen goldführende Konglomerate auch bei Khoabendus im Kaokofeld vor.

Außer diesen Konglomeraten treten im Namaland, ähnlich wie dies bei den Kupfererzen der Fall ist, geringe Anreicherungen von Gold in den Sedimenten als verfestigte Seifen auf. Sie haben bisher keine wirtschaftliche Bedeutung erlangt. So führen z. B. die Konglomerate der Basisschichten bei Campels-Aub etwas Gold. Man fand 1,0—1,5 g/t Au nebst 5,2—8,2 g/t Ag. Es handelt sich um unbedeutende Vorkommen, die sich aus Granitgeröllen aufbauen. Ähnliche Vorkommen sollen auch bei Obib im Bezirk Lüderitzbucht festgestellt worden sein.

6. Goldseifen

In einem Lande, in dem an zahlreichen Stellen Gold in geringen Mengen vorkommt und in dem sicherlich ein guter Teil der Lagerstätten der Abtragung anheimgefallen ist, enthalten naturgemäß zahlreiche Riviere Spuren von Gold, ohne daß man allerdings bis jetzt eigentliche Goldseifen gefunden hätte. Nur am Oranje unterhalb der Mündung des Fischflusses wurden wenige Goldnuggets ausgewaschen.

Es wurden zum Teil schon am Anfang dieses Jahrhunderts folgende Riviere auf einen Edelmetallgehalt geprüft:

Usip-Rivier bei Ausis (?)	Au in Spuren
Onop-Rivier oberhalb Rehoboth	Au nachweisbar
Kleinere Riviere im Gebiet der Spitzköpfe	Au nachweisbar
Usip-Rivier bei Aub	0,4 g/t Ag

Aukarab-Rivier bei Duruchaus	negativ
Fischfluß bei Aub	negativ
Ubab-Rivier bei Swartmodder	0,2 g/t Ag
Hairas-Rivier bei Neuras	negativ
Homeib-Rivier unterhalb Kobus	Au in Spuren
Homeib-Rivier zwischen Konob und Campels Aub	Au in Spuren
Kam-Rivier bei Kam	negativ
Kam Rivier unterhalb Campels-Aub	0,2 g/t Ag
Riviere bei Areb	negativ
Schaf-Fluß bei Tero	0,1 g/t Au 0,1 g/t Ag
Schaf-Fluß bei Leben	Au in Spuren
Kamkam-Rivier bei Tsumis	negativ
Kuiseb-Rivier	Au in Spuren
Djab-Rivier	Au in Spuren
Obus-Rivier	Au in größeren Mengen
Natas-Rivier	Au in Spuren

Etwas Gold enthalten auch manche Zinnseifen des Erongogebietes. Das erste Gold wurde nach Trotzig auf Chatpütz bei Ameib gefunden und bald darauf in Neineis. Hier fand man Nuggets bis zu 100 g Gewicht. Das Gold kam mit Zinnstein zusammen vor. Im Jahre 1914 wurden annähernd 2 kg reinen Goldes auf diesem Vorkommen gewonnen.

VII. Die Eisenerzlagerstätten

1. Allgemeine Übersicht

An vielen Orten und in vielen Schichten wurde die Anwesenheit von Eisenerzen beobachtet, zum Abbau kam es aber bis jetzt nur in einem einzigen Falle. Der Hauptteil der übrigen Vorkommen ist noch nicht einmal bergbaulich und lagerstättenkundlich erforscht.

Stratigraphisch verteilen sich die Eisenerzvorkommen auf verschiedene Horizonte. Schon das Grundgebirge ist reich an eisenerzführenden Zonen. Diese besitzen ihre Hauptverbreitung im mittleren Teil der Kolonie, im Bastardland und im westlichen Damaraland.

Gangförmige Lagerstätten kennt man unter anderen nördlich von Aroams im Gebiet westlich Rehoboth. Quarzgänge enthalten schmale Gängchen reinen Hämatits. Eine Analyse ergab nach de Kock 69,7% Fe und 1,1% SiO_2. Das Erz ist phosphorfrei. Ähnliche Lagerstätten treten in der gleichen Gegend westlich und nordwestlich Rehoboth auf, unter anderen bei Witkop, sodann nördlich des Arnamberges und an einigen Punkten nördlich und westlich von Gurumanas. Magnetitgänge sind ferner in den Gneisen bei Lüderitzbucht, Ukama, Aus, Kakhaus und am Oranje zu finden. Sie führen bisweilen Eisenglanz, der bei Lüderitzbucht und am Kuiseb mit Quarz zusammen gangartig auftritt. Im Kalkgebirge des großen Tigerberges nördlich Garub in der Nähe der Eisenbahnlinie Lüderitzbucht—Aus kommen Roteisenstein führende Gänge vor. Ein größeres Hämatitlager wurde von Kaukausib südöstlich Lüderitzbucht bekannt. Zahlreiche, im Ausgehenden Brauneisenstein führende Gänge durchsetzen den kristallinen Schiefer bei Pomona.

Range ließ von folgenden Punkten Erze analysieren:

Buntfeldschuhhorn	47,8% Fe, wenig SiO_2
Garubberg	56,3% Fe, ziemlich viel SiO_2
Kaukausib	41,1% Fe, viel SiO_2

Einen wirtschaftlichen Wert hat bisher keines dieser Vorkommen erlangt.

Südlich des Arnamberges westlich Rehoboth metamorphisierte der Granit einige Gesteine der Duruchausschichten, die reich an Eisenmanganerzen waren, und verwandelte diese in magnetitführende Chloritschiefer. Die gleichen Vorkommen sind in der Gegend südwestlich von Rehoboth bei Nauchas, Alberta und Namibgrens beobachtet worden. Auch sie haben nach de Kock keine wirtschaftliche Bedeutung.

Die sedimentären Eisenerzlagerstätten sind meist an die Khomasschichten gebunden. Es sind eisenreiche und glimmerreiche Quarzite, die sich zum Teil über einige Kilometer ausdehnen. Sie enthalten Magnetit und Eisenglanz, die normalerweise über den ganzen Quarzit verteilt sind; doch kommt es gelegentlich auch zu Anreicherungen, so daß reines Eisenerz ohne Quarz entsteht. Diese blauschwarzen schieferigen Gesteine, in denen der Eisenglanz den Magnetit überwiegt, können genetisch mit den Itabiriten verglichen werden. Sie besitzen vorläufig noch keinen wirtschaftlichen Wert.

Eine Analyse des Eisenglimmerschiefers von Nauas zwischen Rehoboth und Windhuk ergab folgende Gehalte:

FeO	4,72%	(= 3,67% Fe)
Fe_2O_3	55,47%	(= 39,41% Fe)
MnO	0,12%	
P_2O_5	0,21%	
Al_2O_3	0,50%	
CaO	0,24%	
MgO	Spur	
S	0,09%	
TiO_2	—	
SiO_2	38,20%	
	99,55%	

Die mineralogische Zusammensetzung des Gesteines ist folgende:

Eisenglanz	54%
Magnetit	16%
Quarz	38%

Es handelt sich hier um einen mächtigen Zug, der stark gefaltet ist, so daß man den Bänken des Eisenglimmerschiefers immer wieder begegnet; so am Südabhang der Auasberge, am Großherzog-Friedrich-Berg, an der blauen Huchte und außerhalb des Bastardlandes bei Hohe Warte.

Weitere Vorkommen kennt man aus demselben Gebiet von Kudies, im Gelände südlich Waldburg am Schaffluß, in den Bergen zwischen Haigamas und Lichtenstein, bei Kamtsoas, Usis und zwischen Aub und Onnams.

Als Schollen im Granit findet man den Eisenglimmerschiefer bei Areb, Kobus und Auchas südwestlich Rehoboth. Rimann berechnete die Eisenerzmengen auf etwa 300000 t/m Teufe mit einem Eisengehalt von etwa 40%. Es handelt sich um phosphorarme titanfreie Eisenerze.

Zwischen Naos und Nareis nordwestlich Rehoboth ist eine große Synklinale der Damaraserie mit eisenhaltigen Khomasschichten ausgefüllt. Die erzführenden Horizonte besitzen eine Erstreckung von etwa 40 km bei einer durchschnittlichen Mächtigkeit von 6 m. Auf diese Gesamtmächtigkeit verteilt findet man Hämatit, Magnetit, Limonit, Granat und Quarz. De Kock schätzt den durchschnittlichen Eisengehalt auf 25%, der durch Aufbereitung auf 60% Fe gebracht werden könnte. Vorläufig jedoch würde sich ein Abbau infolge der Entfernung von der Eisenbahn und des Fehlens von Kohle nicht lohnen, zumal die reinen Erzlagen nur sehr geringmächtig sind.

Größere Eisenerzvorkommen liegen ferner im Hinterland der Walfischbucht, die — wenn auch selten — Mächtigkeiten bis zu 16 m erreichen können. Man kennt 5 verschiedene Lagerstätten, die zum Teil stark gefaltet sind. Sie setzen sich vornehmlich aus Quarz und Hämatit zusammen. Daneben findet man auch durchstreichende Lagergänge mit Magnetit, etwas Hämatit, Almandin, Apatit und Rutil.

In den Schurffeldern von Broens kann man die Itabirite auf eine Länge von 1450 m mit NO—SW streichender Richtung verfolgen. Im Fallen ist die Lagerstätte etwa 27 m mächtig. Mehrere größere alte Arbeiten sind zu beobachten. Reiche und arme Partien sind einem dauernden Wechsel unterworfen. Eine Analyse ergab folgende Werte:

Fe	37,7 %
SiO_2	46,8 %
P	0,15%
S	0,25% (Analytiker: Macrae).

Andere Proben lieferten 53,2 % Fe und 19 % SiO_2 bzw. 53,1 % Fe und 21 % SiO_2. Stellenweise sind auch ansehnliche Goldgehalte festgestellt worden.

Südlich von diesem Vorkommen befinden sich die Schurffelder von Murray. Das Eisenerzlager besitzt eine streichende Länge von 540 m bei einer Breite von 18 m. Gut ausgesuchtes Material ergab folgende Resultate:

Fe	57,70 %
SiO_2	17,60 %
P	0,05 %
S	0,35 % (Analytiker: Macrae).

Eine weitere Probe ergab:

Fe_2O_3	65,32 %
FeO	0,90 %
SiO_2	32,87 %
Al_2O_3	0,69 %
S	0,094 %
Mn	0,048 %
Ti	—
Ca	—
Mg	—
	99,92 %

Demnach beträgt der Fe-Gehalt 46,39 %.

Ferner sind noch folgende Analysen angefertigt worden:

	I	II	III	IV	V
SiO_2 ...	11,45 %	21,10 %	30,80 %	44,50 %	25,80 %
Fe	61,94 %	48,40 %	41,20 %	38,20 %	52,20 %
P	0,07 %	0,05 %	0,06 %	0,10 %	0,10 %
S	n. b.	0,06 %	0,09 %	0,30 %	0,30 %

(Analytiker: I = Marlot, II—V = Macrae)

Die einzelnen Proben entstammen folgenden Orten:

I: Reicherzprobe vom Murray-Lager.

II: Etwa 1,5 Meilen südöstlich vom Murray-Lager. Es handelt sich um ein NO—SW streichendes, mehrere 100 m langes Vorkommen mit Hämatit und Quarz.

III: Von einer weiter südlich gelegenen, stark granathaltigen Bank.

IV: Von einem Vorkommen etwa 7 km nordwestlich Rooibank.

V: Südlich von Rooibank, aus einem 360 m langen Magnetitlager.

Nach Wagner handelt es sich bei allen soeben beschriebenen Vorkommen um regionalmetamorph und zum Teil kontaktmetamorph veränderte Lagerstätten. Er hält es nicht für möglich, daß man durch

Aufbereitung höher als auf 53—57% Fe und niedriger als auf 17 bis 19% SiO_2 kommt.

Der nächsthöhere Horizont, in dem Eisenerze auftreten, ist die Konkipformation.

Auf der Farm Kunjas, etwa 80 km nordnordwestlich Bethanien, erscheint Brauneisenerz in Gangform am Kontakt von Tonschiefern mit Diabasgängen. Sie führen dort, wo sie am Kontakt verlaufen, auch stets etwas Gold. Hier wurden folgende Gehalte festgestellt:

1.	Brauneisengang	1500 m westlich	Koraisquelle:	0,453 g/t Au
2.	„	1000 m „	„ :	0,907 „ „
3.	„	1800 m östlich	„ :	1,814 „ „

Nicht an Gänge sind die Eisenerzvorkommen der Choabendusformation gebunden. In den Quarziten dieser Formation treten im SO-Teil des Kaokofeldes zwischen Cauas Okawa und Gagarus mehrfach Eisenerzzonen auf, die 2—6 m hohe Ausbisse bilden. Sie wurden durch Kuntz der Otaviformation zugeordnet, doch konnte Stahl nachweisen, daß sie der Konkipformation angehören.

Bei einem steilen Einfallen nach Norden sind diese Lagerstätten auf eine Erstreckung von etwa 3 km zu verfolgen. Es handelt sich um ein Gemenge von Magnetit und Hämatit mit 75—78% FeO bei einem erheblichen SiO_2-Gehalt (zum Teil über 18%). Die vorhandenen Mengen werden als beträchtlich bezeichnet, doch sind die Abbauverhältnisse infolge der Wasserarmut und des Fehlens von massigen Ausbissen, ferner infolge des steilen Einfallens der Schichten recht ungünstig. Die nächsten Wasserquellen liegen etwa 20 km von den Vorkommen entfernt. Die Eisenbahnstation Outjo befindet sich in einer Entfernung von etwa 130 km.

An der Südgrenze des durch die Hanseatische Land- und Minengesellschaft belegten Gagarusblockes liegen gleichfalls zum Teil recht gute Vorkommen. Zwei von hier entnommene Proben zeigten folgende Zusammensetzung:

FeO	78,60%	76,00%
SiO_2	9,50%	13,70%

An anderen Stellen enthielt das Erz 66,0% FeO bzw. 64% FeO und 22,5% SiO_2 bzw. 25,0% SiO_2.

Im Streichen gehen die Erze oft in regelrechte Eisenkiesel über und enthalten nur noch etwa 29% FeO bei 62,6% SiO_2.

Große Lager von Eisenerzen finden sich auch in der Namaformation und speziell in der Otaviformation des Kaokofeldes. Sie treten unter dem dolomitischen Kalkstein zwischen Quarziten und quarzitischen Sandsteinen auf und bilden größere Vorkommen teils minderwertiger, teils hochwertiger Eisenerze, die aus Magnetit und Hämatit bestehen.

Das bedeutendste Vorkommen liegt bei Ombombo, etwa 300 km von der Station Outjo entfernt. Die Otaviformation läßt hier folgende Horizontierung zu:

1. Liegende Arkosen und Quarzite (300—400 m).
2. Untere massige Dolomite (etwa 500 m).
3. Mittlerer Sandsteinhorizont (150—300 m).
4. Obere, mehr oder weniger geschichtete Dolomite und Kalke (etwa 300 m).

Die Eisenerze treten im dritten Horizont an der Grenze gegen den oberen Dolomit auf und bilden oft 20—30 m mächtige Wände. Der Eisengehalt ist sehr schwankend, denn die Vererzung war in hohem Maße von Korngröße und Bindemittel des Sandsteins abhängig. Die feineren Sandsteine, die ein toniges Zement besitzen, sind eisenreicher und leiten zu den echten Toneisensteinen über. Sie sind rotbraun und von sandigen Lagen durchsetzt. Der ursprüngliche Erzgehalt dürfte nach Stahl karbonatisch gewesen sein. Die praktisch verwertbaren Gehalte können mit 37—38% Fe angenommen werden. Der SiO_2-Gehalt ist infolge der Sandeinlagerungen hoch und muß mit 20% als Minimum angesetzt werden. Der Kalkgehalt ist gering (1—3%), der Al_2O_3-Gehalt bedeutend. Die Vorräte werden als sehr groß angenommen.

Bei diesem Vorkommen handelt es sich um einen viele Kilometer langen Eisensteinzug, der oberhalb Ombombo beginnt und sich bis Katjuru und Otjitjekua verfolgen läßt, wo er unter der Steppe verschwindet. Er erscheint aber wieder in den Höhenzügen östlich Kowares und Koabendus, wo die Mächtigkeit allerdings schon stark reduziert ist. Nach Norden zu dürfte sich dieser Horizont noch weit am Rande der Ambolandsteppe fortsetzen, da er durch die Expedition von Kuntz noch in der Gegend von Otjingerere gelegentlich angetroffen wurde. Nach Westen wurde der Zug an der Wasserstelle Klein-Kudais festgestellt. Sein Verlauf in dieser Richtung bedarf noch eines eingehenderen Studiums.

Auch die Namaformation des Namalandes führt Eisenerze. In den unteren Schichten fand man bei Witpütz ein Brauneisenlager. Die übrigen Vorkommen sind meist sehr klein.

Die jüngsten Eisenerzlagerstätten befinden sich im nördlichen Teil der Kolonie. Zu ihnen gehört auch die einzige Grube, auf der bis jetzt Eisenerze, und zwar als Zuschlag für die Tsumebhütte gefördert wurden: Das Vorkommen von Kalkfeld.

2. Das Eisenerzvorkommen von Kalkfeld

Die Kalkfeldgrube befindet sich etwa 10 km nordwestlich der gleichnamigen Eisenbahnstation der Linie Swakopmund—Tsumeb und wird seit 1908 durch die Otavi Minen- und Eisenbahngesellschaft ausgebeutet. Stahl war es vorbehalten, dieses Vorkommen erstmalig eingehender zu untersuchen und die genetischen Verhältnisse zu klären.

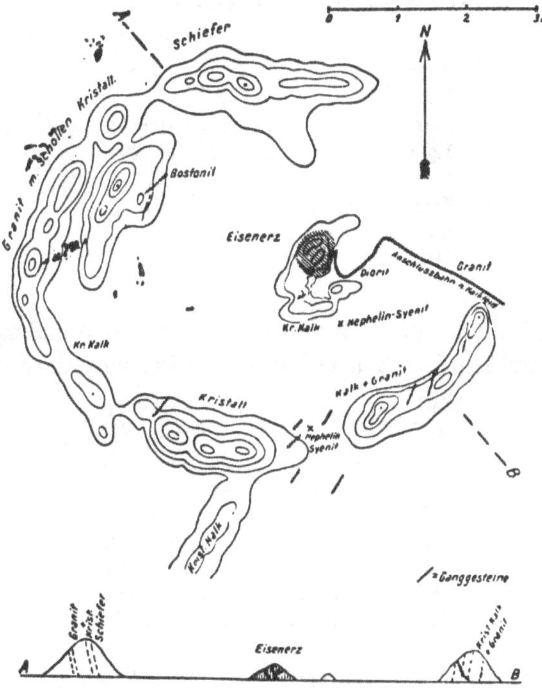

Abb. 49. Skizze des Kalkfelder Minengebietes nebst Profil. Nach Stahl

Die weitere Umgebung von Kalkfeld baut sich aus Gesteinen des kristallinen Grundgebirges auf, unter denen vornehmlich harte kristalline Kalke hervortreten. In diesen Gesteinen befinden sich die Intrusivgranite. Die Schichten des Grundgebirges bilden einen hufeisenförmigen Bergzug (Abb. 49), der sich inselbergartig mit 100 bis 150 m über die flache Steppe erhebt. Die nördliche Ringhälfte besteht im wesentlichen aus Granit, in der südlichen schwimmen größere Schollen des kristallinen Kalkes im Granit. Dieser ist ein Biotit-Hornblendegranit aus den sehr verbreiteten Alkali-Kalkmagmen der großen Hererolandintrusion. Wo er dunklere Farbtönungen zeigt, geht er meist bereits in dioritische Gesteinstypen über.

Im Inneren des Hufeisens erhebt sich der eigentliche Eisenerzberg zu etwa 50 m Höhe. Auch er besitzt die Form eines Hufeisens. Er besteht vorwiegend aus kristallinem Kalk und ist nur an wenigen Stellen von Granit durchsetzt. In seinem nördlichen Teil ist der Kalk auf einer Fläche von etwa $^1/_3$ qkm stockförmig ganz in Eisenerz umgewandelt. Es handelt sich um einen kalkigen Brauneisenstein, der durch Verdrängung entstanden ist. Der Gehalt ist Schwankungen unterworfen. Koert führt folgende Analyse an:

Fe_2O_3	60,0% (42% Fe)
Al_2O_3	2,2%
MnO	6,8%
CaO	10,0%
MgO	1,3%
BaO	2,6%
ZnO	0,2%
SiO_2	2,4%
CO_2	7,6%
S	0,6%

Nach Mitteilung der Otavi Minen- und Eisenbahngesellschaft waren die durchschnittlichen Gehalte der Eisenerzförderung folgende:

FeO	50—55%
MnO	5,5—6%
SiO_2	2,5—3%
Al_2O_3	1—2%
CaO	9,5%
MgO	1,3%
Cu	0,1%
Zn	0,1%
BaO	3,5%
CO_2	7,6%
S	0,6%
Rest Glühverlust	

Die Förderung betrug:

1907/08	2537 t
1908/09	9134 t
1909/10	4148 t
1924/25	13794 t
1925/26	14682 t
1926/27	18635 t
1927/28	25178 t
1928/29	25657 t
1929/30	30789 t
1930/31	37059 t
1931/32	20833 t
1937/38	16426 t
1938/39	21365 t

3. Das Eisenerzvorkommen von Okorusu

Dieses Vorkommen wurde in seinem vollen Umfang erst nach der Erschließung und dem Ausbau der Kalkfelder Lagerstätte bekannt, so daß es trotz seiner günstigen Frachtlage und seiner höheren Eisengehalte bis jetzt noch nicht abgebaut wird.

Okorusu liegt inmitten eines riesigen Steppengebietes, auf der Aiams—Komukanti-Fläche, etwa 18 km von der Bahnstation Otjikongo zwischen den Stationen Kalkfeld und Otavi. Die Steppe wird von jungen Oberflächenbildungen, wie Kalkkrusten, Sanden und tonigen Vleiböden bedeckt. Aus dieser Bedeckung ragen nur einige Inselberge empor. Ein solcher Inselberg ist auch das Okorusugebirge, das sich im Mittel mit 180—200 m über die Steppe erhebt. Es läßt ähnlich wie bei Kalkfeld die Form eines nach NNO offenen Hufeisens erkennen. Zum Okorusugebirge gehört noch eine niedrige Hügelreihe nördlich der Hauptmasse. Damit kann es als Ringgebirge mit einem Durchmesser von etwa 6 km betrachtet werden.

Die Unterlage des Gebirges bilden metamorphe Gesteine des Grundgebirges, die die Hauptmasse des südlichen Ringes einnehmen. Es sind keine im Granit schwimmenden Schollen, sondern sie bilden ein zusammenhängendes Dach über den Alkaliintrusivgesteinen und sind durch diese Alkalimagmen kontaktmetamorph beeinflußt und zum Teil stark fluoritisiert. Daneben findet man in den mächtigen kristallinen Quarziten, die dicke Bänke von Kalk- und Dolomitmarmor enthalten, Neubildungen von Magnetit und Titanomagnetit.

Die Karbonatgesteine sind streckenweise auf pneumatolitischem Wege in Lagerstätten von Flußspat und Eisenerze umgewandelt. Man kann mehrere solcher Lager unterscheiden. Besondere Mächtigkeit zeigen die Flußspat- und Eisenerzkonzentrationen unterhalb des trigonometrischen Punktes Okorusu. Man findet hier zusammenhängende Lagen von Flußspat, die bis 30 m mächtig sind und im Streichen etwa 300 m anhalten. Vorhanden sind zwei größere Flußspatausscheidungen, die durch ein 20—25 m starkes Mittel quarzitischer Gesteine voneinander getrennt werden. Das obere Lager ist gegen 25—30 m, das untere gegen 12—15 m mächtig. Beide Lager werden in ihrem Liegenden und Hangenden von Eisenerzausscheidungen begleitet, die im oberen Lager etwa 3,5 m (Liegendes) und 1,5 m (Hangendes) und im unteren Lager etwa 1,5 bzw. 2,5 m betragen. Alle Gesteine fallen nach N, so daß die vererzten Horizonte auch auf der Innenseite der südlichen Ringhälfte wieder zu finden sind. Sie übertreffen hier noch an Mächtigkeit die oben erwähnten Ablagerungen. Der Flußspat tritt hier stark zurück.

Das Erz ist in seinem heutigen Zustand braunrot. Ursprünglich war es wohl ein titanhaltiger Magnetit, der sich mehr oder weniger in martitisches Roteisen und untergeordnet auch in Brauneisen umgewandelt hat. Der Fe-Gehalt beträgt, auf FeO umgerechnet, etwa 78% mit etwa 1% MnO und ist recht gleichmäßig verteilt. SiO_2 ist nur zu etwa 1% vorhanden und auch der Kalkgehalt ist gering. Spuren von Pb, Cu und Au sind nachweisbar. Leider ist der Titangehalt (7,33% TiO_2) sehr hoch. Die Vorräte scheinen sehr groß zu sein, zumal außer dieser Hauptlagerstätte im Okorusugebirge auch noch weitere kleinere Vorkommen entdeckt wurden.

Genetisch bringt Stahl sowohl die Eisenerzlagerstätten von Kalkfeld als auch diejenigen von Okorusu mit jüngeren Eruptivgesteinen in Verbindung, die im Okorusugebirge vielfach festgestellt wurden. Es handelt sich um Gesteine der Foyaitreihe mit Ägirin oder Ägirinaugit, Nephelin, oft auch etwas Cancrinit und karbonatischen Resorptionsresten. Hinzu kommen noch camptonitische Ganggesteine, ein Nephelinsyenit-Porphyr mit großen Sanidintafeln und dunkle Ganggesteine mit Olivin, Ägirin, Biotit, kleinen Amphibolnadeln und etwas Cancrinit, die den Monchiquiten nahestehen. Alle diese Gesteine sind wohl in Form von Gängen erstarrt.

Diese Intrusionsphase war von pneumatolytisch-hydrothermalen Prozessen begleitet, die in dem aufgewölbten Grundgebirge die Vererzung verursachten. Das aufgetriebene Dach sackte in sich zusammen, brach in der Mitte ein und der Rand blieb als ringförmiger Gebirgskranz stehen.

Das Alter der Intrusion läßt sich im Okorusugebirge nicht feststellen, doch kann es mit dem Aufdringen analoger Alkali–Nephelingesteine im nördlichen Deutsch-Südwestafrika parallelisiert werden. Für jene konnte Stahl bei Gonerub im Kaokofeld feststellen, daß sie jünger sind als die Karru-Eruptivdecken. Damit deckt sich seine Ansicht mit derjenigen von Kaiser, Cloos und Reuning; die Okorusuintrusion kann somit mit großer Wahrscheinlichkeit der vielleicht spätkretazischen Magmanphase zugesprochen werden.

Auf dem Gebiete der Kalkfeldmine wurden Bostonite und Doleritgänge beobachtet, ferner Alkalisyenite und Nephelinsyenite mit Cancrinit. Wenngleich ihr Verband und ihr Verhältnis zu den Eisenerzlagerstätten mangels guter Aufschlüsse nicht erkennbar ist, so liegen doch so viele analoge Verhältnisse zu Okorusu vor, daß man nach Stahl auch für diese Vorkommen die gleiche Entstehungsweise annehmen kann. Eine gewisse Schwierigkeit ergibt sich allerdings bei dieser Deutung in bezug auf die Doleritgänge, die sich ja von

Alkali-Kalkmagmen ableiten und mit den jüngeren Alkali-Nephelingesteinen genetisch nichts zu tun haben. Diese Doleritgänge gehören daher den Karrueruptionen an. Es kommen aber bei Kalkfeld auch Doleritgänge vor, die jünger sein müssen. Sie sind frischer als jene und durchsetzen das Ringgebirge in der gleichen Weise wie die Alkaligesteine. Sie sind außerdem durch einen hohen Gehalt an frischem, braun gefärbtem Olivin und durch große Tafeln von Titanaugit charakterisiert. Diese Doleritgänge treten nicht nur hier, sondern an mehreren Stellen des nördlichen Deutsch-Südwestafrika auf und können zu den Alkaligesteinen gerechnet werden, womit der oben erwähnte scheinbare Widerspruch behoben wäre.

Anhang: Meteorite

Anhangsweise mögen hier noch die Meteorite Deutsch-Südwestafrikas kurz erwähnt werden. Das erste Stück Meteoreisen brachte

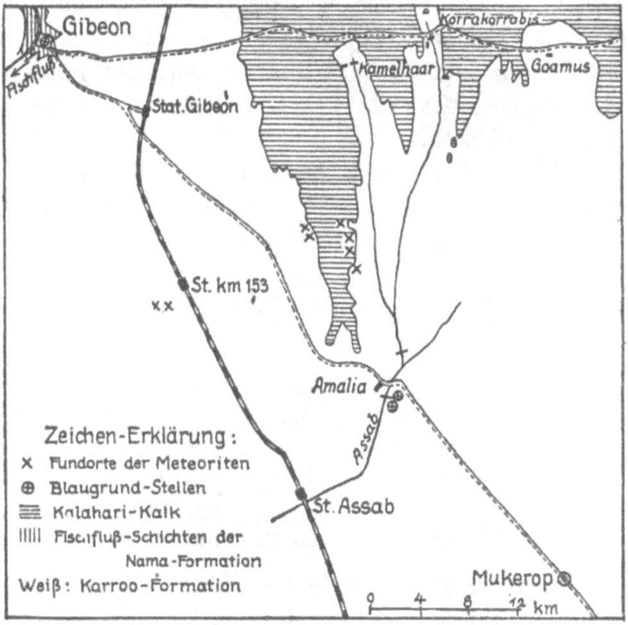

Abb. 50. Fundorte der südwestafrikanischen Meteorite. Nach P. Range

Alexander 1837 aus dem Groß-Namaland mit. Später wurden mehrere Meteorite ausgeführt und beschrieben, die Range mit Ausnahme des Löwenfluß-Meteoriten einem einheitlichen Meteoritenfall zuzuschreiben geneigt ist. Der Gibeon-Meteorit stammt mit Sicherheit aus Goamus. Von den Farmen Amalia und Kamelhaar südöstlich

Gibeon sah Range sieben große Blöcke mit zusammen 28 Zentner Gewicht. Im älteren Schrifttum sind die Meteorite mit den Fundpunkten Bethanien, Löwenfluß, Berseba, Tses, Mukerob und Gibeon beschrieben. Die wahren Fundpunkte sind nach einer Skizze von Range in Abb. 50 zu ersehen. Sie verteilen sich auf eine Fläche von etwa 200 qkm. Einschließlich des Löwenfluß-Meteoriten wurden 51 Stück mit einem Gesamtgewicht von 15396 kg bekannt. Manche Blöcke wogen über 500 kg.

Die Meteorite liegen teils auf dem Kalaharikalk, teils auf den Karruschichten. Damit können sie nicht älter als das Diluvium sein, da ja dem Kalaharikalk diluviales Alter zugeschrieben wird. Vermutlich sind sie noch erheblich jünger. Es sind typische Siderite, die fast ausschließlich aus Nickeleisen mit etwa 8% Ni bestehen. Sie wurden in viele Museen der Welt ausgeführt.

Nach dem Kriege wurde der Hoba-Meteorit, $^1/_2$ km südwestlich des gleichnamigen Farmhauses bei Grootfontein bekannt. Er war ursprünglich von Kalaharikalk bedeckt und wurde dann freigelegt. Mit seinem Gewicht von etwa 60 t ist es einer der größten bisher bekannt gewordenen Meteorite der Erde. Es ist ein nickelreicher Ataxit mit etwa 17% Ni.

Nach Spencer gehört der Hoba-Meteorit einem anderen Fall an als die Gibeon-Meteorite. Gordon (I) und Spencer (II) geben folgende Analysen des Hoba-Meteoriten:

	I	II
Fe	82,40%	83,44%
Ni	16,76%	16,24%
Co	0,74%	0,76%
S	0,20%	Sp.
P	Sp.	„
Cu	n. b.	0,03%
C	n. b.	0,02%
	100,10%	100,49%

(Analytiker von II: Hey)

Das spezifische Gewicht wurde mit 7,971 bzw. 7,96 bestimmt. Das Verhältnis von Fe : Ni ist ungefähr = 5 : 1.

Eine Analyse der verwitterten Kontaktschale ergab nach Spencer:

Fe_2O_3	58,30%
FeO	13,25%
NiO	16,13%
CoO	0,39%
CaO	—
H_2	0,1183%

(Analytiker: Hey)

VIII. Die übrigen Erzvorkommen

1. Blei

Das weitaus größte Bleivorkommen Deutsch-Südwestafrikas ist die Tsumeb-Mine, in der die Exporterze von 1906—1937 einen durchschnittlichen Bleigehalt von 27,7% besaßen, der somit das Doppelte des Durchschnittsgehaltes an Kupfer (13,9%) ausmacht. Im gleichen Zeitraume wurden rund 255000 t Blei ausgeführt. (Näheres siehe in der Beschreibung der Lagerstätte von Tsumeb im Abschnitt über die Kupfervorkommen.) Abgesehen von Tsumeb wurden noch folgende Mengen Bleierze aus Deutsch-Südwestafrika exportiert:

Jahr	long t	£	RM.
1925	219	6500	113568
1926	143	3000	61230
1927	126		
1928	11		

Diese Bleierze stammen aus Aiais im Warmbaddistrikt. 1927 kamen noch geringe Mengen aus Nauchas hinzu.

Abgesehen von dem sporadischen Auftreten des Bleiglanzes auf einigen Golderzgängen des Archaikums sind die meisten Bleierzlagerstätten mit jüngeren Eruptivgesteinen verbunden. Dies ist vor allem im Süden der Kolonie der Fall.

a) Das Bleiglanzvorkommen von Aiais

Dieses liegt östlich des Großen Fischflusses zwischen dem Dreikopf und dem Chamgabrivier. Der nächste Ort ist Klein-Karas in etwa 80 km Entfernung. Da Aiais kein Trinkwasser besitzt, muß dieses aus Klein-Karas herbeigeholt werden. Das Kochwasser kann aus Rietfontein oder aus Kanibeam am Chamgabrivier bezogen werden, ist aber salzig.

Das Grundgebirge baut sich westlich von Kanibeam aus Paragneisen, Schiefern und Kalken, östlich davon aus Hornblendeschiefern und anderen kristallinen Schiefern auf. Sie streichen annähernd OSO. Im Norden umgeben das Gebiet quarzitische Schiefer, Gneise und Granitgneise. Westlich von Kanibeam intrudierte in diese Gesteine ein Granit, der von Pegmatiten begleitet ist. Die kristallinen Schiefer und die Pegmatite werden verschiedentlich von Diabasen, Bostoniten und anderen Eruptivgesteinen durchsetzt. Die Bostonite können bei Anwesenheit von Quarz in Quarzbostonite übergehen. Auch Schlotausfüllungen in Form von lamprophyrischen Gesteinen (Monchiquite) sind vorhanden.

Die Erzgänge treten zum Teil mit den Eruptivgesteinen, zum Teil auch ohne diese auf und haben eine sehr unregelmäßige Ausbildung. Ihre Mächtigkeit erreicht nur bis etwa 30 cm, wovon etwa 7—10 cm auf Bleiglanz entfallen. An der Oberfläche ist der Bleiglanz zum Teil in Cerussit und Anglesit umgewandelt. Manche Gänge führen in schmalen Lagen auch Zink- und Kupfererze. Der Silbergehalt kann bis 3483 g/t steigen. Haugthon und Frommurze halten die Vorkommen für ziemlich klein, so daß es sich nicht lohnen würde, in größerem Maßstabe zu arbeiten.

b) Andere Bleivorkommen

Bleiglanz kommt weiterhin bei der Farm Altdoorn nordöstlich von Aiais vor. Geologisch baut sich diese Gegend aus von Pegmatiten durchsetzten Gneisen auf, in denen auch Diabase, Bostonite und Porphyre auftreten. An Sedimenten sind die Dwykaschichten vertreten. Das Vorkommen liegt etwa 50 km von Klein-Karas und etwa 13 km von Aiais entfernt. Es handelt sich um sehr unregelmäßige und nicht besonders mächtige Gänge, die oft auf eine Entfernung von einigen hundert Metern im Streichen verfolgt werden können. Sie besitzen ein fast senkrechtes Einfallen, so daß man annehmen kann, daß sie nach der Tiefe einigermaßen anhalten. Die meisten Arbeiten bewegen sich vorläufig noch an der Oberfläche. Nur ein Schacht erreichte eine Teufe von 30 m. Wo die Gänge die kristallinen Kalke des Grundgebirges verqueren, haben sich größere Anreicherungen in Taschen des Kalkes gebildet.

Man kann auch diese Lagerstätten genetisch mit Quarzbostoniten in Verbindung bringen. Sie hätten demnach ein Postnama- und Prädwykaalter. Man kennt mehrere Vorkommen:

Ganders Schurffeld. Der Bleiglanz ist an der Oberfläche mit Anglesit, Cerussit und untergeordnet mit Zinkspat, Malachit und Chrysokoll vergesellschaftet. Das Nebengestein ist etwas mit Blei-, Zink- und Kupfererzen imprägniert.

In Cluskies Schurffeld stehen die Gänge direkt mit den Quarzbostoniten in Verbindung. In Hänels Schurffeld schieben sie sich zwischen diese und einen Präkarrudiabas. In den Raubenheimer Feldern sind die Gänge durch 3 Schächte (A, B und C) aufgeschlossen. Die Entfernung zwischen Schacht A und B beträgt 800, zwischen B und C 1600 m. Man verquerte Bleiglanz in einer Mächtigkeit von 7,5—10 cm. Der Bleiglanz enthält im Durchschnitt 73% Pb und 60—112 ozs Ag (1866—3483 g)/t.

Ähnliche Gänge treten auch östlich Warmbad auf der Farm Elandsdraai westlich von Ariams Vley auf. Sie enthalten neben Bleiglanz Baryt, Flußspat und Kalkspat. Außerdem kommt im Warmbaddistrikt in der Südostecke der Kolonie bei Blydeverwacht gleichfalls Bleiglanz vor.

Bleiglanz wurde ferner in nennenswerten Mengen bei Marienhof westlich Rehoboth auf Quarzgängen in den Glimmerschiefern der Duruchaus-Serie gefunden. Diese Quarzgänge enthalten neben Spuren von Kupfererzen Bleiglanz in Adern bis zu 5—10 cm Breite. Im Durchschnitt sind diese aber nur 1—2 cm stark. Das Vorkommen wurde durch zwei tonnlägige Schächte von 50 m Tiefe erschlossen.

Etwa 3 km nordöstlich von Auchas südöstlich Rehoboth wurde durch die Hanseatische Minen-Gesellschaft 1910 ein Quarzgang mit Bleiglanz untersucht. Die Untersuchungen wurden 1927 wieder aufgenommen. Man verschiffte über Walfischbucht 10 t Erze, die aus Bleiglanz nebst Kupferkies, Pyrit, Malachit, Dioptas, Pyromorphit, Anglesit und Brauneisen bestanden. Sie enthielten 73,06% Pb und 1,5 ozs Ag/t (46 g/t). Eine Liverpooler Firma bezahlte die Tonne mit 19,7 £ (403 RM.). Das Vorkommen besitzt Linsencharakter, war aber zu klein, so daß die Arbeiten 1929 wieder eingestellt wurden.

Das Auftreten von Bleiglanz wird noch von folgenden Punkten erwähnt:

Bei Pomona zusammen mit Kupfererzen. Es ist nachgewiesen, daß aus der Pomonagegend Erze im vergangenen Jahrhundert verschifft wurden. Die Gänge scheinen mit den hier auftretenden Foyaitgängen im ursächlichen Zusammenhang zu stehen.

Aus,

Goanikontes am Swakop,

Kamtsoas im Bastardland,

Hums, etwa 40 km nordöstlich von Klein-Karas,

Kanubis, etwa 25 km nordnordöstlich von Rehoboth,

Maltahöhe,

Südliche Sinclairmine bei Pomona,

Kleinfontein,

Rössing. Hier wurde 1932 durch die Solar Development Co. Ltd. ein Bleiglanzvorkommen entdeckt.

2. Zink

Die Zinkblende, das wichtigste primäre Zinkerz, spielt auf den Erzlagerstätten Deutsch-Südwestafrikas eine sehr untergeordnete

Rolle. Sie wurde nur in wenigen Fällen beobachtet und auch dann nur als akzessorischer Gemengteil. Eine Ausnahme bildet die Lagerstätte von Tsumeb, deren durchschnittlicher Zn-Gehalt etwa 10% beträgt. Das Zink wurde jedoch bis jetzt nicht mit gewonnen. Im Jahre 1937 wurden 20 t Zinkerze zu Aufbereitungsversuchen nach Deutschland verschifft.

3. Cadmium

Cadmium kommt als Bestandteil der Zinkblende sowie als Greenockit in den oberen Teufen der Lagerstätte von Tsumeb vor (s. dort). Seit 1934 wird es in größeren Mengen aus dem Flugstaub der Hütte gewonnen und nach Deutschland verschifft.

Die Cadmiumgewinnung war folgende:

	Produktion	Ausfuhr	£	RM.
1934		204 t	1600	20256
1935		226 t	6776	82599
1936	1186 t	320 t	38948	481008
1937		436 t	50748	625215
1938	387 t	672 t	51072	622057

4. Germanium

Der Germanit, ein dem Fahlerz verwandtes Kupfergermaniumsulfid mit 6—8% Ge, wird in Tsumeb, allerdings nur an wenigen Stellen, in größeren Mengen gefunden. Im Jahre 1936 war in Tsumeb ein Bestand von 21 t Germaniumerz vorhanden.

5. Molybdän

Der Molybdänglanz kommt ziemlich häufig, aber nur in kleinen Mengen, in Graniten und Pegmatiten in Form von Blättchen, Einzelkristallen und als Spaltenausfüllung vor. Tritt er auf Gängen auf, so haben diese stets einen pegmatitischen Charakter und der Molybdänglanz ist oft mit Scheelit vergesellschaftet.

Bei Ubib findet sich Molybdänglanz als Einsprengling des dortigen roten Granites und in größeren linsenförmigen Aggregaten im Schiefer. Südöstlich von Warmbad bei Velloorkuppe bildet er in einem quarzarmen Granitzug Kluftausfüllungen zusammen mit Pyrit und Kupferkies. Bei Otjisongati kommt er auf den Titankupferpegmatiten vor, bei Gamsberg nördlich Hornkranz mit Turmalin auf Pegmatiten.

Weitere Vorkommen sind von Khainchamas am Khanfluß, von Ungansis im Namaland, von Aus und von einigen Pegmatiten in der

Umgebung der Natas Mine (s. diese) bekannt. In der Gamikaubmundmine findet er sich am Granitkontakt mit Kupferkies, Bornit, Granat und Epidot.

6. Wismut

Wismuterze treten nach den bisherigen Beobachtungen nur als mineralogisch interessante Gemengteile auf einigen Quarzgängen auf. Sowohl gediegener Wismut als auch Wismutglanz wurden an folgenden Orten gefunden:

Niguib (Klipnues) am unteren Kuiseb, in vielen kleinen Quarzgängen.

Ubeb, zwischen Swakop- und Kuisebfluß.

Goagos südöstlich Swakopmund, in reichlicher Menge in Quarzgängen.

Usis (Ubrivier), in Quarzgängen in der Nähe eines Granites.

Hauneib am Bockberg, in topasführendem Quarz.

Arandis.

Auf einigen Pegmatiten und in verschiedenen eluvialen Seifen des Zinngebietes.

7. Chrom

Mitgeteilte Funde von Chromit in der Namib könnten mit den dort spärlich auftretenden ultrabasischen Eruptivgesteinen in Verbindung stehen. Das Muttergestein des Chromits ist sonst noch nicht beobachtet worden, so daß es möglicherweise bei diesem vereinzelten Fund bleiben wird.

8. Titan

Titan ist in Form von Rutil und Ilmenit als akzessorischer Bestandteil vieler Pegmatite weit verbreitet und bricht in größeren Mengen auf den Pegmatiten der Titankupfererzformation ein. In gewinnbaren Mengen ist er aber bis jetzt nur von einer Stelle bekannt geworden.

Das Rutilvorkommen bei Giftkuppe

Bei Giftkuppe im Bezirk Omaruru, demnach im Zinndistrikt, tritt ein großer geschlossener Pegmatitkörper auf, auf dem im Handbetrieb mittels Tagebau Rutil gewonnen wird. Der Tagebau ist über eine Länge von etwa 90 m, eine Breite von etwa 20 m und eine mittlere Durchschnittsteufe von etwa 12 m geöffnet. In einiger Entfernung von diesem Hauptaufschluß wurde ein weiterer Teil der Lagerstätte durch einen Tagebau von etwa 60 m Länge, 6 m Breite und 12 m Teufe aufgeschlossen.

Giftkuppe liegt etwa 7 km von der Bahnstation Kanona der Linie Usakos—Omaruru und rund 50 km von den Wolframitvorkommen des Kranzberges entfernt. Das Haupterz ist ein fast eisenfreier Rutil mit einem TiO_2-Gehalt von 99,8%. Es ist möglich, im primitiven Handbetrieb 96—97%ige Konzentrate zu gewinnen. Die Begleiter des Rutils sind Quarz, Feldspat, etwas Talk und Hornblende. Die Rutilkristalle liegen im Pegmatit in Größen bis zu 20 cm gleichmäßig eingesprengt. Die Dicke der Kristalle kann 5 cm und mehr erreichen. Der Durchschnittserlös stellte sich 1937 auf etwa 22 £/t. Das Hauptwerk enthält im Mittel etwa 5% TiO_2.

Rumscheidt berechnete die Erzreserven, wobei er nur die aufgeschlossene Tiefe von 12 m berücksichtigte, auf 63450 t mit rund 3000 t Rutil.

Die Rutilproduktion begann 1936 und war folgende:

	Produktion	Ausfuhr	£	RM.
1936	54 t	0,5 t	17	222
1937	16 t	52,4 t	1185	14612

Später kam der Betrieb wieder zum Erliegen.

9. Tantal und Niob

Bisher ist nur eine einzige reine Tantalitlagerstätte bekannt, das Vorkommen von Donkerhuk. Sonst ist der Tantalit ein häufiger Begleiter des Zinnsteins auf dessen Lagerstätten, und es ist anzunehmen, daß er im allgemeinen öfters vorkommt, als dies bis jetzt bekanntgeworden ist. Da es sich stets nur um kleine Mengen handelt und der Tantalit dem Zinnstein gegenüber auch durch seine Farbe nicht besonders hervortritt, hat man sicherlich bei der Gewinnung des Zinnsteins zu wenig auf die eventuelle Gegenwart des Tantalits geachtet. Nach Hälbich wurden Zinnerzproben von Aubinhonis, Paukwab, Kohero West, der Thelma Mine und den Kranzbergvorkommen spektrographisch untersucht, wobei sich Gehalte von 5—30% Ta_2O_5 ergaben. Der erste Tantalit wurde 1927 gefördert. Die Produktionsziffern sind im einzelnen folgende:

	Ausfuhr long t	£	RM.
1927	1,0		
1928	0,3		
1934	0,3	50	633
1935	6,1	1530	18651
1936	3,0	780	9833
1937	2,9	816	10053
1938	1,8	315	3837

Dazu kommen noch geringe Mengen von Zinn-Tantalitkonzentraten folgender Zusammensetzung:

Tantalsäure	44,85%	(36,75% Ta)
Niobsäure	20,50%	(14,34% Nb)
SnO_2	11,40%	(8,98% Sn)

Von diesen Konzentraten wurden folgende Mengen gewonnen bzw. ausgeführt:

	Förderung long t	Ausfuhr long t	£	RM.
1936	0,52			
1937	0,59	0,85	212	2612
1938	0,61	0,25	30	365

a) Donkerhuk

Donkerhuk ist das größte und wichtigste Tantalitvorkommen. Es liegt am Ostrande der Namib zwischen Swakopmund und Windhuk und wurde von Scheibe entdeckt.

Im Damaragranit, der in die kristallinen Schiefer intrudierte, findet man Pegmatitgänge, die ungefähr mit dem Schiefer parallel streichen und auf weite Erstreckungen zu verfolgen sind. In der Nähe der Gänge ist der Granit feinkörnig ausgebildet. In Ausbauchungen ist der Hauptgang quarzreich und zeigt Einschmelzungen von mitgerissenen Schieferschollen. Auf einer solchen Ausweitung befindet sich das Bergbaufeld „Sesam" etwa 8 km südlich des Farmhauses. Der Pegmatit führt hier neben Orthoklas, Quarz, Muskovit, der in großen Platten am Salband auftritt, viel Biotit, Turmalin, Granat, dunkelblauen Apatit, nach 0001 tafelige und sehr flächenreiche grasgrüne Berylle, Tantalit, Columbit, Blomstrandit, ein uranhaltiges Titanoniobat und tonige Massen mit Blei-, Wismut- und Kupfererzen. Die größte Mächtigkeit beträgt etwa 26 m. Am Kontakt des Pegmatits findet man hauptsächlich Columbit angereichert. Die einzelnen Mineralvergesellschaftungen sind zonenweise angeordnet, gehen aber ineinander über. Die erste Zone führt große Mengen eines ölgrünen Glimmers, etwas Schörl, kleine hellrote Granaten und blauen Apatit. Die zweite, in die diese Zone allmählich übergeht, ist feldspatreich und enthält viel milchigen Quarz. Granat ist häufig und ziemlich gleichmäßig verteilt. Der Schörl bildet große Individuen und tritt gerne mit dunkelblauem Apatit und grasgrünem Beryll auf. Der Tantalit findet sich vorzugsweise in der dritten Zone, in der die großen Turmalin-, Apatit- und Beryllbruchstücke verschwinden und Quarz reichlich vorhanden ist. Mit der Zunahme des Quarzes ist ein Zurücktreten des Feldspates verbunden. Der Tantalit kommt in

Körnern oder in faustgroßen Individuen vor, die mehr oder weniger gut von Kristallflächen begrenzt sind. Im weißen Feldspat findet man nach (010) gut ausgebildete, meist tafelige Kristalle. Diese Aggregate sind unzersetzt und gehören einem früheren Stadium der Pneumatolyse an. Daneben kommt der Tantalit noch in einer zweiten späteren Generation vor. Seine Farbe ist dunkler und er bildet meist größere derbe Massen. Auch Kristalle von 7 cm Länge und 2 × 3 cm Dicke wurden beobachtet. Sehr häufig ist der Tantalit mit einem braunen pechartigen Erz unbekannter Art mit Urangehalt verwachsen, das auch selbständig in derben Massen und Körnern vorkommt.

b) Sonstige Vorkommen

Neineis

Auf eluvialen Seifen fand man bis 5 cm lange Tantalitkristalle. Auch einige Pegmatite führen Tantalit. Er bildet Anhäufungen in feldspat- und quarzreichen Partien und wird gelegentlich von Muskovit begleitet.

Aubinhonis

Der Tantalit bildet auf Quarzgängen kleine schwarze Kriställchen oder kommt auf quarzreichen Pegmatiten mit Muskowit zusammen vor. Turmalin fehlt.

Tsomtsaub

Auf den Schurffeldern von Ganschow fand man in Quarzlinsen der dortigen Feldspatpegmatite unbedeutende Mengen von Tantalit.

Paukwab

Dieses Vorkommen ist durch die Vergesellschaftung von Tantalit mit grasgrünem Chlorit charakterisiert. Beide treten in Quarzadern auf, die sich sowohl im Schiefer, als auch im Granit befinden. Turmalin fehlt.

Thelma-Mine

Im Pegmatit des „Glory Hole"-Schachtes fand man eine im Durchschnitt 1,5 m messende Zone mit sehr feinkörnigem und feinverteiltem Tantalit. Er bildete in albitisierten feinkörnigen Feldspataggregaten Verwachsungen mit diesen und mit Muskovit. Durch seine feine Verteilung ist die Gewinnung erschwert. Die Gehalte betragen bis 31 % Ta_2O_5. Außerdem findet man etwas Tantalit auch auf eluvialen Vorkommen. In letzterer Zeit wurde lediglich in dieser Gegend etwas Tantalit gewonnen.

Kohero West

Der Tantalit tritt in feiner Verteilung mit Zinnstein und Schörl auf einem vergreisenten Pegmatit auf. Er ist an die quarzreichen Partien der Pegmatite gebunden und selten mit dem Zinnstein vergesellschaftet, der vornehmlich die muskovitreichen Salbänder bevorzugt. Auch bildet der Tantalit schmale Lamellen im Albit.

Auf Stöckles Schurffeld kommt Tantalit zusammen mit Zinnstein in einem Pegmatit, aber auch selbständig in kleinen Quarzadern in Schiefern vor.

Kranzberg

Etwa 1,5 km nordwestlich vom Kranzberg fand man einen Pegmatiten, der in gut vergreisenten Lagen Tantalit führte, der hauptsächlich an die stark verquarzten albitisierten Partien gebunden war. In den glimmerreichen Lagen der gleichen Pegmatite kommen gelegentlich Beryllkristalle, in den quarzreichen Partien kleine Mengen von Wolframit vor. Gut ausgebildete Tantalitkristalle enthielten nach Patridge 18% Ta_2O_5.

Schließlich kennt man Tantalit mit Wolframit und Beryll zusammen nordöstlich von Swakopmund bei Rössing.

IX. Die Diamantvorkommen

In Deutsch-Südwestafrika fand man bis jetzt nur auf den sekundären Lagerstätten Diamanten. Ihr Muttergestein, der Kimberlit oder Blaugrund, ist zwar vorhanden, doch konnten in ihm trotz sorgfältiger Untersuchungen keine Diamanten entdeckt werden.

A. Die Kimberlitvorkommen

Um die Wende des vergangenen Jahrhunderts (1898) wurden bei Berseba im Namaland und auf der Farm Amalia südöstlich Gibeon je ein Diamant gefunden, deren Herkunft unaufgeklärt geblieben ist. Gleichzeitig damit fand man an verschiedenen Orten Blaugrund bzw. dessen Verwitterungsprodukt, den Gelbgrund.

Die Blaugrundstellen sind rundliche, ovale oder auch anders gestaltete Schlotvorkommen mit verhältnismäßig geringem Durchmesser (bei Berseba z. B. betrug der größte Durchmesser etwa 100 m). Sie durchsetzen die Nama- und Karrugesteine; ihre Eruption kann demnach frühestens in die jüngste Karruzeit fallen. Das Gestein der Gibeoner Blaugrundröhren besteht vorwiegend aus Olivin bzw. Serpentin, ferner Biotit, spärlich Granat, Augit, Diallag, Enstatit, Ilmenit und Magnetit, die alle Einsprenglinge in der serpentinigen

Grundmasse bilden. Manche Vorkommen sind besonders reich an Granat oder Ilmenit, diejenigen bei Mukorob führen auch reichlich Spinell und Apatit.

Zur Untersuchung der Blaugrundstellen wurde die Gibeon- Schürf- und Handelsgesellschaft m. b. H. gegründet, deren Geschichte nachstehend wiedergegeben wird.

Die Gibeon-Schürf- und Handelsgesellschaft m. b. H.

Gegründet am 4. November 1903, am 30. Dezember 1903 in das Handelsregister zu Berlin eingetragen

Von H. Lotz

Sie ist die bisher einzige deutsche Gesellschaft, die sich mit der Suche nach Diamanten in ihrem Muttergestein, dem Blaugrund, in Deutsch-Südwestafrika beschäftigt hat, während alle anderen Diamantengesellschaften deren Gewinnung aus angeschwemmtem oder angewehtem Material, den Seifenlagerstätten, betrieben haben. Es sei einleitend darauf hingewiesen, daß der erste Diamant in Südafrika von spielenden Kindern bei Hopetown am Oranje im Jahre 1867 gefunden worden war, woran sich die Auffindung der Diamanten bei Kimberley im Jahre 1870 und die fabelhafte Entwicklung der De Beers-Co. seit 1888 anschloß. Damit war die moderne Entwicklung Südafrikas eingeleitet. 1884 wurden bei Johannesburg die ersten Goldkonglomerate gefunden; im Jahre vorher hatte F. A. E. Lüderitz die ersten deutschen Erwerbungen in Südwestafrika gemacht, die aber für ihn nur Enttäuschungen brachten, während in Südafrika die Landerwerber in Gold und Diamanten schwammen. Im Jahre 1898 wurde endlich in Südwest auf der Farm Mukerob im Bezirk Berseba ein Diamant gefunden. Nach R. Scheibe sollen je ein Diamant bei Nauchabgaus östlich Berseba, auf der Farm Amalia südöstlich Gibeon und nahe bei Gibeon gefunden worden sein, deren Herkunft unaufgeklärt blieb; sie dürften dorthin verschleppt worden sein. Aus Gibeon, dem Hauptort des Witbooihäuptlings Hendrik, kamen Nachrichten über Vorkommen von Blaugrundstellen im Ort und in der Umgebung, in denen man nach den Verhältnissen Südafrikas Diamanten vermuten konnte. Es ist jetzt kaum noch festzustellen, wer zuerst die Blaugrundstellen als solche erkannt bzw. darauf aufmerksam gemacht hat. Einen Verkehr von südafrikanisch-englischen Händlern in Vieh und Munition hat es wohl immer zwischen Südafrika und Deutsch-Südwestafrika gegeben. Jedenfalls hat ein deutscher Reichsangehöriger, Karl Weiss, der von der Wissmantruppe in Ostafrika kam, die Grundstücke mit Blaugrund im Ort

Gibeon gekauft und sich Optionen über die blaugrundverdächtigen Farmen geben lassen, sich auch vom Kapitän Hendrik Witbooi eine Minenkonzession verleihen lassen, die aber in den Augen der Regierung in Windhuk keine Gültigkeit hatte. Mit diesen Besitztiteln kam er an den Premierleutnant Dr. Georg Hartmann in der Schutztruppe, einem früheren sächsischen Gardereiter, der in den Jahren 1893—1901 das Konzessionsgebiet der South West Africa Co. im nördlichen Südwestafrika topographisch aufgenommen und vermessen hatte, das dann später das Arbeitsgebiet der Otavi Minen- und Eisenbahngesellschaft werden sollte. Dieser hatte Fühlung mit Kapitalisten und auch mit dem Sächsischen und Württembergischen Hofe, den Kreisen, die es ihm für Gibeon zu interessieren gelang. Zusammen mit dem kaiserlichen Regierungsrat Freiherrn von Hermann und dem Legationssekretär Alfred von Nostiz-Wallwitz kaufte er die Rechte des Karl Weiss und verhandelte mit der Kolonialabteilung des Auswärtigen Amtes wegen einer Konzession zur alleinigen Untersuchung der Blaugrundstellen im Bezirk Gibeon, die ihm auch unter gewissen Bedingungen in Aussicht gestellt wurde. Er sollte sich verpflichten, mindestens $^1/_2$ Million Mark Barkapital aufzubringen und es für diese Untersuchungen auszugeben, er sollte ferner diese Arbeiten in einer bestimmten Zeit zum Abschluß bringen, wobei er das Eindringen fremden Kapitals und Einflusses — man fürchtete vor allem die De Beers Co. — durch besondere Gesellschaftsparagraphen verhindern sollte. Es gelang Dr. Hartmann und seinen Freunden, das benötigte Kapital aufzubringen, worauf die Gibeon-Schürf- und Handelsgesellschaft m. b. H am 4. November 1903 mit 1022100 Mark Kapital als Gesellschaft mit beschränkter Haftung mit 114 Gesellschaftern gegründet wurde und die Regierungskonzession zugesprochen erhielt. Vorher hatte sie die Weissschen Rechte übernommen, die als Einlage mit 150000 Mark Wert angerechnet wurden. Die Vorbereitungen zur Untersuchung der Blaugrundstellen wurden sofort begonnen, wurden aber durch den zu Beginn des Jahres 1904 ausbrechenden großen Aufstand der Hereros und Hottentotten, an dem auch die Gibeoner Witbooi-Hottentotten beteiligt waren, empfindlich gestört. Erst im Oktober 1906 konnte der zum Geschäftsführer der Gesellschaft ernannte Dr. Hartmann die Ausreise antreten. Er besuchte die südafrikanischen Diamantgruben und organisierte im April 1907 die Untersuchungsarbeiten im Bezirk Gibeon, wozu er neben acht weißen Angestellten, darunter einen südafrikanischen Diamantenprospektor, von der Regierung des Schutzgebietes 50 kriegsgefangene Hererofamilien erhielt. Er untersuchte in verhältnismäßig kurzer Zeit alle schon bekannten und eine erhebliche Zahl im Verlauf der Prospektierung neu entdeckter Blau-

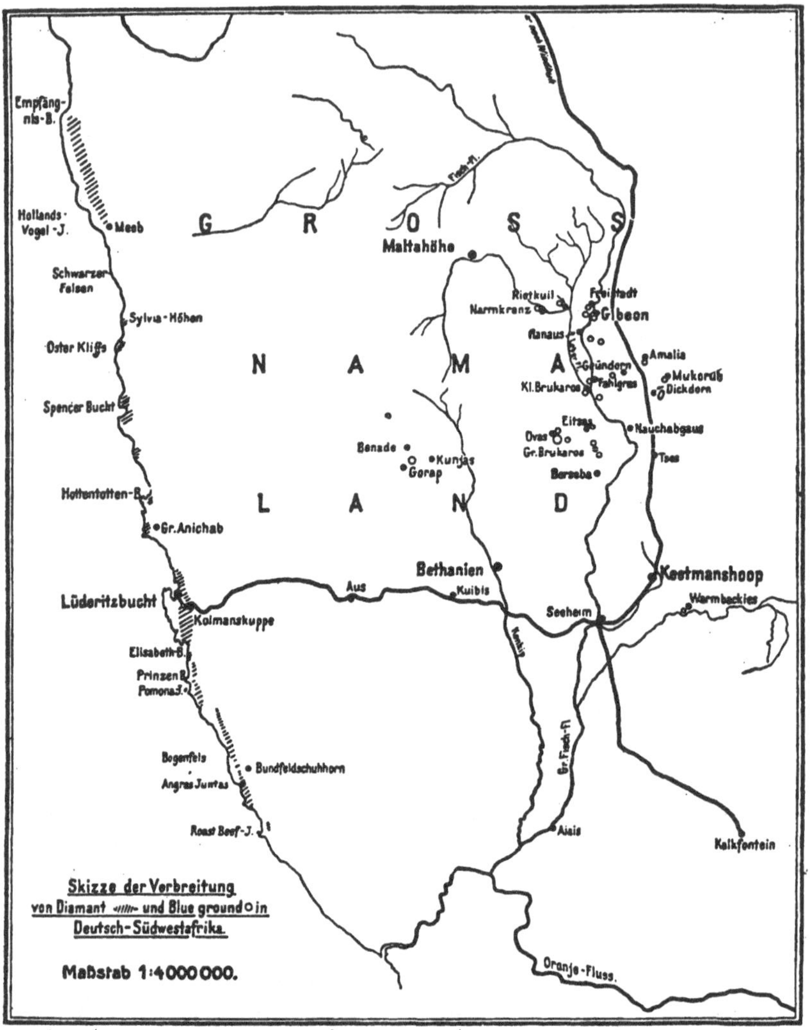

Abb. 51. **Skizze der Verbreitung von Diamant und Blaugrund in Deutsch-Südwestafrika. Nach R. Scheibe**

grundstellen. Es waren im Jahre 1907 die folgenden Punkte (vgl. Abb. 51):

1. Gibeon 1 Blaugrundstelle (bereits bekannt)
2. Farm Freistadt 2 Blaugrundstellen (1 bereits bekannt)
3. Farm Hanaus 2 Blaugrundstellen (bereits bekannt)

4. Farm Fahlgras 1 Blaugrundstelle
5. Farm Amalia 2 Blaugrundstellen (1 bereits bekannt)
6. Farm Rietkuil 1 Blaugrundstelle

Danach blieben noch zu prospektieren:

7. Farm Girichas
8. Farm Sesskameelboom
9. Farm Tsubgaris
10. Farm Groendorn.

Bis Mitte Mai 1908 sollten alle Stellen untersucht und damit die Arbeiten im Bezirk Gibeon beendet sein.

Inzwischen hatte sich aber die Gesellschaft auch die Alleinbefugnis, im Gebiet der Berseba-Hottentotten auf Edelsteine zu schürfen und das Gewinnungsrecht zu erwerben, verleihen lassen, so daß die Untersuchungen im Distrikt Berseba fortgesetzt werden konnten. Sie wurden wie im Bezirk Gibeon sehr sorgfältig und methodisch durchgeführt. Auf allen Blaugrundstellen wurden ein oder mehrere, etwa 3 m tiefe Schächte ausgehoben und der dabei gewonnene Gelbgrund verwaschen. Aber nirgends wurde auch nur ein Diamantsplitter gefunden.

Im ganzen sind auf den Blaugrundstellen des Bezirkes Gibeon nach den Gesellschaftsberichten 91 Schächte von geringer Tiefe (meist 3 m) abgeteuft worden, woraus 293,9 cbm Gelb- und teilweise auch Blaugrund gefördert und verwaschen wurden, wie schon gesagt, ganz ohne Ergebnis.

Daneben hatte man an den Blaugrundstellen in und bei Gibeon den Untergrund auch durch Bohrungen untersucht, meist allerdings nur bis 4 m, eine Bohrung bis 9,65 m und in Groendorn eine solche bis 13 m ausgeführt, ohne Diamanten zu finden.

Das Interessanteste, das bei diesen Arbeiten festgestellt wurde, war, daß an den Blaugrundstellen von Gibeon, Freistadt, Hanaus I und Amalia I alte Arbeiten, und zwar an jeder Stelle ein einzelner tiefer Schacht, gefunden wurden, über deren Urheber und Veranlassung sowie über das Arbeitsergebnis nichts festzustellen war. Es ist wohl möglich, daß die De Beers Co. diese Stellen schon längst vorher hatte prüfen lassen; jedenfalls hat der Verfasser viel später nachher in Kimberley gehört, daß man dort längst gewußt habe, daß es im Gibeoner Bezirk keine Diamanten gäbe. Auch in Hanaus II wurde eine alte Schachtarbeit vorgefunden, so daß die Alten insgesamt an 5 Stellen je 2 Schächte abgeteuft haben. Hier in Hanaus II wurden, wie schon vorher an den anderen Stellen, die sogenannten „Fissures“, das sind mit Gelbgrund ausgefüllte Gänge, sorgfältig verfolgt und untersucht.

Dr. Hartmann gibt im Jahresbericht für 1909 an, daß diese Gänge der Richtung von großen Bruch- und Störungslinien folgen, die er namentlich anführt. Dies ist jedoch nicht zutreffend; vielmehr beruhen diese Störungslinien auf irrigen Annahmen und sind nach dem Urteil der dort tätig gewesenen Geologen nicht vorhanden. Dr. Hartmann hat im Jahre 1909 neben der Leitung der Arbeiten auf den Blaugrundstellen auch eine Karte des Konzessionsgebietes mit genauer Eintragung aller Arbeitsstellen, der „fissures“ und der Lage der Blaugrundstellen zueinander im Maßstab 1 : 100000 aufgenommen, die leider nicht veröffentlicht worden ist. Im Hinblick auf Dr. Hartmanns Annahmen, daß die Blaugrundstellen und die fissures auf nordsüdlich verlaufenden Bruchlinien liegen, wäre die Veröffentlichung der Karte besonders wertvoll gewesen. Im Jahre 1908 wurde noch Rietkuil und Hanaus II untersucht und am 1. Juni die Untersuchung des Bersebagebietes begonnen.

Dr. Hartmann ging am 1. Juni auf Urlaub und kehrte aus Gesundheitsrücksichten nicht mehr in das Schutzgebiet zurück. An seiner Stelle übernahm Prof. Dr. Scheibe von der Bergakademie Berlin die Leitung der Arbeiten, und Dr. Hartmann wurde in den Aufsichtsrat der Gesellschaft gewählt.

In der Zwischenzeit waren die ersten Diamantenfunde aus Lüderitzbucht bekannt geworden. Prof. Scheibe reiste zunächst nach Lüderitzbucht, um zu prüfen, ob sich die Gibeongesellschaft dort nicht beteiligen solle. Dann fuhr er in das Konzessionsgebiet, besichtigte auch die Möglichkeiten, die das Bersebagebiet bot, und reiste nach Südafrika, um die Blaugrundvorkommen, die er so lange zu Hause studiert hatte, nun auch in der Natur zu sehen. Er schätzte aber danach die Aussichten der Gesellschaft in ihrem Konzessionsgebiet nicht mehr sehr hoch ein. Die Gesellschaft schränkte deshalb die Ausgaben dort ein und verlegte den Schwerpunkt ihrer Arbeit nach dem Lüderitzbuchter Diamantengebiet, wohin sich Prof. Scheibe am 15. Dezember 1908 begeben hatte. Dort hat er sich mit August Stauch zu Such- und Schürfarbeiten im Pomonagebiet zusammengetan, wo sie auch mit Erfolg tätig waren. Das Gibeon-Syndikat beteiligte sich mit $19^1/_2\%$ an der Pomona-Minengesellschaft, dem Vorläufer der späteren Pomona-Diamantengesellschaft, sowie an den Arbeiten des Namaland-Schurf- und Guano-Syndikates (Ludwig Scholz). Außerdem erhielt es an der Diamanten-Regie-Gesellschaft, die später die Verwertung der Diamanten monopolartig auszuführen hatte, eine Beteiligung von 6% = 120000 Mark.

Um all diesen Ansprüchen gerecht werden zu können, nahm die Gibeongesellschaft ein Darlehn von 200000 Mark zu 6% Zinsen von ihren Gesellschaftern auf, das später sehr bald und ohne völlig verbraucht zu werden, aus dem Verkauf von Pomonaanteilen, die sie erhielt, zurückgezahlt werden konnte.

Von den Arbeiten im Konzessionsgebiet ist noch nachzutragen, daß außer den oben aufgezählten Blaugrundfundstellen 1908 noch neue im Bezirk Berseba zu prüfen waren. Dies geschah in Mukerob, Dickdorn, Klein Brukkaros. An letzterem Ort wurden drei Blaugrundstellen untersucht, ferner eine Stelle nördlich von diesem, eine im Fischfluß und eine östlich vom Fischfluß, beide südöstlich von Klein Brukkaros gelegen. Alle Schürfversuche schlugen jedoch fehl. Es folgte dann die Bearbeitung einer alten und zweier neuer Fundstellen auf Farm Dickdorn.

Ferner waren in der Gegend von Ovas am Goab (Schwarzrandgebiet) drei neue Blaugrundstellen bekannt geworden, wozu später noch sieben weitere, zum Teil recht umfangreiche Stellen kamen. Sie wurden alle durch Schürfarbeiten geprüft, nachdem die Untersuchungen auf Farm Dickdorn beendet waren. Auch der Große Brukkaros, ein sehr auffälliger Vulkanberg, wurde ergebnislos untersucht, ebenso eine Stelle auf Farm Narnkranz am Hutupfluß. Den Schluß machte die Untersuchung einer neu aufgefundenen großen Blaugrundstelle etwa 15 km südwestlich Gibeon. — An keiner der geprüften Stellen — insgesamt waren es 19 — wurden durch Schürf- und Wascharbeiten Diamanten gefunden.

Damit war die weitere Bearbeitung der verliehenen Konzessionen aussichtslos geworden. Das Gesellschaftskapital war bis auf einen kleinen Rest ausgegeben und es wäre wohl kaum möglich gewesen, neues Kapital hierfür aufzubringen.

Prof. Scheibe besuchte noch im Jahre 1909 angebliche Fundstellen von Diamanten bei Aiais und in den kleinen Karasbergen, die sich aber als Schwindel herausstellten. Dann kehrte er noch einmal nach dem Pomonagebiet zurück und fuhr im Oktober nach Hause, da sein Urlaub zu Ende ging.

Wie oben mitgeteilt, verblieb die Gibeon-Schürf- und Handelsgesellschaft mit einer $19\frac{1}{2}$%igen Beteiligung an der Pomona-Diamantengesellschaft und einer Beteiligung an dem Namaland Schürf- und Guanosyndikat außer ihrem Anteil von 6% an der Diamanten-Regie-Gesellschaft.

Der Streit um das Pomonagebiet zog sich bis zum endgültigen Vergleichsabschluß im Frühjahr 1912 weiter hin, bis dann am 31. Mai 1912 die Gründung der Pomona-Diamantengesellschaft mit einem Kapital von 3000000 Mark erfolgte. Die Gibeon-Gesellschaft erhielt auf Grund ihrer Beteiligung an der Pomona-Minengesellschaft, die jetzt in Liquidation trat, für 467000 Mark Anteile der Pomona-Diamantengesellschaft, die vom ersten Jahre ihres Bestehens an sehr ansehnliche Dividenden zahlte. Die Gibeon-Gesellschaft konnte daraufhin am 26. März 1913 in Liquidation treten, indem sie die obenerwähnten Anteile der Pomona-Diamantengesellschaft sowie das noch vorhandene Bargeld, das durch den Verkauf des Grundbesitzes in Südwestafrika und die Verwertung des Inventars hereinkam, nach Abdeckung der Schulden an ihre Mitglieder verteilte. So konnten die Gesellschaftsmitglieder mit dem abschließenden Ergebnis trotz der Enttäuschung, die ihnen der eigentliche Zweck der Gesellschaft brachte, dank der rechtzeitigen Umstellung der Arbeiten durch Prof. Scheibe sehr zufrieden sein.

B. Die Diamantseifen

1. Geschichte der Entdeckung der Diamanten und des Diamantbergbaues

Die Geschichte des ersten Diamantenfundes wurde bereits kurz erwähnt. Wenn man bedenkt, daß der anfängliche Abbau der Diamanten darin bestand, daß man sie auf der Oberfläche aufklaubte, so erscheint es fast unglaublich, daß diese reichen Diamantvorkommen nicht schon früher entdeckt wurden. Angeblich hatten Guanoarbeiter schon 1905 und 1906 auf den der Küste vorgelagerten englischen Inseln Diamanten gefunden. Engländer versuchten daraufhin diese Inseln zu untersuchen, doch erteilte ihnen die südafrikanische Regierung keine Erlaubnis. Erst 2 Jahre später, im April 1908, gelang der erste Diamantenfund in der Nähe von Kolmanskuppe östlich Lüderitzbucht. Der deutsche Bahnmeister Stauch gilt als der Entdecker der deutsch-südwestafrikanischen Diamanten, obgleich er selbst nicht den ersten Fund machte. Vielmehr wurde der erste Diamant von einem Kapjungen gefunden, nachdem Stauch seine Arbeiter angespornt hatte, nach glitzernden Steinen zu suchen. Wenn man auch nicht behaupten kann, daß Stauch die Diamanten etwa durch ein systematisches Suchen entdeckte, so ist deren Auffindung doch in gewissem Sinne seiner Beharrlichkeit zuzuschreiben. In diesem Zusammenhang ist es interessant, daß der frühere Regierungsgeologe Dr. Lotz an der gleichen Stelle im Jahre 1905 auf die Zusammensetzung der Sande aufmerksam wurde und Proben davon zur Untersuchung nach Deutschland sandte. Die Untersuchung geschah erst nach der Entdeckung der Diamanten und dann mit negativem Ergebnis.

Stauch besaß auf dem Fundgebiet schon zwei Schürfscheine, die er nunmehr vermehrte und sich der Untersuchung der weiteren Umgebung der Fundstelle, die sich zwischen Kilometer 12 und 17 der Eisenbahnlinie Lüderitzbucht—Aus befand, widmete. Er überzeugte sich davon, daß es sich hier um Diamantseifen handelte. Schenkte man in Lüderitzbucht diesen ersten Nachrichten noch keine weitere Beachtung, so trat darin eine Änderung ein, sobald Stauch von Swakopmund zurückgekehrt war, wo er seinen Fund gemäß den Schürfbestimmungen bei der Zweigniederlassung der Deutschen Kolonialgesellschaft für Deutsch-Südwestafrika angezeigt hatte. Es setzte zunächst ein Sturm auf das Telegraphenamt ein, um sich telegraphisch Schürfscheine von der Kolonialgesellschaft ausfertigen zu lassen, und dann strömte man zu Wagen und zu Pferde auf die Diamantfelder. Gleichzeitig meldete auch der damalige Regierungsgeologe Dr. Range diesen Fund dem Gouverneur, der ihn nach Berlin weiterleitete, so daß sich auch der Fiskus an diesem Wettrennen beteiligte. Durch vielfache Überlagerungen von Schürfen und Prioritätsansprüchen kam es alsbald zu einer sehr verworrenen Rechtslage, die oft nur durch Vergleiche aus der Welt geschafft werden konnte. Im Laufe der Zeit entstanden folgende wichtigere Gesellschaften:

1. Kolmanskop Schürfgesellschaft m. b. H., aus der später die Kolmanskop Diamond Mines Ltd. hervorgegangen ist.
2. Vereinigte Diamantminen A. G.
3. Diamanten-Aktiengesellschaft, vormals Weiss de Meillon & Co.

Aus den Bahnfelder Gesellschaften entwickelten sich zwei Gesellschaften:

4. Bahnfelder Diamantengesellschaft m. b. H.
5. Bahnfelder Abbaugesellschaft m. b. H.
6. Pomona-Diamantengesellschaft.
7. Diamanten-Pachtgesellschaft, die die Felder des Fiskus abbaute.
8. Diamanten-Abbaugesellschaft m. b. H.
9. Lüderitzbuchter Bergbaugesellschaft m. b. H.
10. Diamantengesellschaft Grillental m. b. H.
11. Nördliche Diamantenfelder- und Diamantenfelder-Verwertungsgesellschaft m. b. H.

Von vornherein war die Rechtsbasis bei den zwei folgenden Gesellschaften klar:

12. Koloniale Bergbaugesellschaft m. b. H.
13. Deutsche Diamantengesellschaft m. b. H.

Außerdem wurden in den Jahren 1909 und 1910 noch etwa 100 weitere Gesellschaften gegründet, die aber zum größten Teil bald wieder von der Bildfläche verschwanden.

Im Jahre 1914 bestanden außer den erwähnten Gesellschaften nur noch folgende:

14. Carlstal Diamanten-Abbaugesellschaft.
15. Neue Hansa-Diamantengesellschaft.
16. Gewerkschaft Kyffhäuser.

Beim Ausbruch des Weltkrieges war die Verteilung der Diamantenabbaufelder so, wie dies aus der Karte (Tafel IX) zu ersehen ist. Mit dem Kriegsbeginn und der rasch fortschreitenden Besetzung der Kolonie vom Süden nach Norden kam das ganze Wirtschaftsleben zunächst zum Erliegen. Nach der Kapitulation von Khorab im Juli 1915 konnten aber die Diamantengesellschaften ihre Tätigkeit wieder aufnehmen. Die Förderung wurde allerdings durch die von der Südafrikanischen Union eingesetzte Administration zunächst nicht erlaubt. Da aber die Gesellschaften ohne flüssige Mittel waren, wurde ihnen später ein beschränkter Abbau von monatlich bis zu 10000 Karat erlaubt und schließlich zur Pflicht gemacht. Diese Quote wurde im Juli 1916 auf 20000 Karat erhöht. Im Oktober 1916 wurde ein Mindestquantum von 30000 Karat vorgeschrieben und im Februar 1917 wurde diese Menge durch Verordnung auf 43000 Karat monatlich festgesetzt. Damit die Gesellschaften Betriebskapital hatten, wurde von der Nationalbank of South Africa ein Vorschuß in Höhe von 1 £ pro Karat gewährt. Im März 1917 übernahm die Okkupationsregierung den Verkauf der Diamanten und schloß zu diesem Zweck mit dem Londoner Diamantensyndikat einen Vertrag ab. Als Grundpreis für den Verkauf von südwestafrikanischen Diamanten wurden 46 sh 6 d pro Karat festgesetzt.

Im Gegensatz zu allen anderen Mandatsmächten machte die Südafrikanische Union von ihrem Recht der Beschlagnahme und Liquidation des deutschen kolonialen Privateigentums keinen Gebrauch, da die Parlamentsmehrheit ein solches Vorgehen ablehnte. Nur die fiskalischen Bahn- und Hafenanlagen, Gebäude usw. wurden entschädigungslos übernommen. Vor allem aber war es den Diamantengesellschaften erlaubt, den Abbau weiter zu betreiben. Allerdings wurden 25% des Gewinnes des Jahres 1919 einbehalten und die übrigen Beträge erst 1922 in Form von 4%igen Union Bonds ausgeschüttet. Der Erlös aus dem Verkauf der sogenannten Seitz-Diamanten dagegen verblieb den Gesellschaften. Die Geschichte dieser Seitz-Diamenten ist folgende: Kurz vor Ausbruch des Weltkrieges war noch ein Dampfer mit Diamanten ausgelaufen. Es befanden sich aber im Besitz der Diamantenregie noch Diamanten, die beim Abbau nach Kriegsausbruch gefördert waren. Um diese zu retten, nahm sie der damalige Gouverneur von Windhuk nach Grootfontein mit, wo man sie, als die Besatzungstruppen näher rückten, vergrub. Da jedoch Repressalien angedroht wurden, falls man die Diamanten nicht ausliefern würde, begann der Gouverneur Verhandlungen und erreichte, daß man den Erlös für diese Diamanten an die Produzenten abliefern wollte. Es mußten aber später lange Verhandlungen geführt werden, ehe das Geld wirklich ausbezahlt wurde.

Durch diese schlechten Erfahrungen mißtrauisch geworden, nahmen die Diamantengesellschaften Verhandlungen mit südafrikanischen Minenkreisen auf. In Südafrika wurde daraufhin eine neue Gesellschaft, die Consolidated Diamond Mines of South West Africa Ltd. gegründet. An dieser Gründung war die Anglo-American-Corporation of South Africa, eine Holdinggesellschaft für Minenwerte, maßgebend beteiligt. Die Verhandlungen wurden über die Minenkammer gepflegt, der Verkauf im Haag abgeschlossen. Der Verkaufspreis betrug 3675000 Pfund Sterling. Die Verteilung der Kaufsumme auf die einzelnen Gesellschaften geschah durch eine besondere Kommission. Es handelte sich um folgende Gesellschaften:

Pomona-Diamantengesellschaft
Koloniale Bergbaugesellschaft m. b. H.
Deutsche Diamantengesellschaft m. b. H.
Diamanten-Pachtgesellschaft (vorm. Weiss de Meillon & Co.).
Diamanten-Aktiengesellschaft
Neue Hansa-Diamantengesellschaft m. b. H.
Vereinigte Diamanten-Minen A. G.
Lüderitzbuchter Consolidierte Diamant-Minengesellschaft m. b. H.
Grubenbahn-Gesellschaft Pomona m. b. H.
Gesellschaft für Kolonial Wert m. b. H.

Die kleineren Gesellschaften wurden sofort abgefunden.

Die weitere Entwicklung des Diamantbergbaues in Deutsch-Südwestafrika war auf das engste mit der nach dem Kriege ungünstigen Diamantweltlage verknüpft. Die Consolidated Diamond Mines of

South West Africa Ltd. wurde an der südafrikanischen Produktion mit 21 % beteiligt; jedoch wurde die Fördertätigkeit durch die internationale Kartellierung dieses Industriezweiges stark gedrosselt und in der Hauptkrisenzeit ganz eingestellt. Trotz einiger Sitze im Direktorium hatten die deutschen Anteilseigner keinen Einfluß auf die Gesellschaft.

2. Verbreitung der Diamantfelder

Stauch entdeckte seine ersten Felder östlich Lüderitzbucht. Bald dehnten sich die Prospektionsarbeiten weit nach Süden zur Elisabethbucht aus. Schon im Jahre 1908 entdeckte Klinghardt die Diamantenfelder bei Bogenfels und später, um die Jahreswende, Stauch und Scheibe die reichen Gebiete bei der Pomona-Insel. Der Abbau drang dann in den folgenden Jahren bis Buntfeldschuh, einer Wasserstelle bei den Sinclairsinseln vor, und im Auftrag der Deutschen Diamanten-Gesellschaft durchforschten Dr. Reuning und Klinghardt das Gebiet bis zum Oranjefluß, von Kubub und von Lüderitzbucht aus, ohne jedoch auf neue diamantführende Flächen zu stoßen.

Die nördlich des 26° südlicher Breite gelegenen Felder wurden 1909 und in den folgenden Jahren entdeckt und bearbeitet, als das südliche Diamantengebiet durch die Sperrverfügung zugunsten der Deutschen Kolonialgesellschaft für Südwestafrika der allgemeinen Schürftätigkeit entzogen war. Ein ganz vereinzelt gebliebener Diamantenfund erfolgte 1910 bei Kap Cross, später nach oder im Weltkrieg, vermutete man Diamanten am Strand des ganzen Kaokogebietes, sie wurden aber nicht bestätigt.

Nachdem 1926 Dr. Merensky und Dr. Reuning sehr reiche Diamantstreifen südlich des Oranjeflusses gefunden hatten, begannen unter Leitung von Dr. Beetz und Dr. Knetsch auch in Deutsch-Südwestafrika systematische Untersuchungen nördlich des Oranje, wo man nach $1^1/_2$ Jahren die ersten Diamanten fand und bald sehr reiche Felder mit großen und schönen Steinen erschloß.

3. Abbau und Aufbereitung der Diamanten

In der ersten Zeit erfolgte der Abbau der Diamanten in denkbar einfacher Weise. Da die Steine infolge des natürlichen Anreicherung durch den Wind in größerer Zahl an der Oberfläche lagen, brauchten sie vielfach nur aufgeklaubt zu werden. Erst als diese Oberflächendiamanten erschöpft waren, ging man zur Anwendung von Handwaschmaschinen über. Da die Wüste nur an wenigen Punkten Wasserstellen mit ziemlich brackigem Wasser führt, waren die Abbau- und Gewinnungsarbeiten mit großen Schwierigkeiten verbunden.

Ganz am Anfang wurden zum Absieben der Schuttmassen sogenannte Babysiebe verwendet. Diese bestanden aus einem an Ketten aufgehängten Sieb, das durch einen Eingeborenen stoßartig bewegt wurde. Das Babysieb wurde später durch Trommelsiebe ersetzt, die ebenfalls von Hand betrieben wurden. Das dabei anfallende Waschgut (1,25—5 mm) wurde unklassiert mit Handsieben gesetzt. Man verwendete dazu halbe Fässer oder Waschtröge, die mit Wasser gefüllt waren. Beim Setzen im Rundsieb konzentrierten sich die schweren Bestandteile zum sogenannten „Herz" in der Mitte des Siebes. Das Rundsieb wurde dann auf einen Tisch umgestürzt und die Diamanten, die mit den schwarzen Konzentraten oben auflagen, ausgeklaubt. Auf den Kubikmeter Waschgut entfielen etwa 10 Liter Konzentrat. Da die Siebe klein waren, erhielt man je Sieb annähernd ein Deziliter Konzentrate. Versuche ergaben, daß die Verluste an Diamanten bei dieser Methode 30—100% betrugen. Außerdem war der Diebstahl schwer zu unterbinden und man war sehr von der schwarzen Arbeitskraft abhängig.

Der Abbau geschah später nach zweierlei Methoden. Wohl die meisten Gesellschaften siebten das Rohmaterial auf den Feldern ab, wodurch die Hauptmasse (Feinsand sowie Geröll über 5—10 mm) abgesondert wurde. Das Absieben geschah mittels Trommelsieben, die sich im Laufe der praktischen Anwendung immer mehr vervollkommneten. Man erhielt dabei drei Sorten: Das Überkorn des Einwurfkorbes (über 5 mm), das Unterkorn (0—1,25 mm) und das diamanthaltige Waschgut (1,25—5 mm). Dieses Waschgut wurde entweder an Ort und Stelle verwaschen oder mit einer Schmalspurbahn an die Aufbereitung geschafft.

Die zweite Abbaumethode, die hauptsächlich von der Kolonialen Bergbaugesellschaft angewendet wurde, bestand darin, daß das gesamte Rohmaterial zur Aufbereitungsanlage gebracht wurde. Die Schwierigkeit bei dieser Methode bestand im Wegschaffen des abgesiebten Hauptmateriales. Da das Verhältnis von Rohsand zu Waschgut etwa 6 : 1 im Durchschnitt betrug, mußte man gewaltige Massenbewegungen in Kauf nehmen. Die Nordblockwäsche der Kolonialen Bergbaugesellschaft wurde daher auf 1500 cbm in 18 Stunden bemessen. Das Rohmaterial wurde mit Wasser, das mittels einer 25 km langen Rohrleitung vom Meere herangeschafft werden mußte, in den Läutertrommeln aufgerührt. Von hier kam der nasse Rohsand in die Klassiertrommeln. Die Berge gelangten mit den in der Setzabteilung verwaschenen Kiesen in große Absatzbecken, von wo sie mittels Bagger in einen Bunker und von hier mittels Wagen auf die Haldenbahn und dann auf die Halde kamen. Infolge des Zusammenbackens des Materiales und des verschiedenen Sichsetzens des Haldengutes waren zahlreiche Schwierigkeiten zu überwinden.

Bei genügender Mächtigkeit wurden in beiden Fällen Bagger verwendet. Ein von Kreplin entworfener Bagger war gleichzeitig mit einer Einrichtung zur Absiebung und Rückbeförderung des abgesiebten Sandes mittels Gurtband in die abgebauten Räume versehen.

Beim Absieben des Materiales an Ort und Stelle ergaben sich große Schwierigkeiten durch das Zusammenbacken des Sandes bei nebeligem Wetter. Blieb der Feuchtigkeitsgehalt der Luft unter 2‰, so konnte man im allgemeinen trocken absieben. Stieg er aber über 2‰, so verstopften sich die Siebmaschinen. Dr. Lotz veranlaßte daher 1912/13, Versuche mit Windsichtern durchzuführen. Sie zeitigten gute Resultate, konnten aber bis zum Kriegsausbruch nicht mehr eingeführt werden.

Dem Abbau ging die Prospektion voraus. Streifen von 1—2 m Breite und mit einem Abstand von 200—400 m voneinander wurden durch die Kies- und Sandmassen senkrecht zur herrschenden Windrichtung gezogen und die gezogenen Proben verarbeitet. Der Rohsand wurde dabei sorgfältig bis zum Grunde herausgehoben und wie beim Abbau abgesiebt. Das Waschen mußte mittels Handsetzmaschinen vorgenommen werden, da das Setzen von Hand zu ungenaue Resultate gab.

Folgende Messungen und Feststellungen waren notwendig:

1. der Rohsandmenge
2. des Verhältnisses von Rohsand zu Siebgut („Kies")
3. der Kiesmenge
4. des Diamantgehaltes.

Für die Feststellung des Feldesinhaltes und -wertes berechnet man nach der Methode der Deutschen Diamantengesellschaft (Barnitzke) den Gesamtinhalt der Schürfstreifen in Kubikmeter (oder, was bei 1 m Breite der Zahl nach gleich ist, in Quadratmeter Profilfläche) an Rohsand und abgesiebtem Kies und ferner die Gesamtzahl und das Gewicht der dort gefundenen Diamanten. Dabei ist aber zu beachten, daß das zu erwartende Verhältnis von Rohsand zu Kies nicht einfach das arithmetische Mittel aus den Verhältniszahlen für zwei Streifen ist, und ebensowenig kann man den Inhalt des Feldes an Kubikmeter Rohsand einfach mit dem Durchschnittsgehalt je Kubikmeter in zwei Streifen multiplizieren.

Für die Aufbereitung bestand die Hauptschwierigkeit in der Beschaffung des erforderlichen Betriebswassers. Es mußte oft in umständlicher Weise herangeschafft werden und kostete bis 6 M/cbm. Das Trinkwasser, das anfangs von der Eisenbahnverwaltung bezogen wurde, kostete sogar bis 15 M/cbm. Dr. Lotz regte daher schon 1908 Schiechel zum Bau einer Aufbereitungsmaschine an, die Wasser sparen und transportabel sein sollte. So entstand die Schiechel-Setzmaschine, die später auf allen Abbaufeldern (mit Ausnahme der Kolonialen Bergbau Gesellschaft, die Stauch-Setzmaschinen verwendete) eingeführt wurde. Durch eine Luftpumpe wird in dem Schiechel-Separator die über dem Wasserspiegel befindliche Luft komprimiert und expandiert, wodurch das Heben und Senken des Wasserspiegels bewirkt wird. Die Konzentrate setzen sich zu Boden und werden durch Austragslöcher ausgetragen. Um möglichst verdichtete Konzentrate zu gewinnen, wurde das Austragen bisweilen intermittierend vorgenommen. Dies wurde dadurch erreicht, daß man die Austragslöcher durch kleine Messingkugeln, die von außen gegen das Siebloch gepreßt wurden, verschloß. Durch Abheben des Gegengewichtes konnten die Austragslöcher wieder geöffnet werden. Die Leistung der Maschine betrug bei bester Einstellung etwa 400 l je Stunde. Das Verhältnis Waschgut zu Wasser ist wie 1 : 7. Die Bedienung ist denkbar einfach und beschränkt sich auf die Regulierung des Luft- und Wasserventils. Die älteste Schiechel-Anlage war einstufig. Später baute man sie zweistufig. In der ersten Stufe betrugen die Diamantverluste bis zu 5%, in der zweiten traten bei guter Arbeit keine Verluste mehr auf. Für die vorher durch Absieben gewonnenen verschiedenen Korngrößen wurden verschiedene Separatoren verwendet. Die größeren Schiechel-Anlagen bestanden aus zwei Stufen von je 12 Separatoren entsprechend einem Durchsetzquantum von 12 cbm je Stunde. Dazu gehörten zwei Konzentrat-Nachsetzseparatoren. Die Antriebskraft für die Separatoren, Elevatoren und Trockenklassiertrommeln betrug 25 PS. Einschließlich aller Nebenarbeiten wurden 5 Weiße und etwa 12 Eingeborene benötigt.

Die in den Schiechel-Separatoren gewonnenen Konzentrate wurden auf besonderen Separatoren nachverdichtet und dann in verschlossenen Wagen zur elektromagnetischen Separationsanlage gebracht. Hier wurden sie getrocknet und elektromagnetisch in Wetherill-Apparaten weiterverarbeitet. Da der Prozentgehalt der in den Konzentraten befindlichen Eisenteilchen alle möglichen Werte an Eisen aufweist, mußte man die Konzentrate mehrfach bei allmählich sich steigernder Erregung durchsetzen. Nach der Ausscheidung der Eisenteile blieben von einem Kubikmeter Waschgut nur mehr 1—2 Liter über. Diese kleinen Mengen wurden auf einer maschinell angetriebenen Handsetzmaschine nachgewaschen und die Diamanten aus den Konzentraten von Hand herausgelesen.

Neben der Entwicklung der maschinellen Anlagen, von denen die erste 1910 errichtet werden konnte, arbeitete man auch am Ausbau von Handsetzmaschinen, die für kleinere und entlegenere Felder, die keine Eisenbahnverbindung hatten, auch später unumgänglich notwendig waren. Es wurden verschiedene Modelle (der Gravitator, die Schiechelsche Prospektionsmaschine, die Caspareuthusmaschine, eine von Hand betriebene Kolbensetzmaschine, die Handwaschmaschinen von Humboldt und Krupp, die Schulzsche Handwaschmaschine) ausgeprobt. Endgültig halten konnte sich nur die Schulzsche Handwaschmaschine, die durch Glockemeier verbessert wurde. Es hat sich im Laufe der Zeit ergeben, daß sich für Handbetriebe nur Stauch-Setzmaschinen eignen. Die Schulzsche Handsetzmaschine ist zweisiebig eingerichtet. Sie besteht aus dem üblichen Setzkasten mit zwei Abteilungen und aus den Antriebsteilen. Zur Bedienung für das Drehen sind anfänglich zwei Mann erforderlich; sobald jedoch die Maschine eingelaufen ist, genügt ein Mann.

Nach dem Weltkriege baute die Consolidated Diamond Mines of South West Africa im Jahre 1924 unter deutscher Leitung auf der von der Elisabethbucht und vom Atlantischen Ozean gebildeten Halbinsel eine neue und moderne Großanlage. Nach Schumacher erfolgt der Abbau der dortigen mächtigen Rohsande mit elektrisch betriebenen Löffelbaggern, die auf Raupen laufen (Abb. 52, nach S. 184). Die zu oberst lagernden diamantfreien Wanderdünen werden zunächst abgebaggert, zur nahen Küste gefahren und ins Meer gestürzt. Der diamantenführende Rohsand wird mit Feldbahnwagen großer Fassungskraft zu einem Bunker transportiert, von wo er in die Aufbereitung kommt. Dort passiert er zuerst eine große Sieb- und Klassieranlage (Abb. 53), von wo das Waschgut in die Schiechel-Setzmaschinenanlage (Abb. 54) gelangt. Die letzte Gewinnung der Diamanten erfolgt auch hier durch Handklaubung. Die ausgeklaubten Konzentrate werden noch einmal durchgewaschen. Mit dieser Anlage können 8000 cbm Rohmaterial mit nur etwa $^1/_5$ Karat Diamanten je Kubikmeter innerhalb 24 Stunden verarbeitet werden.

4. Gehalte, Gestehungskosten und Diamantreserven

Leider sind die Berichte der einzelnen Diamantgesellschaften sehr unterschiedlich gehalten, so daß sich über Gehalte und Gestehungskosten nur lückenhafte Angaben machen lassen. Wie bereits an

Photo H. Madel

Abb. 53. Aufbereitungsanlage der Consolidated Diamond Mines of South West Africa, Elisabethbucht. Aufgabebühne, Steinbrecher, Siebanlage

Photo H. Madel

Abb. 54. Aufbereitungsanlage der Consolidated Diamond Mines of South West Afrika, Elisabethbucht. 200 Schlechel-Setzmaschinen

Verlag Walter de Gruyter & Co., Berlin W 35
Deko VII. Zu Bürg, Minerallagerstätten von Deutsch-Südwestafrika

anderer Stelle erwähnt, nahm der Diamantgehalt je Kubikmeter im Laufe der Zeit ständig ab, was hauptsächlich daran lag, daß die Verbesserung der Aufbereitung auch die wirtschaftliche Gewinnung geringerer Gehalte erlaubte. Die gleiche Tendenz zeigt auch die durchschnittliche Größe der Diamanten.

Da bis zur Einführung der Nettosteuer nur die reichsten Felder und da oft nur die reicheren Stellen abgebaut wurden, werden die Durchschnittsgehalte anfangs sicherlich sehr groß gewesen sein. Die Kolmanskop Diamond Mines hatte z. B. 1909 1,35 Karat pro load (etwa 725 kg). Schon im Jahre 1912 war der Gehalt auf 0,9 Karat zurückgegangen. Die Diamanten-Aktiengesellschaft (vorm. Weiss de Meillon & Co.) besaß im Jahre 1912 in den alten Feldern 0,8 Karat/cbm Waschgut und 4,69 Steine je Karat, im Emiliental 1,8 Karat/cbm Waschgut und 11,94 Steine je Karat. Der gleiche Durchschnittsgehalt lag auch noch im Jahre 1913 vor. Im Jahre 1914 war der Gehalt auf 0,7 Karat/cbm Waschgut gesunken.

Ein richtiges Bild über den Durchschnittsgehalt größerer Ablagerungen ergaben die Arbeiten der Consolidated Diamond Mines of South West Africa, die bei Elisabethbucht in großem Stil Rohsande mit einem Gehalt von 0,2 Karat/cbm verarbeitete. Dieser Gehalt kann wohl als mittlerer Durchschnitt des Sperrgebietes nördlich Bogenfels angenommen werden. Da gleichzeitig etwa 5 Steine auf das Karat gehen, kann man mit etwa 1 Diamanten je cbm Rohsand rechnen.

Über die Durchschnittsgehalte der marinen Seifen nördlich des Oranje waren keine genauen Anhaltspunkte zu erlangen. Bei den Untersuchungsarbeiten wurden z. B. folgende Gehalte festgestellt:

51	Steine	im	Gewicht	von	21	Karat	auf	20 m	Schurflänge
286	„	„	„	„	220	„	„	35 „	„
276	„	„	„	„	214	„	„	20 „	„

Die *Gestehungskosten* waren naturgemäß von den individuellen Verhältnissen der einzelnen Abbaugesellschaften abhängig. Sie betrugen z. B. bei der Vereinigte Diamanten-Minen A. G. bis zum Jahre 1912 10,62 M./Karat. Die Diamanten-Aktiengesellschaft (vorm. Weiss de Meillon & Co.) gibt für das Jahre 1912 15,15 M./Karat Gestehungskosten und einen Gewinn von etwa 6 M./Karat an. Der Gewinn der Kolmanskop Diamond Mines betrug im gleichen Jahre 6,38 M./Karat und im Jahre 1913 6,80 M./Karat. Der Deutschen Kolonialgesellschaft für Südwestafrika kostete die Gewinnung von 1 Karat Diamanten im Jahre 1911 5,35 Mark und im Jahre 1912 4,32 Mark.

Bei der Übernahme der Diamantfelder durch die Consolidated wurden folgende Gestehungskosten für die drei größten Gesellschaften festgelegt:

1. Deutsche Diamantengesellschaft	22,50	sh/Karat
2. Pomona-Diamantengesellschaft		
a) für die reichen Felder	8	„
b) für die normalen Felder	30	„
3. Koloniale Bergbaugesellschaft	33	„

Für die Koloniale Bergbaugesellschaft errechnete man die hohen Gestehungskosten infolge der besonderen Abbaumethode, der hohen Anlagekosten und des geringen Durchschnittsgehaltes von 0,3 Karat pro Kubikmeter.

Genaue Angaben über die Diamantreserven des deutsch-südwestafrikanischen Diamantgebietes lassen sich nicht machen. Bei den Diamantablagerungen am Oranje war bis 1931 ein Streifen von 25 engl. Meilen (40 km) Länge als diamantführend festgestellt, dessen Reserven auf etwa 2,5 Millionen Karat geschätzt wurden.

Die Felder nördlich Bogenfels erfuhren durch die Übernahmekommission an Hand von genauen Unterlagen folgende Reservenberechnung:

1. Felder der Kolonialen Bergbaugesellschaft	Karat
a) Nord-Block	1958770
b) Süd-Block	4596400
2. Felder der Pomona-Diamantengesellschaft	
a) angereicherte Felder	1639950
b) Normalfelder	1610350
3. Felder der Deutschen Diamantengesellschaft	2735300
4. Felder der übrigen Gesellschaften	2000000
Insgesamt	14540770

Bis zur Übernahme der Abbaufelder durch die Consolidated im Jahre 1919 waren seit Beginn 6264413 Karat Diamanten, demnach etwa $^1/_3$ der Gesamtreserven, gewonnen worden. Die Consolidated und die übrigen kleinen Gesellschaften erzeugten in den obengenannten Feldern bis einschließlich 1934 5845898 Karat. Damit ergibt sich eine noch vorhandene Reserve an Diamanten von über $8^1/_2$ Millionen Karat, wozu noch die Diamantenreserven vom Oranje hinzukommen.

5. Arbeiterverhältnisse

Von Anfang an hatte der Diamantbergbau mit Schwierigkeiten bei der Beschaffung der notwendigen Anzahl von Arbeitern zu rechnen. Die Bildung einer Stammarbeiterschaft war so gut wie ausgeschlossen, vielmehr wechselte die Zahl der Arbeiter von Monat zu Monat. Soweit dies in der Literatur festzustellen war, sind die durchschnittlichen Zahlen der farbigen Belegschaft einiger Gesellschaften vor dem Weltkriege aus nachstehender Tabelle zu ersehen:

	KBG.		DDG.		KDM.		DAG.		VDMAG.	
	W	F	W	F	W	F	W	F	W	F
1909	65	600	83	688	14	76				
1910	135	1300	103	817	31	320				
1911	108	1040	87	891			6	94	17	341
1912	80	1000	92	1309			6	94	17	
1913	163	1558	92	1117			8	232		
1914							11	208		

W = Weiße, F = Farbige, KBG. = Koloniale Bergbaugesellschaft, DDG. = Deutsche Diamantengesellschaft, KDM. = Kolmanskop Diamond Mines Ltd., DAG. = Diamanten-Aktiengesellschaft (vorm. Weiss de Meillon & Co.), VDMAG. = Vereinigte Diamanten-Minen A. G.

Nach dem Weltkriege beschäftigte die Consolidated Diamond Mines of South West Africa in den einzelnen Jahren folgende Anzahl von Arbeitern:

	Weiße	Farbige
1922	77	365
1923	205	2514
1924	334	4505
1925	476	5072
1926	606	6653
1927	537	4779
1928	477	2980
1929	536	4091
1930	446	2727
1931	229	889
1932	209	477
1933	200	138
1934	187	299
1935	238	1354
1936	277	1900
1937	300	2241
1938	313	1733

Vor dem Weltkriege erhielten die Ovambos etwa 20 Mark Monatslohn mit Verpflegung, wozu noch die Kosten für Anwerbung, Transport, Bekleidung usw. mit etwa 110 Mark je Mann hinzukamen. Ein Kapjunge verdiente etwa 50 Mark je Monat, der weiße Arbeiter im Durchschnitt 8—20 Mark je Tag. Die gleichen Löhne wurden annähernd auch nach dem Weltkriege bezahlt.

Die Leistung der Eingeborenen war verschieden und von dem Grad der Mechanisierung des Abbaues und der Aufbereitung abhängig.

Die Diamanten-Aktiengesellschaft z. B. verarbeitete nach der Errichtung der Schiechelanlage im Jahre 1912 mit 1130 Eingeborenen-Arbeitsmonaten 14931 cbm Kies und erzeugte 90020 Stück Diamanten oder 14633 Karat. Noch ein Jahr vorher konnte ohne Schiechelanlage mit 1351 Eingeborenen-Arbeitsmonaten nur 9385 cbm verarbeitet werden.

Bei Bogenfels wurden im Januar 1910 je Mann und Tag 2,03 Karat gefördert, im Dezember des gleichen Jahres nur noch 0,87 Karat und 1912 nur etwa 0,7 Karat.

Unter Zugrundelegung von 300 Arbeitstagen lassen sich bei der Consolidated Diamond Mines of South West Africa für die Jahre 1922 bis 1927 folgende Leistungen farbiger Arbeiter errechnen:

	Karat je Arbeiter und Tag
1922	1,00
1923	0,50
1924	0,25
1925	0,35
1926	0,30
1927	0,30

Da es sich, zumindest in den letzten Jahren, um einen normalen Großbetrieb ohne Abbau besonders angereicherter Felder handelte, kann man etwa einen Durchschnitt von 0,30 Karat je Arbeiter und Tag annehmen. Bei einer Jahresproduktion von 1 Million Karat würde man daher eine Belegschaft von rund 11000 farbigen Arbeitern benötigen.

6. Die Verwertung der deutsch-südwestafrikanischen Diamanten

Da der Diamant wie kein anderes Mineral von der Nachfrage auf dem Weltmarkt abhängig ist, versuchte der damalige Staatssekretär Dernburg mit allen Mitteln eine Zersplitterung des Abbaues und vor allem des Verkaufes zu verhindern. Auf seine Veranlassung wurde die Diamanten-Regie-Gesellschaft gegründet, die die Verwertung der deutschen Diamanten übernahm. Das Gründungskapital betrug 2 Millionen Mark. Die Folgen dieser Gründung waren bald zu spüren, denn der Preis der Steine stieg in kürzester Zeit noch im Jahre 1910 von 22,24 M./Karat auf 31,35 Mark. Das war bei der hervorragenden Qualität der Steine stets um 2—4 M./Karat mehr, als auf allen anderen Diamantmärkten bezahlt wurde. Die Regie hatte weiterhin den Vorteil, daß dem Erzeuger 10 M./Karat als Vorschuß bei der Ablieferung ausgezahlt wurden. Dadurch war dieser nicht gezwungen, seine Steine für irgendeinen gangbaren Preis zu verkaufen, sondern konnte eine günstige Marktlage abwarten. Die Verwertungsgebühren betrugen anfangs 5% des Verkaufspreises der Diamanten.

Durch die Gründung der Diamanten-Regie-Gesellschaft wollte man in erster Linie eine Überproduktion und eine Zersplitterung des Diamantverkaufes verhindern, wodurch leicht Preisstürze hätten hervorgerufen werden können. Die Gesellschaft war bei der Ausübung ihrer Tätigkeit an die Anweisungen des Reichskanzlers gebunden. Ein weiterer Grundgedanke der Regie war der, daß man durch Ansammlung eines entsprechenden Fonds zu Zeiten einer guten Marktlage für schlechtere Zeiten vorsorgen wollte. Als durch den in der zweiten Hälfte des Jahres 1912 beginnenden Abbau der Pomonafelder die Produktion gewaltig stieg und der im Jahre 1913 flau werdende Markt nicht mehr in der Lage war, die ganze Produktion des Schutzgebietes aufzunehmen, machte der Reichskanzler von der ihm übertragenen Ermächtigung Gebrauch und bestimmte in einer Verordnung vom 13. Dezember 1913, daß für jedes Kalenderjahr ein Höchstmaß der zur Verwertung kommenden Diamanten festgesetzt werden sollte.

Für das Kalenderjahr 1914 war folgende Quotenverteilung für die Produktion vorgesehen:

1.	Pomona-Diamantengesellschaft	350000 Karat
2.	Koloniale Bergbaugesellschaft	245000 „
3.	Deutsche Diamantengesellschaft	118000 „
4.	Diamanten-Pachtgesellschaft	109000 „
5.	Kolmanskop Diamond Mines Ltd.	89500 „
6.	Vereinigte Diamanten-Minen A. G.	50000 „
7.	Diamanten-A. G.	18000 „
8.	Carlstal Diamanten-Abbaugesellschaft	12500 „
9.	Bahnfelder Diamantengesellschaft	9000 „
10.	Lüderitz-Bahngesellschaft	7500 „
11.	Grillental-Gesellschaft	6500 „
12.	Allgemeine Schürfgesellschaft	6000 „
13.	Gewerkschaft Kyffhäuser	6000 „
14.	Hansa-Diamantengesellschaft	4000 „
15.	Bahnfelder Abbaugesellschaft	3000 „
16.	Kolmanskuppe Bahnfeldergesellschaft	3000 „
		1037000 Karat

Gegen die Diamantenregie wurde anfangs ein heftiger Kampf geführt, der erst nachließ, als man die Erzeuger mit der Hälfte am Kapital der Regie beteiligte und ihnen die Hälfte der Aufsichtsratsstellen zubilligte.

Nach dem Weltkriege blieb die Bergverordnung mit geringen Abänderungen und ebenso die Diamantsteuer in der gleichen Form bestehen. Lediglich die Diamantenregie wurde abgeschafft; sie bestand noch einige Zeit in Berlin weiter, ging aber dann ein. Die Diamanten wurden nunmehr an den Sitz der Consolidated in Kapstadt abgeliefert und wie die südafrikanischen Diamanten, d. h. unter der Verwaltung des Diamond Syndicate, weiterbehandelt, dessen Nachfolgerin die Diamond Corporation wurde.

7. Die Maßnahmen der Regierung

Ein Ereignis von derartig einschneidender wirtschaftlicher Bedeutung, wie es die Auffindung der ausgedehnten Diamantlagerstätten war, hatte natürlich eine große Reihe von gesetzgeberischen Akten, Verordnungen und Ausführungsvorschriften im Gefolge, die zum Teil die Abgrenzung der Besitzverhältnisse zum Gegenstand hatten und des weiteren bezweckten, dem Landesfiskus einen erheblichen Anteil an den Bodenschätzen zu sichern und endlich den Schmuggel und Diebstahl von Diamanten zu verhindern. Es ist erklärlich, daß bei der Eile, in der manche dieser Verordnungen erlassen wurden, sowohl für den Verordnenden als auch für die von der Verordnung Betroffenen die Tragweite der betreffenden Verfügung nicht in allen ihren Folgen zu übersehen war und daß sich verschiedentlich Abänderungen als notwendig herausstellten.

Von besonders einschneidender Bedeutung für den Diamantenbergbau und insbesondere die Lüderitzbuchter Schürfer war eine der ersten Maßnahmen des Staatssekretärs Dernburg, die Reichskanzlerverfügung vom 22. September 1908, durch die das Gebiet südlich des 26. Breitengrades bis zum Oranjefluß in einer Breite von 100 km — soweit es noch nicht anderweitig belegt war — gesperrt und der Deutschen Kolonialgesellschaft für Südwestafrika zur Aufsuchung und Gewinnung von Diamanten vorbehalten wurde. Dieser Erlaß erging im Einvernehmen mit der Deutschen Kolonialgesellschaft und hatte einerseits zum Zweck, der weiteren Zersplitterung des Besitzes der Diamantlagerstätten vorzubeugen, andererseits dem Landesfiskus die Möglichkeit zu geben, sich einen Anteil an den entdeckten Reichtümern zu sichern, was ihm sonst angesichts des § 11 des Bergrezesses ohne Anwendung von Zwangsmaßnahmen nicht möglich gewesen wäre. Diese Verfügung rief im Schutzgebiet eine außerordentliche Erregung hervor, da sie den dort ansässigen Schürfern eine weitere Betätigung durch Aufsuchen und Belegen hoffnungsvoller Gebiete unmöglich machte; heftige Kämpfe folgten, deren Nachwirkungen lange Zeit fühlbar waren. Sie fanden ihren Abschluß in den Verträgen, die das Reichskolonialamt am 7. Mai 1910 mit der Deutschen Kolonialgesellschaft für Südwestafrika und der Deutschen Diamantengesellschaft m. b. H. schloß und in deren Verfolg durch Reichskanzlerverordnung vom 12. Mai 1910 die vorerwähnte Sperre auf dem 31. März 1911 begrenzt und über diesen Termin hinaus zugunsten des Landesfiskus des südwestafrikanischen Schutzgebietes ausgesprochen wurde.

Es war ein eigentümliches Zusammentreffen, daß die Auffindung der Diamanten und die durch sie außerordentlich angeregte Schürftätigkeit zeitlich mit der Einführung der Kaiserlichen Bergverordnung vom 8. August 1908 zusammenfiel. Bis zu diesem Zeitpunkt waren die Schürfscheinbestimmungen der Kolonialgesellschaft maßgebend gewesen. Sie hatte auch den ersten Belegern noch das Bergwerkseigentum verleihen können, und zwar auf deren besonderes Ansuchen nicht nur die üblichen $2^1/_2$ ha aus jedem 314 ha umfassenden Schürfkreise, sondern, wie es bei der Alluvialnatur des Diamantvorkommens verständlich war, im Umfange der vollen Schürfkreise. Als Gegenleistung hatten sich die Abbauberechtigten bereit gefunden, die übliche Förderabgabe von $2^1/_4{}^0/_0$ auf $5^0/_0$ zu erhöhen. Die Kolonialgesellschaft hatte natürlich in § 10 des Bergrezesses dafür Vorsorge getroffen, daß bei Eintritt der Bestimmung der Kaiserlichen Bergverordnung die von ihr ausgegebenen, über diesen Termin hinaus noch laufenden Schürfscheine ihre Gültigkeit behielten. Die Inhaber dieser Schürfscheine — es handelte sich noch um etwa 230 — hatten nun aber darauf gerechnet, daß ihnen die gleiche Vergünstigung, nämlich das Abbaurecht auf die vollen Kreise, zuteil werden würde wie den vier Gesellschaften, welche bereits vor dem 1. Oktober 1908 die Umwandlung veranlaßt hatten. Da die Bergbehörde diesen von den Bestimmungen der Bergverordnung abweichenden Erwartungen nicht ohne weiteres entsprechen konnte, wurde eine Kommission nach Berlin entsandt, die am 26. März 1909 mit dem Reichskolonialamt, der Deutschen Kolonialgesellschaft und der Deutschen Diamantengesellschaft den sogenannten Lüderitzbuchter Schürfervertrag unterzeichnen konnte, in welchem gegen die gleiche Abgabe von $5^0/_0$ des Erlöses auch diesen Schürfern das Abbaurecht auf die vollen Kreise gewährt wurde, soweit sie solche bis zum 1. April 1909 ordnungsmäßig belegt und angemeldet hatten.

Die freie Schürftätigkeit auf seinen Bergrechtsblöcken längs der Eisenbahn Lüderitzbucht-Keetmanshop hatte der Fiskus durch Verfügung des Staatssekretärs des Reichskolonialamtes vom 25. Juni 1908 aufgehoben. Zu ihrer Ausbeutung wurde die Diamanten-Pachtgesellschaft gegründet, deren Betrieb die Koloniale Bergbaugesellschaft übernahm.

Als wissenschaftliche Kreise mit der Möglichkeit rechneten, daß die Diamanten dem Meeresboden entstammten, sprach eine Kaiserliche Verordnung vom 13. Oktober 1910 die Berechtigung zur Aufsuchung und Gewinnung von Mineralien im Meeresboden ausschließlich dem Landesfiskus zu, von der er bisher keinen Gebrauch gemacht hat. Die Schwierigkeiten, die einem solchen Unternehmen entgegenstehen würden, sind nicht gering zu veranschlagen.

Ergänzend sei noch die Gouverneursverfügung vom 30. Mai 1910 angeführt, welche die Einrichtung des Berg-Grundbuches anordnete.

In Ausführung der schon weiter oben erwähnten Absicht des Landesfiskus, sich einen Anteil an den unvermutet entdeckten Reichtümern zu sichern, erging eine Reichskanzlerverfügung vom 26. Februar 1909 mit Zusatz vom 12. Mai 1910, durch welche die Förderabgabe für Edelsteine, die südlich des 26. Breitengrades gefördert wurden, auf 10%, und für diejenigen, die nördlich dieses Breitengrades bis zum Kuiseb herstammten, auf 4% des Wertes festgesetzt wurde. Aber diese Beteiligung genügte dem Fiskus noch nicht. Eine Gouvernementsverordnung vom 16. Dezember 1908 ordnete die Erhebung eines Ausfuhrzolles auf Rohdiamanten von 10 Mark für das Karat bzw. 48,60 Mark für das Gramm an und bestimmte weiter, daß die Ausfuhr nur seewärts über Lüderitzbucht erfolgen dürfe. Unter dem 4. Februar 1910 wurde mit Rücksicht auf die Nordfelder auch die Ausfuhr über Swakopmund gestattet. Dieser Ausfuhrzoll, welcher sich lediglich auf das Gewicht der Steine stützte, ihrer recht verschiedenen Qualität und dem dadurch bedingten verschiedenen Werte aber keine Rechnung trug, blieb glücklicherweise nur kurze Zeit in Wirksamkeit; denn durch Verordnung vom 28. Februar 1909 wurde der Ausfuhrzoll auf $33^1/_3$% des Verkaufserlöses (nach Abzug von 5% Verwertungsgebühren) festgesetzt. Damit war eine Gesamtbelastung der Diamantenabbaubetriebe geschaffen, deren starres System einen gewinnbringenden Abbau nur an denjenigen Stellen zuließ, an denen sich die Unkosten in mäßigen Grenzen hielten. Sobald der geringere Gehalt der Felder oder eine größere Entfernung der Betriebsstellen von Lüderitzbucht den Betriebskoeffizienten erhöhten, ergab sich nach Vornahme der notwendigen Abschreibungen auf Gerechtsame und Inventar bei der weitaus größten Anzahl der Förderer nicht nur kein Gewinn, der ein angemessenes Äquivalent für die aufgewandten Mühen und für das Risiko der Investitionen gebildet hätte, sondern ein Verlust, der eine ganze Anzahl von Gesellschaften zur Betriebseinstellung nötigte. Die vielfachen Vorstellungen dieses unhaltbaren Zustandes führten endlich unter Beseitigung der früheren Bestimmungen zum Erlaß der Kaiserlichen Verordnung vom 30. Dezember 1912 mit Ausführungsbestimmungen vom 12. Januar 1913, welche die vorstehend erwähnten Abgaben in eine Diamantsteuer umwandelte, die 66% des Verkaufserlöses, vermindert um 70% der hauptsächlichsten Unkosten, betrug. Nebenher blieb eine Verwertungsgebühr von 2% an die Regie zu zahlen (Abb. 55). Für das Pomonagebiet, das aus besonderen Gründen zunächst von dieser Verordnung nicht berührt wurde, gelangte die Nettosteuer, und zwar mit rückwirkender Kraft durch Reichskanzlerverordnung vom 27. Mai 1913, ebenfalls zur Einführung.

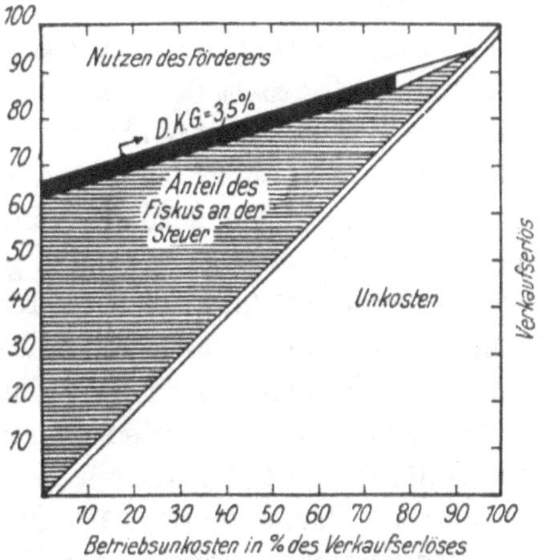

Abb. 55. Darstellung der Abgaben des Förderers, abgestuft nach den Betriebsunkosten in % des Verkaufserlöses

Sowohl der Brutto- als der Nettosteuer gemeinsam war die Zugrundelegung des Verkaufserlöses. Bei der Bedeutung, die dieser, somit für die fiskalischen Einnahmen gewonnen hatte, mußte die Verwaltung ein Organ schaffen, das einerseits, um ein etwaiges gegenseitiges Unterbieten zu verhindern, den Verkauf der gesamten südwestafrikanischen Produktion in die Hand nahm und andererseits der Kontrolle der Behörde unterstand, so daß Zweifel über die Höhe des Verkaufserlöses von vornherein ausgeschlossen waren. Die Kaiserliche Verordnung vom 16. Januar 1909 legte den Förderern die Verpflichtung auf, ihre gesamte Produktion der vom Reichskanzler zu bestimmenden Stelle zur Verwertung zu übergeben, und mit Verordnung vom 26. Februar 1909 übertrug der Reichskanzler die vorerwähnten Funktionen der schon beschriebenen Diamantenregie des südwestafrikanischen Schutzgebietes. Sie erhielt die Rechtsform einer Deutschen Kolonialgesellschaft, deren Satzungen durch Beschluß des Bundesrates vom 25. Februar 1909 genehmigt wurden. Mehrere Satzungsänderungen erwiesen sich in der Praxis noch als erforderlich; die entsprechenden Genehmigungen wurden am 28. März 1911, 17. März und 27. Mai 1913 ausgesprochen. Der Geschäftsbetrieb der Diamantenregie fand seine Regelung durch eine Reichskanzlerverordnung vom 25. Mai 1909, auf Grund deren der Absatz der südwestafrikanischen Produktion bis gegen Ende des Jahres 1913 besorgt wurde, allerdings zu Preisen, insbesondere in den ersten Jahren, die seitens der Förderer energische Beanstandung fanden. Mit dem Ende des Jahres 1913 geriet der weitere Absatz ins Stocken, und eine Reichskanzlerverordnung vom 13. Dezember 1913 setzte für jeden Förderer ein Höchstmaß fest, bis zu welchem zunächst seine Produktion seitens der Regie auf den Markt gebracht werden sollte.

Die Durchführung des außerordentlich hohen fiskalischen Interesses und die Eigenart des Vorkommens bedingten naturgemäß ganz besondere Sicherungsmaßnahmen. Zunächst wurde durch Gouverneursverordnung am 21. Oktober 1908 der Besitz, die Weitergabe, die Annahme, der Handel usw. von Rohdiamanten von der Lösung eines Erlaubnisscheines abhängig gemacht, der nur zuverlässigen Personen von der Behörde erteilt werden konnte und jährlich 1000 Mark kostete. War diese Gebühr auch außerordentlich hoch, so war ihr doch eine gewisse Berechtigung insofern nicht abzusprechen, als sie gerade den Handel mit Rohdiamanten erlaubte, welcher in den ersten Monaten nach Auffindung der Diamanten ein recht einträgliches Geschäft war. Als aber die Diamantenregie ins Leben getreten und den Förderern die Verpflichtung auferlegt war, ihre gesamte Förderung nur ihr zwecks Vermittlung der Verwertung zu übergeben, sank die Bedeutung des Erlaubnisscheines auf die einer Legitimation für Diamantentransport herab. Für einen solchen Zweck war aber die Gebühr von 1000 Mark nicht mehr berechtigt. Da der Erlaubnisschein überdies nur auf eine bestimmte Person ausgestellt wurde und nicht übertragbar war, verursachte er im Falle der vorübergehenden Behinderung des Berechtigten oder bei räumlich ausgedehnteren Betrieben, in denen mehrere Personen mit der Überführung der Diamanten nach Lüderitzbucht betraut werden mußten, erhebliche Aufwendungen. Auf die Vorstellungen der Förderer hin erging am 31. Mai 1911 ein Zusatz zu dieser Verordnung, in welchem die Übertragbarkeit des Scheines innerhalb eines Jahres ausgesprochen und dem Unternehmer sowie seinen in leitender Stellung befindlichen Angestellten eine Ermäßigung der Gebühr auf 100 Mark jährlich zugebilligt wurde. Um der Förderung der Diamanten durch Unberechtigte nach Möglichkeit vorzubeugen, wurde durch Gouverneursverordnung vom 12. April 1909 — ersetzt durch Verordnung vom 14. März 1911 und berichtigt am 8. September 1911 — für den Bezirk Lüderitzbucht das Betreten der Diamantfelder außerhalb der öffentlichen Wege nur dem Bergwerkseigentümer, Pächter oder sonstigen Berechtigten sowie demjenigen gestattet, der sich in Begleitung eines Berechtigten befand oder eine von diesem ausgestellte Erlaubniskarte besaß. Eine Verfügung ähnlichen Inhalts erging unter dem 7. Mai 1910 für den Bezirk Swakopmund.

Außer dieser reichhaltigen Liste von Verordnungen wurden im Anschluß an die Bergverordnung noch weitere über die Einrichtung der Buchführung der Förderer, die Beibringung von Nachweisen, Bestimmungen über die Einreichung der Schürfanzeigen und Skizzen usw. erlassen. Insbesondere ergingen im Anschluß an die Kaiserliche Verordnung vom 30. Dezember 1912, die Nettosteuer betreffend, umfangreiche Ausführungsbestimmungen über die Kontrolle der Buchführung der Förderer.

Berücksichtigt man, daß fast alle diese Verordnungen, die innerhalb des kurzen Zeitraumes von 5 Jahren ergingen, Bestimmungen über schwerwiegende Rechtsfolgen im Falle ihrer Nichteinhaltung enthielten, so läßt sich ermessen, welch erhebliche Schwierigkeiten es dem im allgemeinen mit keinen besonderen juristischen Kenntnissen ausgestatteten Schürfer und Förderer bereitete, sich in diesen wechselnden Verhältnissen zurechtzufinden und den jeweiligen Bestimmungen anzupassen.

8. Die einzelnen Diamantgesellschaften

Im folgenden soll kurz die Geschichte der einzelnen größeren Diamantgesellschaften besprochen werden, weil ihre Geschichte zugleich auch die des gesamten Diamantbergbaues und der wirtschaftlichen Entwicklung Deutsch-Südwestafrikas ist.

a) Koloniale Bergbaugesellschaft m. b. H.

Die Entstehung der Kolonialen Bergbaugesellschaft ist auf ein Syndikat zurückzuführen, das Stauch gründete und aus dem die Gesellschaft im Jahre 1909 hervorging. Ihre Rechte gründeten sich auf die von der damaligen Inhaberin des Bergregals, der Deutschen Kolonialgesellschaft für Südwestafrika, ausgefertigte Verleihungsurkunde, durch welche Stauch das Abbaurecht für das spätere Gebiet der Gesellschaft verliehen wurde. Das Gründungskapital betrug 100500 Mark. Dieses geringe Stammkapital blieb auch noch unverändert, als man schon über 4 Millionen Mark in Betriebsanlagen investiert hatte. So kam es, daß Dividenden bis zu 3800% gezahlt wurden und schon nach dem ersten Betriebsjahr 2412000 Mark zur Verteilung gelangten.

Das Abbaugebiet der Gesellschaft betrug 2081 ha im Nordblock und 5224 ha im Südblock. Im Jahre 1909 schloß die Gesellschaft mit der Diamanten-Pachtgesellschaft zu Berlin einen Betriebsvertrag und übernahm den Abbau auf deren vom Landesfiskus in Pacht genommenen Gebieten, die bis dahin vom Fiskus selbst abgebaut wurden. (Die Diamanten-Pachtgesellschaft wurde mit einem Kapital von 2 Millionen Mark gegründet und pachtete die dem südwestafrikanischen Landesfiskus zustehenden Bergbaufelder gegen Ablieferung von 75% des Reingewinns.)

Nach der Errichtung von Betriebs- und Wohngebäuden, einem Lazarett usw. wurde auch eine 30 km lange Feldbahn gebaut, die zunächst mittels Maultieren betrieben wurde. Dazu kam dann eine 30 km lange Druckwasserleitung nebst Pumpstation mit einer Leistung von 1000 cbm/Tag, die systematische Untersuchung der Abbaufelder und schließlich 1912 der Bau einer mechanischen Aufbereitung von 1500 cbm Rohsandverarbeitung je Tag und einer kleineren von 750 cbm für die Abbaufelder der Diamanten-Pachtgesellschaft. Die Feldbahn wurde auf 70 km verlängert und von Lokomotiven betrieben, die mit der Zeit immer leistungsfähiger und besser wurden. Im Jahre 1913 übernahm die Gesellschaft außerdem noch den Abbau der Diamantfelder der Diamantfelder-Verwertungsgesellschaft Conceptionsbucht m. b. H. zwischen Conceptionsbucht und der Wasserstelle Meob, die diese von der Nordfelder-Bergbaugesellschaft m. b. H. gepachtet hatte.

Fördererergebnisse

Jahr	Förderung in Karat	Brutto-verkaufserlös in Mark	Steine je Karat	Preis/Karat in Mark
		A. Koloniale Bergbaugesellschaft		
1908	15824			
1909	188169	5031802	etwa 5	26,74
1910	312684	7930799	„ 5	25,39
1911	277246	7007977	„ 5,7	24,87
1912	368867	10457602	„ 5,7	28,35
1913	316774		„ 11,37	35,89
		B. Von den Feldern der Diamanten-Pachtgesellschaft		
1909	33381	939823	etwa 5,7	28,19
1910	144038	3971593		27,57
1911	124769	3228148		25,87
1912	158356	4152758		26,22
1913	119190			
		C. Von den Nordfelder Betrieben:		
1913	14763		etwa 11,37	

Für die Verhandlungen mit der Übernahmekommission nach dem Weltkriege errechnete die Koloniale Bergbaugesellschaft ihre Reserven folgendermaßen:

Nordblock	2256497 Karat
Davon abgebaut	153583 „
Es verbleiben	2102914 Karat

Die Kommission zog für die in den Abbaufeldern vorhandenen Klippenpartien 39000 Karat ab und, da die Schürfergebnisse zum Teil eine Nachprüfung nicht ermöglichten, noch weitere 5%, das sind 105146 Karat. Somit wurde der Inhalt des Nordblocks mit rund 1958770 Karat errechnet.

Im Südblock errechnete die Koloniale Bergbaugesellschaft die Reserven nach Abzug der abgebauten Partien mit 4434734 Karat, von denen die Kommission 256200 Karat abzog und zu dieser Endsumme noch 10% dazu addierte, da die Schürfergebnisse mit Handsetzmaschinen erzielt worden waren. Der abgerundete Karatinhalt des Südblocks betrug damit 4596400 Karat, und die Gesamtentschädigung wurde auf Grund eines Vorrates von 6555170 Karat vorgenommen.

b) Deutsche Diamantengesellschaft m. b. H.

Auf die Anregung Dernburgs hin wurde im Jahre 1907 ein Minensyndikat gegründet, aus dem 2 Jahre später, nach Entdeckung der Diamanten, die Deutsche Diamantengesellschaft hervorging. In diese neugegründete Gesellschaft trat die Deutsche Kolonialgesellschaft mit ihren Sperrgebietsrechten ein und erhielt als Gegenleistung für 2 Millionen Mark Stammanteile. Infolge schon bestehender Rechte anderer Gesellschaften auf dem Gebiet der Deutschen Kolonialgesellschaft und noch vorhandener Schürffelder mußte die Gesellschaft ihr Betätigungsfeld weit südlich von Lüderitzbucht suchen und begann mit den ersten Arbeiten in der Gegend von Bogenfels, etwa 110 km von Lüderitzbucht entfernt. Dadurch ergaben sich für den Abbau von vornherein Schwierigkeiten, die erst nach Jahren überwunden werden konnten. Im Jahre 1910 kam es zu einem Vertrag der Gesellschaft mit dem Fiskus, in dem die Deutsche Diamantengesellschaft das Recht erhielt, Schürffelder zwecks dauernden Besitzes im Sperrgebiet zu belegen; sie mußte aber gleichzeitig dem Fiskus außer der schon an und für sich hohen Bruttoabgabe $33^1/_3$% des Gewinnes einräumen. Eine weitere Verpflichtung war die Durchforschung und kartographische Aufnahme des Sperrgebietes. Es begann nunmehr eine rege

Schürftätigkeit seitens der Gesellschaft, und zahlreiche Schürffelder wurden belegt und in Bergbaufelder mit 35694 ha Flächeninhalt umgewandelt. Daneben wurden gleichzeitig kostspielige wissenschaftliche Untersuchungen durchgeführt und 10 Karten des Sperrgebietes angefertigt[1]).

Die anfänglich bestehenden Transportschwierigkeiten konnten erst 1913 behoben werden, nachdem mit der Pomonagesellschaft zusammen die Feldbahn erbaut wurde. 1910 führte man die ersten Schiechel-Setzmaschinen ein, die später bei fast allen Gesellschaften Anwendung fanden.

Bei Bogenfels hatte man schon beim Abstecken der Schürffelder viele Diamanten gefunden. So wurden von Ovamboleuten innerhalb 7 Tagen 1800 Karat Diamanten gefunden. Darunter befanden sich auch Steine mit 8 Karat. Im großen Ganzen waren aber die Ablagerungen bei weitem nicht so mächtig wie bei Lüderitzbucht. Vielfach betrugen sie nur wenige Zentimeter. Die durchschnittliche Mächtigkeit war etwa 20—30 cm. An einzelnen Stellen waren die Diamantsande durch Dünen überlagert und diese mußten durch Bagger abgeräumt werden.

Da die einzelnen Betriebe sehr zerstreut lagen, war es oft recht schwierig, die Arbeiterfrage zu lösen. All diese ungünstigen Faktoren bewirkten, daß die Gewinnungskosten außerordentlich hoch und dementsprechend, im Gegensatz zu vielen anderen Gesellschaften, die Gewinne recht mäßig waren. Das Jahr 1911 wurde sogar mit einem Verlust abgeschlossen. Die Bilanz wurde erst nach der Einführung der Nettosteuer günstiger.

Der größte Teil der Hauptbetriebsstellen Bogenfels und Granitberg wurde durch den Krieg zerstört. Die Produktion konnte erst im Januar 1916 wieder aufgenommen werden. Da der von der National Bank of South Africa gewährte Vorschuß nicht ausreichte, mußte die Gesellschaft sich mit einer Hypothek belasten.

Bei der Übernahme durch die Consolidated erhielt die Gesellschaft 246602 £ in bar und 372373 £ in Shares. Sie hatte den Inhalt ihrer Felder zu 2948202 Karat berechnet. Da jedoch in dieser Summe auch kleinere Gebiete enthalten waren, die man schon abgebaut hatte und 635400 Karat nur auf einer Schätzung beruhten, setzte die

---

[1]) Das Kartenwerk ist im Atlasformat als „Karte des Sperrgebietes in D.S.W.A." in 10 Blättern im Auftrag der Deutschen Diamantengesellschaft, bearbeitet von P. Sprigade und H. Lotz, Maßstab 1:100000 bei Dietrich Reimer in Berlin 1913 erschienen.

Kommission die zu entschädigende Karatmenge mit 2735300 Karat fest.

Fördererergebnisse

Jahr	Förderung in Karat	Brutto-verkaufserlös in Mark	Steine je Karat	Preis/Karat in Mark
1909	69207	2779283,80		37,68
1910	135038	4278770,40	4,75	31,78
1911	130291	3936350,51	5,78	30,20
1912	158158	5045664,90	6,26	31,91
1913	172710	6104686,18		35,34
1914	87553	2388483,24		27,29
1915	—	—		—
1916	23685	1510917,18		61,30
1917	59198			
1918	63945			
1919	11750[1])			

c) Vereinigte Diamanten-Minen A.-G.

Die Gesellschaft entstand durch den Zusammenschluß Lüderitzbuchter Besitzer von Bergbaufeldern. Es scheinen die höchsten Gewinne bei der Gründung erzielt worden zu sein, als nämlich die eingebrachten Schürffelder mit höchsten Beträgen bewertet wurden und die Inhaber dafür Aktien erhielten. Der Hauptteil der Abbaufelder befand sich zwischen Elisabethbucht und Pomona und hatte eine Ausdehnung von etwa 18000 ha. Der Gesamtbesitz der Gesellschaft betrug etwa 23528 ha. Da die Abbaufelder sich aber auf ein riesiges Gelände verteilten, war die Aufrechterhaltung des Betriebes außerordentlich schwierig und kostspielig. Die Entwicklung des Abbaues war die gleiche wie bei allen Gesellschaften, das ist die Einführung von maschinellem Betrieb nach der anfänglichen Klaubarbeit und Verwendung von Handwaschmaschinen. Da man auch verfestigte Konglomerate verarbeitete, waren Steinbrecher und Kugelmühlen notwendig. Bis zur Errichtung eines Wasserleitungsanschlusses an die Pumpwerke der Kolonialen Bergbaugesellschaft brachte man das Wasser in Rollfässern von der See. Dies bedingte naturgemäß sehr hohe Kosten und einen großen Verschleiß von Material und Tieren. Auch bei dieser Gesellschaft war, wie bei allen anderen, die Unterbringung und die Betreuung der eingeborenen Arbeiter eine vorbildliche. Infolge der vielen ungünstigen Faktoren konnte ein auszahlbarer Gewinn in den ersten Jahren nicht erzielt werden. Die ersten Dividenden wurden erst 1913 ausgeschüttet. Die Gesellschaft hatte vor allem unter dem ständigen und allgemeinen Arbeitermangel zu

[1]) Nur Januar und Februar gefördert.

leiden. Hinzu kam noch die Erschwerung der Arbeit durch die häufigen Sandstürme.

Fördererergebnisse

Jahr	Förderung in Karat	Brutto-verkaufserlös in Mark	Steine je Karat	Preis/Karat in Mark
1910	57331[1]	1565000		27,30
1911	54355	1403444	5,80	25,87
1912	33751	858952	6,87	25,44
1913	51478	1405715	6,61	34,67
1914	34209	1066819		37,46
1915	—	—	—	—
1916	6919	336867		48,69
1917	21006	796504[2]		37,91
1918	25198	1268702[3]		50,34
1919	24264	1522336[4]		62,74

Nachdem die Belegschaft aus dem Felde oder aus der Gefangenschaft zurückgekehrt war, wurden Anfang September 1915 die Aufräumungsarbeiten aufgenommen. Eine geringe Produktion setzte erst wieder Ende 1916 ein, die sich dann rasch entwickelte. Die durch den Friedensschluß geschaffenen Verhältnisse veranlaßten die Gesellschaft, sich in die Konsolidierung einzuschließen. Sie erhielt für ihren Bergbaubesitz rund 50000 £ in bar und rund 40000 £ in Shares.

d) Diamanten-Aktiengesellschaft (vorm. Weiß de Meillon & Co.)

Die Weiß de Meillon & Co. Minengesellschaft m. b. H. wurde im Jahre 1909 mit einem Kapital von 1600000 Mark gegründet. Da dieses Stammkapital zu hoch gewählt war, erfolgte 1912 eine Umgründung in die obenerwähnte Aktiengesellschaft. Das Gründungskapital betrug 500000 Mark. Die Gesellschaft übernahm 1913 zu ihren Feldern auf 3 Jahre den Abbau der Felder der Hansa-Diamantengesellschaft m. b. H. Nach Beendigung der Feindseligkeiten im Weltkriege wurden die Arbeiten wieder aufgenommen; doch war das dieser Gesellschaft zustehende Kontingent zu klein und man überließ es gegen einen Kredit einer größeren Gesellschaft. Mit dem so erhaltenen Geld konnten die Einrichtungen des Betriebes ohne Förderung aufrechterhalten werden. Später, als das Kontingent wieder angestiegen war, förderte die Gesellschaft selbst. Am 1. Oktober 1920 ging aller Besitz an die Consolidated über. Der Gesamtverkaufspreis betrug 25506 £, davon 10875 £ in bar und 14631 £ in Shares.

[1]) Vom 1. November 1909 bis 31. Dezember 1910.

[2]) £ 42822.18.7.

[3]) £ 68209.13.3.

[4]) Sh 1636920.50.

Fördererergebnisse

Jahr	Förderung in Karat	Brutto-verkaufserlös in Mark	Steine je Karat	Preis/Karat in Mark	Anzahl der Steine
1909	6500	180000			
1910	21314	613539		28,80	
1911	10950	311903		28,50	
1912	14633	417548		28,54	
1913	21761	688777		31,65	162712
1914	14751	406942	9,05	32,66	133497
1915	63[2])	91.12.10 £		29/4 sh	464
1916[1])	2248	104413	8,36	31,00	18798
1917	10003	394156[3])	10,44	39,40	104455
1918	10499	542596[3])	11,60	51,67	121837
1919	9696	554672[3])	10,75	57,08	104194
Felder der neuen Hansa-Diamantgesellschaft					
1914	1294		11,34		14672

e) Pomona-Diamantengesellschaft

Die Pomona-Diamantfelder wurden, wie bereits erwähnt, durch Scheibe und Stauch entdeckt, die verschiedene Schürffelder belegten. Auf Grund eines Optionsvertrages mit dem Besitzer des Pomona-Gebietes Daniel de Pass bekamen die Gesellschaften Gibeon Schürf- und Handelsgesellschaft m. b. H., Koloniale Bergbaugesellschaft m. b. H., Namaland-Schürf- und Guano-Syndikat G. m. b. H. und Scholz das alleinige Recht zur Aufsuchung und Gewinnung von Diamanten und 1909 entstand die Pomona-Minen-Gesellschaft m. b. H. Das Stammkapital betrug 100000 Mark. Da aber außer Scheibe und Stauch noch andere Privatpersonen und Gesellschaften in diesem Gebiet aufgetaucht waren und Felder belegt hatten, war die Rechtslage eine recht undurchsichtige. Hinzu kam noch die Deutsche Diamantengesellschaft, die mit dem Hinweis, daß diese Vorkommen sich im Sperrgebiet befänden, wo sie das alleinige Recht zum Schürfen besäße, ihre Rechte geltend machte. Als Folge davon wurde das Gebiet zunächst polizeilich gesperrt. Erst 1912 kam es zu einem Vergleich, und es konnte nunmehr die Pomona-Diamantengesellschaft mit einem Kapital von 3000000 gegründet werden, an dem die oben genannten Firmen mit 2200000 Mark, die Regierungsschürfer mit 500000 Mark, und die Deutsche Diamantengesellschaft mit 300000 Mark beteiligt waren.

Die Vorarbeiten wurden so beschleunigt, daß man schon im August des gleichen Jahres mit der Produktion beginnen konnte. Bis Ende

[1]) = einschließlich der Förderung des Jahres 1915.
[2]) = in metrischem Karat.
[3]) Die entsprechenden Werte in £ sind: 29947
13878. 14. 3
20536. 10. 6.

November wurden die Diamanten mit der Hand aufgelesen, und erst im Dezember ging man auf Handwaschsiebe über. Trotzdem betrug die Produktion des Jahres 1912 (anfangs waren nur 25—35 Ovambos mit dem Aufklauben der Diamanten beschäftigt!) schon $124412^1/_2$ Karat, die einen Verkaufserlös von 5251749,60 Mark erbrachten. Damit war ein Durchschnitt von 42,21 Mark für das Karat erzielt, was einen Rekord darstellte und für die außerordentliche Durchschnittsgröße und die Güte der Steine Zeugnis ablegte. Auf das Karat entfielen annähernd $3^1/_2$ Steine. Das nächste Jahr brachte eine weitere rasch ansteigende Entwicklung und eine bedeutende Produktion. Damit wurde die Gesellschaft das ertragreichste Kolonialunternehmen. Im Jahre 1913 wurden 618329 Karat Rohdiamanten gefördert, von denen 512384 Karat im gleichen Jahre verkauft werden konnten. Sie erbrachten einen Erlös von 27083487 Mark, von denen allein der Fiskus 19219475 Mark erhielt. Damit hatte man für das Karat einen Durchschnittspreis von 52,85 Mark erzielt. Der Mehrpreis dem Vorjahre gegenüber entstand durch ein größeres Durchschnittsgewicht der Diamanten (im Mittel $2^4/_5$ Diamanten je Karat). Der größte Stein wog $22^1/_4$ Karat. Nach Ausbruch des Weltkrieges wurde noch einige Zeit gefördert. 1915 wurde einiges an den Anlagen durch die Engländer zerstört, doch konnte der Betrieb bald wieder aufgenommen werden. Nach Friedensschluß schloß sich auch diese Gesellschaft der Konsolidierung an. Sie hatte ihre Vorräte mit 1831108 Karat errechnet. Da diese Berechnung versehentlich auch einige kleinere Teile miteinschloß, die schon abgebaut waren und die Felder des Idatales überbewertet erschienen, verlangte die Kommission einen Abzug von 191150 Karat, so daß rund 1639950 Karat für die Anreicherungsgebiete verblieben. Die übrigen diamanthaltigen Ablagerungen des Pomonagebietes wurden mit 1941906 Karat bewertet. Da aber ein

Förderergebnisse

Jahr	Förderung in Karat	Brutto-verkaufserlös in Mark	Steine je Karat	Preis/Karat in Mark
1912	124413	5254749	3,5	42,21
1913	618329	27083487[2])	2,8	52,85
1914				
1915	13346			
1916	57706			
1917	144182			
1918	136065	8871435		65,20 = 3,5 £
1919	31779[1])			

[1]) Nur Januar und Februar gefördert.

[2]) Es wurden in diesem Jahre nur 512384 Karat verkauft.

großer Teil nur geschätzt war, erachtete die Kommission einen Abzug von $^1/_3$ als angebracht. Dies ergab eine Gesamtbewertung des Pomonagebietes von rund 3250300 Karat.

f) Kolmanskop Diamond Mines Ltd.

Diese Gesellschaft ging aus der Schürfgesellschaft Kolmanskop G. m. b. H. hervor, die nach verschiedenen Kapitalerhöhungen mit 123500 Mark gegründet wurde. Der Sitz der Gesellschaft befand sich in Kapstadt, eine Filiale und die Betriebsleitung in Lüderitzbucht. Da es sich um ein recht eigenartiges Vorkommen handelte — die Abbaufelder lagen in den verschiedenen Tälern der Kolmanskuppe — mußten zunächst verschiedene Abbaumethoden und Maschinen ausprobiert werden und man arbeitete mit großen Abbauverlusten. Als Folge davon beschränkte man sich auf den Abbau der reichsten Stellen. Erst die Einführung von zwei Schiechelanlagen brachte eine Besserung. Dadurch konnten sogar die schon einmal mit Handsieben durchgearbeiteten Stellen abermals durchwaschen werden. Da das Verhältnis von Waschgut zu Rohsand 1 : 3 bis 1 : 7 war, benötigte man trotz der neuen Anlagen noch starke Arbeiterkolonnen zum Absieben des Sandes, und die Aufbereitung verteuerte sich erheblich. Es wurden daher Bagger mit Siebeinrichtung eingeführt. Damit wurde vor allem auch die Abhängigkeit von der Arbeiterbeschaffung behoben, die sich manchmal in unangenehmster Weise bemerkbar gemacht hatte.

Die Gesellschaft begann wie alle anderen 1916 wieder mit dem Abbau und setzte diesen auch nach dem Weltkriege fort.

Fördererergebnisse

Jahr	Förderung in Karat	Brutto-verkaufserlös in Mark	Steine je Karat	Preis/Karat in Mark
1909	123863	3350494		27,05
1910	146660	3462930		23,68
1911	147235	3158190		21,45
1912	122525	2730686	8,7	22,45
1913	106879	2951998	8,43	27,62
1914				
1915				
1916	12426			
1917	35086			
1918	43293			
1919	43685			
1920	57445	3868920	9,64 (6,48)[1]	67,35 (87 sh 10 d)
1921	52236		9,70 (7,58)	42 sh $1^1/_4$ d bis 102 sh $3^1/_2$ d
1922	69413		9,99 (11,30)	

[1]) Die eingeklammerten Zahlen beziehen sich auf die Südfelder.

g) Bahnfelder Diamantengesellschaft m. b. H. Lüderitzbucht

Die Gesellschaft wurde im April 1911 gegründet und kam 1912 nach einer Reihe von Prozessen gegen den Fiskus zum Abbau. Es wurden 1912 2364 und 1913 1667 g gefördert. Die durchschnittliche Größe der Diamanten betrug etwa 6 Steine je Karat, der Erlös schwankte zwischen 27 und 37 Mark/Karat.

h) Bahnfelder Abbaugesellschaft m. b. H.

Diese Gesellschaft wurde erst 1913 gegründet und betrieb den Abbau verschiedener im Bahnstreifen liegender Felder, die mehreren Eigentümern gehörten. Es wurden monatlich nur etwa 150 Karat gefördert bei einer durchschnittlichen Größe der Steine von etwa 8 auf ein Karat.

i) Diamanten-Abbaugesellschaft m. b. H. Lüderitzbucht

Die Gesellschaft wurde 1912 mit einem Stammkapital von 60000 Mark gegründet und übernahm das Vermögen der Gesellschaften „Diamantgesellschaft Zillertal m. b. H.“, „Neue Phönix Diamant Gesellschaft m. b. H.“ und „Neue Carlstal Diamantgesellschaft m. b. H.“ Der Betrieb konnte 1913 aufgenommen werden. Bis zum Ende des Jahres wurden 13347 Karat Diamanten gefördert. Die Steine waren von sehr guter Qualität. Die Durchschnittsgröße betrug etwa 5 Steine je Karat. Es wurde ein Preis von 40 Mark je Karat erzielt.

k) Lüderitzbuchter Bergbaugesellschaft m. b. H.

Auch hier handelt es sich um eine kleine Gesellschaft, die im Jahre 1913 nur mit einem Stammkapital von 21000 Mark gegründet wurde. Sie hatte bis Ende 1913 8550 Karat gefördert. Von den Diamanten gingen etwa 6 auf 1 Karat, für das ein Durchschnittspreis von 38 Mark bezahlt wurde.

l) Diamantengesellschaft Grillental m. b. H.

Schon im Jahre 1908 wurde diese Gesellschaft mit einem Stammkapital von 160000 Mark gegründet. Die Gesellschaft hatte zwecks Abbau ihrer Felder vorübergehend einen Vertrag mit der Deutschen Diamantengesellschaft geschlossen, doch diesen bald wieder gelöst. Infolge der erdrückend hohen Bruttoabgaben konnte sie aber selbst die Arbeiten auch nicht aufnehmen. Erst nach der Einführung der Nettoabgaben konnten monatlich 300—400 Karat gefördert werden.

m) Diamantfelder-Verwertungsgesellschaft Conceptionsbucht m. b. H.

Nachdem durch die Sperrung der südlichen Felder das Kleinkapital gezwungen war, in den Nordfeldern weiter zu schürfen, entstanden zwar sehr viele Schürffelder, doch stellte es sich bald heraus, daß die Ablagerungen hier bei weitem ärmer waren als die Südfelder und unter schwierigen Transportverhältnissen zu leiden hatten. Es kam deshalb zunächst zu keinem Abbau. Dort, wo man kleinere Arbeiten begann, arbeitete man mit Verlust. Die Folge war die Gründung dieser Gesellschaft, die alle Interessen zusammenschloß und Kapital für den Abbau im Großen zu verschaffen suchte. Der erste Abbau wurde dann auch bald durch die Koloniale Bergbaugesellschaft m. b. H. auf Kolmanskuppe unternommen und es konnten 2000—3000 Karat monatlich gefördert werden.

n) Consolidated Diamond Mines of South West Africa, Limited

Durch den Friedensvertrag fühlten sich die Interessenten des Diamantbergbaues bedroht und begannen ihren Besitz zu liquidieren. Aus den hauptsächlichsten Gesellschaften ging die Consolidated Diamond Mines of South West Africa hervor. Sie wurde mit einem Kapital von 4,5 Millionen £ gegründet. Die Produktion begann im Jahre 1922. Der Abbau bewegte sich auf den Feldern von Bogenfels, Kolmanskuppe und hauptsächlich von Elisabethbucht. Im Jahre 1927 mußte eine Produktionseinschränkung vorgenommen werden, so daß nur auf den Feldern Kolmanskuppe, Elisabethbucht und Jammerbucht gefördert wurde. Auch im nächsten Jahre waren nur diese Felder in Betrieb. Dafür aber begann man mit der Untersuchung der Felder nördlich der Mündung des Oranjeflusses in der südlichsten Ecke des Sperrgebietes. Hier konnten schon 2 Jahre später die erschlossenen Reserven auf etwa 2500000 Karat geschätzt werden. Der erste Abbau wurde bei Oranjemund im Februar 1929 mit einer Handwaschanlage eingerichtet. Man gewann hier schon in den weiteren vier Monaten 17500 Karat im Werte von über 3700000 RM., was einem Karatpreis von 215.— RM. entspricht.

Da die Lage auf dem Diamantenmarkt immer schlechter wurde, mußten alle Betriebe bis auf den Abbau im Oranjegebiet eingestellt werden. Aber auch hier wurden nur geringe Mengen gefördert, bis am 1. Juli 1932 auch dieser Abbau stillgelegt wurde. Erst 1935 wurden, wieder nur auf diesen Diamantfeldern, die Arbeiten mit neuen Baggern aufgenommen. 3 km nördlich der Oranjemündung entstand in den letzten Jahren eine kleine Stadt, die vom Oranje aus mit Wasser versorgt wird und ausschließlich dem Diamantbergbau dient.

Förderergebnisse

Jahr	Förderung in Karat	Bruttoerlös in £
1922	193196	594838
1923	400684	1461065
1924	350951	1030216
1925	601875	1755249
1926	627049	1816079
1927	469020	1434498
1928		1216131
1929		1477823
1930		578871
1931		290625
1932		159107
1933		141618
1934		331980
1935		505953
1936		keine Angaben veröffentlicht
1937		
1938		

Unmittelbar nach der Konsolidierung bestanden neben der Consolidated noch folgende Gesellschaften:

1. Die Kolmanskop Diamond Mines, die in der Nachbarschaft von Charlottental bei Lüderitzbucht arbeitete.
2. Die Namaqua Diamonds Company mit einem Kapital von 350000 £.
3. Die van Praagh South West African Diamonds Concession.
4. Die South West Diamonds.

o) Deutsche Kolonialgesellschaft für Südwestafrika

Die Entwicklungsgeschichte des Diamantbergbaues kann nicht abgeschlossen werden, bevor nicht mit einigen Worten auf die Deutsche Kolonialgesellschaft eingegangen wird, die ja die Besitzerin des riesengroßen diamantführenden Gebietes war, als die ersten Diamanten gefunden wurden.

Die Gesellschaft wurde im Jahre 1885 mit einem Kapital von 1200000 Mark gegründet. Sie übernahm von Lüderitz dessen große Landbesitze (einen Küstenstrich von durchschnittlich 20 geographischen Meilen Breite vom Oranje bis zum Kunene), besondere Grundrechte (vor allem auch Mineralrechte) im Rehbother Bezirk, im Gebiet von Bethanien, auf dem Gebiete der Herero und in anderen kleineren Gebieten. Im gleichen Jahre noch wurden Expeditionen ausgerüstet, um vor allem nach Kupfervorkommen, über die man Nachricht besaß, zu suchen. Es konnte aber keine abbauwürdige Lagerstätte gefunden werden. Trotz der anfänglichen Mißerfolge wurde 1887 eine amtliche Bergordnung erlassen. Ein weiterer Schritt für die Entwicklung der Gesellschaft war die kaiserliche Verordnung vom 25. März 1888, die ihr das Bergregal für das gesamte Schutzgebiet erteilte. An diese Erteilung war die Verpflichtung gebunden, das ganze Bergwesen zu verwalten. Daraufhin wurde zunächst in Otjimbingwe ein Bergamt errichtet. Es mußte aber der unsicheren Lage wegen im gleichen Jahre wieder aufgelöst werden. Im Jahre 1889 kam eine neue kaiserliche Bergordnung heraus, derzufolge die Verwaltung des Bergwesens an die Regierung überging. Die Kolonialgesellschaft verlor dadurch das Bergregal für alle jene Gebiete, wo sie kein Grundeigentum besaß; doch wurden ihr alle sonstigen Rechte belassen und sie sollte außerdem die Hälfte der etwaigen Überschüsse der fiskalischen Bergverwaltung erhalten. In den nächsten Jahren beteiligte sich die Gesellschaft aus Kapitalmangel weder durch Untersuchungen noch durch Arbeiten im Bergbau, vergab aber verschiedene Schürfrechte und Konzessionen, von denen zunächst aber keine einzige zu einem positiven Ergebnis führte. Als nun 1908 der erste Diamant gefunden wurde, änderte sich die Lage der Kolonialgesellschaft schlagartig; denn sie war der Bergherr der bisher als wertlos erachteten Diamantwüste. Nur einige kleinere Flächen gehörten dem Fiskus, die die Gesellschaft diesem übertrug als Entgelt für den Nutzen, der ihr durch den Bau der Südbahn erwachsen mußte. Nur diese schachbrettartig längs der Bahn gelegenen Felder, von denen aber bloß das erste in das diamantführende Gebiet fiel, konnten zwecks Ausbeute dem Fiskus vorbehalten bleiben. Da durch kaiserliche Bergordnung vom Jahre 1905 eine allgemeine Schürffreiheit eingeführt wurde und die Kolonialgesellschaft als Entschädigung dafür alle Einnahmen aus dem Bergbau erhielt, kam es nach der Entdeckung der Diamanten zur Verleihung einer großen Anzahl von Schürf- und Abbaufeldern und Schürfscheinen, ehe Dernburg am 1. Oktober 1908 zur Sperrung des Gebietes südlich des 26. Breitengrades zugunsten der Gesellschaft schreiten und ein Sonderrecht für alle Mineralien dieses Gebietes erteilen konnte. Diese selbst beteiligte sich aber nicht an dem Abbau, sondern gründete eine Tochtergesellschaft. Außerdem standen ihr noch die Einnahmen als Besitzerin des ganzen Gebietes zu. Diese bestanden in einer Abgabe von 2% des Nettoerlöses aller Produzenten. Später erhöhte Dernburg diese Abgaben auf $3^1/_3$% unter gleichzeitiger Erhebung von $6^2/_3$% für den Fiskus.

Anfangs wurden die Felder planlos belegt. Es waren kreisrunde Flächen, die sich vielfach überschnitten, so daß endlose Prozesse drohten. Die Kolonialgesellschaft erklärte sich bereit, daß die Besitzer solcher strittiger Schürffelder etwa das 40fache an Fläche von dem erhielten, was ihnen bergrechtlich zukam. Diese mußten dafür 5% des Nettoertrages an die Gesellschaft abliefern. Die Folge dieser günstigen Entwicklung war eine von Jahr zu Jahr zunehmende Dividende und eine starke Steigerung der Aktien. Um die Majorität des stimmberechtigten Kapitals der Gesellschaft in deutschen Händen zu erhalten, wurde im Jahre 1909 eine Erhöhung des Gesellschaftskapitals von 2 Millionen auf 4 Millionen Mark beschlossen. Die ursprünglich größte Land- und Minengesellschaft des südwestafrikanischen Schutzgebietes schied 1910 aus der Reihe der Landgesellschaften aus. Sie hatte auf alle in ihrem Besitz befindlichen Landrechte zugunsten der Regierung verzichtet.

Bei der Übernahme ihrer Tochtergesellschaft durch die Consolidated zog es die Gesellschaft nach dem Kriege vor, zu liquidieren. Sie verkaufte die ihr verbliebenen Land- und Bergrechte Ende 1920 an die South West Finance Corporation Ltd. Durch sämtliche Verkäufe fielen ihr 405000 £ in bar und 235000 £ in Shares zu. Hinzu kamen noch 75000 Optionsshares.

9. Die wirtschaftliche Bedeutung der Diamantvorkommen

Es wurde bereits in den einführenden Kapiteln die große Bedeutung der Gewinnung von mineralischen Bodenschätzen in Deutsch-Südwestafrika für die wirtschaftliche Lage dieser Kolonie an Hand von Tabellen und graphischen Darstellungen aufgezeigt. Desgleichen konnte auch darauf hingewiesen werden, daß an dem Gesamterlös der mineralischen Rohstoffe der Diamant den weit überwiegenden Anteil besitzt (Abb. 1).

Die nun folgenden Darstellungen geben ein zusammenhängendes Bild der speziellen wirtschaftlichen Entwicklung des Diamantbergbaues.

Die Gesamtproduktion und die Verwertung der Diamanten ist in Tabelle 18 enthalten, die mit Ausnahme der in RM. umgerechneten Werte von Range übernommen wurde. Die graphische Auswertung dieser Tabelle findet sich in den Abb. 56 und 57.

Wie Abb. 56 erkennen läßt, stieg die Produktion rasch an und erreichte mit 1570000 Karat im Jahre 1913/14 den höchsten Stand, der auch in dem besten Nachkriegsjahr 1927 mit 723877 Karat nicht einmal zur Hälfte erreicht wurde. 1931 setzten die Krisen-

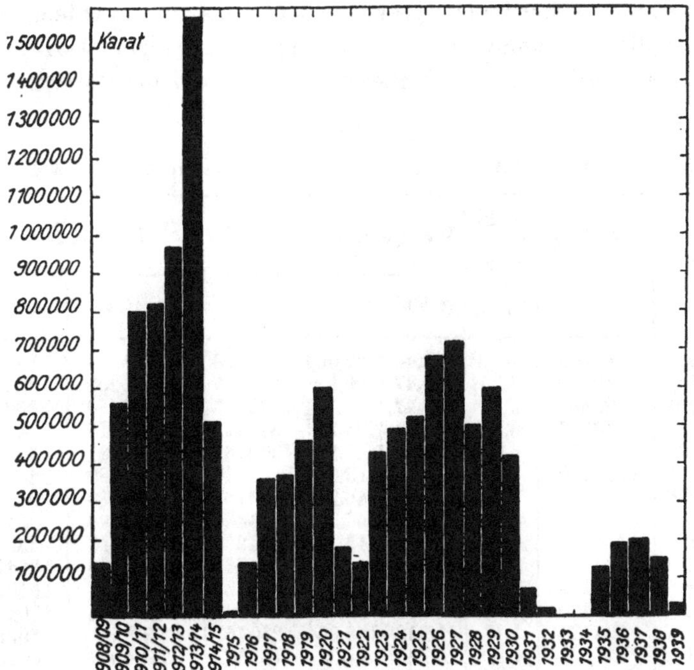

Abb. 56. **Graphische Darstellung der Diamantenförderung Deutsch-Südwestafrikas in den Jahren 1908/09—1939**

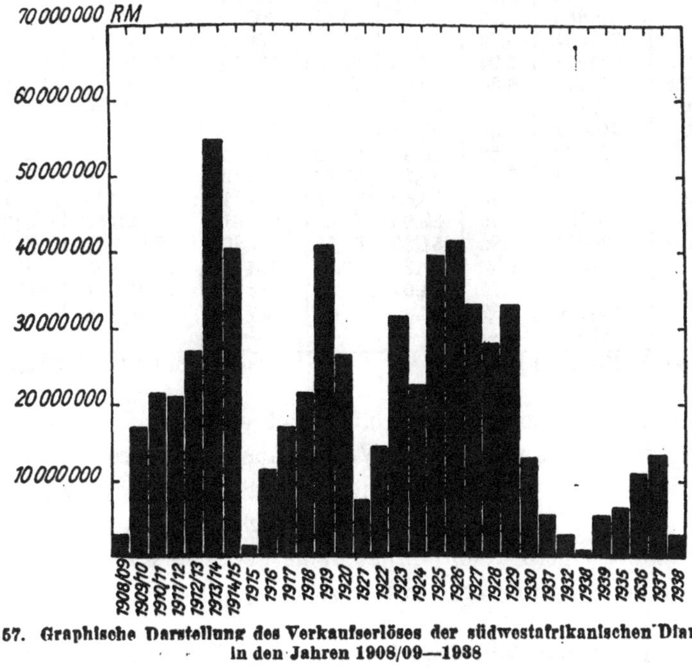

Abb. 57. **Graphische Darstellung des Verkaufserlöses der südwestafrikanischen Diamanten in den Jahren 1908/09—1938**

jahre ein, die die Gewinnung praktisch zum Stillstand brachten. Seit 1935 ist die Erzeugung in stark verringertem Umfang wieder aufgenommen worden, um 1939 abermals sehr scharf abzusinken.

Tabelle 18

Diamantengewinnung von Deutsch-Südwestafrika 1908/09 bis 1939

Jahr	Geförderte Menge in Karat	Zahl d. Diamanten je Karat	Wert je Karat		Verkaufte Diamanten in Karat	Verkaufserlöse	
			in RM.	in sh		in RM.	in £
1908/09	141000	—	22,44	22,00	141000	3061500	150000
1909/10	560000	5,00	30,47	29,83	560977	17096200	836000
1910/11	798865	5,75	27,47	26,77	798865	21882430	1069000
1911/12	816296	6,50	26,17	25,26	816296	21391115	1045000
1912/13	969965	6,09	30,06	29,36	902157	27125600	1324500
1913/14	1570000	4,97	42,68	42,01	1294727	55265080	2698500
1914/15[1])	513058	5,00	47,26	46,23	856759	40499098	1980396
1915	13409	3,59	51,78	50,70	13409	695294	34033
1916	144920	5,02	46,27	45,30	144920	6705616	328224
1917	364761	5,56	46,72	45,90	364761	17045035	834314
1918	372139	6,02	58,18	57,00	372139	21657577	1060087
1919	462180	5,53	89,09	95,39	460180	41000464	2204326
1920	604424	5,17	115,16	138,66	230751	26573681	1599849
1921	171321	6,80	65,43	81,03	121557	7954085	492513
1922	144156	7,56	49,45	53,17	297600	14716525	791211
1923	433229	6,50	64,17	66,80	495675	31808640	1656700
1924	492696	7,20	49,91	54,43	449846	22554203	1224441
1925	518860	7,20	57,32	56,52	693864	39777254	1961408
1926	683801	6,70	57,58	56,42	726808	41854542	2050688
1927	723877	5,90	57,58	56,13	577341	33146628	1620862
1928	503142	6,30	50,22	49,25	564383	28339327	1389864
1929	597189	5,80	61,90	60,69	533101	33001039	1617698
1930	415047	5,80	61,24	59,62	214136	13108356	640253
1931	71532	4,80	55,47	58,18	103131	5721000	300000
1932	17944	0,90	70,31	95,30	44131	3116869	211170
1933	2374	0,70	88,63	126,98	9113	807726	57860
1934	4126	0,70	22,05	34,00	257813	5686464	449167
1935	128464	0,90	51,86	85,09	126306	6551004	537408
1936	187917	0,90	61,33	99,30	184426	11308833	915695
1937	196803	1,25	74,09	119,06	184863	13687421	1110992
1938	154856	1,32	92,84	—	37258	3456124	283754
1939	35470	—	—	—	—	—	—
1908—38	12813821	4,37	55,65		12568475	616594730	32475913

Eine entsprechende Entwicklung zeigt auch der Erlös aus dem Verkauf der Diamanten, dessen Verlauf aus Abb. 57 zu ersehen ist. Die Spitzen sind etwas ausgeglichener als bei der Produktion. Dies kommt einmal daher, daß ein gewisser Ausgleich durch eine Hortung der Diamanten geschaffen wurde; dann war aber auch der Karatpreis starken Schwankungen unterworfen, die oft eine der Produktion

[1]) Zur deutschen Zeit lief das Rechnungsjahr vom 1. April bis 31. März.

entgegengesetzte Tendenz zeigten, wie dies aus Abb. 58 zu entnehmen ist.

Schließlich wird in Abb. 59 die Größe der Diamanten je Karat graphisch dargestellt. Aus ihr ist zu ersehen, daß die Größe der

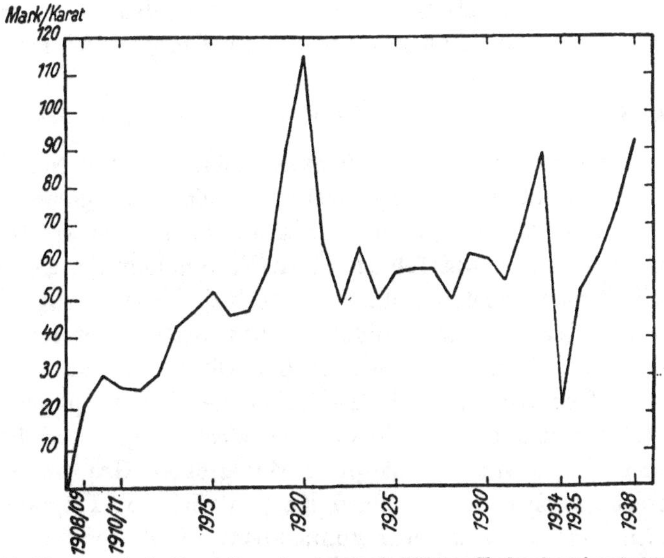

Abb. 58. Graphische Darstellung des durchschnittlichen Verkaufspreises je Karat für die Jahre 1908/09—1938

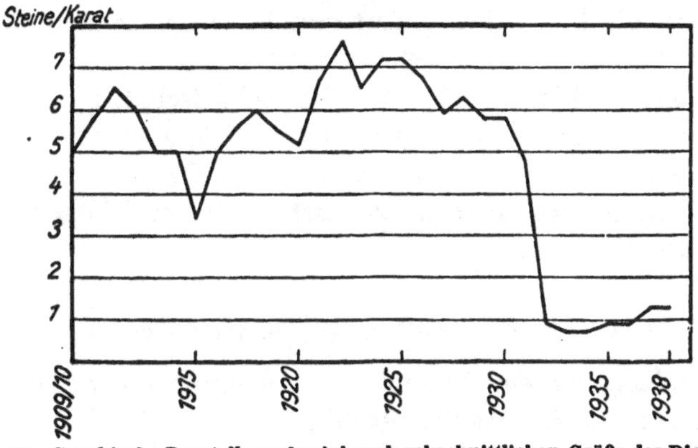

Abb. 59. Graphische Darstellung der jahresdurchschnittlichen Größe der Diamanten in Steinen/Karat für die Jahre 1909/10—1938

Steine bis 1912 infolge zunehmender maschineller Gewinnung abnahm. Dann setzte eine erhebliche Zunahme ein, die auf die Erschließung der Pomonafelder zurückzuführen ist. Die Steine werden nun im Durchschnitt immer kleiner, da auch die Gewinnungsmethoden verfeinert wurden. Eine Zunahme der Größe erfolgte erst wieder ab

1926, als man nur besondere Felder abbaute, und vor allem ab 1932 nach dem Auffinden der Oranjediamanten. Die Durchschnittsgröße der Diamanten erreichte für Deutsch-Südwestafrika ganz ungewöhnlich hohe Werte — in einigen Jahren wog jeder gewonnene Stein durchschnittlich mehr als ein Karat! — als man den Abbau in den Lüderitzbuchter Feldern aufgab und nur im Oranjegebiet arbeitete.

10. Lage und Morphologie des diamantführenden Gebietes

Die Diamantvorkommen liegen ausschließlich in der Namib, im Küstenstrich Deutsch-Südwestafrikas, der einen ausgesprochenen Wüstencharakter besitzt. Speziell der Küstensaum unterliegt raschen Veränderungen, die hauptsächlich durch Versandung charakterisiert sind, so daß man annehmen muß, daß sich die gegenwärtige Küste im Zustande der Hebung befindet. Neben weitverbreiteten Sandablagerungen sind auch Lagunen häufig. Direkt an der Küste erheben sich Meeresterrassen bis hoch über den Wasserspiegel. Der Küstenstrich steigt meist steil aus dem Meere empor und besteht aus kahlen Felsen, die Einzelkuppen oder größere Gruppen bilden. Das Gebiet zwischen den einzelnen Kuppen wird von Flugsand eingenommen. Die Flora ist sehr kümmerlich. Meist findet man nur niedrige Büsche (Brackbusch, Zwergstrauch und Buschmannskerzen). Während des längsten Teiles des Jahres weht ein scharfer Wind aus Südwest, der die Berge glatt poliert und die Dünen in steter Wanderung hält.

Unter den Großformen fällt die Wannenlandschaft besonders auf. Die Wannen sind den Faltungsformen des Untergrundes angepaßt und in großer Zahl ausgebildet worden. Im Gegensatz dazu steht die Flächennamib, wo Riesenareale flächenhaft von Flugsand gleichmäßig bedeckt werden.

11. Geologischer Aufbau des Diamantengebietes

Den Untergrund der Namib im diamantführenden Teil bilden hauptsächlich Gesteine des Grundgebirges, die vor allem an der Küste und im Süden an die Tagesoberfläche treten. Sie bilden hier von Nord nach Süd streichende Kämme. Das Grundgebirge besteht aus mannigfachen kristallinen Gesteinen, die sich im wesentlichen aus Gneisen, Glimmerschiefern, Chloritschiefern, Quarziten, Marmoren und vor allem auch aus metamorphosierten basischen Eruptivgesteinen zusammensetzten, die heute als Amphibolite vorliegen. In diese Schichten intrudierten die älteren Granite mit aplitischen und pegmatitischen Lagergängen. Diese Intrusion hängt vermutlich mit der ältesten, in der südlichen Namib erkennbaren Faltung zusammen und lieferte außer dem Granit auch andere mannigfache Ganggesteine, z. B. lamprophyrische Gänge, die nachträglich in Amphibolite umgewandelt wurden. Auch stockartige basische Eruptiva treten in Form von gabbro-dioritischen Gesteinen auf, desgleichen ganz alte Amphibolit-Peridotite. Durchbrochen werden die kristallinen Schiefer von jüngeren Granitintrusionen, die nicht mehr metamorphisiert und von Apliten und Pegmatiten begleitet sind.

Diskordant auf dem hochmetamorphen Sockel lagert die Chloritschiefergruppe (so nach Kaiser und Beetz benannt), in die gleichfalls noch viele basische Eruptivgesteine intrudierten. Diese Gruppe enthält neben Chloritschiefern hauptsächlich Amphibolit und Epidotamphibolit. In der südlichen Namib konnte Knetsch lokal auch Gabbros und Pyroxenite feststellen. Die ganze Formation wird hier von dünnen, zum Teil pegmatitischen Quarzadern durchtrümert. Die Chloritschieferformation war gleichfalls vor Ablagerung der Namaformation weitgehend umgewandelt worden.

Auf die Chloritschiefergruppe folgt, ebenfalls in diskordanter Lagerung, die Konkipformation, deren Absätzen erneut der Ausbruch von vorwiegend basischen Eruptivgesteinen folgte. Beetz gliedert die Konkipformation der Namibwüste wie folgt:

Namaformation

Diskordanz

Massiger und schieferiger Dolomit
Quarzite und Schiefer, zum Teil dolomitisch
Brekziöse Dolomite
Geröllhorizonte

Diskordanz

Kristallines Grundgebirge

Diskordant auf diesen Schichten ruht die Namaformation, die sich faziell in zwei verschiedene Ausbildungen zerlegen läßt, eine quarzitische und eine schieferige Fazies. Es liegen Anzeichen dafür vor, daß die letzten granitischen Intrusionen bis zur Namaformation hochdrangen und ein dem entsprechendes Alter haben müssen. Hierher gehört z. B. der Kuboosgranit, der in den Schichten der Namaformation einen Kontaktmantel erzeugt hat. Die Namaschichten sind gleichzeitig in der weiteren Umgebung von dünnen pegmatitischen Quarzadern durchschwärmt.

Nach Beetz kann für die Namaformation der Küstennamib folgende Gliederung aufgestellt werden:

17*

Hauptdolomit	
Bänderige Dolomite	
Arkose–Quarzitausbildung Unterer Dolomit und Basiskonglomerat	Schieferausbildung mit eingelagerten Karbonatgesteinen
	Diskordanz
Konkipformation	

Auf die Namaformation folgt nun eine lange Zeit der Unterbrechung der Sedimentation. Eine jüngere Faltung störte zunächst den Schichtenverband. In ihrer Gefolgschaft durchsetzten Eruptivgesteine die älteren gefalteten Schichten und Diabase (Karru-Dolerite). Diese Eruptivgesteine bilden als Foyaite und Syenite stockförmige Vorkommen, die von einer großen Anzahl interessanter Differentiationsprodukte begleitet sind. Man kennt Gänge der Bostonit-Tinguait- und der Camptonit-Monchiquitreihe in Vergesellschaftung mit syenitaplitischen, syenit-pegmatitischen und porphyrischen Gesteinen. Sie sind nach Beetz mit ihrer Hauptmenge an Grabenbrüche gebunden. Als letzte Ausläufer treten schließlich die syenitischen Alkaligesteine, die Phonolithe auf, für die man schon ein recht junges, vielleicht neokomes oder gar postneokomes Alter annehmen kann.

Marine Sedimente fehlen auch in der Kreide, doch lagern auf der alten Landoberfläche terrestre Sedimente, denen Kaiser ein jungkretazisches Alter zuschreibt. Die alte Landoberfläche zeigt Dolinen, Verkarstungen, chemische Verwitterung und eine intensive Verkieselung. Absätze fluviatiler Tätigkeit lassen schon ein arides Klima erkennen. Im Mittel- und Obereozän treten epirogenetische Vorgänge auf, die eine marine Ingression zur Folge haben. Diese Ablagerungen liegen in verschiedenen Meereshöhen. Auf diese marinen Sedimente folgen wieder posteozäne fluviatile, aber auch schon äolische Ablagerungen, die einen allmählichen Übergang zu dem heutigen extremen Trockenklima bedeuten. Es bilden sich in der weiteren Folge tertiäre, diluviale und alluviale Ablagerungen und vor allem ungewöhnlich mächtige Kalkkrusten, die nicht mehr auseinanderzuhalten sind. Die Verkieselung wird immer intensiver.

Neben großen Schuttmassen ist der Flugsand weit verbreitet. Es entstanden Wanderdünen, die besonders dem nördlichen Teil des Diamantgebietes ein eigentümliches Gepräge verleihen. Sie bilden von der Elisabethbucht angefangen einen geschlossenen Gürtel, der sich in mehr oder weniger großer Entfernung von der Küste über die Spencerbucht ohne eigentliche Unterbrechung bis zum Swakop hinzieht und damit eine Gesamtlänge über 400 km aufweist. Seine größte Breite beträgt bis zu 120 km.

Photo G. Knetsch

Abb. 60. Marine Strandkonglomerate bei Oranjemund, diamantführend. Als Trennungsschicht Sand, der durch Wüstenkalk verkittet ist

Photo G. Knetsch

Abb. 61. Marine, gehobene, diamantführende Strandwälle in der Nähe von Oranjemund. Hier liegen zwei verschieden alte Strandlinien übereinander, durch ein taubes Sandband getrennt. Der die Lagerstätte bedeckende Flugsand ist im Graben abgeräumt, aber rechts und links noch zu erkennen

Verlag Walter de Gruyter & Co., Berlin W 35
Deko VII. Zu Bürg, Minerallagerstätten von Deutsch-Südwestafrika

12. Die Diamantablagerungen

Nördlich von der Empfängnisbucht wurden, außer südlich der Mündung des Kleinen Omaruruflusses, noch keine Diamanten einwandfrei festgestellt, trotzdem an einigen Stellen durch Reuning Schurfarbeiten vorgenommen wurden. Das nördlichste Diamantengebiet befindet sich zwischen dem 26. Breitengrad und der Empfängnisbucht. Der diamantführende Streifen ist hier von einem Sanddünengürtel überschüttet. Nur die vorspringenden Huks und die angrenzenden Gebietsteile sind fast frei von Sandbedeckung. Man konnte eine Abnahme der Größe der Steine von Süden nach Norden beobachten. Die durchschnittliche Größe der Diamanten schwankte hier zwischen 7 und 10 Steinen je Karat.

Vom 26. Breitengrad bis in das Pomonagebiet treten die Diamantablagerungen vorzugsweise in Wannen und talartigen Senken auf, in denen sich die abbauwürdige Anreicherung der Steine vollzogen hat. Auch hier geht die durchschnittliche Größe der Diamanten nach Norden zurück. Eine Ausnahme machen Ginnestal und Grillental, wo postmiozäne Flußschotter anstehen und größere Steine gefunden wurden. Diamanten wurden ferner auch auf Possessions-Island südlich Elizabethbucht erschürft ($232^1/_2$ Karat) und im Lüderitzbuchter Hafen erbaggert (nach Reuning).

An das Pomonagebiet schließt sich in südlicher Richtung der Abschnitt bis zum Bogenfels an. Hier fand man bisweilen in den tiefgelegenen Flächen sehr starke Konzentrationen. Im westlichen Teil der Bogenfelsfelder lagen oftmals Diamanten mit nur wenig Kies direkt auf dem kristallinen Untergrund.

Gleichfalls in Tälern und Wannen treten die Diamanten im Gebiet zwischen Bogenfels und Marmora auf.

Dann folgen, rein geographisch gesehen, die anders gearteten Diamantablagerungen des Gebietes nördlich der Oranjemündung. Hier liegen die Diamanten in einem bis zu 120 m breiten Kiesstreifen, der parallel zur Küste verläuft. Es handelt sich um gehobene Strandwälle und Strandterrassen mariner Entstehung. Diese diamantführenden Terrassen wurden bis auf etwa 40 km Länge festgestellt (Abb. 60 und 61).

Die Diamanten bilden einen besonderen Bestandteil des Schuttes und der Fanglomerate, die auf der kretazischen und präkretazischen Landoberfläche entstanden. Diese sind in der Küstennamib autochthon, d. h. sie stammen aus der näheren Nachbarschaft. Es sind neugebildete Sedimente, die sich als grobe Schuttmassen in fächerartig ausgebreiteten Schuttkegeln vor das Gehänge legen. Nach Kaiser sind unter Fanglomeraten „die grobkörnigen bis grobstückigen Ablagerungen ariden Klimas mit viel beigemengten feineren Bestandteilen“ zu verstehen, die sich durch trockenen Massentransport und Schlammströme gebildet haben. Sind sie von ganz geringer Mächtigkeit, so werden sie als Schutt bezeichnet. Durch Windaufbereitung können Deflationsrückstände entstehen.

Die Diamanten treten erstmalig und gleichfalls schon auf sekundärer Lagerstätte in den ältesten Eindeckungen der Pomonaschichten und des Quarzitschotters, wenn auch in großer Verdünnung, auf. Im Laufe der geologischen Weiterentwicklung erlitten sodann diese Diamanten eine vielfache Umlagerung und konzentrierten sich in den Schuttausfüllungen der jungen Hohlformen.

Die Diamantvorkommen liegen in verschiedenen Niveaus und reichen bis zu 150—180 m über den Meeresspiegel.

Nach Kaiser und Beetz führen folgende Schichten Diamanten:

Jüngste Schuttausfüllungen,
Ältere Schuttstufen,
Oberflächenkalkdecke der Binnennamib,
Jüngere Riviersedimente (untermiozän),
Marine mittel- und obereozäne Schichten.

In den letzteren sind allerdings noch keine einwandfreien Funde gemacht worden. Hierzu kommen noch die Pomona-Quarzite, in denen Reuning Diamanten festgestellt hat.

Die ältesten Schichten enthalten die Diamanten in ziemlich großer Verdünnung, die jüngeren zeigen eine zunehmende Intensität der Anreicherung.

Im Oranjegebiet stammen nach Haughton die ältesten diamantführenden Schichten aus dem Miozän bis Pliozän. Nach Lotz lassen die Diamantfelder im Süden, etwa bis zum Pomonagebiet, noch deutlich das Bild von Strandablagerungen oder tertiären Küstenterrassen erkennen. Dieses Bild ist auch noch im Bogenfelsgebiet und südlich davon in guten Resten erhalten, da hier die Schichten vielfach eine Verkittung durch Kalk erfahren haben. Im Pomonagebiet und weiter nördlich davon fand eine weitgehende Aufarbeitung und Konzentrierung durch Wind und Wasser statt, und von Elisabethbucht an kommen die Dünen als jüngstes geologisches Moment dazu.

Die diamantführenden Kiese liegen meist in Streifen konzentriert, so daß für den Abbau große Unregelmäßigkeiten entstehen. Die einzelnen Streifen können 100—200 m breit sein, doch gibt es ebenso häufig nur 10—15 m breite Ablagerungen von verschiedener Länge.

Meist waren die Streifen im ebenen Gelände ausgedehnter, aber auch ärmer, wogegen in den gewellten Gebieten außerordentliche Anreicherungen vorkamen.

Eine typische Diamantablagerung im Lüderitzbuchter Gebiet sah etwa folgendermaßen aus: In der Mitte des Tales befand sich ein Streifen, der die meisten Diamanten führte. Er bestand aus einzelnen Kieswellen, in denen das gröbste Material konzentriert war und der größte Teil der Diamanten auftrat. Die Durchschnittsmächtigkeit solcher Ablagerungen war oft nicht größer als 10 cm. Natürlich können mehr oder weniger mächtige Sandbänke darauf liegen.

Innerhalb dieser Diamantstreifen konnte oft eine Abnahme der Durchschnittsgröße der Steine im Bereich des gleichen Tales festgestellt werden. Für diese Abnahme muß die Windrichtung verantwortlich gemacht werden. Die kleinen Steine wurden dabei vornehmlich am Nordausgang der Täler zusammengefegt. Lotz beobachtete auch häufig eine ost-westlich gerichtete Ab- bzw. Zunahme der Durchschnittsgröße der Steine (im Westen lagen die kleineren Steine). Zu diesen lokalen Schwankungen kommt noch eine sich auf das ganze diamantführende Gebiet beziehende Gesetzmäßigkeit, die darin besteht, daß — abgesehen von kleineren Schwankungen — im allgemeinen die Größe der Steine von der Empfängnisbucht nach Süden zunimmt.

Im südlichen Teil des Sperrgebietes liegen die Diamanten in alten gehobenen Strandwällen. Besonders in dem Gebiete zwischen Pomona und Buntfeldschuh kommen aus jüngerer Zeit stammende Küstenbildungen vor, die aus Sandsteinen und Konglomeraten bestehen und sich im Eozän gebildet haben. Sie enthalten gleichfalls Diamanten und dürften vor ihrer Zerstörung eine größere Verbreitung gehabt haben.

13. Der Diamant und seine Begleitmineralien

Das Rohmaterial der Diamantengewinnung besteht trotz starker Ausblasung durch den Wind zum größten Teil aus feinem Sand und nur zum geringeren Teil aus gröberem Material. Dieses setzt sich im Lüderitzbuchter Gebiet aus einem bunten Kies mit meist ganz abgerundeten Komponenten zusammen. Nach Kaiser findet man Geröll aber nur dort, wo eine marine Umlagerung stattfand oder in geröllreichen untermiozänen Flußtälern. Sonst besteht das Begleitmaterial meist aus eckigen Stücken des Schuttes arider Gebiete. Der Diamant kann auch in verfestigten sandsteinartigen Bänken, in sogenannten „Konglomeraten“ auftreten. Doch auch hier handelt es sich um verfestigten Schutt, um verkittete Fanglomerate. Das Bindemittel besteht zum größten Teil aus Kalk und Gips.

Die durchschnittliche Korngröße der Diamantensande beträgt nach den Untersuchungen von Scheuring 2—6 mm. Darin finden sich folgende Mineralien:

1. Diamant	—
2. Brauneisenerz	weitverbreitet
3. Magnetit	—
4. Granat	—
5. Epidot	sehr häufig
6. Quarz	alle Quarzabarten fast in jeder Probe
7. Eisenkiesel	
8. Chalzedon	
9. Opal	
10. Achat	
11. Titaneisenerz	vereinzelt
12. Psilomelan	in den Südfeldern
13. Pyrit	frische Stücke selten
14. Gold	nur bei Lüderitzbucht
15. Kupfer	aus tieferen Schächten
16. Sillimanit	häufig
17. Turmalin	nur in einzelnen Proben
18. Strahlstein	—
19. Staurolith	sehr selten
20. Disthen	—
21. Korund	sehr selten
22. Spinell	hauptsächlich bei Bogenfels
23. Zirkon	nicht allzu häufig
24. Feldspat	hauptsächlich Mikroklin, untergeordnet Orthoklas und Plagioklas
25. Serpentin	—
26. Titanit	—
27. Kalkspat und Dolomit	untergeordnet
28. Gips	häufig in Konkretionen
29. Baryt	vereinzelt
30. Biotit und Muskovit	in kleinen Schüppchen im Feinsand

Kaiser konnte außerdem noch folgende Mineralien beobachten:

31. Eisenglanz	—
32. Roteisenerz	—
33. Pyrolusit	—
34. Wad	—
35. Kupferkies	—
36. Rutil	—

Abb. 62. **Die ersten, im November 1928 in der Nord-Bank des Oranje gefundenen Diamanten. Zum Vergleich 1-Penny-Stück**

Photo P. A. Wagner

Abb. 66. **Marmorbruch der Dernburg Range bei Karibib**

Verlag Walter de Gruyter & Co., Berlin W 35
Deko VII. Zu Bürg, Minerallagerstätten von Deutsch-Südwestafrika

37. Amphibol	—
38. Xenotim und andere Mineralien der seltenen Erden .	—
39. Monazit	—
40. Jaspis	—
41. ein eigenartiges Kalziumsilikat	—
42. Topas	sehr selten

Nach Kaiser und Beetz sind alle Mineralien, die mit den Diamanten zusammen auftreten, autochthon und lassen sich aus der näheren Umgebung ableiten.

14. Die Diamanten

Die Qualität der Diamanten aus Deutsch-Südwestafrika ist sehr gut. Leider ist ihre Durchschnittsgröße recht gering, so daß man nach dem Auffinden der Ablagerungen an der Oranjemündung den dortigen größeren Steinen den Vorzug gab und vornehmlich hier abbaute.

Die Hauptmasse der Steine zeigt gut ausgebildete Kristallformen. Unter den Kristallen herrschen folgende Formen vor: Rhombendodekaeder, zum Teil stark abgeflacht und oft mit stark gekrümmten Flächen, Würfel, Oktaeder, Spinellzwillinge, Durchkreuzungszwillinge; dazu kommen Kristallaggregate und Bort. Carbonados wurden nur wenige aufgefunden. Etwa 85% der Steine sind schleifwürdig. Über die Hälfte der Diamanten sind weiß oder schwach gelblich gefärbt. Auch rein gelbe und rosafarbene kommen häufiger vor; blaue, dunkelrote, grüne, schwarze und vor allem die geschätzten blauweißen Diamanten sind dagegen selten. Die größten im Pomonagebiet gefundenen Steine hatten 52 (1924 im Kaukausibtal gefunden), 42, 37 und $34^3/_4$ Karat. Viel größer sind die Steine, die nördlich des Oranje vorkommen. Der größte Diamant von Deutsch-Südwestafrika stammt von hier. Er wog 246 Karat. Steine bis zu 100 Karat sind hier keine Seltenheit. Auch die Qualität der Steine der Oranjefelder ist hervorragend. Sie sind vorwiegend weiß, auch gelb gefärbt, und viele von ihnen sind von ausgezeichneter Reinheit (Abb. 62).

Kaiser war der erste, dem bei der Untersuchung zahlreicher Diamanten auffiel, daß eine starke Abrollung oder ein Abschleifen durch den Transport nicht zu sehen sei. Es wurde später zwar vielfach das Gegenteil dessen behauptet und man wollte darin einen längeren Transport der Diamanten sehen; doch war es wieder Kaiser, der darauf hinwies, daß die „Abrollung“ meist eine Abstumpfung der Oktaederkanten darstellte und die „Kratzer" Ätzfiguren waren. Übereinstimmend mit seinen Beobachtungen muß man wohl allgemein annehmen, daß ein längerer Transport der Diamanten, zumindest im Lüderitzgebiet, nicht stattgefunden hat. Die gleichen Beobachtungen, das ist das Fehlen von stärkerer Abrollung sowie von Kratzern, machten auch Lotz, der allerdings von einem weiten Transport der Steine überzeugt ist, und Scheibe.

15. Herkunft der Diamanten

Gleichzeitig mit der Entdeckung der Diamanten setzte auch die wissenschaftliche Untersuchung über ihren Ursprung ein, da diese Frage für die weiteren Prospektierarbeiten von großer Bedeutung war. Daß es sich um sekundäre Lagerstätten handelte, war sofort klar; nur über den primären Ursprung zeigten sich bald verschiedene Meinungen.

Merensky zog auf Grund seiner Studien den Schluß, daß die Diamanten ursprünglich in Kreideschichten vorkamen und daß bei deren Zerstörung, die im wesentlichen durch Ausblasen durch den Wind erfolgte, eine Konzentration der Steine stattfand.

Lotz fiel das sehr charakteristische Zusammenvorkommen der Diamanten mit kleinen Bandachaten auf. Mit allem Vorbehalt kam er zu der Annahme, daß es sich bei den Lüderitzbuchter Diamanten um Küstenbildungen handle, die durch Wind aufbereitet und verschleppt wurden. Die Verknüpfung der Diamanten mit den begleitenden Feinkiesen und dem Achatgeröll einer jüngeren Strandterrasse würden vielleicht Beziehungen zum Stromgebiet des Oranje erlauben. Der Ursprung der Diamanten wäre dann am Vaalfluß zu suchen. Von hier wären sie durch den Oranjefluß in das Meer und durch den Benguelastrom nach Norden gekommen. Es besteht für ihn kein Zweifel, daß die Verteilung und Ablagerung der Diamanten sekundär durch das Meer erfolgt ist.

Zunächst wandte sich Kuntz gegen diese Auffassung, da er die Abrollung der Diamanten durch einen so langen Transport vermißte. Er vermutete dagegen Kimberlitvorkommen an der Küste oder vielleicht auch unter dem Meeresspiegel.

Viel später hat Beetz sich mit der Frage der Bandachate beschäftigt. Er konnte nachweisen, daß sich die mit den Diamanten der Küstenwüste vergesellschafteten kryptokristallinen Quarzvarietäten aus Verkieselungen des Untergrundes ableiten lassen. Diese Verkieselung ist in der Küstennamib häufig und auf eine hydatogene

Metasomatose zurückzuführen. Die von vielen angenommene Herkunft aus Mandeldiabasen läßt sich aus diesem Grunde nicht aufrechterhalten, zumal auch spezielle Eigenschaften der Achatgerölle dagegen sprechen.

Range lehnte später gleichfalls die Ansichten Merenskys und Lotzs ab. Er suchte den Ursprung der Diamanten an der südwestafrikanischen Küste vom Oranje bis Lüderitzbucht in einer Anzahl von primären Lagerstätten, die Diamanten und Mandelsteine, jedoch ohne genetischen Zusammenhang, führten. Der größte Teil dieser Vorkommen soll heute unter dem Meeresspiegel liegen. Durch die vielen Niveauschwankungen der Küste hätte das Meer die Gelegenheit gehabt, diese primären Vorkommen auszuwaschen, aufzubereiten und mit den Meeressedimenten abzulagern.

Voit, der im wesentlichen in den Nordfeldern arbeitete, kommt zu dem Ergebnis, daß die aus dem Innern kommenden Flüsse diamantführende Streukegel erzeugten, von wo aus die Diamanten durch den Wind weiterverbreitet wurden. Er sucht die dazugehörenden Kimberlitschlote in der Namib und an ihrem Ostrand. An einen genetischen Zusammenhang mit dem Meere glaubt er nicht.

Harger (1913) stellte die These auf, daß die Diamanten der Küste durch jetzt nicht mehr erkennbare Flußläufe konzentriert wurden, die quer durch Deutsch-Südwestafrika hindurchgegangen seien und die Steine aus den Vorkommen Transvaals herbeiführten.

P. A. Wagner fand am „Granitberg" ein Gestein, das er als Eläolithsyenit erkannte, und das als zu den Foyaiten gehörig bestimmt wurde. Es ist ein Gestein, das vor ihm auch schon Lotz und Reuning aufgefallen war, die Proben davon nach Berlin geschickt hatten. In diesen Proben erkannte Kaiser gleichfalls foyaitische Gesteine sowie Monchiquite bzw. Camptonite. Da solche Gesteine (Glimmer-Camptonit und Glimmer-Monchiquit) in Südafrika mit den Kimberliten verbunden sind, nahm Wagner auch für die südwestafrikanischen Diamanten eine Herkunft aus abgetragenen Kimberliten an, für die er mehrere Zentren voraussetzte, entsprechend dem mehrfachen Anwachsen und Abnehmen in der Größe der Steine an der Küste. Diese nehmen von der Empfängnisbucht bis zu den Osterklippen zu, von hier bis Spehcerbucht plötzlich ab, dann wieder bis zum nördlichen Teil vom Stauch-Fiskusblock zu, von hier südwärts wieder zu und wieder ab bis zum Pomonagebiet, wo das Durchschnittsgewicht größer als irgendwo nördlich davon war, und dann setzt wieder eine für die Lüderitzbuchter Vorkommen endgültige Abnahme ein.

Krause verwarf diese Anschauung und nahm an, daß die Diamanten durch einen Fluß in das Meer gespült wurden, von wo sie dann weiter durch die Strömung verbreitet wurden.

In neuerer Zeit haben sich vor allem Kaiser und Reuning auf Grund zahlreicher Untersuchungen mit dem Problem des Ursprungs der Diamanten befaßt.

Kaiser überprüft alle bisher bekannt gewordenen Theorien und weist darauf hin, daß nicht immer der Blaugrund bzw. Kimberlit das Ursprungsgestein des Diamanten sein müsse. Es gibt wahrscheinlich auch andere Magmen, die unter physikalisch-chemischen Bedingungen erstarren können, bei denen sich der Diamant bildet. Er ist der Überzeugung, daß nicht das Meer die Verteilung der Diamanten bewirkte, sondern meist das extrem aride Klima des Festlandes. Durch das Meer erfolgte nur bei der eozänen marinen Inundation eine örtliche Umlagerung. Er weist darauf hin, daß die Diamanten bis in wahrscheinlich schon kretazeische Ablagerungen terrestrer Natur zurück verfolgt werden können. Die untermiozänen Rivierläufe müssen Diamanten in beträchtlicher Menge enthalten haben, was auf eine Inlandsquelle hinweist. Die Steine wurden ursprünglich in zwei Streuungskegeln abgelagert und dann im Laufe der geologischen Weiterentwicklung vielfach umgelagert und weiter konzentriert. An dieser Umlagerung nahmen fluviatile Vorgänge, wahrscheinlich in der Kreidezeit, fluvio-aride an der Wende Kreide zu Tertiär und wechselnd rein extrem-aride und normal-aride in posteozäner Zeit teil. Der Ursprung könnte wohl in jenen Gebieten zu suchen sein, die Assoziationen jüngerer Alkaligesteine aufweisen. Damit hält er die von Reuning (Schottertheorie aus dem Jahre 1910), Krause und Voit vertretenen Ansichten für die wahrscheinlichsten. Mehrere Primärherde dürften in Frage kommen, wie dies ja schon Voit und vor allem Wagner angenommen haben.

Reuning beschäftigte sich auch mit der Herkunft der Diamanten an der Oranjemündung. Für die hier vorkommenden marinen Terrassen nimmt er an, daß der Oranje in einer früheren Periode der bei weitem größte Diamantlieferant war. Durch ihn kamen die Diamanten aus dem Landesinneren und wurden dann durch die Brandung weiter verarbeitet und in Strandterrassen konzentriert. Für die Diamanten im Sperrgebiet nimmt er einen anderen Ursprung an. Für das Gebiet von Buntfeldschuh-Pomona kann man mit großer Wahrscheinlichkeit voraussetzen, daß die Kimberlite im unmittelbaren Hinterland von Buntfeldschuh bis zum Dreizackberg verborgen sind, und daß ihre abgetragenen Schlotteile die westlich gelegenen Anreicherungszonen beliefert haben. Nimmt man hier eine Ursprungskonzentration der Diamanten an, dann erklärt sich auch gut die von der Elisabethbucht nach Norden beobachtete Abnahme der Größe der Diamanten. Er beweist an Hand einer kurzen Rechnung, daß ein abgetragener Kimberlitschlot von einem angenommenen Flächeninhalt von 1000000 qm bei einem Gehalt von 10 Karat/100 cbm Gestein — das ist unter dem Durchschnitt der Kimberleygruben — für jeden Meter abgetragener Tiefe 100000 Karat liefern würde. Bei einer angenommenen Gesamtreserve der deutsch-südwestafrikanischen Diamanten von 30000000 Karat, wovon über 10000000 Karat abgebaut sind, würde schon eine Abtragungstiefe von 300 m eines einzigen Schlotes mit einem Flächeninhalt von 1000000 qm genügen, um diese Menge zu liefern.

Die letzte Äußerung über dieses Thema stammt von Knetsch, der geneigt ist, auch für die durch die Brandung aufgearbeiteten Diamanten nördlich des Oranje kein allzufernes Ursprungszentrum anzunehmen; er sucht vielmehr den Hauptteil, nach ihrem Erhaltungszustand zu schließen, in größerer Nähe, vielleicht in der gleichen Gegend, aus der auch die Diamanten der Windanreicherungszone herstammen.

Wenn auch Kaiser darauf hinweist, daß man nach einer vielfachen Umlagerung der Diamanten, die ja zweifelsohne stattfand, aus ihrer heutigen Verteilung nicht gut Rückschlüsse auf die primären Fundstellen ziehen kann und darf, so sind bestimmte Gesetzmäßigkeiten in der Verteilung der Diamanten doch so bestechend, daß die meisten Forscher immer wieder darauf Bezug nahmen. Außerdem kommen gerade die Autoren der neueren Arbeiten immer mehr zur Überzeugung, daß die Diamanten keinen großen Transport mitgemacht haben können, sondern vielmehr in keiner allzu großen Entfernung von ihrer Ursprungslagerstätte abgesetzt worden sein müssen. Wenn dies der Fall ist, dann ist es auch berechtigt, in der heutigen Verteilung und in dem An- und Abschwellen der Durchschnittsgröße der Diamanten und des Erhaltungszustandes gewisse Beziehungen zu den primären Vorkommen zu suchen. Es wurde bereits hervorgehoben, daß Knetsch sogar so weit geht, auch für die Diamanten nördlich des Oranjeflusses, wo ein Transport aus dem Inneren noch am wahrscheinlichsten erscheint, die primären Vorkommen in viel geringerer Entfernung, d. i. in der Küstennamib selbst zu suchen. Auch er hält demnach einen längeren Transport für unwahrscheinlich. Reuning weist in diesem Zusammenhang darauf hin, daß er beobachten konnte, wie unter den heutigen klimatischen Bedingungen schon ein Transport von 10 bis 15 km genügt, um nahezu alle Kimberlitminerale vollständig zu zerstören. Der Diamant besitzt zwar eine besondere Härte, aber gleichzeitig auch eine ausgezeichnete Spaltbarkeit, so daß er leicht zerstörbar ist. Hinzu kommen noch Risse und innere Spannungen, die bis zu einem Zerfall des Diamanten führen können.

Trotz all dieser Untersuchungen ist aber das Rätsel der Herkunft der südwestafrikanischen Diamanten bis auf den heutigen Tag ungelöst geblieben.

X. Die übrigen Edel- und Schmucksteine

1. Beryll

Der Beryll, der sowohl als gemeiner als auch als edler Beryll, vornehmlich als Aquamarin auftritt, stammt aus Pegmatiten und ist an verschiedene Typen gebunden. Er bildet einen sehr häufigen Begleiter der Zinnpegmatite und kommt hier zum Teil in schönen Kristallen in Drusen vor. Die bisher bekannten Vorkommen sind zwar sehr klein, doch erscheint es nicht als ausgeschlossen, daß bei der großen Zahl von Pegmatiten sich mit der Zeit auch wirtschaftlich wichtige Lagerstätten entdecken lassen.

Edle Berylle sind von folgenden Vorkommen bekannt:

Im nordwestlichen Teil des Kranzberges fand man bis 10 cm lange und 3 cm breite Aquamarinkristalle auf einem stark vergreisenten Pegmatit. Der Beryll ist an die vergreisten Partien, die reichlich Quarz führen, gebunden. Gelegentlich kommen auch Tantalitkristalle vor. An einer anderen Stelle enthielten Quarzgänge Flußspat, etwas Wolframit und kleinere Mengen von Beryll. An der Oberfläche gibt es Stellen, an denen der Beryll 30—40% der Gangmasse ausmachte, doch schon in einer Tiefe von etwas mehr als 1 m hörte die Beryllführung auf und sehr viel Quarz und Turmalin trat statt dessen in Erscheinung. Kleinere Mengen von Muskovit kamen gleichfalls vor. Einige sehr schöne blaßgrüne Beryllkristalle fand man zusammen mit Quarz, Wolframit, Topas und Flußspat in Drusen im Kontakt der Erongosedimente mit den älteren Schiefern. Doch auch hier handelte es sich nur um vereinzelte Vorkommen. Schließlich wurde Beryll in ansehnlichen Mengen mit Zinnstein in den Hohlräumen der Erongobrekzie angetroffen.

In der Nachbarschaft von Kawab fand man während des Abbaues eines Pegmatites edlen Beryll in Form von Aquamarin. Schöne blaßgrüne ungetrübte Kristalle traten jedoch nur selten auf. Diese Aquamarine waren an die quarzreichen Partien des stark vergreisenten Pegmatites gebunden.

Sehr beschränkte Beryllmengen kamen bei Paukwab in einer Quarzlinse eines Pegmatites vor. Der Beryll bildete schöne gelblichgrüne Kristalle, die eine Länge bis zu 15 cm besaßen. Er verdrängte den Feldspat und den Muskovit. Zusammen mit ihm wurde auch etwas Zinnstein gewonnen.

Auf dem Nareis-Schurffeld wurde ein Beryllvorkommen näher untersucht. Der Beryll tritt mit Zinnstein und Rubellit in Quarzlinsen vergreisenter Feldspatpegmatite auf.

Als mineralogischen Gemengteil fand man Beryll auf den Zinnvorkommen von Humdigams, in den Drusen der groben Partien der Pegmatite von Meridas und in kleinen Kriställchen in Drusenräumen von Kohero.

Wenn auch der Beryll mit Vorliebe auf den Zinnsteinpegmatiten auftritt, so kann er doch auch ohne Zinnstein vorkommen und, wie bei Rössing, selbständige Lagerstätten bilden.

In großen, bis 20 cm langen und 4 cm breiten Säulen von bläulichgrüner, bisweilen weißer Färbung fand man Beryll auf einem grobkörnigen Pegmatit zwischen der Hope-Mine und Naramas.

Ähnliche Vorkommen liegen 14 km östlich davon bei Niguib.

Kleinere Beryllfunde wurden auf den Pegmatiten am kleinen Spitzkopf im Rehoboth-Bezirk und auf den Tantalitvorkommen von Donkerhuk gemacht.

An der kleinen Spitzkopje nordöstlich Swakopmund fand man schöne schleifwürdige Aquamarine und Heliodore in Kristallen mit einem Gewicht bis zu 400 g. Sie sind mit Topas, blauschwarzem und blaugrünem Turmalin, Rauchquarz, zonar aufgebautem Flußspat und Yttrofluorit, Bertrandit, Siderit, Mikroklin, Albit, Biotit und einem uranhaltigen, grün fluoreszierenden Hyalit vergesellschaftet.

Das Beryllvorkommen von Rössing

Dieses Vorkommen wurde 1910 durch Reuning entdeckt. Es liegt etwa 5 km nördlich der Eisenbahnstation Rössing auf der Linie Swakopmund—Windhuk.

Geologisch baut sich die Umgebung von Rössing aus den Schichten des Damarasystems auf (Glimmerschiefer, Granulite, Hornblendeschiefer, Quarzite, Kalksilikatfelse, Marmore usw.), in die der Damaragranit in zwei verschiedenen Phasen intrudierte. Außerdem existiert auch noch ein älterer Granit, der vergneist ist. Begleitet wird der Granit von verschiedenen Apliten und Pegmatiten, die entweder als Turmalinpegmatite oder als andere Typen ausgebildet sind.

Schon an der Oberfläche fand man im Detritus Rosenquarz, gemeinen Beryll, Aquamarin und Heliodor. Die große beryllführende Pegmatitlinse hat eine Länge von etwa 600 m und eine Breite von etwa 350 m. Der Aquamarin findet sich im südlichen Teil, im nördlichen kommt seine Abart, der gelbgrüne Heliodor vor. Die Verteilung des Berylls im Pegmatit ist eine sehr unregelmäßige. An einer Stelle fand man über eine Breite von 6 m viele und schöne Beryllkristalle, hauptsächlich mit typischer heller Aquamarinfarbe, zum Teil auch gelblichgrüne Heliodore. Außer Beryll enthalten die Pegmatite Quarz, Feldspat, Schörl, der gerne mit Beryll verwachsen ist, Biotit, Muskovit und stark niobhaltigen Tantalit. Seltener findet man etwas Wolframit und Pyrit. Der Quarz bildet unregelmäßige Nester und Linsen und ist auch als Rauchquarz ausgebildet. Zu erwähnen wäre noch gelbgrüner Apatit in Kristallen (Spargelstein), die seltene Erden enthalten.

Parallel zu diesen Pegmatiten streichen Rosenquarzgänge und Gänge mit gemeinem Quarz, die normalerweise nur auf kurze Erstreckung zu verfolgen sind, gelegentlich aber auch größere Gangerweiterungen erkennen lassen.

Die Gewinnung der letzten Jahre an schleifwürdigem Beryll war folgende:

Jahr	Produktion in g	Wert		Verkauf in g	Wert	
		£	RM.		£	RM.
1935	110	20	244			
1936	2040			300	26	315
1937	4970			4350	140	1725
1938	270			200	61	5

Anhang: Gemeiner Beryll

Eine „Beryllprovinz“ mit gemeinem Beryll kommt im Süden der Kolonie im Warmbaddistrikt vor. Man fand hier an mehreren Stellen beryllführende Pegmatite, so bei Oorlogskloof, Border Farm Nr. 155, 40 km von Nakop Siding entfernt, Hackiesdorn am Oranje; Gaobis südwestlich von Warmbad, bei Hochfeld und bei Union Border. Reich an Pegmatiten, die zum Teil Beryll führen, ist auch das Oranjebergland und die Umgebung von Ramansdrift. Man ist hier den Funden nicht weiter nachgegangen.

Hackiesdorn

Eine etwa 15—20 m lange Quarzlinse ist von einem fleischroten feldspatführenden Pegmatit umgeben. In diesem sitzen, nicht allzuweit vom Kontakt entfernt, im Quarz Beryllkristalle. In ihrer Umgebung findet man meist auch Muskovit. Der größte Kristall war etwa 75 cm lang und 22 cm dick. De Kock schätzt den noch vorhandenen Vorrat auf nicht mehr als 30—35 kg. Weitere Vorkommen findet man noch unmittelbar am Oranje und 3—4 km nordwestlich von dem eben beschriebenen.

Gaobis

Gaobis liegt nahezu 50 km südwestlich von Warmbad. Auf einem Gebiete von etwa 100 m Länge treten mehrere Quarzlinsen auf, die am Kontakt mit Feldspatpegmatiten stark vergreisent sind und reichlich Muskovit führen. Mit letzterem fand man auch grünliche oder bläuliche Beryllkristalle, von denen die größten 20—22 cm Länge bei einer Dicke von 12 cm erreichten. Es handelt sich um mehrere, leider sehr verstreut liegende Vorkommen, so daß die Vorräte, die de Kock auf 2—3 t schätzt, schwer zu überblicken sind.

Union Border

Das Grundgebirge besteht hier aus rötlichem porphyrischem Granitgneis, in dem zahlreiche Pegmatite auftreten. Manche Pegmatite führen in den Außenzonen Beryll, wogegen das Innere aus Rosenquarz besteht, mit dem auch Muskovit vorkommt. Am Kontakt der Quarzlinsen mit dem Pegmatit haben sich Greisen gebildet, die außer Schörl auch Beryllkristalle enthalten. Der hauptsächlich beryllführende Pegmatit ist auf eine Erstreckung von 150 m zwischen 30 cm und 18 m mächtig, doch führt er nur an einigen Stellen Beryll. Manche Partien enthielten bis zu 65% der Gangmasse Beryll. Leider waren diese so hart, daß der Beryll nicht gewonnen werden konnte, da er beim Sprengen pulverisiert wurde. Nur jene Stellen, an denen der Pegmatit gut vergreisent war, erlaubten eine Gewinnung ohne Sprengung. Von hier wurden bis jetzt etwa 16 t Beryll gewonnen. De Kock schätzt die Reserven auf weitere 15—20 t. Die Gewinnung ist dort, wo der Pegmatit glimmerreich ist, sehr einfach. Das Ganggestein wird mittels Picke hereingewonnen und die Berylle von Hand ausgeklaubt.

Bei Hochfeld, etwa 30 km südwestlich Warmbad, wurden nur 5 Pfund Beryll erzeugt. Immerhin sollen allein an der Oberfläche $^1/_2$—1 t Beryll zu finden sein.

2. Topas

Wie fast alle Edel- und Halbedelsteine ist auch der Topas an Pegmatite gebunden. Als Begleiter des Zinnsteins ist er nicht allzu häufig und tritt dann meist nur in kleinen und kleinsten Kristallen auf. Größere Mengen fand man bei Klein-Spitzkopje, wo man den Topas säckeweise auf der Oberfläche aufsammeln konnte. Es kommen wasserklare bis blaßgelbliche Kristalle von bedeutender Größe vor. Ferner wurden größere Kristalle von schöner Klarheit bei Hameib, südwestlich des Blockberges gefunden. Die geringe Produktion der letzten Jahre verteilt sich wie folgt:

Jahr	Produktion in g	Verkauf in g	Wert	
			RM.	£
1930	3000			
1937	4000	3000	616	50
1938	500	1000	195	16

3. Turmalin

Turmalin ist der Begleiter fast aller Pegmatite und bildet auch selbständige Vorkommen. Meist handelt es sich aber um den gewöhnlichen schwarzen Turmalin, den Schörl. Die schön gefärbten Varietäten sind seltener, kommen aber speziell auf den Zinnsteinpegmatiten ab und zu in erheblichen Mengen vor.

Östlich von Usakos, etwa 2,5 km davon entfernt, tritt in einem stark verquarzten Pegmatit an seinem verschwommenen Salband eine Durchgasungsschliere auf, die 0,4—2 m mächtig und ungemein reich an grünen bis blauen Turmalinvarietäten war. Daneben fand man auch klare Turmaline von lichtroter und roter, auch gelblicher und bräunlicher Farbe die zum Teil Zonarstrukturen aufwiesen. Besonders geschätzt sind die tiefgrün gefärbten Kristalle.

Der Turmalin ist der weitaus wichtigste Halbedelstein des Landes und wird in ansehnlichen Mengen gewonnen.

Jahr	Produktion in kg	Verkauf in kg	Wert	
			RM.	£
1928	48,7			
1929	33,0			
1930	11,6			
1935			33279	2730
1936		51,6	48918	3961
1937	37,8	507,9	53149	4314
1938	26,3	59,5	27515	2259

4. Rosenquarz

Im Zinngebiet findet man des öfteren Rosenquarz mit einem bläulichgrauen Orthoklas zusammen auf den Pegmatiten. Besonders große Massen von sehr intensiver Färbung treten bei Okombahe am Eisib auf. Kräftig rosa gefärbt ist auch der Rosenquarz von Rössing. Desgleichen fand man schöne Färbungen bei Aiais im Warmbaddistrikt.

Die Ausfuhr, die zeitweise erheblich war, ist in den letzten Jahren bis zur Bedeutungslosigkeit zurückgegangen.

Jahr	Verkauf in kg	Wert	
		RM.	£
1927	7700		
1928	3750		
[illegible]	[illegible]		
1934	2000	666	35
1935	53	159	13
1936	36	62	5
1937	55	110	9
1938	8	37	3

Außer den erwähnten Edel- und Halbedelsteinen wurden noch folgende Schmucksteine gelegentlich ausgeführt:

5. Blauer Chalzedon

Jahr	Ausfuhr in kg	Wert	
		RM.	£
1937	119	814	66
1938	70	146	12

6. Chrysokoll

Es wurden 1930 erstmalig 30 kg ausgeführt.

7. Chrysopras

Die Ausfuhr betrug 1,6 kg im Jahre 1930.

8. Heliotrop

Die Ausfuhr betrug im Jahre 1930 6,75 kg.

Im Jahre 1938 betrug der Gesamtwert des Halbedelsteinexportes von Deutsch-Südwestafrika 2295 £ (27953 RM.).

Im nördlichen Vorland des Erongogebirges fand man in der Steppe einen größeren linsenartigen Körper mit tiefblauen, auch blasseren, zum Teil fleckigen, rötlichen bis violetten Partien. Die tiefblauen Substanzen erwiesen sich als Dumortierit (borsäurehaltiges Tonerdesilkat).

Am Fuße des Tsarisgebirges, etwa 12 km westlich von Swartmodder, fand Beetz im kristallinen Grundgebirge Amazonit. Grüner Amazonit bildet neben fleischrotem Orthoklas die Füllmasse von Pegmatiten. Im Felsbett eines Wasserrisses streicht ein Pegmatit von 1,2 m Mächtigkeit aus, der Amazonit in größeren Partien enthält, die etwa 30% der Gangmasse ausmachen. Die Verbreitung des Amazonits scheint eine größere zu sein, da man verschiedentlich Bruchstücke in den kleineren Rivieren zwischen Swartmodder und Nabis feststellen konnte.

Erwähnenswert ist noch der tiefviolette Amethyst vom Brandberg, der sich zu Schmucksteinen guter Qualität verschleifen läßt.

XI. Die sonstigen Nichterze

1. Graphit

Der Graphit ist entweder an Kalke und Marmore oder an Graphitschiefer gebunden. Kleinere Einsprengungen wurden verschiedentlich beobachtet, zu nennenswerten Aufschlußarbeiten kam es aber nicht.

Im Jahre 1907 wurde die Swakopmunder Graphit-Gesellschaft gegründet, die feststellen wollte, ob sich der Graphitgehalt eines ausgedehnten grobkristallinen spätigen Kalkvorkommens bei Swakopmund technisch verwerten ließe. Der Graphit bildet hier ziemlich große Blättchen im kristallinen Kalk. An reicheren Stellen stieg der Gehalt bis auf 2—3%. — In der Umgebung des Hakosgebirges westlich Rehoboth sind der Marmorserie Graphitschiefer zwischengelagert, die in reinster Form bei Portsmut und nördlich Aroams vorliegen. Jedoch enthalten sie zu viel Quarz und Glimmer. Zwei analysierte Proben ergaben 46% und 87% Kohlenstoff und flüchtige Bestandteile (CO_2). — 1928 wurde angeblich östlich Otjiwarongo in der Nähe der Eisenbahn ein ausgedehntes Graphitvorkommen entdeckt.

2. Lithiumvorkommen

Von den bisher beobachteten Lithiummineralien haben der Lepidolith (Lithiumglimmer) und der Amblygonit eine wirtschaftliche Bedeutung erlangt. Der Lepidolith kommt auf verhältnismäßig vielen Zinnerzlagerstätten des Erongogebietes vor. Trotzdem wurde man erst spät auf ihn aufmerksam. 1927 fand man bei Arbeiten auf ärmeren Zinnvorkommen südwestlich und östlich von Karibib Pegmatite, deren Erze in Windhuk untersucht wurden; bei dieser Gelegenheit stellte man die Anwesenheit von Lepidolith fest. Nun erst begann man seinem Auftreten größere Beachtung zu schenken. Nach und nach stellte sich ein immer größeres Gebiet als lepidolithführend heraus. Es erstreckt sich von Johann-Albrechtshöhe an der Eisenbahn östlich Karibib westwärts bis über Usakos hinaus (Abb. 63). Außerdem findet man, wie bereits erwähnt, im eigentlichen Zinndistrikt Lepidolith, vor allem im Kohero- und Kompanenogebiet, und schließlich

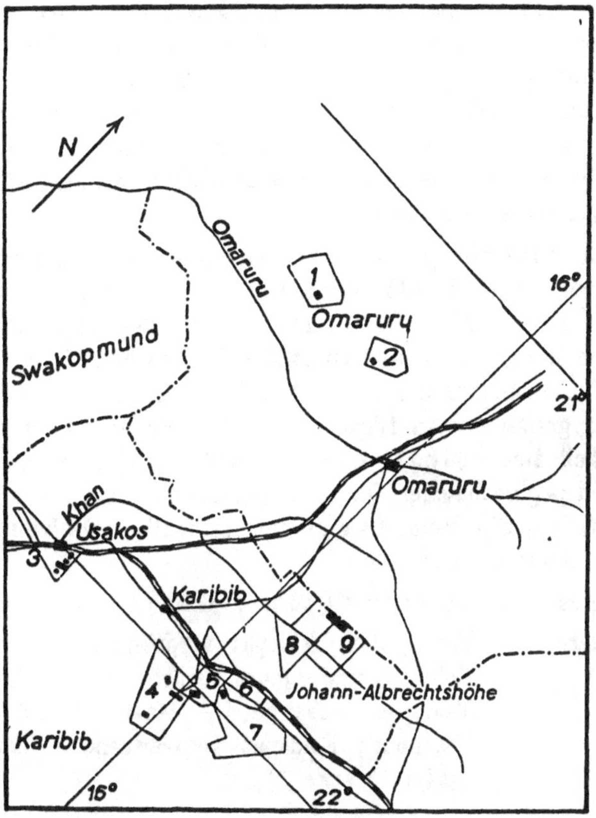

Abb. 63. Die Lithium-Vorkommen des Zentral-Damaralandes. Nach de Kock.

1 = Kohero 105	4 = Okongava Ost	7 = Kaliombo
2 = Kompaneno 104	5 = Okakoara	8 = Otjimbojo
3 = Klein Aukas	6 = Albrechtshöhe	9 = Otjikatjongo

wurde auch bei Aiais im Süden des Schutzgebietes ein Lepidolithvorkommen entdeckt.

Erst wesentlich später fand man auf den gleichen Gängen den viel hochwertigeren Amblygonit (8—9% Li_2O gegen durchschnittlich 4% Li_2O im Lepidolith), der bis dahin von den Geologen wegen seiner großen Ähnlichkeit mit Feldspat übersehen worden war. Er tritt stellenweise in so großen derben Massen auf, daß er bald das ausschließliche Produkt der Lithiumgewinnung wurde.

a) Die Lithiumvorkommen von Johann-Albrechtshöhe bei Karibib

Das Lithium führende Gebiet um Albrechtshöhe setzt sich aus den Schichten des Damara- und Ababissystems zusammen, in die in der Vordamarazeit die alten Gneisgranite und in der Nachdamarazeit der Damaragranit intrudierte. Das Damarasystem ist durch die Khomasserie (Glimmer-, Granat-, Chlorit- und Amphibolitschiefer), die Marmorserie (kristalliner Kalkstein, Graphit- und Glimmerschiefer) und durch die Quarzitserie (Chuos-Tillite, Quarzite und Basalkonglomerate) vertreten. Die Lithiumvorkommen sind genetisch an die Granite gebunden. Im Granit selbst wurden jedoch noch keine Lagerstätten entdeckt.

Die Lepidolithvorkommen können in zwei Gruppen unterteilt werden. Einmal tritt Lepidolith, vergesellschaftet mit Quarz, in großen tafeligen Kristallen in Taschen und Nestern des Pegmatits auf. Diese haben keine wirtschaftliche Bedeutung. Wichtiger sind jene Vorkommen, auf denen der Lepidolith in feinkörnigen derben Massen in greisenartigen Linsen einbricht. Er verdrängt hier zum größten Teil den Feldspat und umschließt Reste desselben. Ferner finden sich pegmatitischer Quarz, Topas in unregelmäßigen Körnern und Kristallen, Zinnstein, Granat und Turmalin. De Kock konnte folgende Altersfolge feststellen:

1. Generation: Quarz, Feldspat und Muskovit.
2. Generation: Topas, den Feldspat verdrängend — Zinnstein, Feldspat und Quarz verdrängend — Lepidolith, Feldspat verdrängend — Muskovit und Topas — Paragonit, Feldspat verdrängend — rekristallisierter Quarz.

Im ganzen wurden 24 Schurffelder belegt und untersucht. Die meisten Vorkommen sind sehr klein und haben keine praktische Bedeutung. Die wichtigste Gesellschaft ist die Lithium Mines Ltd. mit dem Hauptsitz in Windhuk. Sie besitzt folgende Gruben:

1. Okongava Ost (Abb. 64). Es tritt hier eine Linse von fast 300 m Länge auf, deren Mächtigkeit von 15 cm bis 5 m schwankt. Wie diese Abbildung erkennen läßt, besteht das Vorkommen aus einem Lepidolith-Greisen, der sich zwischen den weißen pegmatitischen Quarz und den Pegmatitgreisen einschiebt.

2. Die Schurffelder von Erasmus, die etwa 25 km südöstlich von Karibib liegen.

3. Kaliombo, etwa 9 km südlich von Albrechtshöhe. De Kock vermutet, daß sich dieses Vorkommen, eine Linse von etwa 80 m Länge und 1,5—9,0 m Breite, nach unten in einen Zinnpegmatit verwandeln wird. Es ist bis jetzt auf eine Tiefe von 10 m untersucht.

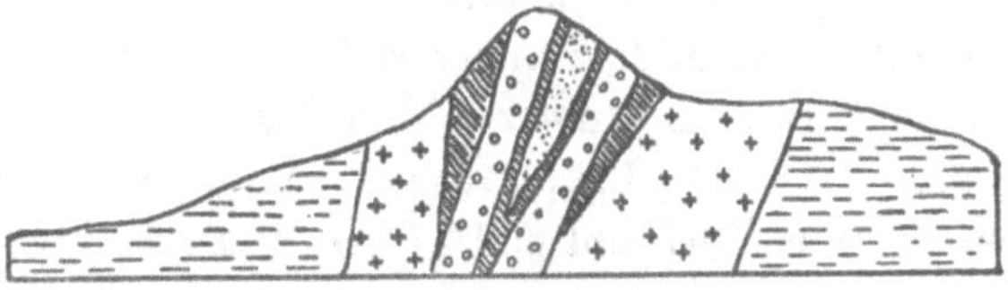

Schematisches Profil des Lithiumvorkommens von Okakoara

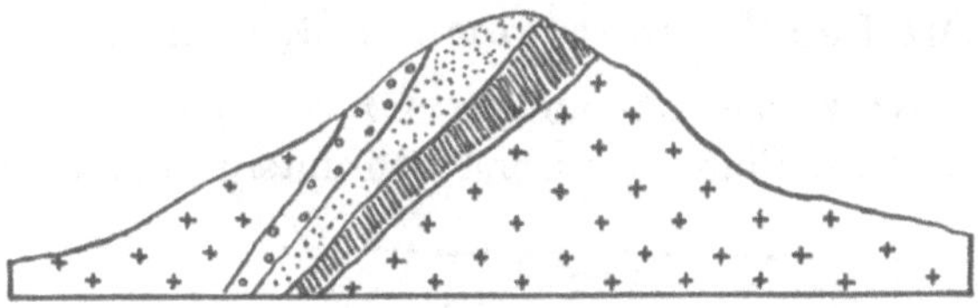

Schematisches Profil des Lithiumvorkommens von Okongava Ost

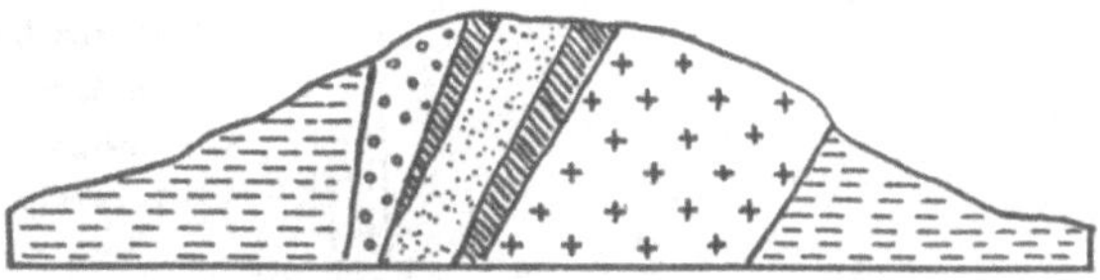

Schematisches Profil des Lithiumvorkommens von Joostes Schurf

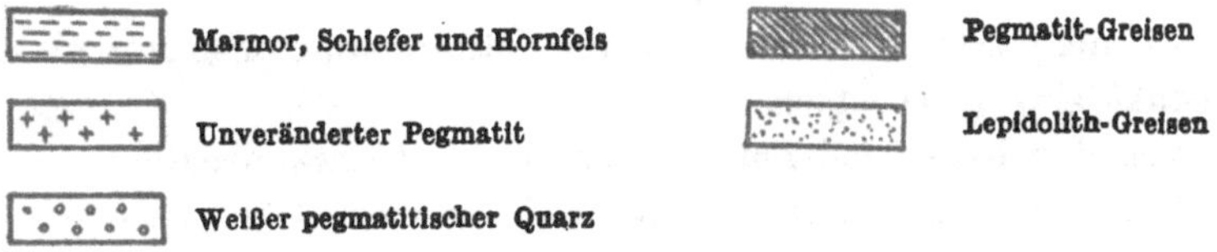

Abb. 64. Profile verschiedener Lithiumvorkommen. Nach de Kock

Der Amblygonit dieser Vorkommen bildet nach einer brieflichen Mitteilung von v. Leuchtenberg stets derbe Stücke bis kompakte Massen von etwa 1 m Mächtigkeit, bis 2,5 m Breite und einer Länge von 7 m. Er ist mit dem weißen milchigen Pegmatitquarz verwachsen, so daß er leicht übersehen werden kann. Als erster fiel er dem Besitzer, einem Rechtsanwalt auf! Die Amblygonitmassen sind auf allen Seiten von Quarz umgrenzt. Neben Amblygonit findet man noch selten blauen Turmalin und sehr selten Tantalit. In einer Tasche fand man Tantalitkonzentrate von $^1/_4$ Tonne Gewicht.

Der untersuchte Pegmatitgang enthält den Amblygonit in einer Zone von 150 m Länge und bis 4 m Mächtigkeit bei noch unbekannter Tiefe.

Die Aufbereitung der gewonnenen Lithiummineralien ist einfach, indem nur der Quarz entfernt zu werden braucht. Dies geschieht durch Zerkleinerung und Handklaubung. De Kock schätzt die Reserven auf 60000 t Lepidolith, von denen fast 50000 t eine gute Qualität besitzen (4% Li_2O und mehr). Eine Durchschnittsanalyse aus 30 Proben wurde mit 3,95% Li_2O errechnet. Im einzelnen schwankten die Analysen zwischen 1,07 und 6,0% Li_2O. Das spezifische Gewicht ist 2,896. Die Reserven an dem erst kürzlich entdeckten Amblygonit sind unbekannt.

b) Die Lepidolithvorkommen des Zinngebietes

Im Vergleich zu den Lithiumvorkommen der Gegend von Karibib sind diejenigen des Zinngebietes nur von untergeordneter Bedeutung,

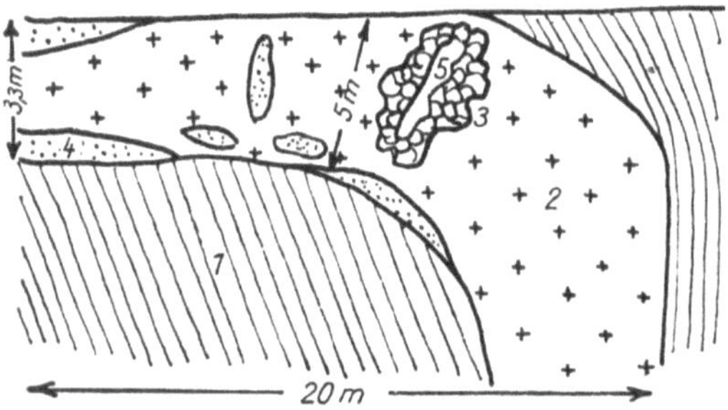

Abb. 65. Schematischer Schnitt durch einen Pegmatit der Kohero-Mine. Nach Schwellnus

da sie meist sehr klein sind und die Lithiummineralien nur als Beiprodukt eine Rolle spielen.

Von den bedeutenderen Vorkommen sind erwähnenswert:

1. Die Jetske-Schurffelder auf der Farm Okombahe Nr. 112. Auf diesen Feldern kommen Pegmatite vor, die neben sehr großen Orthoklaskristallen auch Rubellit und Lepidolith führen. Sie sind nur wenig erschlossen, so daß eine Beurteilung ihres wirtschaftlichen Wertes nicht möglich ist.

2. In den Ostfeldern von Kohero ist der Lepidolith von Zinnstein begleitet. Ersterer ist im wesentlichen auf die südlichen Partien des Pegmatites konzentriert. Über die Lagerungsverhältnisse gibt Abb. 65 Aufschluß.

3. Genau am Schnittpunkt des Weges nach den Ondundu-Goldfeldern mit dem von Omaruru nach Kohero liegt das Lepidolithvorkommen der Farm Kompaneno 104. Der Lithiumglimmer tritt

in Quarzlinsen auf, die sich auf stark vergreisenten Pegmatiten befinden. Die Lepidolithgreisen führen auch etwas Zinnstein.

Außerdem findet man Lepidolith in kleineren Mengen auf folgenden Zinnvorkommen:

Goldfuß Schurffelder,
südlich der Thelma Mine,
auf dem Wege nach Okombahe,
bei Otjimbojo und Irles Schurffeld bei Otjikatjongo,
bei Karibib.

Die Lithiumerzgewinnung bzw. -ausfuhr war folgende:

Jahr	Lithiumglimmer			Amblygonit		
	Ausfuhr in t	Wert		Ausfuhr in t	Wert	
		£	RM.		£	RM.
1934	231	854	10812			
1935	489	1530	20187			
1936	616	1701	21007			
1937	821	2009	24751	71	581	1158
1938				316	3060	37271

Im Jahre 1931 wurden 100 t Versuchserz nach Frankreich ausgeführt.

3. Glimmer

Der gewöhnliche Glimmer, vor allem der Muskovit, ist ein ständiger Begleiter der Zinnpegmatite, auf denen er in großen Mengen, aber nur in kleinen Tafeln auftritt, so daß er für eine wirtschaftliche Gewinnung vorläufig nicht in Frage kommt. Etwas größere Pakete bildet er auf den Titankupferpegmatiten von Otjisongati, doch eignet sich dieser Glimmer gleichfalls nicht für eine technische Verwertung. Recht große Muskovittafeln fand man in den Pegmatiten im Norden und Südosten von Klein-Karas. Diese Vorkommen sind noch nicht näher untersucht. Bei Swartmodder arbeitete man zeitweilig auf kleinen Glimmervorkommen. Die Funde waren jedoch ohne Bedeutung. In größeren Mengen kommt Glimmer bei Holoog an der Bahn Seeheim—Kleinfontein vor. Es erscheint allerdings fraglich, ob ein Abbau lohnend sein wird, zumal der an der Oberfläche gefundene Glimmer nicht erstklassig ist.

4. Asbest

Obgleich ab und zu Nachrichten über Funde von Asbest auftauchten und auch verschiedentlich Schurffelder belegt wurden, scheint bis jetzt kein abbauwürdiges Vorkommen entdeckt worden zu sein.

Tremolitasbest wurde bei Pforte in der Nähe von Karibib und bei km 15 der Otavibahn festgestellt. Es wurden insgesamt 26 gemeine Schurffelder abgesteckt. Am aussichtsreichsten erschien das Vorkommen bei km 15. Klüfte und Risse in einem teilweise serpentinisierten Gestein waren mit Serpentinasbest ausgefüllt. Die Klüfte hatten aber nur kurze Erstreckungen.

Nördlich von Nauams, westlich Rehoboth, fand man Amphibolitlinsen in Marmoren, aus denen man Asbestfasern bis 40 cm Länge gewann. Der Wert dieses Asbestes wurde 1933 auf etwa 4 £ (etwa 50 RM.) je Tonne geschätzt. Ähnliche Vorkommen wurden auf der Farm Morgenrot und östlich von Nauchas beobachtet.

Angeblich mit befriedigendem Ergebnis wurden 1928 Asbestvorkommen bei Keetmanshoop auf den Farmen Kochenas, Garies und Wittenhorst untersucht.

Asbestfunde werden außerdem noch aus den Klein-Karasbergen, bei Aus und Bethanien und von Rehoboth erwähnt.

5. Korund

Der Korund bildet einen Bestandteil vieler kristalliner Schiefer, wurde aber in größeren Anhäufungen bis jetzt nur auf der Farm Hochfeld Nr. 112 im Warmbaddistrikt beobachtet. Graulicher bis graulichbrauner Korund tritt in Quarzlinsen auf, die im Schiefer über 30 m Länge erreichen können. De Kock schätzt die Vorräte auf über 200 t.

6. Flußspat

Der Flußspat kommt in kleineren Mengen auf vielen Pegmatiten vor, ist aber auf selbständigen Gängen bisher nur an wenigen Stellen beobachtet worden. Die wichtigsten Fundpunkte sind:

Okorusugebirge zwischen Otjiwarongo und Otavi,
Ombutosugebirge nordwestlich Okahandja,
Omburogebirge nordöstlich Omaruru,
Nooitgedacht bei Karibib,
Aus
Farm Kleinfontein südsüdwestlich Maltahöhe,
Stinkdoorn im Warmbaddistrikt,
Klein-Karasberge.

Im westlichen Teil der Farm Kleinfontein fand man einen etwa 30 cm mächtigen Gang mit großen Würfeln von gelbem, violettem und grünem Flußspat.

Auf der Farm Plattrand, etwa 35 km südöstlich von der Eisenbahnstation Ariams-Fley im Warmbaddistrikt, treten im Kuibisquarzit zahlreiche gelbe Quarzadern auf, die neben Quarz hauptsächlich aus Flußspat bestehen. Sie haben keine wirtschaftliche Bedeutung.

Das größte bisher bekannte Vorkommen befindet sich im Okorusugebirge. Der Flußspat bildet hier zusammen mit Eisenerzen (s. diese) 20—30 m mächtige Lager. Es handelt sich um eine quantitativ sehr bedeutende Flußspatlagerstätte, doch scheint der derbe Flußspat leider zu viel SiO_2 zu enthalten. Eine im Tsumeber Laboratorium durchgeführte und von Stahl veröffentlichte Analyse ergab folgende Gehalte:

CaF_2	68,40%
$CaCO_3$	2,84%
$BaSO_4$	3,94%
$Fe_2O_3 + Al_2O_3$	2,24%
SiO_2	22,50%

Gefördert wurde nur in einigen Jahren im Ombutosugebirge und im Omburubezirk. Die Förderung war folgende:

Jahr	Gewinnung in t	Ausfuhr in t	Wert	
			£	RM.
1927	979	1059		
1928	858	115		
1929	296	78		
1930[1])	—	1123		
1938	645 short t	229 short t	640	7795

7. Doppelspat

Zwischen Aroams und Choaberib westlich Rehoboth wurde nach dem Weltkriege ein Doppelspatvorkommen entdeckt. Ein quarzführender Pegmatit intrudierte in die Marmorschichten des Damarasystems. Der Marmor rekristallisierte zu einer sehr grobkörnigen Masse. Es kommen Einzelkristalle von Kalkspat vor, die 30—50 cm messen. Der Kalkspat bildet unregelmäßige Massen, so daß bis jetzt nur ein Kleinbetrieb angesetzt werden konnte. Es kann kein optisch reines Material gewonnen werden und der Kalkspat ist außerdem stark mit Rissen durchzogen.

Doppelspat vorzüglicher Qualität ist auch aus der Namib bekannt.

[1]) Im Jahre 1930 wurde von der Halde gefördert.

Die Ausfuhr an isländischem Doppelspat betrug im Jahre 1937 140 Pfund im Werte von 156 £ (1 922 RM.) und im Jahre 1938 124 Pfund im Werte von 230 £ (2801 RM.). Hinzu kamen 2750 Pfund chemisch reinen Doppelspates im Werte von 125 £ (1 400 RM.).

8. Schwefel

Es sind bislang noch keine wirtschaftlichen Ablagerungen des Schwefels bekannt. Ziemlich reiner Schwefel wurde schon im vorigen Jahrhundert auf der Pelikan-Point-Halbinsel westlich der Walfischbucht als Kittmasse von Quarzsanden beobachtet. Desgleichen bildet er auch dünne Krusten auf dem Sand der Empfängnisbucht.

Etwas größer ist das Vorkommen auf dem Südufer des Swakop, 22 km östlich von Swakopmund. Eine aus kalkig-schieferigen, stark zersetzten Gesteinen bestehende Schicht, die über eine durchschnittliche Mächtigkeit von etwa 2—3 m und eine streichende Länge von 2—300 m ged. Schwefel führt, verläuft mit dem Marmor und den kristallinen Schiefern konkordant. Die Fundpunkte wurden 1910 von der deutschen Kolonialgesellschaft mit negativem Ergebnis untersucht.

9. Guano

Die erste Gewinnung des Guano, die in Deutsch-Südwestafrika unter das Berggesetz fällt, geht auf die Mitte des vorigen Jahrhunderts zurück. Zu dieser Zeit lagen zeitweilig bis 50 Segler an der Küste und den dieser vorgelagerten Inseln und luden Guano. Dieser wurde hauptsächlich auf der Possessionsinsel, südlich und der Itchaboinsel, nördlich Lüderitzbucht gewonnen, wo ihn fleißige Vögel, vor allem Kapgänse, im Laufe der Jahrhunderte abgesetzt hatten. Auf den übrigen Inseln leben vorwiegend Pinguine und Scharben und auf den Osterklippen der Duiker. Es wurde damals auf folgenden Inseln, von Norden nach Süden geordnet, Guano gewonnen:

Hollams Bird-Insel	**Halifax-Insel**
Mercur-Insel	**Possessions-Insel**
Itchabo-Insel	**Pomona-Insel**
Pinguin-Insel	**Plumpudding-Insel**
Seehund-Insel	**Sinclair-Insel**

Später beutete die Deutsche Kolonialgesellschaft ein Vorkommen bei Kreuzkap aus. Kleine Lager kamen auch an der Hottentottenbucht sowie an der Küste des Kaokofeldes vor. Die reichen Vorkommen bei Kap Cross wurden durch die Damaraland Guano Company bearbeitet.

Die reicheren alten Lager sind alle abgebaut. In letzterer Zeit wurden hauptsächlich neuere bearbeitet. Ein solches ist unter anderen im Sandfischhafen südlich Swakopmund in Angriff genommen worden. Die Cape Guano Company förderte Guano von den der Lüderitzbucht vorgelagerten Inseln. Der Guano wird von der Südafrikanischen Union aufgenommen. Frischer Guano kommt in kleinen Mengen auch bei Kap Frio und an den Mündungen des Hoanib und Uniab vor. Der frische Guano wird im wesentlichen in den Sommermonaten September bis April durch die Nestvögel und die älteren Jungen gebildet.

Eine Analyse des frischen Guanos ergab nach Range folgende Werte:

Wasser	16—24%
Organ. Substanzen und Ammoniaksalze	44—52%
P_2O_5	7—11%
CaO	6—8 %
Alkalien	6—8 %
Unlöslich	1—11%

Daraus berechnet sich

der Gesamtgehalt an N zu	12—14%
entsprechend einem NH_4-Gehalt von	14—17%
Der Gehalt an P_2O_5 ist gleichwertig einem Gehalt an Trikalziumphosphat von	16—20%

Außer diesem Guano gewann man in der Nachkriegszeit Fledermausguano aus Höhlen des Kalkgebirges bei Karibib. Er wurde hier in größerem Maßstabe durch die Swastika Natural Fertilizer and Mining Company zeitweilig abgebaut.

Auch die Kalkhöhlen der Farm Naos bei Florida enthalten Fledermausguano. Dieser bedeckt eine Fläche von etwa 300 Quadratmetern bei einer Tiefe von 0,5—1 m. Eine Durchschnittsanalyse ergab:

P_2O_5	1,48%
K_2O	0,70%
NO_3	reichlich
NH_4	negativ

Eine kleinere Höhle von 20 qm ist von einer Fledermausguanoschicht von einer durchschnittlichen Mächtigkeit von 0,5 m bedeckt. Zwei Analysen ergaben:

P_2O_5	6,29%	6,26%
K_2O	1,60%	1,70%
NO_3	Spuren	reichlich
NH_4	negativ	negativ

Die Guanoproduktion Deutsch-Südwestafrikas für die einzelnen Jahre ist aus folgenden Zusammenstellungen zu ersehen:

Von 1898—1902 wurden in long tons gefördert:

Jahr	Itchabo	Possession	Andere Vorkommen	Insgesamt
1898	1450	900	696	3046
1899	1235	450	536	2221
1900	980	670	678	2328
1901	950	400	395	1745
1902	1300	600	545	2445

Der Wert betrug je Tonne loco London etwa 180—200 Mark. Bei einem mittleren Wert von 190 M./t ergäbe dies einen Ertrag von etwa 2239000 Mark.

In den Jahren 1909—1914 betrug die Produktion:

Jahr	t	Wert	
		RM.	£
1909	4822	739110	36160
1910	3873	609945	29797
1911	2853	458181	22394
1912	4162	639263	31214
1913	4737	727378	35529
1914	4832	742236	36242

Nach dem Kriege wurden folgende Mengen ausgeführt:

Jahr	t	Wert	
		RM.	£
1926	96		
1927	973		
1928	1229		
1929	600		
1930	807		
1931	1200		
1932	769		
1933	809		
1934	2754	137741	10880
1935	489	17334	1422
1936	543	36556	2960
1937	366	24517	1990
1938	2591	112373	9226

10. Salz

Salzausblühungen sind im trockenen Deutsch-Südwestafrika nicht selten. Nach ergiebigen Regenfällen findet man in Depressionen überall Krusten, die in der Regel aus $NaCO_3$ bestehen; $NaSO_4$ ist seltener. Daneben können sich auch Gips, Kalk und Kochsalz auf diese Weise ausscheiden. Im allgemeinen kann man folgende Arten des Vorkommens von Salzen unterscheiden:

1. Älteres schichtiges Kochsalz, eingelagert in die jungen Überdeckungen der bis 140 km breiten Küstenebene bis zu Höhen von 350 m ü.M. Das Salz bildet in diesen Überdeckungen, deren Mächtigkeit im Mittel 15—16 m beträgt, verschiedene Lagen. Etwa 2,5 m unter der Oberfläche ist das Salz reichlich mit Gips durchsetzt, der die Salzlager auch überdeckt. Das Salz ist sehr rein und das oberste Lager am anhaltendsten. Die Zusammensetzung ist folgende:

$NaCl$	98,42%
$CaSO_4$	0,54%
$CaCl_2$	0,24%
MgO	0,00%
K_2O	0,00%
Feuchtigkeit	0,31%
NO_3	0,00%
Unlöslich	0,46%
	99,87%

Da diese Vorkommen durch schlechte Verkehrsverhältnisse beeinträchtigt werden und die Schichten nur eine geringe Mächtigkeit und Ausdehnung besitzen, wird die Gewinnung des Salzes wohl immer nur lokales Interesse besitzen.

Die Entstehung dieser Salzablagerungen kann auf das Eindampfen von Endseen und episodisch unter Wasser gesetzter Flußniederungen zurückgeführt werden; denn die für Lagunen charakteristischen Schlickmassen fehlen. Allerdings bleibt die Herkunft des Chlornatriums noch ungeklärt.

2. An Pfannen gebundenes Kochsalz und Solen, die entweder längs der Küstenlinie auftreten und teilweise noch mit dem Seewasser zusammenhängen oder weit ab von der Küste liegen, sind häufig. Für letztere bietet die Ehrhornspfanne 16—18 km nordöstlich von Swakopmund ein charakteristisches Beispiel. Auf einem stark von Salz durchtränktem Sand liegt eine 20—25 cm mächtige Decke mit gewinnbarem Kochsalz folgender Zusammensetzung:

$NaCl$	92,43%
$CaSO_4$	3,89%
$CaCl_2$	2,79%
MgO	0,00%
K_2O	0,00%
NO_3	0,00%
Feuchtigkeit	0,92%
Unlöslich	1,26%
	101,29%

Nördlich von Swakopmund liegt die Pantherbake-Pfanne, die kein festes Kochsalz zeigt; jedoch ist eine hochgradige Sole gewinnbar. Ihre Zusammensetzung ist folgende:

NaCl	24,41%
$MgCl_2$	2,31%
$MgSO_4$	1,36%
$CaSO_4$	0,42%
Unlöslich	0,11%
Wasser	71,34%
	99,95%

Diese Pfanne stellt eine vom Meer abgeschnittene Lagune dar. Aus ihr kann durch Verdampfen in der Sonne und im Winde ein gut brauchbares Salz gewonnen werden.

Derartige Pfannen kommen an mehreren Stellen der Küste vor. Altbekannt ist die Pfanne am Kap Cross, in die bei Hochflut noch das Meerwasser eindringt, da sie nur durch eine schmale Sandbarre vom Meere abgeschnitten ist. Sie kann sich also erst in den letzten Jahrhunderten gebildet haben. Das Kochsalz hat sich in großen Teilen der Lagune in dünneren Lagen abgesetzt und zeigt folgende Zusammensetzung:

	I	II
NaCl	90,57%	81,31%
$CaSO_4$	4,70%	0,73%
$CaCl_2$	3,24%	—
MgO	0,00%	0,95%
K_2O	0,00%	—
NO_3	0,00%	—
Feuchtigkeit	1,59%	16,20%
Unlöslich	0,45%	0,17%
	100,55%	99,36%

Das auskristallisierte Salz enthält organische Beimengungen, die es färben und seinen Wert herabsetzen; dagegen ist aus der Sole gutes Kochsalz gewinnbar. Gevers schätzt die Menge des gewinnbaren Salzes auf 7700000 t, zu denen noch die großen Vorräte, die aus den Solen gewinnbar sind, hinzukommen. Die 130 km, die dieses Salzvorkommen von Swakopmund trennen, machen es aber nicht konkurrenzfähig.

Zu diesen Vorkommen an der Küste kommen noch viele im Landesinneren hinzu. So besitzen einzelne Pfannen im Namalande ziemlich reines Kochsalz. Die Betschuanen beuten seit langem die Salzpfanne von Aminuis aus. Diese besitzt einen Durchmesser von 9 und 5 km. Das Kochsalz bildet Krusten von 2—3 cm Dicke. Im Jahre 1912 kostete ein Sack von 2 Zentnern einschließlich Sack 2,50 Mark. Das Salz wird aus dem Karrudiabas hergeleitet, der die Pfanne umgibt.

Westlich der großen Etoschapfanne liegt eine kleine Pfanne, die fast reines Kochsalz ausscheidet, das von den Farmern der Umgebung zeitweilig ausgebeutet wurde.

Kochsalzgewinnung von Deutsch-Südwestafrika

Jahr	Mengen in tons	Wert	
		in £	in RM.
1924	398 long t		
1925	425 „ „		
1926	357 „ „		
1927	338 short t		
1928	149 „ „		
1929	503 „ „		
1930	1076 „ „		
1931	2089 „ „		
1932	2069 „ „		
1933	3094 „ „		
1934	2756 „ „	5500	69630
1935	5535 „ „	6445	81003
1936	4214 „ „	6159	76063
1937	4534 „ „	8755	107862
1938	5590 „ „	10066	122602

Demnach wurde Kochsalz in größerem Umfang erst nach dem Weltkriege gewonnen.

11. Kohle

Als man 1907 den Tillit, den liegenden Horizont der Karruformation, feststellen konnte, der bekanntlich in Südafrika kohlenführend ist, hatte man große Hoffnungen, auch in Deutsch-Südwestafrika Kohlen zu finden. Nach einer brieflichen Mitteilung hat Lotz das Dwyka-Konglomerat schon im Jahre 1905 am Slangkop beobachtet und skizziert. Hinzu kam noch, daß man zufällig im Jahre 1907 bei Gariganis 14 km nordöstlich von Keetmanshoop dünne Schmitzen einer kohligen Substanz fand. Es handelte sich um 2—4 cm mächtige Kohlenschmitzen, die 18 m unter Tage mit dunklen markasitreichen Schiefern wechsellagerten. Die Untersuchung der Preußischen Geologischen Landesanstalt ergab eine „gute gasreiche Magerkohle“, die durch einen benachbarten Diabas verkokt worden war.

Die ersten Kohlenspuren wurden schon um die Wende des Jahrhunderts aus dem Bersebagebiet gemeldet. Nach Schneiderhöhn handelt es sich aber um Asphaltgänge, die im Fischflußsandstein auftreten.

Range fand Anzeichen von Kohle bzw. von Brandschiefer 1908 im östlichen Gibeonbezirk auf den Farmen Daberas und Mukerop. Gleichfalls in diesem Bezirk traf man bei Goamos und Kranzfontein dünne, 2—3 cm starke Schmitzen von Glanzkohle an. Nach dem Kriege wurden in den Rehobother Bergen westlich der Spitzköpfe von Duruchaus graphitische Schiefer und bei Noab und Nauzerus eine Linse von Kohlenschiefer in der Schwarzkalkserie festgestellt.

Wenn diese Funde auch spärlich waren, so ermunterten sie doch zu Tiefbohrungen. So wurden die Bohrungen, welche das artesische Gebiet um Auob erschlossen, ursprünglich mit der Absicht angesetzt, Kohlenflöze nachzuweisen. Man fand aber nur schwache Schmitzen. Bei Witboivley erreichte man mit einer Bohrung bei Ausbruch des Weltkrieges eine Teufe von 400 m. Die Karruformation war dabei noch nicht durchsenkt. Man fand auch hier lediglich bei 100—140 m zum Teil bituminöse Schiefertone. Bei Gariganis ergaben Bohrlöcher von 180 m Tiefe kein Resultat, desgleichen verliefen auch die Bohrungen bei Goamus und Kranzfontein trotz ihrer Tiefe von 150 m negativ.

In dem zweiten Karrugebiet Deutsch-Südwestafrikas, im Kaokofeld, stellte man gleichfalls an verschiedenen Punkten Brandschiefer mit Flözchen von 2—5 cm Mächtigkeit fest. Range untersuchte 1909 ein Vorkommen bei Haobes, doch erschien es gleichfalls nicht aussichtsreich. Hier wurden noch keine Bohrungen unternommen. Er hält es für nicht unwahrscheinlich, daß man im Osten und Norden des Landes, wo umfangreiche Karrugebiete unter den Kalaharideckschichten liegen müssen, durch Bohrungen Kohlenflöze entdecken könnte.

12. Erdöl

Wie bei der Kohle, so fand man auch verschiedentlich Spuren von Erdöl, ohne daß es aber bisher gelungen wäre, erdölführende Horizonte aufzuschließen. Die Asphaltgänge von Berseba und eine Anzahl von Ölspuren, hauptsächlich in den unteren Schwarzrand- und Schwarzkalkschichten der Namaformation in den Bezirken Maltahöhe und Bethanien, gaben Veranlassung dazu, daß die Südwest-Petroleum-Company bei Berseba eine Tiefbohrung durchführen ließ. In einer Tiefe von fast 1000 m traf man auf den metamorphen Schiefer des Grundgebirges und stellte die Bohrung ein. Range gibt das Profil der Tiefbohrung bei Berseba in folgender Weise wieder:

0—566 m: Rote Schiefer der Fischflußschichten
566 „ dünne Sandsteineinlagerung
—710 „ graue und braune Schiefer der Schwarzrandschichten mit einigen dünnen Sandsteineinlagerungen

0—899 m:	graue, braune und schwarze Schiefer der Schwarzrandschichten mit Sandsteineinlagerungen
—973 „	blauer Schiefer, Quarzit und harter Sandstein, schwarze und graue kalkige Schichten der Schwarzkalkschichten
—992 „	harte grüne metamorphe Schiefer (umgewandelte Sedimente oder Eruptivgesteine der Konkipformation?).

Im Jahre 1928 wurde eine 750 engl. Quadratmeilen große Konzession östlich von Mariental im Gibeonbezirk zwecks Gewinnung von Kohlen und Petroleum erteilt, doch scheint sie keinen Erfolg gehabt zu haben. Nach Range sind die Hoffnungen, in den Karruschichten Erdöl zu finden, gering, da Speichergesteine für Öl, das sind Sandsteinschichten mit großem Porenvolumen, kaum zu erwarten sind.

13. Kopal

Der in der Literatur ab und zu erwähnte Kopal der Küstenwüste ist nach Range ein Harz von Sarcocaulon rigidum (eine Geraniacee) und ohne technische Bedeutung.

Anhang: Marmor

Kristalliner Kalkstein hat eine weite Verbreitung innerhalb der Primärformation und tritt in besonders mächtigen Bänken in den Bezirken Swakopmund und Karibib auf. Zur Verwertung des Vorkommen von Swakopmund wurde 1909 die Hamburger Afrika-Marmor-Kolonialgesellschaft mit 3000000 Mark Kapital gegründet. Jedoch kamen diese Vorkommen nicht zur Ausnützung. Für die Auswertung der Vorkommen von Karibib wurde das Koloniale Marmorsyndikat gegründet, das aber schon 1912 in Liquidation trat und ihr Eigentum der Afrika-Marmor-Kolonialgesellschaft überließ. Als der Krieg ausbrach, waren gerade die Einrichtungen für einen größeren Abbau fertig (Abb. 66, nach S. 264). Nach dem Kriege ging der Besitz dieser Gesellschaft in die Hände der South African Marble Co. Ltd. über.

Im Laufe der Zeit wurden verschiedene Vorkommen bekannt. Einige Lager finden sich direkt bei Swakopmund, ferner in den Hamiltonbergen ostsüdöstlich von Walfischbucht. Andere Vorkommen befinden sich bei Goanikontes, etwa 23 km von der Küste entfernt am Swakop, dann bei Husab; sehr reich an Marmor ist ferner die Gegend von Usakos und Karibib. Allerdings ist der Marmor der beiden letzten Fundpunkte durch Einlagerung von Gneisen bankweise verunreinigt. Man kann jedoch auch reine Massen erwarten.

Ein größeres Vorkommen befindet sich etwa 6 km von der Station Ababis südlich Usakos. Der Marmor bildet hier am südlichen Abhang eines sehr zerklüfteten Gebirges eine mächtige Ablagerung, die 6—7 km im Streichen mißt und zum Teil über 1 km mächtig ist. Nach dem Urteil eines Marmorfachmannes erlaubt das Gelände die Anlage von Steinbrüchen. Der Marmor ist feinkörnig, von blendend weißer Farbe, lebhaftem Glanz und kantendurchscheinend. Er wechselt auf große Entfernungen weder in der Kornbeschaffenheit noch in der Farbe.

Die Vorkommen von Habis südlich Karibib haben eine günstige verkehrstechnische Lage, da sie sich von hier fast bis zur Eisenbahn hinziehen. Vor allem herrschen hier günstige Wasserverhältnisse. Der Marmor ist feinkörnig, oft bunt gefärbt, aber an der Oberfläche ziemlich stark zerklüftet. In der Nähe der Eisenbahnstation Karibib besitzt dieser Marmorzug fast alle bekannten gefärbten Varietäten. Angeblich sind hier fast alle gangbaren Sorten ohne Abraum zu gewinnen. Gleichfalls südlich Karibib liegt Navachab in den Okaschapusbergen, in denen der Marmor ein 20 km langes und 400 m mächtiges Lager bildet. Der Marmor ist weiß mit einem warmen gelblichen Ton. Größere gesunde Bänke treten zutage.

Weiter südlich befindet sich das Marmorvorkommen von Etusis. Von hier aus dem „weißen Gebirge" sind Marmorblöcke nach Deutschland gebracht worden. Er wirkte sehr gut, doch störten Tremoliteinlagerungen bei der Bearbeitung. Der Marmor an sich wurde als Idealmaterial bezeichnet; er ist rein, ohne Flecken, von lebhafter Farbe, durchscheinend und von feinem Korn.

Zwischen Swakopmund und Karibib liegen die Vorkommen von Sphinx und Kubas. Bei Sphinx tritt eine etwa 40 km lange Bergkette auf, die im Mittelpunkt etwa 120 km von Swakopmund entfernt ist. Hier und bei Kubas ist der Marmor oberflächlich stark zerklüftet.

Polierfähiger Marmor kommt im Erongogebiet bei Onguati, in den Tjirundo- oder Kompanenobergen, nördlich Okombahe und in den Epakobergen bei Epako vor.

Größere Marmorvorkommen finden sich außerdem noch bei Kamtsoas im Bastardland und bei Hohewarte im Hereroland. Allerdings ist der Marmor des Bastardlandes nach Rimann bis auf geringe Mächtigkeiten stark durch Kalksilikate wie Tremolit, auch durch Muskovit und Schwefelkies verunreinigt, so daß er für eine Gewinnung wohl nicht in Frage kommt.

Im südlichen Namaland, wo größere Vorkommen nicht bekannt sind, findet man in den flachen Senken der Küstenwüste 0,2—2,0 m mächtige Krusten von sogenanntem „Onyxmarmor". In Anbetracht der geringen Mächtigkeit ist es schwer, größere Stücke zu gewinnen.

Die Marmorgewinnung war bisher sehr bescheiden und betrug für die einzelnen Vorkriegsjahre:

1910	2,9 t	
1911	14,5 „	
1912	249,1 „	im Wert von 19968 M.
1913	336,1 „	„ „ „ 29054 „

Nach dem Kriege wurden 1918 im ganzen 181 t Blockmarmor aus der Umgebung von Karibib nach der Südafrikanischen Union verschifft.

Literaturverzeichnis

Landeskundliche Verhältnisse

1. Alexander, An Expedition of Discovery into the Interior of Africa. London 1838.
2. Andersson, Reisen in Südwestafrika bis zum Ngami. Leipzig 1854.
3. Gürich, G., DSW-Afrika. Reisebilder aus den Jahren 1888/89. Mitt. Geogr. Ges., Hamburg 1891/92.
4. Schenk, A., Das Deutsch-Südwestafrikanische Schutzgebiet. Verh. Ges. Erdk., Berlin 1889, S. 141.
5. Schinz, Deutsch-Südwestafrika. Oldenburg, Leipzig 1891.
6. Moisel, M. u. P. Sprigade, Großer Deutscher Kolonialatlas. 1 : 1 Mill. Berlin 1903—06.
7. Passarge, S., Südafrika. Eine Landes-, Volks- und Wirtschaftskunde. Leipzig 1908, S. 355.
8. Schultze, L., Deutsch-Südwestafrika. In H. Meyer: „Das deutsche Kolonialreich". 1910, II. Bd.
9. Schnee, H., Deutsches Kolonial-Lexikon. 3. Bd. Leipzig 1920.
10. Jäger, F. u. Waibel, L., Beiträge zur Landeskunde von Südwestafrika.
    I. Teil: Mitt. Dtsch. Schutzgeb. Erg. H. II, 14, 1920.
    II. Teil: „ „ „ „ 15, 1921.
11. Jäger, F., Ergebnisse meiner Forschungen in Deutsch-Südwestafrika 1914 bis 1919. Verh. 20. Geogr. Tages, Leipzig 1921. Berlin 1922, S. 19.
12. Jäger, F., Deutsch-Südwestafrika. Hettner-Festschrift, Breslau 1921, S. 282.
13. Jäger, F., Die landeskundliche Erforschung Südwestafrikas während der deutschen Herrschaft. Geogr. Ztschr. 1925, 31. Jg., S. 280.
14. Cloos, H., Südwestafrika. Reiseeindrücke 1936. Geol. Rundschau 1937, S. 163.

Grundzüge des geologischen Baues

15. Schenk, A., Über die geologischen Verhältnisse Südafrikas. Sitz.-Ber. Niederrh. Ges., Bonn 1887, S. 107.
16. Gürich, G., Überblick über den geologischen Bau des afrikanischen Kontinents. Peterm. Mitt. 1887, S. 257.
17. Schenk, A., Die geologische Entwicklung Südafrikas. Peterm. Mitt. 1888, S. 225.

18. Schenk, A., Gebirgsbau und Bodengestaltung von Deutsch-Südwestafrika. Verh. 10. Geogr. Tages, Berlin 1893. Dasselbe in Z. f. prakt. Geol. 1894, S. 151.
19. Stromer von Reichenbach, E. Frhr., Die Geologie der deutschen Schutzgebiete in Afrika. Nutzbare Mineralien in Deutsch-Südwestafrika. 1896.
20. Range, P., Zur Geologie Deutsch-Südwestafrikas. Dtsch. Kol.-Bl. 1907, Bd. 18, S. 39.
21. Range, P., Zur Stratigraphie des Hererolandes. Ztschr. Dtsch. Geol. Ges., 61. Mts.-Ber., S. 291, 1909.
22. Hermann, P., Über die Geologie des Hererolandes. III. Jb. d. Freiberger Geol. Ges. 1910, S. 18.
23. Cloos, H., Geologie des Erongo im Hererolande. Karte 1 : 300000. Beitr. z. geol. Erf. Dtsch. Schutzgeb. 1911.
24. Range, P., Geologie des deutschen Namalandes. Beitr. z. geol. Erf. d. dtsch. Schutzgeb. 1912, H. 2, mit Karte 1 : 2 Mill.
25. Koert, W., Ergebnisse der neueren geologischen Erforschung in den deutschafrikanischen Schutzgebieten. Beitr. z. geol. Erf. dtsch. Schutzgeb. 1913, H. 1.
26. Crause, C., Über die Geologie des Kaokofeldes in Deutsch-Südwestafrika. Karte 1 : 800000. Z. f. prakt. Geol. 1913, S. 64.
27. Rimann, E., Geologische Untersuchung des Bastardlandes in Deutsch-Südwestafrika. Reimer, Berlin 1915.
28. Cloos, H., Der Erongo. Beitr. z. Erf. dtsch. Schutzgeb. 1919.
29. Cloos, H., Das Erongogebirge im Hererolande. Karte 1 : 200000. Beitr. z. geol. Erf. dtsch. Schutzgeb. 1919, H. 17.
30. Kaiser, E., Bericht über geologische Studien während des Krieges in Südwestafrika. Abh. d. Gieß. Hochsch. Ges. 1920.
31. Range, P., Geologisches Profil von Swakopmund nach Tsumeb. Mitt. Dtsch. Schutzgeb. 1920, H. 32, S. 21.
32. Range, P., Geologische Spezialaufnahmen in Deutsch-Südwestafrika. Beitr. z. Erf. d. dtsch. Schutzgeb. 1920, H. 18, III.
33. Maack, R., Der Brandberg. Ztschr. Ges. f. Erdk., Berlin 1923, S. 1.
34. Kaiser, E., Fortschritte der geologischen Erkenntnis Südafrikas während der deutschen Kolonialtätigkeit. Dtsch. Kolonialkongreß 1924.
35. Beetz, W., Über einen großen Grabenbruch in der Namib Deutsch-Südwestafrikas. In: Kaiser, Diamantenwüste, 1926.
36. Beetz, W., Die Tertiärablagerungen der Küstennamib. In: Kaiser, Diamantenwüste, 1926.
37. Beetz, W., Die Konkip- und Namaformation. In: Kaiser, Diamantenwüste, 1926.
38. Kaiser, E., Die Diamantenwüste Südwestafrikas (mit Beiträgen von W. Beetz, J. Boehm, R. Martin, H. Rauff, M. Storz, E. Stromer, W. Weißermel, W. Wenz, K. Willmann). 2 Bde. Berlin 1926.
39. Jäger, F., Die Diamantenwüste Südwestafrikas. Geogr. Ztschr. 1927, S. 321.
40. Stahl, A., Die Grundzüge der Schollentektonik Südwestafrikas. Ztschr. Dtsch. Geol. Ges. 1927, Mon.-Ber. 79, S. 54.
41. Kräusel u. Range, Beiträge zur Kenntnis der Karru-Formation Deutsch-Südwestafrikas. Beitr. z. geol. Erf. dtsch. Schutzgeb., Berlin 1928, H. 20.
42. Krenkel, E., Geologie Afrikas II (Süd- und Deutsch-Südwestafrikas). Berlin 1928.

43. Beetz, W., Versuch einer stratigraphischen Gliederung der präkambrischen Formationen Südwestafrikas. N. Jahrb. f. Min. B. 66, Beil.-Bd. 1929, S. 41.

44. Cloos, H., Die jungen Plateaugranite in Südwestafrika. Zbl. f. Min., Abt. A. 1929, S. 370.

45. Frommurze, H. F. u. Gevers, T. W., South-West Africa. 15. Int. Geol.-Kongr. 1929. Guidebook C. 21.

46. Gevers, T. W., The Geology of Northwestern Damaraland in South-West-Africa. Trans. Geol. Soc. S. Afr. 32, 1929. Mit 3. Textfiguren und 1 geol. Karte 1 : 200000.

47. Gevers, T. W. u. Frommurze, H. F., Geology of Northwestern Damaraland in South-West Africa. Trans Geol. Soc. S. Afr. 32, 1929.

48. Cloos, H. u. Chudowa, K., Der Brandberg. Bau, Bildung, Gestalt der jüngeren Plutone in Südwestafrika. N. Jahrb. f. Min. B. 66, Beil.-Bd. 1931, S. 1.

49. Cloos, H., Der Brandberg. Geologische Kartenskizze etwa 1: 500000. N. Jahrb. f. Min. B. 66, Beil.-Bd. 1931.

50. Stahl, A., Die Verbreitung der Karru im nordwestlichen Kaokofeld (Südwestafrika). Ztschr. Dtsch. Geol. Ges. 84, 1932, S. 158—173.

51. Gevers, T. W., Die geologischen Verhältnisse der Umgebung Windhuks unter besonderer Berücksichtigung der heißen Quellen. Veröff. wiss. Ges. f. Südwestafrika, VI, 1933, S. 75.

52. Gevers, T. W., Zur Tektonik des mittleren Südwestafrika. Geol. Rundschau 1933, S. 337.

53. Gevers, T. W., Aus der geologischen Vergangenheit Südwestafrikas. Mitt. wiss. Ges. f. Südwestafrika, VI, 1933, S. 81.

54. Gevers, T. W., Zur Gliederung des Grundgebirges im Windhuker Bezirk. Geol. Rundschau 1933, S. 285.

55. Gevers, T. W., On the geology of the Windhoek District in South-West Africa. Trans. Geol. Soc. S. Afr. 1934, p. 221.

56. Kock, W. P. de, Geology of western Rehoboth. Dep. of Mines, Mem. 2, Windhoek 1935.

57. Haughton, S. H. u. Frommurze, H. F., The Geology of the Warmbad District, South-West Africa. Erläuterungen zu den Karten: Amib, Umeis, Nakop, Südwestafrika. Dept. of Mines, Mem. 2, Windhoek 1936.

58. Cloos, Korn, Martin, Das Naukluftgebirge in Südwestafrika. Geol. Rundschau 1937, S. 224.

59. Knetsch, G., Übersicht über die Geologie des südlichen Lüderitzlandes. Geol. Rundschau 1937, S. 208.

60. Beetz, W., Klimaschwankungen und Krustenbewegungen in Afrika südlich des Äquators von der Kreidezeit bis zum Diluvium. Sonderveröffentlich. III, Geogr. Ges., Hannover 1938.

61. Korn, Hermann, Martin, Zur Frage der Vulkano-Plutone in Südwestafrika. Geol. Rundschau 1939, H. 6, S. 631.

62. Krenkel, E., Geologie der Deutschen Kolonien in Afrika. (Deutsch-Südwestafrika, S. 102.) Borntraeger, Berlin 1939.

63. Stahl, A., Die Otaviformation des Etoschabogens (Südwestafrika). Beitr. z. geol. Erf. dtsch. Schutzgeb. 1940, H. 22.

Minerallagerstätten

(Allgemeines)

64. Baines, Th., Explorations in South-West Africa. London 1864.

65. Gürich, G., Geologisch-mineralogische Mitteilungen aus Südwestafrika. N. Jahrb. f. Min. 1890, I, S. 103.

66. Elterlein, A. von, Zur Frage des Vorkommens von Lagerstätten nutzbarer Mineralien in Deutsch-Südwestafrika. Ausland 1893, S. 481.

67. Schmeisser, Die nutzbaren Bodenschätze der deutschen Schutzgebiete. Sonderabdruck aus den Verhandlungen des deutschen Kolonialkongresses 1902.

68. Macco, A., Deutsch-Südwestafrikas mineralische Bodenschätze. Dtsch. Kol.-Ztg. 1903, Nr. 225—228.

69. Duft, Über den gegenwärtigen Stand des Bergbaus in Deutsch-Südwestafrika. In: Leutwein: „11 Jahre Gouverneur in Deutsch-Südwestafrika". 1906, S. 375.

70. Schmeisser, Über geologische Untersuchungen und die Entwicklung des Bergbaus in den deutschen Schutzgebieten. Ztschr. f. prakt. Geol. 1906, S. 75.

71. Macco, A., Die Aussichten des Bergbaus in Deutsch-Südwestafrika. Reimer, 1907.

72. Schmeisser, Die nutzbaren Bodenschätze und die Entwicklung des Bergbaus in den deutschen Schutzgebieten. S.-A. aus der Schlesischen Ztg. 1908.

73. Gagel, C., Die nutzbaren Lagerstätten von Deutsch-Südwestafrika. Ztschr. f. d. Berg-, Hütten- u. Salinenwesen 1909, S. 173—184.

74. Kuntz, J., Aussichten für den Bergbau in den deutschen Kolonien. Kol.-Wirtsch. Komitee 1909, S. 20 und II. Jahresber. d. Freiberger Geol. Ges. 1909, S. 25.

75. Gagel, C., Über die Fortschritte der geologischen Erforschung und der bergbaulichen Erschließung der deutschen Schutzgebiete. Verh. II. Dtsch. Kol. Kongr. 1910, S. 15.

76. Dahms, Über Erzlagerstätten in sauren Eruptivgesteinen. Deutsch-Südwestafrika. Ztschr. f. prakt. Geol. 1912, S. 240.

77. Kuntz, J., Bergbau in den Kolonien. Verh. Kol.-techn. Komm. des Kol.-Wirtsch. Komitees 1912, Nr. 1, S. 1.

78. Peters, B., Das Bergwesen in Deutsch-Südwestafrika. Köhler, Leipzig 1912.

79. Kuntz, J., Die Fortschritte des Bergbaus in den Kolonien. Verh. d. Vorst. d. Kol.-Wirtsch. Komitees, Berlin 1913, Nr. 1, S. 48.

80. Range, P., Die Metallerze der deutschen Schutzgebiete. Ztschr. d. dtsch. Geol. Ges. 1913, Bd. 91, S. 74.

81. Wagner, P. A., The Geology and Mineral Industry in South-West Africa. S.-A. Geol. Surv. Mem. 7 (1916), S. 91.

82. Goede, W., Mining in South-West Africa. S.-A. Min. and Eng. Journ. 1920, S. 37.

83. Wagner, P. A., On some mineral occurrences in the Namib Desert. Trans. Geol. Soc. S. Afr. 1921, S. 71.

84. Reuning, E., Pegmatite und Pegmatitmineralien in Südwestafrika. Ztschr. f. Krist. Bd. 58, 1923. Festschr. Groth, S. 448.
85. Beetz, W., Beitrag zur Kenntnis der Stratigraphie der Konkip-Formation Südwestafrikas, und die Erzvorkommen am Namibrand nördlich Aus. N. Jahrb. f. Min., Beil.-Bd. 50, 1924, S. 414.
86. Dausch, Die Entwicklung bergbaulicher Tätigkeit in Deutsch-Südwestafrika. Montanistische Rundschau 1925, S. 432.
87. Hradil, G. u. Dausch, Die Entwicklung bergbaulicher Tätigkeit in Deutsch-Südwestafrika. Montanistische Rundschau XVII, 1925, S. 432.
88. Range, P., Bergbau in Südwestafrika. In: Das Kolonialbuch der Deutschen, 1925.
89. Landschütz, H., Die Minerallagerstätten Afrikas, ihre Entwicklung und ihre weltwirtschaftliche Bedeutung. Intern. Bergwirtschaft III, Jg. 1928, S. 145, 177.
90. Arbenz, Die geologische Entwicklung Südafrikas und seiner Lagerstätten. Actes Sci. Helv. des Sci. Nat. 112. Sess. 1931, S. 241 und Geol. Zbl. 1937, Bd. 58, S. 405.
91. Range, P., Mineralische Rohstoffe der deutschen Schutzgebiete. Tropenpflanzer 1935.
92. Range, P., Über die Aussichten des Bergbaus in den deutschen Schutzgebieten Afrikas. Afrika-Nachrichten 1935.
93. Range, P., Mineralfunde und Bergbau in den deutschen Schutzgebieten in Afrika und in der Südsee. Koloniale Rundschau 1936, S. 200.
94. Behrend, F., Führung durch die neueröffnete Kolonialsammlung im Museum für angewandte Geologie der Geol. L.-A.-Lagerstätten Südwestafrikas. Ztschr. d. dtsch. Geol. Ges. 1937.
95. Meisner, Regionales. Frühere deutsche Schutzgebiete. Lagerstättenchronik XXIV. 1937, H. 2.
96. Range, P., Die Bodenschätze Südwestafrikas. Rundschau Techn. Arb. 1937, 17.
97. Range, P., Südwestafrika. Geologie und Bergbau. Ztschr. d. dtsch. Geol. Ges. 1937, S. 468.
98. Range, P., Geologie und Bergbau in den deutschen Schutzgebieten in Afrika und in der Südsee; IV. Südwestafrika. Tropenpflanzer 1937, S. 227 (Lit.-Verz.).
99. Schultze, E., Der Bergbau in den ehemals deutschen Kolonien und seine Zukunftsaussichten. Metallwirtschaft, Wiss. u. Techn. 1937, S. 489.
100. Ortlieb, H. D., Deutsch-Südwestafrika. Wirtschaftsstruktur, Landwirtschaft, Bergbau. Afrika-Rundschau 3, 1937—38, S. 110.
101. Range, P., Der Bergbau Südwestafrikas in den letzten Jahren. Tropenpflanzer 1939, S. 329.
102. Range, P., Der Bergbau der deutschen Schutzgebiete in Afrika und in der Südsee. Umschau f. Wiss. u. Techn. 1939, S. 6.
103. Schumacher, F., Mineralische Rohstoffe der deutschen Kolonien unter besonderer Berücksichtigung der Metallerze. Metallwirtschaft 1938, Bd. XVII, S. 339.
104. Schumacher, F., Die mineralischen Rohstoffe des deutschen Kolonialreiches. Deutsche Bergwerkszeitung 1940, Nr. 233, S. 6.

Statistik

105. Mandatsverwaltung. Union of South Africa. South-West Protectorate. Report of the Administration for the year 1918. Cape Town, Government Printer, 1919—1925. Gleichlautend bis 1924.
106. Mandatsverwaltung. Report of the Government of the Union of South Africa on South-West Africa for the years 1925—27. Cape Town, Government Printer, 1926—28. Gleichlautend bis 1927.
107. Mandatsverwaltung. Report presented by the Government of the Union of South Africa to the Council of the League of Nations concerning the Administration of South-West Africa for the years 1928—36. Pretoria 1929. Gleichlautend bis 1936.
108. Mandatsverwaltung. Report to the Council of the League of Nations on the Administration of South-West Africa for the year 1936. Pretoria 1937, S. 27.
109. Mandatsverwaltung. Report to the Council of the League of Nations on the Administration of South-West Africa for the year 1937. Pretoria 1938, S. 30.
110. Mandatsverwaltung. Report to the Council of the League of Nations on the Administration of South-West Africa for the year 1938. Pretoria 1939, S. 30.

Kupfererzlagerstätten

111. Knop, Die Kupfererzlagerstätten von Kl. Namaqualand und Damaraland. N. Jahrb. f. Min. 1861, S. 513.
112. Hauchecorne, Kupfererze von Hope-Mine östlich von Walfisch-Bai. Ztschr. dtsch. Geol. Ges. 1884, S. 668.
113. Scheibe, R., Turmalin in Kupfererz aus Lüderitzbucht. Ztschr. dtsch. Geol. Ges. 1888, S. 200.
114. Gathmann, Bericht über Kupfervorkommen bei Otyizongati. Dtsch. Kol.-Bl. 1903, Bd. 14, S. 67.
115. Kuntz, J., Kupfererzvorkommen in Südwestafrika (Sinclair-Mine). Ztschr. f. prakt. Geol. 1904, S. 199, 402.
116. Kuntz, J., Copper ore in German South-West Africa. Trans. Geol. Soc. S. Afr. 1904 und Ztschr. f. prakt. Geol. 1904, S. 411.
117. Voit, F. W. u. Stollreither, G., Beitrag zur Geologie der Kupfererzgebiete in Deutsch-Südwestafrika. Jahrb. Preuß. Geol. LA. 1904, Bd. 25, S. 384.
118. Duft, Kupfererzvorkommen bei Otyisonjati. Dtsch. Kol.-Bl. 1906, Bd. 17, S. 160.
119. Maucher, W., Die Blei-Kupfererzlagerstätten von Tsumeb im Otavibezirk im Norden Deutsch-Südwestafrikas. I. Jahresber. d. Freiberger Geol. Ges. 1907, S. 20.
120. Stutzer, O., Die Erzlagerstätten von Tsumeb (Deutsch-Südwestafrika). Ztschr. f. prakt. Geol. 1908, Bd. 16.
121. Voit, F. W., Die Erzlagerstätte von Tsumeb. Ztschr. f. prakt. Geol. 1908, S. 170.
122. Krusch, P., Die genetischen Verhältnisse des Kupfervorkommens von Otavi. Ztschr. dtsch. Geol. Ges. 1911, S. 240.
123. Rimann, E., Zur Kenntnis südwestafrikanischer Kupfererzvorkommen. Ztschr. f. prakt. Geol. 1914, S. 223.
124. Stutzer, O., Kupfererze der Khan-Grube (Deutsch-Südwestafrika). Metall u. Erz 1914, 2, S. 201.

125. Westphal, H., Kupfererzpegmatite von Otjozongati (Deutsch-Südwestafrika). Ztschr. f. prakt. Geol. 1914, S. 385.
126. Kuntz, J. u. Hüser, Die Kupferpegmatite von Otjozonjati. Ztschr. f. prakt. Geol. 1915, S. 27.
127. Schneiderhöhn H., Erzlagerstätten des Otavi-Berglandes Deutsch-Südwestafrikas. Metall u. Erz 1920, S. 272, 293, 361, 421 und 544; 1921, S. 22, 225, 266.
128. Schneiderhöhn, H., Beitrag zur Kenntnis der Erzlagerstätten und der geologischen Verhältnisse des Otavi-Berglandes Deutsch-Südwestafrikas. Abh. Senckenberg. Naturf.-Ges. 1921, Bd. 37, S. 219.
129. Brinkmann, M., Die kontaktpneumatolytischen Kupferlagerstätten der Henderson-Mine, Usakos. Ztschr. f. prakt. Geol. 1924, S. 33.
130. Kapp, C. J. T., Tsumeb Ore Deposits. Journ. Chem. Met. Min. Soc. S. Afr. 1925 (Jan.) und Min. Mag. 1925, 32, S. 314.
131. Stahl, A., Geologische Grundzüge des nördlichen Südwestafrika und Erzlagerstätten des Otavi-Berglandes. Ztschr. f. prakt. Geol. 1926, S. 145.
132. Schneiderhöhn, H., Das Otavi-Bergland und seine Lagerstätten. Ztschr. f. prakt. Geol. 1929, 37, S. 85.
133. Clark, A. W., The ore deposits of the Otavi Mountains, South-West Africa. Min. Mag. 1931, 44, S. 265.
134. Ibach, R., Über einige Lagerstätten des Otavi-Berglandes. XIV. Bericht. d. Freiberger Geol. Ges. 1933.
135. Moritz, H., Die sulfidischen Erze der Tsumeb-Mine vom Ausgehenden bis zur Sohle. N. Jahrb. f. Min. A. 1933, Beil.-Bd. 67, S. 118.
136. Meyer, O., Die Tsumeb-Mine in Südwestafrika. Dtsch. Kol.-Ztg. 1937, 49, S. 16.
137. Klein, W., Die Mineralien der Tsumeber Erzlagerstätte. Allg. Ztschr. Windhuk 23./24. Sept. 1938.
138. Klingner, F. E., Die Tsumebgrube im Otavi-Bergland. Ztschr. f. prakt. Geol. 1938, S. 189.
139. Ibach, R., Schurfarbeiten im Gebiet der Sinclair-Mine. 1938 (unveröffentlicht).
140. Ramdohr, P., Die Khangrube bei Arandis, Südwestafrika. Ztschr. f. prakt. Geol. 1938, 46, S. 41.
141. Salzer, H., Die Erzlagerstätten des Otavi-Berglandes (Deutsch-Südwestafrika). Mitt. d. Wiener Min.-Ges. 1939.

Weitere Angaben über die Kupfervorkommen finden sich in Lit.-Nr. 24, 27, 57, 65, 66, 67, 70, 71, 72, 76, 79, 84, 85, 86, 93, 97, 101, 103, 104, 163, 183.

Vanadiumerzlagerstätten

142. Vanadium in South-West Africa. S. Afr. Eng. Min. Journ., Sept. 1927 und Min. Mag. 1927, 37, S. 329.
143. South-West Africa Vanadium. S. Afr. Min. Eng. Journ. 1932, II, S. 458.
144. South-West Africa Vanadium. S. Afr. Min. Eng. Journ. 1935, I, S. 446.
145. Vanadiumbergbau in Südwestafrika. The African World, Nr. 1741, 1936.
146. Vanadium in South-West Africa. S. Afr. Min. Eng. Journ. 1936/37, 47, II, S. 29.
147. Vanadiumkonjunktur in Südwestafrika. Metall u. Erz 1937, S. 298.

148. Lunkenbein, A., Die Abenab-Mine im Bezirk Grootfontein (Deutsch-Südwestafrika). Unveröffentlichter Bericht.

Weiter Angaben über Vanadiumvorkommen finden sich in Lit.-Nr. 93, 97, 101, 103, 104, 117, 127, 128.

Zinnerzlagerstätten

149. Lotz, H., Der Stand des Zinnbergbaus im Bergamtsbezirk Windhuk. Dtscht. Kol.-Bl. 1912, S. 719.
150. Niess, Der Stand des Zinnbergbaus im Bergamtsbezirk Windhuk. Aus einem Bericht von Dr. Niess. Dtsch. Kol.-Bl. XXII, 1912, S. 719.
151. Tin in South-West Africa. S. Afr. Min. Eng. Journ. 1921, S. 1151.
152. Cassiterite in South-West Africa. S. Afr. Min. Eng. Journ. 1923, S. 169.
153. Range, P., Die Zinnerzlager Südwestafrikas. Der Kolonialdeutsche 1926, Nr. 6 und Geol. Zbl. 1927, Bd. 35, S. 136.
154. Untersuchungen von Zinnvorkommen in Südwestafrika. Metall u. Erz 1927, S. 507.
155. Tin progress in South-West Africa. S. Afr. Min. Eng. Journ. 39, 1928, S. 33.
156. Cissarz, A., Übergangslagerstätten innerhalb der intrusiv-magmatischen Abfolge. N. Journ. f. Min. 1928, Bd. XVI. BB. Abt. A, S. 212—13.
157. Heldring, O. G., Some notes on the tin fields of South-West Africa. Min. Journ. London 1928, 161, S. 371, 386, 410, 432, 460.
158. Gevers, T. W. u. Frommurze, H. F., The Tin bearing Pegmatites of the Erongo area. Trans. Geol. Soc. S. Afr. 1929, S. 111.
159. Gevers, T. W., A hydrothermal deposit of cassiterite near Arandis. Trans. Geol. Soc. S. Afr. 1929, 37, S. 165 und Geol. Zbl. 1930, Bd. 42, S. 11.
160. Heincke, C., Pegmatitgänge im ehemaligen Deutsch-Südwestafrika. XIV. Bericht d. Freiberger Geol. Ges. 1933.
161. Ramdohr, P., Ein Zinnvorkommen im Marmor bei Arandis (Deutsch-Südwestafrika). N. Jahrb. f. Min., A. 1935, Beil.-Bd. 70, S. 1.
162. Trotzig, P., Die Zinnerzlagerstätten von Südwestafrika. XVII. Bericht der Freiberger Geol. Ges. 1939, S. 57.
163. Haughton, S. H., Frommurze, H. F., Gevers, T. W., Schwellnus, C. M. u. Rossouw, The Geology and Mineral Deposits of the Omaruru Area South-West Africa. Veröffentl. d. Union of South Africa. Department of Mines. Geological Survey 1939.

Weitere Angaben über Zinnvorkommen finden sich in Lit.-Nr. 24, 29, 57, 76, 81, 84, 93, 97, 103, 104.

Wolframerzlagerstätten

164. Reuning, E., Die Natas-Mine in Südwestafrika. N. Jahrb. f. Min. A. Beil.-Bd. 52, S. 192.

Weitere Angaben über Wolframvorkommen finden sich in Lit.-Nr. 24, 29, 65, 76, 81, 84, 86, 93, 97, 103, 104, 163.

Golderzlagerstätten

165. Stapff, F. M., Südwestafrikanisches Gold. Dtsch. Kol.-Ztg. 1888, S. 77.
166. Schwarz, B., Im deutschen Goldlande. Berlin 1889, S. 167.

167. Scheibe, R., Über goldführendes Gestein von Otyimbingue. Ztschr. dtsch. Geol. Ges. 1888, S. 611.
168. Gürich, G., Die wissenschaftliche Bestimmung der Goldfundstellen in Deutsch-Südwestafrika. Ztschr. dtsch. Geol. Ges. 1889, S. 569.
169. Gürich, G., Über die Goldvorkommen in Deutsch-Südwestafrika. Ztschr. dtsch. Geol. Ges. 1889, S. 569.
170. Futterer, K., Gold in Deutsch-Südwestafrika. Ztschr. f. prakt. Geol. 1895, S. 80.
171. Gold in South-West Africa. S. Afr. Min. Eng. Journ. 1930/31, Bd. 41, II, S. 467.
172. Gold Occurences of the Rehoboth District. S. Afr. Min. Eng. Journ. 1933, II, S. 243, 268.
173. Gold Mining activity near Rehoboth. S. Afr. Min. Eng. Journ. 1933, II, S. 39.
174. Kovaloff, P., Gold occurences of the Rehoboth district. S. Afr. Min Eng. Journ. 1933, n. 2164, S. 243, n. 2165, S. 268.
175. Cazalet, P., The gold occurences of the Rehoboth District. S. Afr. Min. Eng. Journ. 1933/34, 44, II, S. 469; 1934, 45, I, S. 13.
176. Gold Mining activities in Rehoboth District. S. Afr. Min. Eng. Journ. 1934, I, S. 27.
177. Recent Developments on Rehoboth Goldfields. S. Afr. Min. Eng. Journ. 1934, II, S. 601.
178. Official report on Rehoboth Gold and other Minerals. S. Afr. Min. Eng. Journ. 1934, II, S. 225.
179. De Kock, W. P., Official Report on Rehoboth Gold and other Minerals. S. Afr. Min. Eng. Journ. 1934/35, II, S. 225.
180. The Rehoboth Goldfield. S. Afr. Min. Eng. Journ. 1935, I, S. 577.
181. Gadow, J. W., A producers views on the Rehoboth Goldfields. S. Afr. Min. Eng. Journ. 1935, n. 2221, S. 767.
182. Rehoboth Gold Fields Production. 1936. S. Afr. Min. Eng. Journ. 1937, 48, I, S. 2.
183. Edlinger, Zur Kenntnis der Golderzgänge des Rehobothdistrikts. Ztschr. f. prakt. Geol. 1937, S. 35.
184. Reuning, E., Goldfelder von Ondundu. Geol. Rundschau 1937, S. 229.
185. Rumscheidt, W., Geologisch-bergtechnischer Bericht über die Swartmodder-Golderzminen auf den golderzführenden Kupfererzlagerstätten bei Rehoboth in Südwestafrika. 1938 (unveröffentlicht).

Weitere Angaben über die Goldvorkommen finden sich in Lit.-Nr. 27, 65, 71, 81, 84, 93, 97, 101, 103, 104, 115, 163.

Eisenerzlagerstätten

186. Koert, W., Eisenerzlagerstätten der deutschen Kolonien usw. The Iron Ore Resources of the World, Stockholm 1910.
187. Wagner, P. A., Iron Deposits of the Namib Desert. S. Afr. Journ. of Industr. 1921 (Sept.) und Min. Mag. 1921, 25, S. 319.
188. Stahl, A. Eisenerze im nördlichen Südwestafrika. N. Jahrb. f. Min. 44 B. 1930 S. 165.

Weitere Angaben über Eisenerze finden sich in Lit.-Nr. 24, 27, 56, 66, 67, 81, 85, 93, 97, 101, 103, 104.

Bleivorkommen

189. Haughton, S. H. u. Frommurze, H. F., Notes on the occurence of argentiferous galena near Aiais Warmbad District. Trans. Geol. Soc. S. Afr. 1929, 32, S. 89 und Geol. Zbl. 1930, Bd. 42, S. 13.

190. M.-D., J.-E., The galena occurences at Aiais, South-West Africa. Min. Ind. Mag. 6 (4) 1928, S. 157.

Weiter Angaben über Bleiglanzvorkommen finden sich in Lit.-Nr. 27, 56, 57, 65, 76, 81, 86, 93, 97, 103, 104.

Zinkvorkommen

Angaben über Zinkvorkommen finden sich in Lit.-Nr. 127, 128.

Cadmiumvorkommen

Angaben finden sich in Lit.-Nr. 97, 101, 103, 104.

Germaniumvorkommen

Angaben finden sich in Lit.-Nr. 127, 128, 131, 132, 133, 134, 135, 136, 137, 138.

Molybdänvorkommen

Angaben finden sich in Lit.-Nr. 24, 29, 76, 84, 86, 93, 97, 103, 104.

Titanvorkommen

191. Rumscheidt, W., Erzvorräte, Metallgehalte und Wert der Rutilerzlagerstätte bei Giftkuppe im Bezirk Omaruru in Südwestafrika (unveröffentlichter Ber. 1938).

Weitere Angaben über Titanvorkommen finden sich in Lit.-Nr. 81, 84, 101, 103, 104, 163.

Tantal- und Niobvorkommen

192. Reuning, E., Mikrolithvarietäten von Donkerhuk, Südwestafrika. Chemie d. Erde 8, 1933/34, S. 186.

Weitere Angaben über Tantal- und Niobvorkommen finden sich in Lit.-Nr. 76, 81, 84, 93, 97, 101, 103, 104, 161, 163.

Diamantvorkommen

193. Scheibe, R., Der Blaugrund in Deutsch-Südwestafrika. Kol.-Ztg. 1903, S. 211.

194. Scheibe, R., Der Blueground des deutschen Südwestafrika im Vergleich mit dem des englischen Südafrika. Berlin 1906.

195. Kaiser, E., Das Vorkommen der Diamanten in Deutsch-Südwest. Aus der Natur 1908, S. 328.

196. Kaiser, E., Über Diamanten aus Deutsch-Südwestafrika. Ztschr. f. Min. 1909, Nr. 8, S. 235—244.

197. Kuntz, J., Über die Diamantgewinnung in Deutsch-Südwestafrika (Bericht). Kol. Rundschau 1909, S. 699.

198. Über die Herkunft der Diamanten von Deutsch-Südwestafrika. Ztsch. dtsch. Geol. Ges. 61, 1909, Br. M., S. 219.

199. Lotz, H., Über die Diamantablagerungen bei Lüderitzbucht. Ztschr. dtsch. Geol. Ges. 1909, Monatsber., S. 135.

200. Lotz, H., Über die Lüderitzbuchter Diamantvorkommen. Briefl. Mitt. Ztschr. f. prakt. Geol. 1909, S. 142.

201. Lotz, H., Vorkommen der Diamanten in Deutsch-Südwestafrika. Zbl. f. Min. 1909, S. 251.

202. Merensky, H., Diamantvorkommen von Lüderitzbucht. Ztschr. f. prakt. Geol. 1909, S. 122.

203. Range, P., Die Diamantfelder bei Lüderitzbucht. Dtsch. Kol.-Bl. 1909, S. 1039.

204. Wagner, P. A., Die Diamanten führenden Gesteine von Südwestafrika. Berlin 1909.

205. Kaiser, E., Die südwestafrikanischen Diamantenvorkommen. Ber. Oberhess. Ges. Gießen, nat. Abt. 1010/11, S. 133.

206. Marloth, Notes on the Origin of the Diamonds of German South-West Africa. S. Afr. Journ. Sc., Capetown 1910.

207. Maucher, W., Die neuesten Resultate der Diamantenforschung in Deutsch-Südwestafrika. III. Jahresber. d. Freiberger Geol. Ges. 1910, S. 9.

208. Pearson, The Origin of the Diamonds in German South-West Africa. S. Afr. Min. Journ. 1910.

209. Scheibe, R., Natur und Aussehen der Diamantfelder in Deutsch-Südwestafrika. Verh. Dtsch. Kol.-Kongr. 1910, S. 32.

210. Scheibe, R., Vorkommen der Diamanten und des Blaugrundes Deutsch-Südwestafrikas in geologischer Hinsicht. Verh. Dtsch. Kol.-Kongr. 1910, S. 32.

211. Voit, F. W., Die Diamantfelder der Conception-Bucht. Dtsch. Kol.-Bl. 1910, S. 326.

212. Wagner, P. A., The Origin of the German South-West African Diamonds. S. Afr. Min. Journ. 1910, Bd. 13, S. 514.

213. Ashmore, G. P., The occurence of Diamonds in German South-West Africa. S. Afr. Min. Journ. 1911, Nr. 440.

214. Krause, C., Notes on the German South-West African Diamonds. Trans. Geol. Soc. S. Afr. 1911, S. 61.

215. Scheibe, R., Art und Bedeutung der Diamantvorkommen in Südwestafrika. Naturwiss. Wochenschr. 1911, Nr. 29.

216. Lotz, H., Randglosse zur deutschen Diamantenproduktion. Kol.-Rundschau 1912, S. 193.

217. Lotz, Böhm, Weissermel, Beitrag zur Kenntnis der Lüderitzbuchter Diamantablagerungen. Beitr. z. Erf. dtsch. Schutzgeb. H. 5, 1913, S. 59.

218. Range, P., Die deutschen Diamanten und ihre Gewinnung. Herausgegeben von den Förderern zur Landesausstellung in Windhuk 1914. D. Reimer, Berlin 1914.

219. Scheuring, G., Mineral. Zusammensetzung der deutsch-südwestafrikanischen Diamantsande. Beitr. z. Erf. dtsch. Schutzgeb., H. 8, 1914.

220. Beetz, W., Über den Ursprung der Achatgerölle anderer Quarzmineralien in den Diamantseifen Südwestafrikas. N. Jahrb. f. Min. Beil.-Bd. 47, 1923, S. 347.

221. Trotzig, P., Die Diamantlagerstätten unseres früheren Schutzgebietes. Freiberger Geol. Ges. 1923, Bd. 9, S. 48.

221a. Kaiser, E., Die Diamantenwüste Südwestafrikas (mit Beiträgen von W. Beetz, J. Boehm, R. Martin, H. Rauff, M, Storz, E. Stromer, W. Weißärmel, W. Wenz, K. Willmann). 2 Bde. Berlin 1926.

222. Schumacher, F., Der Internationale Geologenkongreß in Südafrika 1929: Die Diamantvorkommen und Diamantgewinnung. XIII. Ber. d. Freiberger Geol. Ges. 1931, S. 45.

223. Reuning, E., Ursprung der Küstendiamanten Süd- und Südwestafrikas. N. Jahrb. f. Min. 44 A., 1931, S. 775.

224. Knetsch, G., Zur relativen Altersstellung der Diamanten an der südwestafrikanischen Küste. Zbl. f. Min. 1936, S. 465.

225. Knetsch, G., Neue südwestafrikanische Diamantlagerstätten. Natur u. Volk 1937, 67, S. 165.

226. Knetsch, G., Beiträge zur Kenntnis der Diamantlagerstätten an der Oranjemündung in Südwestafrika. Geol. Rundschau 1937, S. 188.

Sonstige Edel- und Schmucksteine

Angaben finden sich in Lit.-Nr. 5, 57, 65, 66, 72, 81, 84, 86, 97, 101, 192, 588, 599.

Graphit

Angaben finden sich in Lit.-Nr. 56, 81, 103, 104.

Lithiumvorkommen

227. Kock, P. W. de, The Lepidolite deposits of South-West Africa. Trans. Geol. Soc. S. Afr. 1932, S. 97.

228. Kock, P. W. de, Lithium, its distribution, metallurgy and chemistry with reference to the deposits in the Karibibdistrict. Veröff. wiss. Ges. f. Südwestafrika, VI, 1933, S. 95.

229. Leuchtenberg, K. v., Briefliche Mitteilung über das Amblygonitvorkommen bei Albrechtshöhe. 1938.

Weitere Angaben finden sich in Lit.-Nr. 24, 29, 84, 93, 97, 103, 104, 204, 290.

Glimmer

Angaben finden sich in Lit.-Nr. 24, 81, 86, 97, 103, 104.

Asbest

230. Asbest bei Swakopmund. Dtsch. Kol.-Ztg. 1910, S. 183.

Weitere Angaben finden sich in Lit.-Nr. 56, 81, 103, 104.

Flußspat

Angaben finden sich in Lit.-Nr. 24, 57, 81, 84, 97, 103, 104.

Doppelspat

231. South-West African Iceland Spar. S. Afr. Min. Eng. Journn. 1936/37, 47, II, S. 29.

Weitere Angaben finden sich in Lit.-Nr. 56, 101, 103, 104.

Schwefel

232. Reuning, E., Gediegen Schwefel in des Küstenzone Südwestafrikas. Zbl. f. Min. 1925, S. 86.

Weitere Angaben finden sich in Lit.-Nr. 24, 81, 97, 103, 104.

Guano

233. Watson, A. C., The guanoislands of South-West Africa. Geogr. Review 1930, S. 631.

Weitere Angaben finden sich in Lit.-Nr. 24, 25, 56, 81, 93, 97, 101, 103, 104.

Salz

234. Gessert, F., Alkalisalze in Deutsch-Südwestafrika. Globus 89, 1906, S. 332.
235. Watson, J., The Natural Soda Deposits of Africa. Journ. Chem. Met. Min. 1913.
236. Range, P., Salpetervorkommen in Deutsch-Südwestafrika. Übersee- u. Kolonialztg. 1929, Nr. 8, S. 159.
237. Thomas, J. S., Occurence of Sodium-Nitrate in South-West Africa. S. Afr. Journ. of. Sci. 1929, 26, S. 39.
238. Gevers, T. W. u. Westhuisen, S. P., The occurence of salt in the Swakop Area. Trans. Geol. Soc. S. Afr. 1931, S. 61.
239. Boss, Gg., Salzgewinnung in unserer ehemaligen Kolonie Südwestafrika. Umschau 1936, 40, S. 90.

Weitere Angaben finden sich in Lit.-Nr. 24, 81, 93, 97, 101, 103, 104.

Kohle

Angaben finden sich in Lit.-Nr. 24, 27, 81, 97, 103, 104.

Erdöl

Angaben finden sich in Lit.-Nr. 24, 27, 81, 97, 103, 104.

Marmor

240. Gürich, G., Gutachten über die Marmorablagerung auf der Farm Etusis im südwestafrikanischen Schutzgebiet. Dtsch. Kol.-Bl. 1902, Bd. 13, S. 368.
241. Gürich, G., Der Marmor in Deutsch-Südwestafrika. Peterm. Mitt. I, S. 142.
242. Hagen, F., Marmorfunde in Deutsch-Südwestafrika. Koloniale Abh. 1910, H. 32/33.
243. Nörregaard, E. M., Dekorationsmarmor fra Tysk Sydvest-Afrika. (Dekorationsmarmor aus Deutsch-Südwestafrika.) Sten och Cement 1914, S. 5 (Stockholm).

Weitere Angaben finden sich in Lit.-Nr. 24, 27, 70, 81, 97, 103, 104, 167, 231.

FSC
www.fsc.org
MIX
Papier | Fördert
gute Waldnutzung
FSC® C083411

Kolibri 360 GmbH
Ferdinand-Jühlke-Straße 7
99095 Erfurt, Deutschland
produktsicherheit@kolibri360.de